El gran libro del horóscopo

Atman - Marta Carreras

EL GRAN LIBRO
DEL HORÓSCOPO

De Vecchi

Diseño gráfico de la cubierta de Design 3.

Realización de la cubierta Tomavistas, S. L.

© Editorial De Vecchi, S. A. U. 2007
Balmes, 114 - 08008 Barcelona
Depósito Legal: B. 21.875-2007
ISBN: 978-84-315-1598-0

Editorial De Vecchi, S. A. de C. V.
Nogal, 16 Col. Sta. María Ribera
06400 Delegación Cuauhtémoc
México

ÍNDICE

INTRODUCCIÓN

La astrología es la disciplina que basándose en conceptos generales del universo formula que existe una relación entre el movimiento del Sol, de la Luna y de los planetas y las acciones o acontecimientos humanos.

A lo largo de su larga historia, la astrología ha sido definida como ciencia, pseudo-ciencia, brujería, arte, teología astral. Desde hace unos treinta años se presta mayor atención a la astrología, y se estudia igual que se estudian materias rigurosamente científicas; existen cátedras de astrología en las universidades más adelantadas del mundo en las que se tratan los fenómenos ligados a la misma, con tal seriedad que ha librado a esta ciencia de la fama de charlatanería, con la que a veces se la había considerado en el transcurso de los siglos.

Es evidente que no se puede considerar racionalmente válido el hecho de que la Luna, por ejemplo, ejerza su influencia sobre las mareas si por otro lado se niega que sus fases alternas repercuten en el hombre.

La astrología nació cuando el hombre primitivo se encontró por primera vez, ante el fenómeno de las mareas, de los eclipses de luna o de sol, de las estaciones y de los equinoccios. Antiguamente, las fechas se computaban según estos acontecimientos. Los sumerios y los babilonios, desde el año 3000 a. de C. y los mayas y chinos desde el 1500 a. de C., no basaban sólo el tiempo en el Sol y la Luna, sino que hacían ya previsiones meteorológicas y fundaban sus auspicios en las apariciones de nebulosas, de estrellas nuevas y de cometas. Estas deducciones se verificaban con verdadero rigor científico y los astrólogos eran considerados no ya como magos, sino como expertos a quienes había que consultar periódicamente para que predijeran con sus manejos las inundaciones, las épocas de sequía o de escasez, etc. Los fenómenos del plenilunio y los eclipses servían a los científicos de la época para predecir victorias o derrotas, períodos de guerra o de paz, desastres naturales o períodos de bienestar. En el transcurso de los primeros siglos, los astrólogos tuvieron siempre una gran influencia sobre los gobernantes o sobre los que llevaban las riendas del poder.

Los dioses eran personificados por la Luna, el Sol y las estrellas y se les atribuía especiales significados, misiones y poderes determinados. Mas no por ello se cerró la pura investigación científica sobre los astros, sino que se intensificó gracias a unos cuantos escogidos, que transmitían a otros elegidos sus conocimientos, para fortalecer los mismos y constituir una clase privilegiada distinguida.

De este modo, se llegó a crear una casta de sacerdotes astrólogos, que conocían profundamente las reglas del tiempo atmosférico, que eran capaces de hacer predicciones, de establecer la suerte o la desgracia futura y de determinar con anticipación la voluntad de los dioses. Estos instrumentos permitieron la instrumentalización de la voluntad popular y de los soberanos, e hicieron de los sacerdotes una clase poderosa, los verdaderos jueces de la situación.

La contribución de Grecia en el campo de la astrología fue enorme: Alejandro Magno con la conquista de Caldea había traído magos y astrólogos de Babilonia a Grecia, donde ya varias corrientes filosóficas se interrogaban sobre la naturaleza del universo: Empédocles, Platón y Aristóteles, entre otros, habían considerado los problemas de la creación y catalogaban la astrología como una ciencia divina. Claudius Ptolomeo, que vivió en Alejandría en el segundo siglo de la era cristiana, autor de dos obras de importancia fundamental: *Almagest* y *Tetrabiblos,* esta última todavía en uso como texto de astrología, le dio un gran impulso.

Los griegos fueron también los primeros en transportar la astrología desde la búsqueda de hechos futuros indeterminados al estudio de los individuos y de las conjunciones astrales. De esta época histórica data el nacimiento del aforismo «nacer con buena estrella».

La ciencia griega llegó a Roma al conquistar esta los territorios próximos a los Balcanes. Tanto en la Roma pagana como posteriormente en la Roma cristiana, los astrólogos fueron considerados como sabios y estudiosos.

La creencia en la astrología pervive, afortunadamente, en el corazón de los hombres, sin querer llegar a explicaciones filosóficas o a especulaciones de carácter científico, se puede afirmar con seguridad que el hombre intuye la importancia de los astros también hoy en día, de la misma manera que lo hicieron sus antepasados.

Consideramos, pues, justa la afirmación que dice: «el siglo XIX fue el siglo del progreso: se realizaron infinitas conquistas que permitieron a la humanidad desarrollarse y mejorar. El siglo XX es el siglo de la tecnología, de la aplicación de cuanto se descubrió o intuyó a partir de 1800. El siglo XXI será el siglo de los magos y de los poetas: de los magos porque, finalmente, tendremos una explicación racional de cuanto hasta ahora ha sido considerado como fenómeno; de los poetas, porque en la imperante era tecnológica de los tiempos futuros, sólo la poesía podrá salvar al hombre de la locura total».

En este sentido la astrología es «una ciencia, un elixir de vida para la humanidad» como la definió Albert Einstein.

Nuestro deseo es que esta obra sirva para acercar a los lectores a la magia secreta de los astros, y que, si bien ahora se sienten estimulados en el deseo de conocer el propio futuro, después puedan ser movidos sólo por el deseo de saber, que es el sentimiento que ha permitido siempre al hombre pensarse inmortal.

SIMBOLISMO ASTROLÓGICO

«Comprendan por fin que el astro superior y el astro inferior (en sí) son una misma cosa y nada por separado. Es el cielo exterior el que muestra el camino del cielo interior (...). El hombre posee un cielo particular para él, que es como el de áurea y posee la misma constelación. Es por esta razón que el hombre está sometido al tiempo: no por el cielo exterior, sino por el de dentro. El planeta del firmamento no reina ni sobre ti ni sobre mí pero sí el de dentro de nosotros. El astrónomo que juzga al natividad según los planetas exteriores se equivoca; ellos no afectan al hombre; es el cielo interior con sus planetas quien actúa: el cielo exterior solamente demuestra e indica el cielo interno.» (Paracelso, médico, 1493-1541.)

La astrología se expresa por un lenguaje simbólico cuya fuente es mitológica. En esta segunda parte de nuestra enseñanza práctica de la astrología espiritual vamos a definir este lenguaje.

Primeramente debemos definir el simbolismo y la mitología.

El simbolismo es un sistema de símbolos destinado a interpretar ideas o hechos. El símbolo (del griego *símbolon*) es un signo de reconocimiento (signo, del latín *signum* = lo que permite conocer o reconocer, de adivinar o de prever alto) figurando alguna cosa que no cae bajo el sentido. Un símbolo es un grafismo, una imagen, cuyo fundamento es intelectual y espiritual, que expresa una realidad.

El simbolismo es una forma de lenguaje esotérico tan maravillosamente utilizado, especialmente, por los antiguos egipcios.

Esotérico, del griego *esôterikos,* es utilizado aquí en sus dos sentidos: viniendo del interior, entendiéndose así una adquisición espiritual; y el de conocimiento reservado a los iniciados. El símbolo conecta el hombre a la naturaleza (los signos expresan fases de la naturaleza y la psicología del hombre). El símbolo conecta al hombre y el cosmos, por medio de la interpretación de los planetas en astrología. El lenguaje simbólico halla su fuente en la mitología.

La mitología es el conjunto de los mitos (del griego *mithos*) que son leyendas, escritos de origen popular transmitidos por la Tradición y que expresan diversos fenómenos cosmogónicos u otros de una manera alegórica.

Señalamos, de paso, que leyenda (del latín *legenda*) significa «lo que hay que leer».

Notemos, igualmente, que tradición (del latín *traditio* y de *tradere*), es la acción de transmitir, de hacer pasar a otro por transmisión oral o escrita conocimientos esotéricos provenientes de la más lejana Antigüedad.

Es importante subrayar que el mito no ha «bajado de cielo» a la Tierra, es decir que no es examinando el cielo como el hombre antiguo inventó las leyendas, transportándose a los astros.

Al contrario, son hechos y el resultado de una experiencia intelectual y sobre todo espiritual de los hombres que ha sido, a continuación, atribuida a los astros.

Es el resultado de una observación, de una comprensión y de un conocimiento que es «subido al cielo», es decir que estos hombres de antes han decidido que tal parte de sus conocimientos y expresando tal parte de su saber humano sería en analogía —bajo forma de mitos que solamente el iniciado podía comprender— con los astros y los signos de la astrología.

Si el simbolismo de los signos del Zodíaco se configura según el ciclo de la naturaleza (y su desarrollo en tres fases para cada una de las cuatro estaciones es de doce signos y doce meses en el año), el simbolismo de los astros ha dado nacimiento a los dioses de la mitología griega.

EL HORÓSCOPO

Zodíaco es una palabra que viene del griego *zôidion,* derivada de *zôe,* que significa *representación de la vida.* Nombre que verdaderamente encaja a la perfección. Asimismo, Zodíaco puede ser traducido como *gran vía de la vida,* una vía vital que es, básicamente, un círculo de 360°.

El Zodíaco está dividido en 360°, y por ello a cada día del año solar le corresponde un determinado grado zodiacal.

Cada grado tiene un valor y unas características propias.

Conociendo la fecha exacta de nacimiento se podrá saber bajo qué grado zodiacal ha nacido cada uno y, en consecuencia se puede saber la posición exacta del sol aquel día y las influencias sobre nuestro carácter, sobre el destino, sobre la personalidad y la individualidad.

El horóscopo de cada uno se determina por la posición de los astros y de los planetas con respecto al momento particular que se quiera examinar, en un punto dado de latitud y longitud de la Tierra.

Según la posición de estos cuerpos, en el momento del nacimiento de una persona, se establecerán sus influencias sobre ella. El horóscopo individual se representa mediante una esfera a cuyo alrededor describen órbita esos cuerpos celestes.

La influencia de la luna y de los planetas se refleja sobre la personalidad, y el ascendente se refiere al carácter, destino y aspecto físico.

Los diversos planetas funden sus influencias con los grados, y según esas características Mercurio, por ejemplo, representará la inteligencia y el nerviosismo, Venus, el amor y el arte, y así sucesivamente.

Es importantísimo, pues, saber no sólo la hora exacta del nacimiento sino los minutos y segundos para determinar la posición de las estrellas en ese momento.

Este libro se podrá utilizar por tanto para la interpretación onomástica del horóscopo, teniendo en cuenta que el grado en el que se encuentra el sol se refiere especialmente a esa individualidad.

LOS MESES ASTROLÓGICOS

En la Antigüedad el círculo fue dividido en doce partes iguales de 30° cada una, correspondiente a un ciclo de la naturaleza (el ritmo de las estaciones). Cada parte es un signo zodiacal que lleva un nombre.

Como consecuencia del adelantamiento de los equinoccios, conocido como *precesión de los equinoccios* (las constelaciones se desplazan en sentido retrógrado, a razón de cincuenta segundos de arco por año), los espacios de 30° pertenecientes a los doce sectores de la Eclíptica, a los cuales se les atribuye los nombres de las doce constelaciones zodiacales, no corresponden a las mismas constelaciones.

Por consiguiente en la actualidad, el 0° Aries de las constelaciones no se corresponde ya con el 0° Aries de los signos, o cuando en astrología se habla, por ejemplo, de «Virgo» ello no significa que el planeta en cuestión se halle en la constelación de Virgo, sino que el planeta del que se habla está astrológicamente en el signo de Virgo.

El Zodíaco de las Doce Casas y signos está, por lo tanto, en analogía con el ritmo de las estaciones y no con las constelaciones (grupo de estrellas que presentan una figura convencional), aunque lleven los mismos nombres.

Sobre estos principios de evolución de la naturaleza (en analogía con la evolución del hombre, pues cada signo representa una experiencia para vivirse) se basa la astrología.

Los signos del Zodíaco, además, se clasifican astrológicamente de la siguiente manera:

— *según su naturaleza:* cardinales, móviles y fijos;
— *según los cuatro elementos:* tierra, aire, fuego y agua;
— *según su género:* masculinos y femeninos.

Según su naturaleza, pueden ser:

• *Signos cardinales* que coinciden con los ángulos correspondientes a los inicios de las cuatro estaciones son los siguientes:

 ARIES al comienzo de la primavera.

 CÁNCER al comienzo del verano.

 LIBRA al comienzo del otoño.

CAPRICORNIO al comienzo del invierno.

• *Signos móviles* que indican la dispersión de los efluvios de cada signo son:

 GÉMINIS dispersa los efluvios de la primavera.

 VIRGO dispersa los efluvios del verano.

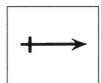 SAGITARIO dispersa los efluvios del otoño.

 PISCIS dispersa los efluvios del invierno.

● *Signos fijos,* siguiendo cada uno a los cuatro anteriores, muestran la concentración de los efluvios correspondientes a cada estación:

 TAURO concentra los efluvios de la primavera.

 LEO concentra los efluvios del verano.

Escorpión concentra los efluvios del otoño.

 Acuario concentra los efluvios del invierno.

Según los elementos que los dominan, estos signos se dividen en:

- *Signos de tierra:* Tauro, Virgo y Capricornio.
- *Signos de fuego:* Aries, Leo y Sagitario.
- *Signos de aire:* Géminis, Libra y Acuario.
- *Signos de agua:* Cáncer, Escorpión y Piscis.

Según el género son:

- *Signos masculinos:* Aries, Géminis, Leo, Libra, Sagitario y Acuario.
- *Signos femeninos:* Tauro, Cáncer, Virgo, Escorpión, Capricornio y Piscis.

Todos ellos forman el círculo conocido como Círculo de las Doce Casas, es decir en conjunto los doce signos conforman el Zodíaco que corresponde a los siguientes períodos del año, según las fechas que a continuación se exponen:

ARIES:	del 21 de marzo al 19 de abril
TAURO:	del 20 de abril al 19 de mayo
GÉMINIS:	del 20 de mayo al 20 de junio
CÁNCER:	del 21 de junio al 21 de julio
LEO:	del 22 de julio al 22 de agosto

VIRGO:	del 23 de agosto al 22 de septiembre
LIBRA:	del 23 de septiembre al 22 de octubre
ESCORPIÓN:	del 23 de octubre al 21 de noviembre
SAGITARIO:	del 22 de noviembre al 21 de diciembre
CAPRICORNIO:	del 22 de diciembre al 20 de enero
ACUARIO:	del 21 de enero al 19 de febrero
PISCIS:	del 20 de febrero al 20 de marzo

LAS CASAS

Las Casas (llamadas también campos) representan los diferentes aspectos de la vida de un individuo. Las Casas son doce que corresponden a otras tantas partes o husos esféricos de la rueda zodiacal.

El astrónomo árabe Albatenio fue el primero en compilar un sistema de Casa aún vigente, aunque actualizado y perfeccionado por la ciencia estadística.

En el Zodíaco *fijo,* el emplazamiento, al igual que el carácter de cada Casa, corresponde a cada signo.

Las Casas I, V y IX simbolizan tres aspectos de la afirmación individual y pertenecen al elemento *fuego*; corresponden así:

— Casa I: Aries.
— Casa V: Leo.
— Casa IX: Sagitario.

Las Casas II, VI y X simbolizan tres aspectos de la vida material y concreta y pertenecen al elemento *tierra*:

— Casa II: Tauro.
— Casa VI: Virgo.
— Casa X: Capricornio.

Las Casas III, VII y XI simbolizan tres aspectos de la unión o comunicación y pertenecen al elemento *aire*:

— Casa III: Géminis.
— Casa VII: Libra.
— Casa XI: Acuario.

Las Casas IV, VIII y XII, simbolizan la vida más allá del «yo», tanto el inconsciente como el supraconsciente, y pertenecen al elemento *agua*:

— Casa IV: Cáncer.
— Casa VIII: Escorpión.
— Casa XII: Piscis.

La Casa I representa la personalidad profunda del individuo con todas sus cualidades buenas o malas. Es el modo de actuar, de hablar, de comportarse del hombre.
Es la Casa de las inclinaciones intelectuales y físicas. Entonces, si en la primera Casa aparecen el Sol o Júpiter, la vida del individuo se desarrollará con extraordinaria facilidad; el éxito, la riqueza y los honores le serán propicios; mientras que, si cerca del ascendente se encuentran los planetas Saturno, Neptuno o Urano, la existencia se presentará llena de grandes obstáculos y menos fácil de conquistar.

La Casa II representa el mundo material y precisamente los bienes y riquezas que el individuo posee o encuentra al nacer.

La Casa III simboliza el mundo familiar compuesto por los hermanos y hermanas y las relaciones que el sujeto establece con ellos. También indica el estudio, las letras, el deseo de aprender.

La Casa IV simboliza el mundo familiar compuesto por los padres. Es también la Casa del cambio de residencia y de la influencia de la familia sobre el individuo.

La Casa V simboliza el amor y los hijos por una parte, y la creación espiritual por otra, además del juego, la vida erótica y sexual.

La Casa VI representa el mundo del trabajo junto con las actitudes propias en él del individuo y su relación con los colegas. Simboliza también la salud física.

Los ejes del horizonte y del meridiano subdividen el gráfico zodiacal en cuatro sectores (o cuadrantes), cada uno de los cuales se subdivide, a su vez, en tres sectores, idénticos y especulares

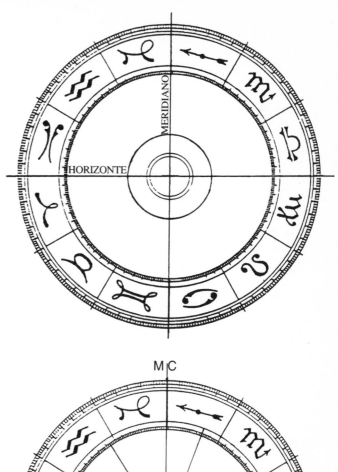

El primer sector, delimitado por el Ascendente, contiene las casas I, II, III; el segundo, delimitado por el Fondo Cielo, contiene las Casas IV, V y VI; el tercero, delimitado por el Descendente, contiene las Casas VII, VIII y IX; el cuarto, delimitado por el Medio Cielo contiene las Casas X, XI y XII

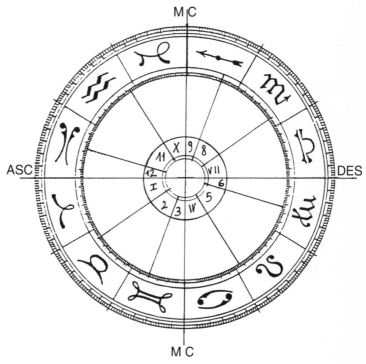

La Casa VII se encuentra en antítesis neta con la primera que representa el mundo del yo. Simboliza el matrimonio y la lucha.

La Casa VIII representa la muerte y las herencias. Es también la Casa espiritual por excelencia, quizá por ser la más misteriosa y tenebrosa de todo el Zodíaco.

La Casa IX es casi tan espiritual como la anterior. Representa la aspiración del individuo a cultivarse, en un continuo diálogo consigo mismo. Simboliza también la separación y la lejanía.

La Casa X como las dos anteriores, representa el intento de afirmación del propio yo en el individuo, sólo que la décima representa la afirmación material.

La Casa XI representa el mundo de la amistad y de las relaciones humanas.

La Casa XII representa al hombre concentrándose en su mundo interior. Mundo en el que el hombre se libera de las constricciones impuestas por la vida, para hacer un balance sobre lo que ha sido y hecho tanto concreta como espiritualmente.

Las Casas son de importancia fundamental para el estudio de la astrología, ya que la posición de las Casas en un tema astrológico, una vez establecido el lugar y hora de nacimiento, lo individualiza, es decir, hace distinto a un individuo de otro. El examen astrológico no puede ser preciso si faltan estos datos fundamentales e insustituibles.

LOS PLANETAS

Sabiendo que existe una analogía general entre naturaleza humana y fenómenos naturales, damos por cierto que la hora, el día, el mes y el año en el que cada uno ha nacido son fundamentales para conocer con exactitud las inclinaciones y el carácter.

No obstante, con frecuencia cada persona se limita a considerarse como perteneciente a un determinado signo zodiacal, sin saber que los signos por los que está influenciada sufren, a su vez, la influencia de los planetas.

Estos planetas son diez conocidos, siete de los cuales lo son desde los primeros tiempos de la humanidad: Sol, Luna, Mercurio, Venus, Marte, Júpiter y Saturno y tres han sido descubiertos hace relativamente poco tiempo: Urano, descubierto por el astrónomo inglés William Herschel en 1781; Neptuno, señalado por el astrónomo francés Leverrier en 1846; Plutón, encontrado por el astrónomo americano Percival Lowell en 1930.

Los planetas trazan un recorrido sobre el círculo del Zodíaco de importancia básica para el estudio de la astrología. El Sol, hipotéticamente, hace el recorrido en 365 días; la Luna en 29 días; Mercurio en 88 días; Venus en 225 días; Marte en un año y 322 días; Júpiter en 11 años y 315 días; Saturno en 29 años y 167 días; Urano en 84 años y 87 días; Neptuno en 164 años y 281 días; Plutón en 247 años y 254 días.

Sol

Es el astro de mayor influencia sobre los nacidos bajo el signo de Leo, cuando se encuentra en su apogeo en Aries y se pone en Libra. La representación simbólica de este planeta es una circunferencia en cuyo centro se inscribe en un círculo. Este centro representa el principio de un devenir impetuoso y violento, que tiene su manifestación en el círculo. En los primeros tiempos, el Sol era adorado como fuente de energía, calor y salud, concepción que continuaron entre otras la mitología griega y la latina.

El Sol, astrológicamente, es considerado como el principio masculino. Ptolomeo fijó la representación humana del Sol en una edad comprendida entre los veinte y los cuarenta años. Hiparco lo consideraba fisiológicamente en relación con el corazón y el cerebro, creencia aceptada por los poetas y literatos de la antigua Grecia; más tarde, en la era cristiana, los trovadores vieron en las gestas heroicas de los caballeros andantes la principal manifestación del Sol.

Este astro representa en sus aspectos positivo y negativo, la voluntad, la combatividad, la bondad, la fidelidad, el amor propio, la violencia bruta y la violencia en sí misma, la ambición que no conoce obstáculos de ningún tipo, la crueldad, el orgullo desmesurado. El aspecto físico de quien recibe la influencia del Sol puede tomarse en un primer momento como altanería o soberbia.

Luna

Tiene su Casa en el signo de Cáncer. Así como el Sol representa el principio masculino, la Luna representa el principio femenino y se le atribuye poder sobre la vida familiar y afectiva. La Luna domina las neurosis por su gran receptividad. También es el símbolo del embarazo y del parto. Se dice que si la mujer da a luz en luna nueva es casi seguro que será un varón, mientras que si concibe en cuarto menguante el nacido será una niña.

El aspecto físico de los nacidos bajo la influencia de este planeta es fácilmente reconocible ya que tienden a la obesidad, su nariz se empequeñece en un rostro inmenso, verdaderamente lunar, los labios son sutiles y la expresión de su cara denota maravilla y estupor.

Los antiguos atribuían a la Luna las enfermedades linfáticas, el agua, la abundancia y los cambios. En el *Tetrabiblos* de Ptolomeo, texto astrológico que hizo escuela durante mil cuatrocientos años, se puede leer que la Luna era parangonada con la edad que en el hombre corresponde a la infancia. En el tema astrológico representa la familia o los viajes.

Mercurio

 Tiene su Casa diurna en Géminis y la nocturna en Virgo, se encuentra en exilio en Sagitario y en decadencia en Piscis.

Mercurio está a 58 millones de kilómetros de distancia del Sol y realiza su vuelta al Zodíaco en 88 días. Los griegos lo adoraban como el dios protector de los viajes y de los comerciantes, es el planeta de la vivacidad intelectual en sus manifestaciones positivas y negativas: trasmite tanta inclinación al estudio como a la falsedad, al eclecticismo como a la oratoria, a lo superficial y a lo ligero.

La persona influenciada por Mercurio puede encontrarse acompañada de una gran sensibilidad, que, en su aspecto negativo, puede llevar a la indiferencia, o al cinismo.

Según Ptolomeo, la edad con que se representa a Mercurio es la que va de los 4 a los 14 años.

La persona bajo la influencia de Mercurio será un buen negociante, sabrá sacar siempre ventaja a su favor en cualquier situación económica, incluso la más compleja y difícil, y será un orador convincente, afable y preparado.

El aspecto físico de los nacidos bajo el signo más influenciado por este planeta, será: nariz aquilina y puntiaguda, rostro triangular, labios bien diseñados que al sonreír dibujan una mueca irónica, ojos indagadores. La figura en su conjunto dará una inmediata impresión de agilidad, un poco nerviosa pero siempre vivaz. La persona bajo la influencia de Mercurio será siempre joven.

En el tema astrológico representa a los familiares directos como los padres, y además tanto al intelectual como al astuto.

Venus

Tiene su domicilio en los signos de Tauro y Libra.

Venus, la antigua Afrodita, diosa del amor en la mitología griega, simboliza todo lo que representa la belleza, la sensibilidad, la dulzura, la feminidad, la atracción física y espiritual, el erotismo, el amor y la alegría de vivir. También es claramente «la pequeña fortuna».

Ptolomeo la relaciona con el comienzo de las primeras experiencias amorosas. Venus indica el modo de amar de cada uno según la influencia de su signo.

El aspecto físico de las personas que están bajo la influencia de este planeta será: un rostro de óvalo perfecto con la nariz pequeña y bien modelada, la piel blanquísima y delicada, los ojos claros e ingenuos, los labios mórbidos y bien diseñados, una forma dulce y armónica de caminar y sonreír y una actitud amable también en el modo de actuar. En el tema astrológico representa tanto el amante como la genialidad expresiva del artista.

Marte

Tiene su Casa diurna en el signo de Aries, y la nocturna en el signo de Escorpión.

Marte, adorado por los griegos como el dios de la guerra, simboliza la lucha con todo lo positivo y negativo que ella comporta. Simboliza también la fuerza, el coraje, la justicia aplicada, la violencia, la pasión arrolladora, el individualismo, la sed de poder.

En el *Tetrabiblos,* Ptolomeo identifica a Marte con la fase de la vida en efervescencia, en sus manifestaciones de lucha, competición y afirmación. Lógicamente, la agresividad intrínseca de este planeta significa tanto la fuerza de la afirmación como de autodestrucción, tanto la justicia como la crueldad, la luz como el vacío.

El aspecto físico de las personas bajo la influencia de dicho planeta es el más masculino, con el rostro cuadrado, mandíbulas fuertes, mentón y nariz prominentes, mirada fría y dura, color de la piel oliváceo. Su comportamiento denotará firmeza de carácter y voluntad.

Marte está muy ligado al planeta Saturno en lo que respecta a la vida interior del individuo.

Algunos astrólogos lo consideran maléfico ya que lo ven como portador de todo mal moral y material, pero no hay que negar que tanto puede traer al mal como, por el contrario, si la voluntad individual logra canalizar la agresividad propia del planeta, puede ser el más constructivo de los planetas.

En el tema astrológico Marte representa un adversario.

Júpiter

Tiene su Casa diurna en el signo de Sagitario y la nocturna en el de Piscis.

Júpiter, adorado por los griegos como padre de los dioses y dios de la justicia, representa la autoridad y la ley. Así como Venus es denominada la «pequeña fortuna», Júpiter simboliza la «gran fortuna» porque representa la riqueza, el éxito, los honores.

Es el planeta más altruista y extrovertido, dispuesto a ayudar, quizá de forma algo paternalista, a quien se encuentra en dificultades, ya sea moralmente, infundiendo confianza y optimismo, ya sea materialmente, prestando dinero y recomendaciones.

El aspecto físico de los nacidos bajo los signos que domina Júpiter será pacífico pero no bonachón, de ojos bondadosos y grandes, barbilla ovalada, nariz bien modelada y carnosa y labios grandes y delgados.

En el tema astrológico representa un individuo influyente.

Saturno

Tiene su Casa en el signo de Capricornio. Saturno, que en la mitología griega es un dios, hijo de Urano y de Vesta, que devoraba a sus hijos, simboliza el destino. Ptolomeo lo relaciona con la última etapa del hombre, la vejez (*cronos*). Es el planeta del extremismo; quien se encuentra bajo su influencia no tiene sentido del término medio: todo o nada. En su aspecto positivo este planeta representa la constancia; en el negativo, el egoísmo y la avaricia. Es el planeta más completo ya que a cada influencia negativa corresponde una positiva, tanto representa la separación de la persona amada como su reencuentro. Aunque se le considere junto con Marte un planeta más maléfico, también de él proviene la toma de conciencia que hace escudriñar dentro de uno mismo hasta sacar a la superficie el verdadero «yo» con sus defectos y cualidades.

El aspecto físico de los nacidos bajo la influencia de este planeta presenta la frente alta, el rostro largo y huesudo, los ojos profundos y penetrantes, manos nudosas, mandíbulas enjutas y angulosas, nariz y mentón prominentes. Su modo de actuar es distanciado y frío.

En el tema astrológico indica la realización de un cambio importante.

Urano

Tiene su Casa en el signo de Acuario. Es el planeta innovador por excelencia. Representa todo lo anticonvencional, rebelde, excéntrico, original, extremista, antirretórico y genial.

Es paralelo, aunque no sólo eso, a la renovación de las células de nuestro organismo, con un ciclo de siete años. Es el planeta que coincide siempre con los grandes cambios históricos. Efectivamente, cada siete años el ritmo biológico de nuestra vida cambia: por ejemplo, a los siete años entramos en la infancia, después de siete años somos adolescentes y así sucesivamente.

Naturalmente, la influencia de Urano será distinta sobre un temperamento extrovertido que sobre un introvertido; mientras que en el primero se encuentra un dinamismo exterior dirigido a organizar, en el segundo se manifiesta por un estudio de los problemas a través del análisis, a menudo atormentado, de los estados emotivos. En el tema astrológico representa el descubridor, el pionero.

Neptuno

 Tiene su Casa en el signo de Piscis, nace en el signo de Leo, se encuentra en exilio en el de Virgo y en decadencia en el de Capricornio.

Neptuno, al que los griegos adoraban como dios de las aguas, es el planeta de la sensibilidad, de la comprensión inmediata. Este planeta, en su sentido positivo, es tan altruista como Júpiter, mientras que en el negativo es individualista. Es el planeta más intuitivo y creativo cerebralmente.

Muchos *médiums* tienen a Neptuno como planeta dominante, cualquiera que sea el signo, al que pertenezcan. Por otra parte, es también el planeta del caos en la vida privada y afectiva.

En el tema astrológico simboliza el engaño.

Plutón

 Tiene su Casa, junto con Marte, en el signo de Escorpión.

Plutón, al que los griegos adoraban como Hades, es el planeta de la transformación.

Se conoce poco sobre este planeta, aunque los astrólogos lo identifican con la renovación, habiendo constatado que en cada período en el que Plutón cambiaba de signo, acaecían transformaciones radicales en la historia de la humanidad. La influencia de este planeta, más que sobre el individuo, se hace sentir sobre las masas.

En el tema astrológico simboliza tanto la ascensión hacia lo alto, como la intriga (así lo establecen las estadísticas, que han recogido muchos de hechos sangrientos imputables a la influencia de Plutón).

LOS PLANETAS SEGÚN LAS CASAS

Los planetas, de los que hemos examinado su influencia y Casa, no permanecen estáticos sino que, conservando las mismas características ya descritas, cambian la influencia de los signos por los que transitan, al atravesar las Doce Casas del Zodíaco. A continuación se explican los planetas según las Casas.

El Sol según las Casas

El Sol representa las principales experiencias de la vida. En su sentido positivo, las experiencias se verán coronadas de gran éxito. En sentido negativo, su alcance se verá obstaculizado por distintas razones.

El Sol en la Casa I: indica magnetismo personal, fuerte personalidad capaz de superar todo tipo de dificultades y alcanzar la meta preestablecida.

El Sol en la Casa II: significa tanto el dinero ahorrado como el gastado. Por tanto, su exceso puede indicar tanto prodigalidad como avaricia.

El Sol en la Casa III: indica facilidad intelectual para aprender, por tanto, conocimientos asimilados con prontitud.

El Sol en la Casa IV: indica el peso de la familia sobre la vida futura de la persona, a veces estableciendo para ella una cierta vía que podrá o no seguir.

El Sol en la Casa V: indica éxito en el campo literario y artístico, y también la facilidad de amar tanto platónica como materialmente.

El Sol en la Casa VI: indica la capacidad que distinguen a la persona en el mundo del trabajo, incluso aunque no llegue a asumir puestos de mando.

El Sol en la Casa VII: indica tanto los lazos que unen a la persona con los demás (socios, amigos, compañeros de trabajo), como el matrimonio, que no es más que el lazo entre dos personas.

El Sol en la Casa VIII: indica las consecuencias positivas y negativas que se verifican tras la muerte.

El Sol en la Casa IX: puede indicar tanto un viaje de larga duración como la realización de una vocación de carácter intelectual.

El Sol en la Casa X: representa un momento cumbre, tanto en posición económica como en posición social, que la persona puede alcanzar.

El Sol en la Casa XI: indica con frecuencia una profesión de gran proyección hacia los demás y de dedicación social.

El Sol en la Casa XII: puede indicar tanto una enfermedad que se apodera violentamente de la persona, como un obstáculo para el pleno éxito de un propósito.

La Luna según las Casas

Sabemos que la Luna representa la edad que en el hombre corresponde a la infancia. Precisando más, en las Casas la

Luna indica el instinto, en sentido positivo; y el complejo de inferioridad en sentido negativo.

La Luna en la Casa I: indica instinto y apatía.

La Luna en la Casa II: representa la facilidad con la que la persona logra ganar dinero. En sentido negativo indica problemas financieros.

La Luna en la Casa III: simboliza los viajes y cambios de residencia.

La Luna en la Casa IV: representa la tranquilidad que la persona querría lograr a través del calor que le ofrece su familia.

La Luna en la Casa V: indica innumerables amores de la persona.

La Luna en la Casa VI: indica la gran atracción de la persona hacia una mujer de condición inferior a la suya.

La Luna en la Casa VII: representa la evolución afectiva y material que lleva al hombre al matrimonio.

La Luna en la Casa VIII: significa tanto las herencias como los peligros que la persona corre en su infancia.

La Luna en la Casa IX: indica la hipersensibilidad de la persona que deja volar su imaginación en ideas y proyectos quiméricos.

La Luna en la Casa X: es el éxito sobre los demás. Es también la Casa del arribismo sin escrúpulos y para el que todo es lícito.

La Luna en la Casa XI: representa la receptividad en el plano amistoso, es decir, en qué forma la persona se comporta con sus amigos.

La Luna en la Casa XII: indica disponibilidad afectiva.

Mercurio según las Casas

En general, indica los estudios, y es el planeta más variable. En sentido positivo representa el aprendizaje rápido en los estudios, como también asuntos llevados a cabo con éxito. En sentido negativo representa la superficialidad, la ligereza y la inestabilidad en las ideas y el carácter.

Mercurio en la Casa I: indica una gran inteligencia, a menudo más intuitiva que racional.

Mercurio en la Casa II: representa la capacidad para los negocios y posibilidad material de llevarlos a buen término.

Mercurio en la Casa III: indica la facilidad del individuo para aprender y superar los estudios, debido a su facilidad de expresión.

Mercurio en la Casa IV: es capacidad de adaptación en los desplazamientos que la persona a menudo emprende por propia voluntad, guiada por la curiosidad de conocer a los demás y a través de ellos a sí mismo en sus aspectos morales, materiales y espirituales.

Mercurio en la Casa V: significa el amor por los juegos de azar; representa además las múltiples relaciones amorosas.

Mercurio en la Casa VI: indica una gran capacidad de trabajo y también los errores cometidos.

Mercurio en la Casa VII: indica un matrimonio por interés.

Mercurio en la Casa VIII: significa la pérdida de una persona amada y los lazos destruidos por la muerte.

Mercurio en la Casa IX: indica escepticismo hacia las manifestaciones intelectuales de los demás, aunque también su comprensión.

Mercurio en la Casa X: significa las múltiples actividades laborales del sujeto.

Mercurio en la Casa XI: indica que el sujeto sabe rodearse de gran variedad de amigos con los que realiza un intercambio intelectual. Es la Casa de la amistad por excelencia.

Mercurio en la Casa XII: representa reveses financieros, debidos, sobre todo, a la deshonestidad de los demás.

Venus según las Casas

Indica la facilidad con la que la persona capta el amor y la simpatía de los demás. En sentido positivo representa gran alegría de vivir, y en sentido negativo los excesos sexuales y sentimentales que le conducirán pronto a la apatía y la abulia.

Venus en la Casa I: indica sensibilidad y amor por la vida.

Venus en la Casa II: representa facilidad de ganancias a través de la persona amada, con la cual se establece una vida en común llena de comprensión y sin la más mínima desavenencia.

Venus en la Casa III: indica la armonía y amistad que une a una persona con sus hermanos y hermanas. La amistad es entendida en esta Casa como un sentimiento que la persona no puede evitar.

Venus en la Casa IV: significa la armonía con los padres y también un amor intenso en la madurez.

Venus en la Casa V: representa la fortuna en las relaciones sociales.

Venus en la Casa VI: sobrentiende como posible el amor nacido en el ambiente laboral, entre compañeros.

Venus en la Casa VII: indica un matrimonio sin crisis.

Venus en la Casa VIII: significa prodigalidad, pero, en posición negativa, pérdida de la persona amada en edad aún joven.

Venus en la Casa IX: representa un amor nacido fuera del propio país, como pasión hacia un extranjero, aunque se extinguirá en poco tiempo.

Venus en la Casa X: significa gran fortuna económica y gloria, si el sujeto desarrolla una profesión artística.

Venus en la Casa XI: indica la facilidad del sujeto para establecer amistades distinguidas e influyentes, que lo ayudarán en su camino, tanto a nivel social como laboral.

Venus en la Casa XII: significa las pruebas que el sujeto impone o le son impuestas por la persona amada. Amor transformado en odio.

Marte según las Casas

Significa la posibilidad de afirmación a través de la expresión de tendencias personales y violentas. Simboliza la lucha, la agresividad que en sentido positivo se sublima en una acción beneficiosa y en sentido negativo en violencia bruta.

Marte en la Casa I: indica la agresividad en sus múltiples formas: irascibilidad, violencia, pasión, dominio y sed de poder. También simboliza al individuo que no sabe adaptarse a situaciones imprevistas.

Marte en la Casa II: significa agresividad de la persona que en aras a enriquecerse no se detiene ante nada.

Marte en la Casa III: indica litigios entre cónyuges.

Marte en la Casa IV: significa una educación familiar excesivamente severa.

Marte en la Casa V: representa la conquista del amor a través de la lucha, a menudo atormentada, contra los prejuicios y la moral.

Marte en la Casa VI: indica trabajo arduo y peligroso.

Marte en la Casa VII: significa la lucha de la persona en el camino de su afirmación, que puede repercutir en su salud o volverla indiferente ante obstáculos que detendrían a alguien de una rígida moralidad. En consecuencia, esta lucha hace de esa persona un ser duro y sin escrúpulos. Simboliza también el matrimonio realizado precipitadamente, en edad juvenil, las nubes que ofuscan la serenidad de la vida en pareja y la separación.

Marte en la Casa VIII: puede indicar tanto muerte violenta de la persona o un consanguíneo, como controversias por causa de una herencia.

Marte en la Casa IX: en sentido positivo simboliza la completa dedicación a una causa, seguida incluso ante la perspectiva de tremendos peligros; también animadversión hacia todo tipo de fe religiosa. Indica un carácter que no desciende a compromisos.

Marte en la Casa X: significa la violencia utilizada para afirmarse en el campo social, ya que en esta Casa la persona se hace temer por la sociedad a la que pertenece.

Marte en la Casa XI: simboliza la amistad en su expresión más dictatorial. El amigo del sujeto será su único gran amigo, pero si no se somete a los imperativos de aquél, se convertirá en enemigo implacable.
Indica también disputas sostenidas en defensa de un amigo o pariente.

Marte en la Casa XII: significa tanto los impedimentos impuestos por el destino, como los riesgos que se corren al sufrir una operación.

Júpiter según las Casas

Significa una vida fácil, sin luchas ni peligros respecto al desarrollo del individuo. En sentido positivo, indica opulencia y éxito. En sentido negativo: despilfarro de bienes materiales y malos negocios por incapacidad propia.

Júpiter en la Casa I: representa la simpatía que la persona irradia a su alrededor, la alegría de vivir y el amor por la naturaleza.

Júpiter en la Casa II: indica la buena administración de las propias riquezas, las inversiones provechosas y que facilitan la vida.

Júpiter en la Casa III: significa facilidad para los estudios y para la superación de pruebas de carácter escolástico o didáctico.

Júpiter en la Casa IV: representa a los padres que influyen beneficiosamente en los estudios del hijo, el cual acrecentará la propiedad familiar con su aportación a los negocios e inversiones.

Júpiter en la Casa V: indica éxito perfecto en la expresión artística y satisfacciones dadas por los hijos.

Júpiter en la Casa VI: significa éxito en el mundo del trabajo y óptimas relaciones con los compañeros y superiores; en el caso probable de que la persona conquiste una posición de mando, será respetada y obedecida por sus subalternos.

Júpiter en la Casa VII: indica enormes ventajas procedentes de las relaciones sociales de las que la persona forma parte como protagonista indispensable para el buen ritmo de dichas relaciones.

Júpiter en la Casa VIII: indica riqueza a través de una herencia, matrimonio o sociedad.

Júpiter en la Casa IX: significa la objetividad con la que el sujeto acepta las críticas formuladas por otros y el gran respeto que le infunden las ideas, incluso contrarias a las suyas, siempre que se basen en una seriedad moral e intelectual.

Júpiter en la Casa X: indica el poder que una persona ejerce sobre los demás, tanto en el plano económico, como militar o político. También la facilidad con la que una persona alcanza la gloria.

Júpiter en la Casa XI: simboliza la forma por la que una persona alcanza una posición social, por el éxito personal o bien a través de una amistad influyente que lo relaciona con personajes bien situados.

Júpiter en la Casa XII: indica las victorias del individuo frente a los obstáculos que el destino o los enemigos le deparan.

Saturno según las Casas

Señala el destino y las dificultades que se presentan al individuo. En sentido positivo indica superioridad intelectual. En sentido negativo, los tormentos interiores que torturan al individuo.

Saturno en la Casa I: indica la dificultad de una persona en la comunicación con los demás.

Saturno en la Casa II: representa los dos polos extremos de la riqueza, la prodigalidad excesiva y la avaricia que muchas veces denota un espíritu tacaño y cruel.

Saturno en la Casa III: representa una inteligencia fría y distante, capaz de asimilar únicamente materias exactas, como las matemáticas o las ciencias. Las relaciones con los familiares se ven, a menudo, marcadas por la indiferencia debido a las dificultades de una persona para participar en sus penas y alegrías.

Saturno en la Casa IV: representa la imposibilidad del individuo para establecer una relación afectiva con los padres, en los que ve sólo la severidad mostrada hacia él.

Saturno en la Casa V: simboliza el extremismo en el terreno erótico y sentimental; o a amantes que poseen un control sobrehumano que posee, aunque les falte apasionamiento, o tímidos conejitos inhibidos con miedo a todo lo que hace referencia al amor y el erotismo.

Fácilmente esa persona puede vivir en el recuerdo de un amor platónico nacido en la escuela, que no quiere alterar dedicándose a actividad sexual alguna.

Saturno en la Casa VI: representa tanto una posición laboral alcanzada a través del sacrificio, como enfrentamientos con los compañeros.

Saturno en la Casa VII: indica matrimonio por motivos de interés, realizado tras fuertes obstáculos de todo tipo, cuya superación engendra una tensión que lentamente arruina la salud de esa persona. Es decir matrimonio basado más sobre la estima que sobre el amor sereno y tranquilo, pero sin pena ni alegría.

Saturno en la Casa VIII: mientras los demás planetas aportan dinero a través de una herencia o una asociación, Saturno en esta Casa favorece la existencia de herencias onerosas o endeudadoras.

Saturno en la Casa IX: representa el aprendizaje teórico y la filosofía. Es indicativo de sabiduría y comprensión.

Saturno en la Casa X: indica el éxito obtenido en las relaciones interpersonales, bastante discutible y fácilmente sujeto a reveses.

Saturno en la Casa XI: indica amistad con un individuo más anciano que la persona en cuestión. La amistad es interpretada y acogida con una cierta frialdad, casi soportada, de forma que la persona ama más la soledad que la relación con los demás.

Saturno en la Casa XII: representa el esfuerzo de esa persona por superar los obstáculos que el destino le depara.

Urano según las Casas

Indica imprevistos que toman por sorpresa al individuo. En sentido positivo significa caprichos. En sentido negativo: rebelión abierta y sin frenos frente a las convenciones, la moral y la sociedad.

Urano en la Casa I: indica individualismo por el que se afirma la personalidad.

Urano en la Casa II: representa ganancias que en un primer momento parecen irrealizables y que por el contrario se verifican puntualmente.

Urano en la Casa III: indica viajes que a menudo comportan peligro y autonomía que la persona mantiene frente a los demás.

Urano en la Casa IV: significa cambios en la vida familiar, por lo que la persona se ve libre, siendo aún joven, de la influencia y autoridad paternas.

Urano en la Casa V: indica el cambio que conduce al individuo a abandonar la vida tranquila para correr tras la aventura, tanto puramente erótica como sentimental. Amor por todo lo artístico.

Urano en la Casa VI: representa una excesiva independencia que conduce al sujeto a romper sus lazos con los compañeros de trabajo. Crisis de salud.

Urano en la Casa VII: significa independencia y libertad como base de la relación sentimental.

Urano en la Casa VIII: indica una herencia imprevista.

Urano en la Casa IX: indica todo lo que significa descubrimiento, renovación, innovación, curiosidad por conocer, pero también los peligros que se corren cuando se emprende un viaje.

Urano en la Casa X: representa la suerte del sujeto en todo lo que signifique relaciones personales y escalada hacia el éxito.

Urano en la Casa XI: indica renovación y cambio imprevisto de amistades por desavenencias profundas e imprevistas. Los amigos serán de extracción intelectual y harán excesivamente cerebral la relación amistosa.

Urano en la Casa XII: significa la inquietud que asalta al sujeto cuando ha de superar pruebas de extrema importancia.

Neptuno según las Casas

Indica la influencia del ambiente sobre el individuo. En sentido positivo es la gran humanidad y altruismo que mueve a una persona en los problemas de los demás. En sentido negativo significa la excesiva influencia del ambiente sobre el individuo privándole de su personalidad.

Neptuno en la Casa I: simboliza la hipersensibilidad del individuo que lo conduce a manifestaciones de locura.

Neptuno en la Casa II: representa la desorganización en las finanzas y también la llegada imprevista de dinero.

Neptuno en la Casa III: simboliza sueños de viajes fantásticos a mundos irreales, pues representa todo lo quimérico.

Neptuno en la Casa IV: indica que el amor por la aventura, meramente ideal, influirá también en la vida familiar, que será desorganizada y caótica.

Neptuno en la Casa V: representa un amor romántico y también la morbosidad sexual.

Neptuno en la Casa VI: representa un mundo laboral particularmente propicio al individuo si tiene sensibilidad.

Neptuno en la Casa VII: indica irregularidad en el matrimonio. Puede indicar también un matrimonio que ha alcanzado la felicidad después de mucho tiempo.

Neptuno en la Casa VIII: representa enfermedades de carácter nervioso; éxito en la profesión de la ciencia parapsicológica.

Neptuno en la Casa IX: simboliza la sociabilidad de una persona y creencia ciega en la fe religiosa.

Neptuno en la Casa X: representa el mundo del arte y está ligado a la sensibilidad artística de la persona que, por su gran receptividad, encuentra en esta Casa gran acogida.

Neptuno en la Casa XI: indica tanto la inconstancia de las amistades como los daños perpetrados contra un amigo.

Neptuno en la Casa XII: significa una traición hecha o sufrida.

Plutón según las Casas

Simboliza el conocimiento instintivo de una persona. Por tanto representa todo lo concerniente a la creación y destrucción.

Plutón en la Casa I: simboliza la continua tensión nerviosa que conduce al individuo tanto a la creación como a la destrucción.

Plutón en la segunda Casa: indica un negocio importante en extremo secreto o la ruina económica.

Plutón en la Casa III: indica el descubrimiento filosófico de problemas teóricos, a través de la profundidad del pensamiento. El que viaje puede correr grandes riesgos.

Plutón en la Casa IV: simboliza los secretos que los padres no comparten con los hijos.

Plutón en la Casa V: indica un amor misterioso o atormentado.

Plutón en la Casa VI: significa éxito en el mundo del trabajo a través de una ocupación particular que se sale de los esquemas corrientes.

Plutón en la Casa VII: indica un matrimonio feliz y que después de años de unión conserva el ardor del primer momento.

Plutón en la Casa VIII: significa una profunda inclinación de esa persona hacia el mundo parasicológico, o una ayuda económica por parte de una amiga.

Plutón en la Casa IX: simboliza tanto la atracción hacia todo lo espiritual como la enajenación mental.

Plutón en la Casa X: indica tanto el amor irresistible hacia una determinada profesión, incluso peligrosa, como una recesión en la actividad profesional.

Plutón en la Casa XI: significa extremismo en la amistad y en el amor; amor u odio, primero amor desmesurado y después odio ciego.

Plutón en la Casa XII: representa la intriga; salud enfermiza, sujeta fácilmente a enfermedades muy graves.

EL HORÓSCOPO INDIVIDUAL

El tratamiento del horóscopo personal requiere, como se ha dicho, el examen de muchos datos que se pueden obtener con una simple partida de nacimiento. Es preciso conocer la fecha exacta, la hora, los minutos y el lugar y año de nacimiento. En segundo lugar, se necesitarán los datos familiares para atenerse de la manera más rigurosa posible a la verdad; los genes hereditarios influyen, al igual que influyen el lugar de nacimiento.

Las mismas características somáticas se repiten para los nacidos en una u otra nación, los parecidos familiares no se acaban en el hecho de tener el mismo color de cabellos que la abuela o el mismo rostro que el padre o la misma figura que la madre, sino que se repiten pasando de los abuelos a los padres, a los hijos, a los nietos, etc.

En el horóscopo personal, hay que tener presente al menos el «carácter tipo» de los ascendentes: si, por ejemplo, el padre es Virgo y la madre Géminis, deberemos considerar los «elementos base» generales de estos tipos zodiacales para obtener un horóscopo veraz del hijo. A una atenta lectura de dichos elementos, deberá corresponder después la búsqueda del ascendente.

Para un horóscopo todavía más fiel, la búsqueda del ascendente se efectúa también en los padres y, eventualmente, en los hermanos o quienes conviven con la persona a examinar, a fin de poder crear un riguroso cuadro ambiental de la familia y encuadrar exactamente a esa que se va a tomar en consideración.

Cómo establecer una carta astral

El astrólogo calcula un tema natal de una persona y lo representa mediante lo que se llama carta astral, que muestra la disposición de los astros en el instante del nacimiento y por el lugar del mismo.

Esta carta natal es comparable a una fotografía instantánea del cielo hecha en el preciso instante de la llegada de la persona al mundo, y constituye una cartá de identidad astral.

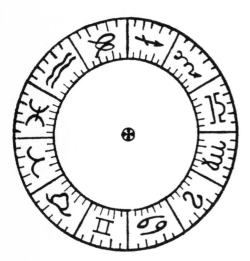

Modelo de diagrama zodiacal utilizable como sello

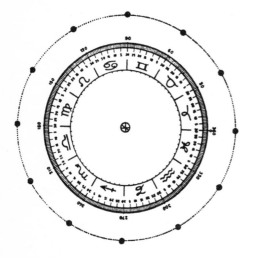

Otro modelo de hoja zodiacal. Ofrece precisión en la gradación de los signos, de 0° a 330°

En cuanto a los signos, también es preciso conocer su orden, que es inmutable; por ejemplo, que el Escorpión es el octavo signo a partir de Aries que es el primero del Zodíaco. Como cada signo comprende 30°, es fácil saber que un planeta situado a 168° está, de hecho, a 18° en la gradación de Virgo (pues Virgo es el sexto signo del Zodíaco y comienza a 150°, como usted puede ver sobre el modelo de Zodíaco de las ediciones tradicionales).

Los medios necesarios

Lo primero es conocer las coordenadas correspondientes al nacimiento de la persona a la que se le quiere elaborar la carta natal, es decir: la fecha, la hora y el lugar de nacimiento. Ilustrémoslo con el ejemplo de un personaje ficticio: David Vincent, cuyas coordenadas de nacimiento se encuentran al pie del diagrama zodiacal que muestra las correspondientes Casas. Así, pues, tome una hoja de papel y una pluma o bolígrafo de tinta roja y anote sus coordenadas de nacimiento. Asimismo procúrese una calculadora de bolsillo y unas hojas con el círculo zodiacal, como el que presentamos aquí, o un sello para que lo estampe donde lo crea conveniente.

David Vincent, nacido el 8 de mayo de 1947 a las 18 h 15' en Barcelona. tiempo sideral (TS) 3 h 01' 53" +/- diferencia hora local (HL) + 5 h 24' 21" corrección de TS 53' TSN = 8 h 27' 07"

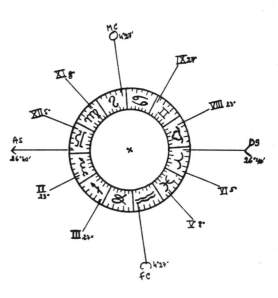

La necesidad de las efemérides

Por supuesto, será necesario contar con las efemérides (registro de las posiciones planetarias) del año de nacimiento. le aconsejamos las efemérides americanas, distribuidas en Europa, de las cuales cada volumen cubre cincuenta años (1900 a 1950 y 1950 a 2000). Nos dan las posiciones planetarias (los diez planetas y el nódulo Norte) para cada día al mediodía o a media noche GMT (hora de Greenwich). Utilice más bien las del mediodía, puesto que nuestros cálculos utilizarán las efemérides para el mediodía.

Deberá adquirir igualmente un libro que registre las tablas de las Casas para encontrar su ascendente. Nosotros utilizamos las tablas rosacruces, pero las ediciones tradicionales son igualmente recomendables.

El nacimiento

¿Para qué momento debe ser calculado el tema natal de un individuo? Muchos se han preguntado si el momento de la concepción no era el mejor. Nosotros respondemos categóricamente que no. ¿Por qué? Porque una carta natal debe ser calculada para el instante preciso en que el ser llega a ser autónomo aspirando el aire ambiente por primera vez y llenándose de él los pulmones: es decir en el momento de su nacimiento, en su primer grito.

Atención: el hecho de que el niño nazca de manera natural o por medio de una cesárea no establece ninguna diferencia. Lo importante es el instante en el que el bebé saliendo del interior de la madre, se convierte en autónomo y lanza su primer grito.

En ese momento se encuentra «impresionado» por un conjunto de influencias cósmicas que forman un todo llegando del Gran Todo (nuestro sistema solar).

Compréndase bien que en el momento del nacimiento, la «instantánea» del cielo que ha de constituir el tema natal queda como grabada en el cuerpo, en la mente y en el espíritu del bebé, influyendo en todo momento durante toda su vida.

TABLES OF HOUSES — Latitude 42° 42' N.

Sidereal Time. H. M. S.	10 Υ	11 ♉	12 ♊	Ascen ♋ '	2 Ω	3 ♍
0 0 0	0	7	16	20 10	9	1
0 3 40	1	8	17	20 55	10	2
0 7 20	2	9	18	21 39	11	3
0 11 0	3	10	19	22 23	12	4
0 14 41	4	11	20	23 7	12	5
0 18 21	5	12	21	23 51	13	6
0 22 2	6	13	22	24 35	14	7
0 25 42	7	14	23	25 19	15	7
0 29 23	8	15	24	26 2	15	8
0 33 4	9	16	24	26 46	16	9
0 36 45	10	17	25	27 29	17	10
0 40 26	11	18	26	28 13	18	11
0 44 8	12	19	27	28 57	18	12
0 47 50	13	20	28	29 41	19	13
0 51 32	14	21	29	0Ω 24	20	14
0 55 14	15	22	30	1 7	21	14
0 58 57	16	23	♋	1 51	21	15
1 2 40	17	24	1	2 34	17	16
1 6 23	18	25	2	3 17	23	17
1 10 7	19	26	3	4 1	24	18
1 13 51	20	27	4	4 44	25	19
1 17 35	21	28	5	5 28	25	20
1 21 20	22	29	6	6 12	26	21
1 25 6	23	11	7	6 55	27	22
1 28 52	24	1	7	7 39	28	23
1 32 38	25	2	8	8 23	29	23
1 36 25	26	3	9	9 6	29	24
1 40 12	27	4	10	9 50	♍	25
1 44 0	28	5	11	10 34	1	26
1 47 48	29	6	11	11 18	2	27
1 51 37	30	7	12	12 1	2	28

Sidereal Time. H. M. S.	10 ♉	11 ♊	12 ♋	Ascen Ω '	2 ♍	3 ♍
1 51 37	0	7	12	12 2	3	28
1 55 27	1	8	13	12 47	3	29
1 59 17	2	9	14	13 31	4	♎
2 3 8	3	10	15	14 15	5	1
2 6 59	4	11	15	14 59	6	2
2 10 51	5	12	16	15 44	7	3
2 14 44	6	13	17	16 28	7	3
2 18 37	7	14	18	17 13	8	4
2 22 31	8	15	19	17 58	9	5
2 26 25	9	15	20	18 43	10	6
2 30 20	10	16	20	19 29	11	7
2 34 16	11	17	21	20 14	12	8
2 38 13	12	18	22	20 59	12	9
2 42 10	13	19	23	21 44	13	10
2 46 8	14	20	24	22 30	14	11
2 50 7	15	21	25	23 16	15	12
2 54 7	16	22	25	24 2	16	13
2 58 7	17	23	26	24 48	17	14
3 2 8	18	24	27	25 35	18	15
3 6 9	19	25	28	26 21	18	16
3 10 12	20	26	29	27 7	19	17
3 14 15	21	27	♌ 27	54	20	18
3 18 19	22	28	1	28 41	21	19
3 22 23	23	29	1	29 29	22	20
3 26 29	24	30	2	0♍15	23	21
3 30 35	25	♋	3	1 3	24	22
3 34 41	26	1	4	1 50	25	23
3 38 49	27	2	5	2 38	25	24
3 42 57	28	3	6	3 25	26	24
3 47 6	29	4	7	4 13	27	25
3 51 15	30	5	7	5 1	28	26

Sidereal Time. H. M. S.	10 ♊	11 ♋	12 Ω	Ascen ♍ '	2 ♍	3 ♎
3 51 15	0	5	7	5 1	28	26
3 55 25	1	6	8	5 50	29	27
3 59 36	2	7	9	6 39	♎	28
4 3 48	3	8	10	7 27	1	29
4 8 0	4	9	11	8 16	2	♏
4 12 13	5	10	12	9 4	3	1
4 16 26	6	11	13	9 53	3	2
4 20 40	7	12	14	10 42	4	3
4 24 55	8	13	15	11 31	5	4
4 29 10	9	14	15	12 21	6	5
4 33 26	10	15	16	13 11	7	6
4 37 42	11	16	17	14 0	8	7
4 41 59	12	17	18	14 50	9	8
4 46 16	13	18	19	15 40	10	9
4 50 34	14	19	20	16 30	11	10
4 54 52	15	20	21	17 20	12	11
4 59 10	16	20	22	18 10	13	12
5 3 29	17	21	22	19 0	14	13
5 7 49	18	22	23	19 50	15	14
5 12 9	19	23	24	20 41	15	15
5 16 29	20	24	25	21 32	16	16
5 20 49	21	25	26	22 22	17	17
5 25 9	22	26	27	23 13	18	18
5 29 30	23	27	28	24 4	19	19
5 33 51	24	28	29	24 55	20	20
5 38 12	25	29	♏	25 45	21	21
5 42 34	26	Ω	1	26 36	22	22
5 46 55	27	1	2	27 27	23	23
5 51 17	28	2	2	28 18	24	24
5 55 38	29	3	3	29 9	25	25
6 0 0	30	4	4	30 0	26	26

Sidereal Time. H. M. S.	10 ♋	11 Ω	12 ♍	Ascen ♎ '	2 ♎	3 ♏
6 0 0	0	4	4	0 0	26	26
6 4 22	1	5	5	0 51	27	27
6 8 43	2	6	6	1 42	28	28
6 13 5	3	7	7	2 33	28	29
6 17 26	4	8	8	3 24	29	♐
6 21 48	5	9	9	4 15	♏	1
6 26 9	6	10	10	5 5	1	2
6 30 30	7	11	11	5 56	2	3
6 34 51	8	12	12	6 47	3	4
6 39 11	9	13	13	7 38	4	5
6 43 31	10	14	14	8 28	5	6
6 47 51	11	15	15	9 19	6	7
6 52 11	12	16	15	10 10	7	8
6 56 31	13	17	16	11 0	8	9
7 0 50	14	18	17	11 50	9	10
7 5 8	15	19	18	12 40	9	10
7 9 26	16	20	19	13 30	10	11
7 13 44	17	21	20	14 20	11	12
7 18 1	18	22	21	15 10	12	13
7 22 18	19	23	22	16 0	13	14
7 26 34	20	24	23	16 49	14	15
7 30 50	21	25	24	17 39	15	16
7 35 5	22	26	25	18 29	15	17
7 39 20	23	27	26	19 18	16	18
7 43 34	24	28	27	20 7	17	19
7 47 47	25	29	27	20 56	18	20
7 52 0	26	♍	28	21 44	19	21
7 56 12	27	1	29	22 33	20	23
8 0 24	28	2	♎	23 21	21	23
8 4 35	29	3	1	24 10	22	24
8 8 45	30	4	2	24 59	23	25

Sidereal Time. H. M. S.	10 Ω	11 ♍	12 ♎	Ascen ♎ '	2 ♏	3 ♐
8 8 45	0	4	2	24 59	23	25
8 12 54	1	5	3	25 47	23	26
8 17 3	2	6	4	26 35	24	27
8 21 11	3	6	5	27 22	25	28
8 25 19	4	7	5	28 10	26	29
8 29 26	5	8	6	28 57	27	♐
8 33 31	6	9	7	29 45	28	0
8 37 37	7	10	8	0♏32	29	1
8 41 41	8	11	8	1 19	29	2
8 45 45	9	12	10	2 6	♐	3
8 49 48	10	13	11	2 53	1	4
8 53 51	11	14	12	3 39	2	5
8 57 52	12	15	12	4 25	3	6
9 1 53	13	16	13	5 12	4	7
9 5 53	14	17	14	5 58	5	8
9 9 53	15	18	15	6 44	5	9
9 13 52	16	19	16	7 30	6	10
9 17 50	17	20	17	8 16	7	11
9 21 47	18	21	18	9 1	8	12
9 25 44	19	22	18	9 46	9	13
9 29 40	20	23	19	10 31	10	14
9 33 35	21	24	20	11 17	10	15
9 37 29	22	25	21	12 2	11	16
9 41 23	23	26	22	12 47	12	16
9 45 16	24	27	23	13 32	13	17
9 49 9	25	27	23	14 16	14	18
9 53 1	26	28	24	15 1	15	19
9 56 52	27	29	25	15 45	16	20
10 0 42	28	♎	26	16 29	16	21
10 4 33	29	1	27	17 13	17	22
10 8 23	30	2	27	17 58	18	23

Sidereal Time. H. M. S.	10 ♍	11 ♎	12 ♎	Ascen ♏ '	2 ♐	3 ♑
10 8 23	0	2	27	17 58	18	23
10 12 12	1	3	28	18 42	19	24
10 16 0	2	4	29	19 26	19	25
10 19 48	3	5	♏	20 10	20	26
10 23 35	4	6	1	20 53	21	27
10 27 22	5	7	1	21 37	22	28
10 31 8	6	7	2	22 21	23	29
10 34 54	7	8	3	23 5	24	♒
10 38 40	8	9	4	23 48	24	1
10 42 25	9	10	5	24 32	25	2
10 46 9	10	11	5	25 16	26	3
10 49 53	11	12	6	25 59	27	4
10 53 37	12	13	7	26 43	28	5
10 57 20	13	14	8	27 26	29	6
11 1 3	14	15	9	28 9	♑	7
11 4 46	15	16	9	28 52	0	8
11 8 28	16	16	10	29 36	1	9
11 12 10	17	17	11	0♐19	2	10
11 15 52	18	18	12	1 2	3	11
11 19 34	19	19	12	1 47	4	12
11 23 15	20	20	13	2 31	5	13
11 26 56	21	21	14	3 14	6	14
11 30 37	22	22	15	3 58	7	15
11 34 18	23	23	15	4 41	7	16
11 37 58	24	24	16	5 25	8	17
11 41 39	25	24	17	6 9	9	18
11 45 19	26	25	18	6 53	10	19
11 49 0	27	26	18	7 37	11	20
11 52 40	28	27	19	8 21	12	21
11 56 20	29	28	20	9 5	13	22
12 0 0	30	29	21	9 50	14	23

Ejemplo de tabla de Casas

El sistema solar constituye un macrocosmos parecido a los múltiples e incontables microcosmos formados por átomos y electrones que componen nuestro cuerpo. El astrólogo piensa que esta analogía no solamente es física, sino también psíquica y espiritual.

El conjunto de nuestro sistema solar (dentro del cual todos los componentes están en estrecha relación, en interacción), este todo de nuestro cuadro de vida cósmica, transporta informaciones psíquicas y espirituales marcando con una huella al bebé. Es un instante de la evolución del todo, de la globalidad de nuestro sistema solar activo, que impregna a uno de sus «constituyentes» humanos, que aparece en la carta natal.

Estas influencias astrales no pueden ser medidas ni cuantificadas por la ciencia moderna. Es el espíritu del hombre el que debe descifrar este lado espiritual existente entre él y los astros gracias a lo simbólico, y esto emana directamente del espíritu del hombre inspirado por el todo o la globalidad solar, o la fuerza creativa.

Establecer la hora

Siguiendo paso a paso las orientaciones que le ofrecemos, ya desde la primera parte de esta obra podrá usted hacer el cálculo de una carta natal. Para ello, usted deberá proceder exactamente como se le indica en el ejemplo. Así pues le recordamos las coordenadas:

David Vincent, nacido el 8 de mayo de 1947 a las 18 h y 15' en Barcelona.

Lo primero que debe hacerse es anotar en una hoja de papel las coordenadas geográficas del lugar de nacimiento. Para ello tendrá que consultar una tabla con las principales ciudades, en la que se indican las posiciones señalando su latitud (norte o sur) y su longitud (este u oeste). En el caso de España, las que aparecen en las páginas anteriores.

Para nuestro ejemplo, vemos en la tabla de localizaciones geográficas para las principales ciudades que la ciudad de Barcelona se encuentra a 41° 23' de latitud norte (recuérdese que son grados de arco y que el signo corresponde a minuto de arco) y a 8' y 44" de longitud este.

Las coordenadas de su lugar de nacimiento

En el caso de que el lugar natal no se encuentre en esta lista de países y ciudades, podrá tomarse la ciudad más próxima al lugar de nacimiento, ya que de esta manera la diferencia será realmente mínima. De no ser así, convendrá que establezca usted mismo las coordenadas con exactitud valiéndose de un buen mapa que, por supuesto, incluya meridianos y paralelos. El siguiente paso es transformar la hora de nacimiento (que es la hora legal, es decir la que estaba en vigor legalmente en la época del nacimiento, señalada por lo general en el registro de nacimiento) en hora de Greenwich (llamada también hora GMT, o TU) y después en hora local (HL).

La hora cero y el Meridiano de Greenwich

Greenwich es una pequeña ciudad próxima a Londres, y se la ha adoptado como punto de referencia internacional debido a que por ella pasa el meridiano señalado como cero. Es sabido que la Tierra está dividida en 24 husos horarios, representando cada uno una hora o quince grados de arco, lo que significa que 24 horas tienen su equivalencia en los 360° de la esfera terrestre. Greenwich aporta, pues, el meridiano de referencia y la hora de referencia. Todo lo que está al oeste de Greenwich tiene una longitud oeste y todo lo que está al este de Greenwich tiene una longitud este.

La verdadera hora del nacimiento

Ahora bien, para calcular las posiciones planetarias es preciso establecer el equivalente de la hora del nacimiento (hora legal) con la hora de Greenwich. Para ello hay que partir de la hora local del lugar de nacimiento y añadirle o restarle la diferencia de tiempo con Greenwich, según la longitud sea este u oeste. De este modo la hora local le permitirá encontrar su signo ascendente. Transforme la hora legal en hora de Greenwich (o GMT = *Greenwich Meridian Time*).
Dicho en otras palabras, al decir «Yo nací a tal hora…» todo el

mundo se refiere a la hora que marcaban los relojes en el lugar y en el momento de su nacimiento (hora legal). Pero no es esta la hora que ha de considerarse al reconstruir la posición en que se hallaba la Tierra con respecto a los astros en el momento preciso del nacimiento.

Así pues, es necesario establecer cuál era la hora real en ese preciso punto del mundo en el instante en que la persona en cuestión empezó a respirar por sí misma, o sea, la del minuto en que dejó de formar un mismo cuerpo con su madre para pasar a ser una vida con destino propio.

Y para lograrlo hay que saber cuál era la hora del meridiano de Greenwich en el inicio de la vida de la persona. Esta es la hora que realmente importa, pues es la que nos sitúa en el tiempo y en el espacio universales.

El conocimiento de la hora GMT que corresponde al caso, le servirá para calcular las posiciones planetarias del día de su nacimiento. Registre esta hora GMT en la hoja donde haya anotado las coordenadas de latitud y de longitud de su lugar de nacimiento.

Establecer la hora local

La tercera operación consiste en averiguar la hora local del lugar de nacimiento que permitirá conocer su ascendente. Esta operación es quizá más simple que la anterior. Bastará con añadir o restar a su hora (GMT) la diferencia de tiempo este u oeste de longitud de Greenwich (que usted ya habrá anotado al establecer las coordenadas de su ciudad natal o de la que se encuentre más próxima).

La carta astral debe ser calculada ateniéndose a la hora del lugar de su nacimiento y no por Greenwich (hay una diferencia de espacio y por consiguiente de tiempo entre Greenwich y su ciudad natal). Solamente los que hayan nacido en Greenwich no tendrán que buscar la hora local.

Como ya hemos dicho, al estar la Tierra dividida en 24 usos horarios existen horas diferentes para los distintos puntos de globo terrestre. Para localizarlos, disponemos de un meridiano de referencia que es el de Greenwich y de la longitud que se traduce en una desviación de tiempo con relación a Greenwich.

Por tanto, para todos los lugares situados al este de Greenwich, la longitud es este y se suma a la hora GMT.

Y para todos los lugares situados al oeste de Greenwich, esta longitud es oeste y se resta de la hora GMT.

Esta regla es pues muy simple e inmutable para cualquier lugar de nacimiento.

Cuando se tiene una longitud este para un lugar de nacimiento (no importa de qué país se trate), deberá sumarse esta longitud en tiempo a la hora GMT. Si la longitud es oeste (para cualquier país), entonces habrá de restarse esta longitud en términos de tiempo a la hora GMT.

He aquí algunos ejemplos para el extranjero:

Hora GMT = 8 h 20' para un nacimiento en Calcuta.
Hora GMT = 4 h 10' para un nacimiento en Nueva York.
Hora GMT = 15 h 10' para un nacimiento en Túnez.
Hora GMT = 18 h 40' para un nacimiento en Montreal.

Esto nos da:

En la tabla se lee: Calcuta, longitud 5 h 54' este. Entonces, deberemos sumarla a la hora GMT, o sea: hora local = 8 h 20' + 5 h 54' = 14 h 14'.

En la tabla se lee Nueva York longitud 4 h 55' 48" oeste, así, pues, la restamos de la hora GMT, o sea: hora local = 4 h 10' - 4 h 55' 48" = 23 h 14' 12" (que es la hora local correspondiente a la víspera del día del nacimiento como esto puede suceder a veces; preste siempre mucha atención a sus sumas o a sus restas de tiempo; revíselas siempre para evitar los errores o faltas de atención.

En la tabla se lee Túnez longitud 40' 40" Este, así pues procedemos a añadirla a la hora GMT, o sea: hora local = 15 h 10 + 40' 40" = 15 h 50' 40".

En la tabla se lee, Montreal longitud 4 h 54' 20" Oeste, así pues la restamos de la hora GMT, o sea: hora local = 18 h 40' - 4 h 54' 20" = 13 h 45' 40".

El cálculo del tiempo sideral natal

Ahora ya ha aprendido a calcular su hora GMT y su hora local. La etapa siguiente será calcular el tiempo sideral natal, o TNS, que le permitirá encontrar su ascendente.

Para calcular el tiempo sideral natal tome el libro de las efemérides y ábralo en la página correspondiente a su fecha de nacimiento.

Para el personaje del ejemplo, David Vincent, nacido el 8 de mayo de 1947, remitimos al lector a las tablas de las Efemérides. En primer término, en lo alto de las columnas se observan los símbolos de los astros. En las columnas aparecen los símbolos de los signos del Zodíaco. En la primera columna en la parte alta, se ve la palabra Día *(Day)*. Encima, la palabra Mayo *(May)*. Al lado de cada cifra de la fecha figura la inicial del nombre en inglés de los días de la semana, siendo:

M = Lunes
T = Martes
W = Miércoles
T = Jueves
F = Viernes
S = Sábado
S = Domingo

Como se ve, hay letras repetidas, pero el orden de su aparición permite saber invariablemente el día al que se refieren.

En la segunda columna se indica: *Ephemerides Sidereal Time,* que significa Efemérides de Tiempo Sideral, cuya abreviatura es TS.

Debe usted establecer, en la columna *Ephemeris Sidereal Time,* el tiempo sideral, o TS, que figura al lado de su fecha de nacimiento. Para nuestro ejemplo, David Vincent nacido el 8 de mayo de 1947, observamos al lado del 8 de mayo el TS = 3 h 01' 53" (dejemos de lado las décimas de segundo).

El tiempo sideral, o TS, progresa a razón de 3' 56" 34 centésimas por día, o sea 9,85 segundos por hora, o un minuto aproximadamente cada seis horas, porque el día sideral es ligeramente más breve que el día solar (cuatro minutos aproximadamente). Ello supone hacer las correcciones que se indican en la tabla de la página 65.

Mayo 1947

Day	Ephemeris Sidereal Time	☉	☊	☽	☿	♀	♂	♃	♄	♅	♆	♇
	h m s	° ′	° ′	° ′	° ′	° ′	° ′	° ′	° ′	° ′	° ′	° ′
						Longitude at Noon						
1 T	2 34 17.3	10♉16.9	3♊45.9	25♍53.1	24♈49.7	7♈38.9	15♈ 5.9	24♏17.8	2♌38.3	19♊30.4	8♎37.5	10♌59.7
2 F	2 38 13.9	11 15.1	3 42.7	9♎ 9.0	26 41.3	8 50.9	15 51.9	24℞10.6	2 41.3	19 33.3	8℞36.1	10 59.9
3 S	2 42 10.5	12 13.2	3 39.5	22 11.2	28 34.6	10 2.9	16 37.8	24 3.3	2 44.4	19 36.3	8 34.8	11 0.1
4 S	2 46 7.0	13 11.4	3 36.4	4♏59.4	0♉29.7	11 15.0	17 23.6	23 56.0	2 47.5	19 39.3	8 38.5	11 0.4
5 M	2 50 3.6	14 9.5	3 33.2	17 33.8	2 26.5	12 27.1	18 9.4	23 48.6	2 50.8	19 42.3	8 32.2	11 0.7
6 T	2 54 0.1	15 7.5	3 30.0	29 55.1	4 25.1	13 39.1	18 55.2	23 41.2	2 54.2	19 45.4	8 31.0	11 1.0
7 W	2 57 56.7	16 5.6	3 26.8	12 4.8	6 25.4	14 51.2	19 40.9	23 33.7	2 57.6	19 48.5	8 29.7	11 1.4
8 T	3 1 53.2	17 3.6	3 23.6	24 5.0	8 27.3	16 3.4	20 26.6	23 26.2	3 1.1	19 51.6	8 28.5	11 1.8
9 F	3 5 49.8	18 1.6	3 20.5	5♑58.5	10 30.8	17 15.5	21 12.2	23 18.6	3 4.8	19 54.7	8 27.3	11 2.2
10 S	3 9 46.4	18 59.6	3 17.3	17 48.7	12 35.9	18 27.7	21 57.8	23 11.0	3 8.5	19 57.9	8 26.2	11 2.7
11 S	3 13 42.9	19 57.6	3 14.1	29 39.6	14 42.3	19 39.9	22 43.3	23 3.4	3 12.3	20 1.1	8 25.0	11 3.1
12 M	3 17 39.5	20 55.5	3 10.9	11♒35.6	16 50.0	20 52.1	23 28.8	22 55.8	3 16.2	20 4.3	8 23.9	11 3.6
13 T	3 21 30.6	21 53.4	3 7.8	23 41.4	18 58.8	22 4.3	24 14.3	22 48.1	3 20.2	20 7.5	8 22.8	11 4.1
14 W	3 25 32.6	22 51.3	3 4.6	6♓ 1.5	21 8.6	23 16.6	24 59.7	22 40.5	3 24.3	20 10.7	8 21.7	11 4.7
15 T	3 29 29.1	23 49.2	3 1.4	18 40.1	23 19.1	24 28.9	25 45.1	22 32.9	3 28.4	20 14.0	8 20.7	11 5.2
16 F	3 33 25.7	24 47.0	2 58.2	1♈40.6	25 30.1	25 41.2	26 30.4	22 25.2	3 32.7	20 17.3	8 19.6	11 5.8
17 S	3 37 22.3	25 44.9	2 55.0	15 5.3	27 41.4	26 53.5	27 15.7	22 17.6	3 37.0	20 20.6	8 18.6	11 6.5
18 S	3 41 18.8	26 42.7	2 51.9	28 54.6	29 52.6	28 5.8	28 0.9	22 10.0	3 41.4	20 23.9	8 17.7	11 7.1
19 M	3 45 15.4	27 40.5	2 48.7	13♉ 6.9	2♊ 3.6	29♉18.1	28 46.1	22 2.4	3 45.9	20 27.3	8 16.7	11 7.8
20 T	3 49 11.8	28 38.2	2 45.5	27 38.4	4 14.0	0♉30.5	29 31.2	21 54.8	3 50.5	20 30.6	8 15.8	11 8.5
21 W	3 53 8.5	29 36.0	2 42.3	12♊23.3	6 23.6	1 42.9	0♉16.3	21 47.2	3 55.1	20 34.0	8 14.9	11 9.2
22 T	3 57 5.0	0♊33.7	2 39.2	27 14.6	8 32.0	2 55.3	1 1.3	21 39.7	3 59.9	20 37.4	8 14.0	11 9.9
23 F	4 1 1.6	1 31.4	2 36.0	12♋ 4.7	10 39.1	4 7.7	1 46.2	21 32.3	4 4.7	20 40.8	8 13.2	11 10.7
24 S	4 4 58.2	2 29.1	2 32.8	26 46.7	12 44.6	5 20.1	2 31.2	21 24.9	4 9.6	20 44.2	8 12.4	11 11.5
25 S	4 8 54.7	3 26.7	2 29.6	11♌15.6	14 48.2	6 32.6	3 16.0	21 17.5	4 14.6	20 47.7	8 11.6	11 12.3
26 M	4 12 51.3	4 24.4	2 26.5	25 26.2	16 49.8	7 45.0	4 0.8	21 10.2	4 19.6	20 51.1	8 10.8	11 13.2
27 T	4 16 47.8	5 22.0	2 23.3	9♍18.3	18 49.2	8 57.5	4 45.6	21 3.0	4 24.7	20 54.6	8 10.1	11 14.1
28 W	4 20 44.4	6 19.5	2 20.1	22 50.8	20 46.3	10 9.9	5 30.2	20 55.8	4 29.9	20 58.0	8 9.4	11 15.0
29 T	4 24 40.9	7 17.1	2 16.9	6♎ 4.8	22 41.0	11 22.4	6 14.9	20 48.7	4 35.2	21 1.5	8 8.7	11 15.9
30 F	4 28 37.5	8 14.6	2 13.8	19 1.8	24 33.1	12 34.9	6 59.5	20 41.7	4 40.5	21 5.0	8 8.1	11 16.8
31 S	4 32 34.1	9 12.1	2 10.6	1♏43.6	26 22.6	13 47.4	7 44.0	20 34.7	4 45.9	21 8.5	8 7.4	11 17.8
						Declination at Noon						
1 T	2 34 17.3	14 N54.5	20 N54.7	6 N 3.3	7 N45.7	1 N31.0	5 N 6.7	17 S41.8	20 N13.7	23 N 7.9	1 S59.4	24 N 4.3
4 S	2 46 7.0	15 48.2	20 52.9	10 S53.6	10 6.7	2 53.5	6 0.7	17 36.5	20 11.7	23 8.6	1 57.9	24 3.7
7 W	2 57 56.7	16 39.6	20 51.0	23 7.0	12 30.7	4 15.9	6 54.0	17 31.1	20 9.4	23 9.3	1 56.5	24 3.1
10 S	3 9 46.4	17 28.4	20 49.1	25 58.9	14 54.7	5 37.8	7 46.6	17 25.6	20 6.9	23 10.0	1 55.2	24 2.4
13 T	3 21 36.0	18 14.7	20 47.4	18 32.8	17 14.6	6 58.8	8 38.3	17 20.1	20 4.3	23 10.8	1 53.9	24 1.7
16 F	3 33 25.7	18 58.2	20 45.6	3 34.2	19 25.5	8 18.8	9 29.2	17 14.6	20 1.4	23 11.5	1 52.8	24 0.9
19 M	3 45 15.4	19 38.9	20 43.7	14 N 6.0	21 21.9	9 37.3	10 19.2	17 9.0	19 58.4	23 12.3	1 51.7	24 0.0
22 T	3 57 5.0	20 16.5	20 41.8	25 38.0	22 58.8	10 54.1	11 8.1	17 3.5	19 55.2	23 13.0	1 50.7	23 59.1
25 S	4 8 54.7	20 51.0	20 40.0	22 8.5	24 12.9	12 8.8	11 55.9	16 58.2	19 51.8	23 13.7	1 49.9	23 58.1
28 W	4 20 44.4	21 22.3	20 38.1	7 23.7	25 3.0	13 21.1	12 42.6	16 52.9	19 48.2	23 14.5	1 49.1	23 57.1
31 S	4 32 34.1	21 50.3	20 36.2	9 S31.7	25 29.8	14 30.8	13 28.0	16 47.8	19 44.4	23 15.2	1 48.5	23 56.0

Junio 1947

Longitude at Noon

Day	Ephemeris Sidereal Time (h m s)	☉	☊	☽	☿	♀	♂	♃	♄	♅	♆	♇
1 S	4 36 36.6	10♊9.6	2♈7.4	14♍12.2	28♈9.5	14♉59.9	8♉28.5	20♏27.9 R	4Ω51.4	21♊12.0	8≏6.9	11Ω18.8
2 M	4 40 27.2	11 7.1	2 4.2	26 29.6	29 53.6	16 12.5	9 12.9	21.1	56.9	15.5	6.3 R	19.8
3 T	4 44 23.7	12 4.5	2 1.0	8≏37.5	1♉35.0	17 25.0	57.2	14.4	5Ω2.5	19.1	5.8	20.8
4 W	4 48 20.3	13 1.9	1 57.9	20 37.9	3 13.6	18 37.6	10 41.5	7.9	8.2	22.6	5.3	21.8
5 T	4 52 16.9	13 59.1	1 54.7	2♏32.5	4 49.4	19 50.2	25.8	1.4	13.9	26.1	4.8	22.9
6 F	4 56 13.4	14 56.8	1 51.5	14 23.7	6 22.3	21 2.8	12 10.0	19♏55.0	19.7	29.7	4.4	24.0
7 S	5 0 10.0	15 54.2	1 48.3	26 13.7	7 52.4	22 15.5	54.1	48.8	25.6	33.2	4.0	25.1
8 S	5 4 6.5	16 51.5	1 45.2	8♐5.6	9 19.5	23 28.1	13 38.2	42.6	31.5	36.8	3.6	26.3
9 M	5 8 3.1	17 48.9	1 42.0	20 2.5	10 43.8	24 40.8	22.2	36.6	37.5	40.3	3.3	27.4
10 T	5 11 59.6	18 46.3	1 38.8	2♑8.1	12 5.1	25 53.5	15 6.2	30.7	43.5	43.9	3.0	28.6
11 W	5 15 56.2	19 43.6	1 35.6	14 26.5	13 23.3	27 6.2	50.1	24.9	49.6	47.5	2.7	29.8
12 T	5 19 52.8	20 41.0	1 32.5	27 1.8	14 38.6	28 18.9	16 34.0	19.3	55.8	51.0	2.4	31.0
13 F	5 23 49.3	21 38.3	1 29.3	9♒58.0	15 50.8	29 31.6	17 17.7	13.8	6Ω2.0	54.6	2.2	32.3
14 S	5 27 45.9	22 35.6	1 26.1	23 18.3	16 59.8	0♊44.4	18 1.5	8.4	8.3	58.2	2.0	33.5
15 S	5 31 42.4	23 32.9	1 22.9	7♓4.8	18 5.6	1 57.2	45.2	3.1	14.6	22♊1.7	1.9	34.8
16 M	5 35 39.0	24 30.3	1 19.8	21 17.7	19 8.1	3 10.0	19 28.8	18♏58.0	21.0	5.3	1.8	36.1
17 T	5 39 35.6	25 27.6	1 16.6	5♈54.7	20 7.3	4 22.8	20 12.4	53.1	27.4	8.9	1.7	37.4
18 W	5 43 32.1	26 24.9	1 13.4	20 50.8	21 3.1	5 35.7	55.9	48.3	33.9	12.4	1.6	38.7
19 T	5 47 28.7	27 22.1	1 10.2	5♉8.0	21 55.3	6 48.5	21 39.3	43.6	40.5	16.0	1.6	40.1
20 F	5 51 25.2	28 19.4	1 7.0	21 8.0	22 43.8	8 1.4	22 22.7	39.1	47.0	19.5	1.6 D	45.5
21 S	5 55 21.8	29 16.7	1 3.9	6♊10.1	23 28.6	9 14.3	23 6.0	34.8	53.7	23.1	1.7	42.9
22 S	5 59 18.3	0♋14.0	0 0.7	20 56.3	24 9.6	10 27.2	49.2	30.6	7Ω0.4	26.6	1.7	44.3
23 M	6 3 14.9	1 11.2	0 57.5	5♋20.3	24 46.6	11 40.1	24 32.4	26.5	7.1	30.2	1.8	45.7
24 T	6 7 11.5	2 8.5	0 54.3	19 19.1	25 19.6	12 53.1	25 15.5	22.7	13.8	33.7	2.0	47.1
25 W	6 11 8.0	3 5.7	0 51.2	2♌52.0	25 48.3	14 6.0	58.0	19.0	20.7	37.2	2.2	48.6
26 T	6 15 4.6	4 2.9	0 48.0	16 0.7	26 12.3	15 19.0	26 41.6	15.5	27.5	40.7	2.4	50.0
27 F	6 19 1.1	5 0.1	0 44.8	28 48.0	26 32.8	16 32.0	27 24.5	12.1	34.4	44.2	2.6	51.5
28 S	6 22 57.7	5 57.3	0 41.6	11♍17.5	26 48.4	17 45.0	28 7.3	8.9	41.3	47.7	2.9	53.0
29 S	6 26 54.2	6 54.5	0 38.5	23 33.0	26 59.4	18 58.0	28 50.1	5.9	48.3	51.2	3.2	54.5
30 M	6 30 50.8	7 51.7	0 35.3	5≏38.1	27 5.8	20 11.1	29 32.9	3.0	55.3	54.7	3.5	56.1

Declination at Noon

Day	Ephemeris Sidereal Time (h m s)	☉	☊	☽	☿	♀	♂	♃	♄	♅	♆	♇
1 S	4 36 30.6	21N58.8	20N35.6	14S30.6	25N33.9	14N53.3	13N42.9	16S46.2	19N43.1	23N15.4	1S48.3	23N55.6
4 W	4 48 20.3	22 22.2	20 33.6	24 45.1	25 33.2	15 58.9	14 26.6	41.4	39.1	16.2	47.8	54.5
7 S	5 0 10.0	22 42.0	20 31.8	15 5.0	25 15.2	17 1.1	15 9.0	36.8	35.0	16.9	47.4	53.3
10 T	5 11 59.6	22 58.3	20 29.9	0N6.4	24 43.1	17 59.5	50.0	32.5	30.7	17.6	47.1	52.1
13 F	5 23 49.3	23 11.0	20 27.9	17N6.3	24 0.0	18 53.9	16 29.5	28.5	26.2	18.3	46.9	50.8
16 M	5 35 39.0	23 20.0	20 26.0	26 12.4	23 8.7	19 44.0	17 7.5	24.5	21.6	18.9	46.9	49.5
19 T	5 47 28.7	23 25.3	20 24.1	19 13.1	22 12.1	20 29.4	17 44.0	21.0	16.8	19.6	46.9	48.2
22 S	5 59 18.3	23 26.8	20 22.1	2N59.0	21 13.1	21 8.9	18 19.4	18.7	11.9	20.2	47.1	46.9
25 W	6 11 8.0	23 24.7	20 20.1	13S26.7	20 14.3	21 45.3	18 52.0	16.2	6.9	20.8	47.4	45.5
28 S	6 22 57.7	23 18.8	20 18.2	—	19 18.5	22 15.2	19 23.6	14.1	1.7	21.5	47.8	44.1

Day	Ephemeris Sidereal Time	☉	☊	☽	☿	♀	♂	♃	♄	♅	♆	♇
	h m s	° ′	° ′	° ′	° ′	° ′	° ′	° ′	° ′	° ′	° ′	° ′
						Longitude at Noon						
1 T	6 34 47.4	8♋48.9	0♊32.1	17 35.8	27♋ 7.6	21♊24.1	0♊15.5	18♏ 0.4	8♌ 2.4	22♊58.2	8♎ 3.9	11♌57.6
2 W	6 38 43.9	9 46.1	0 28.9	29 28.9	27R 4.7	22 37.2	0 58.1	17R 57.9	8 9.5	23 1.6	8 4.3	11 59.1
3 T	6 42 40.5	10 43.2	0 25.7	11 19.6	20 57.2	23 50.3	1 40.6	17 55.5	8 16.6	23 5.1	8 4.7	12 0.7
4 F	6 46 37.0	11 40.4	0 22.6	23 9.9	26 45.3	23 3.4	2 23.1	17 53.4	8 23.8	23 8.5	8 5.2	12 2.3
5 S	6 50 33.6	12 37.6	0 19.4	5♒ 1.8	26 28.9	26 16.6	3 5.5	17 51.4	8 31.0	23 11.9	8 5.7	12 3.9
6 S	6 54 30.2	13 34.8	0 16.2	16 57.1	26 8.4	27 29.8	3 47.9	17 49.6	8 38.2	23 15.3	8 6.2	12 5.5
7 M	6 58 26.7	14 32.0	0 13.0	28 57.9	25 44.0	28 43.0	4 30.1	17 48.0	8 45.4	23 18.7	8 6.7	12 7.1
8 T	7 2 23.3	15 29.2	0 9.9	11♓ 6.8	25 15.9	29 56.2	5 12.3	17 46.6	8 52.7	23 22.1	8 7.3	12 8.7
9 W	7 6 19.8	16 26.4	0 6.7	23 26.7	24 44.7	1♋ 9.4	5 54.5	17 45.3	9 0.0	23 25.4	8 7.9	12 10.4
10 T	7 10 16.4	17 23.6	0 3.5	6♈26.7	24 10.7	2 22.7	6 36.6	17 44.2	9 7.4	23 28.8	8 8.6	12 12.0
11 F	7 14 12.9	18 20.8	0 0.3	18 53.2	23 34.5	3 36.0	7 18.6	17 43.3	9 14.7	23 32.1	8 9.3	12 13.7
12 S	7 18 9.5	19 18.0	29♉57.2	2♉ 7.0	22 56.6	4 49.3	8 0.5	17 42.6	9 22.1	23 35.4	8 10.0	12 15.4
13 S	7 22 6.1	20 15.2	29 54.0	15 45.3	22 17.7	6 2.5	8 42.4	17 42.1	9 29.6	23 38.7	8 10.7	12 17.0
14 M	7 26 2.6	21 12.4	29 50.8	29 49.9	21 38.4	7 16.0	9 24.2	17 41.7	9 37.0	23 42.0	8 11.5	12 18.7
15 T	7 29 59.2	22 9.7	29 47.6	14♊20.2	20 59.4	8 29.4	10 6.0	17 41.5	9 44.5	23 45.2	8 12.3	12 20.4
16 W	7 33 55.7	23 6.9	29 44.5	29 13.0	20 21.4	9 42.8	10 47.7	17D 41.6	9 52.0	23 48.4	8 13.1	12 22.1
17 T	7 37 52.3	24 4.2	29 41.3	14♋22.0	19 45.0	10 56.3	11 29.3	17 41.7	9 59.5	23 51.6	8 14.0	12 23.9
18 F	7 41 48.9	25 1.5	29 38.1	29 38.0	19 10.9	12 9.7	12 10.8	17 42.1	10 7.0	23 54.8	8 14.9	12 25.6
18 S	7 45 45.4	25 58.7	29 34.9	14♌50.2	18 39.7	13 23.2	12 52.3	17 42.7	10 14.6	23 58.0	8 15.8	12 27.3
20 S	7 48 42.0	26 56.0	29 31.8	29 48.1	18 12.1	14 36.7	13 33.7	17 43.4	10 22.1	24 1.1	8 16.8	12 29.1
21 M	7 53 38.5	27 53.3	29 28.6	14♍23.5	17 48.5	15 50.3	14 15.0	17 44.3	10 29.7	24 4.2	8 17.8	12 30.8
22 T	7 57 35.1	28 50.6	29 25.4	28 31.3	17 29.3	17 3.8	14 56.2	17 45.5	10 37.3	24 7.3	8 18.8	12 32.5
23 W	8 1 31.6	29 47.9	29 22.2	12♎ 9.8	17 15.1	18 17.4	15 37.4	17 46.7	10 44.9	24 10.4	8 19.8	12 34.3
24 T	8 5 28.2	0♌45.2	29 19.0	25 20.2	17 6.2	19 31.0	16 18.5	17 48.2	10 52.6	24 13.4	8 20.9	12 36.1
25 F	8 9 24.8	1 42.5	29 15.9	8♏ 5.8	17 2.7	20 44.6	16 59.5	17 49.9	11 0.2	24 16.4	8 22.0	12 37.8
26 S	8 13 21.3	2 39.8	29 12.7	20 31.1	17D 5.0	21 58.2	17 40.5	17 51.7	11 7.9	24 19.4	8 23.1	12 39.6
27 S	8 17 17.9	3 37.1	29 9.5	2 40.7	17 13.2	23 11.9	18 21.3	17 53.7	11 15.5	24 22.3	8 24.3	12 41.4
28 M	8 21 14.4	4 34.5	29 6.3	14 39.6	17 27.5	24 25.6	19 2.1	17 55.8	11 23.2	24 25.3	8 25.5	12 43.2
29 T	8 25 11.0	5 31.8	29 3.2	26 32.0	17 48.0	25 39.3	19 42.9	17 58.2	11 30.9	24 28.2	8 26.7	12 44.0
30 W	8 29 7.5	6 29.2	28 60.0	8♑21.6	18 14.6	26 53.0	20 23.5	18 0.7	11 38.6	24 31.0	8 27.9	12 46.7
31 T	8 33 4.1	7 26.5	28 56.8	20 11.5	18 47.3	28 6.7	21 4.1	18 3.4	11 46.2	24 33.9	8 29.2	12 48.5
						Declination at Noon						
1 T	6 34 47.4	23N 9.2	20N 16.2	24S 14.4	18N 28.6	22N 39.6	19N 53.3	16S 12.4	18N 56.4	23N 2219	1S 48.3	23N 42.7
1 T	6 34 47.4	23 9.2	20 16.2	24 14.4	18 28.6	22 39.6	19 53.3	16 12.4	18 56.4	23 2219	1 48.3	23 42.7
4 F	6 46 37.0	22 56.0	20 14.2	25 25.2	17 47.2	22 58.1	20 21.4	16 11.2	18 51.0	23 22.6	1 48.9	23 41.2
7 M	6 58 26.7	22 39.3	20 12.2	16 38.9	17 16.6	23 10.8	20 47.7	16 10.5	18 45.5	23 2326	1 49.7	23 39.8
10 T	7 10 15.4	22 18.9	20 10.2	1 30.3	16 58.5	23 17.4	21 12.1	16 10.1	18 39.8	23 23.7	1 50.5	23 38.4
13 S	7 22 6.1	21 55.2	20 8.2	15N 13.6	16 53.6	23 17.9	21 34.8	16 10.3	18 34.1	23 24.2	1 51.5	23 36.9
16 W	7 33 55.7	21 28.0	20 6.1	25 50.3	17 1.7	23 12.2	21 55.6	16 10.9	18 28.3	23 24.7	1 52.6	23 35.4
19 S	7 45 45.4	20 57.5	20 4.1	21 3.7	17 21.2	23 0.4	22 14.6	16 11.9	18 22.3	23 25.2	1 53.7	23 34.0
22 T	7 57 35.1	20 23.9	20 2.0	4 43.6	17 49.7	22 42.5	22 31.7	16 13.4	18 16.4	23 25.7	1 55.0	23 32.5
25 F	8 57 35.1	19 47.2	19 60.0	12S 21.3	18 23.9	22 18.6	22 46.9	16 15.4	18 10.3	23 26.1	1 56.4	23 31.1
28 M	8 21 14.4	19 7.5	19 57.9	23 47.4	19 0.1	21 48.8	23 0.3	16 17.8	18 4.2	23 26.5	1 57.9	23 29.6
31 T	8 33 4.1	18 25.0	19 55.8	25 44.5	19 34.0	21 13.3	23 11.8	16 20.6	17 58.0	23 26.9	1 59.4	23 28.2

Agosto 1947

Day	Ephemeris Sidereal Time	☉	☊	☾	☿	♀	♂	♃	♄	♅	♆	♇
	h m s	° ′	° ′	° ′	° ′	° ′	° ′	° ′	° ′	° ′	° ′	° ′
						Longitude at Noon						
1 F	8 37 0.7	8♌23.9	28♉53.6	2♒ 3.9	19♋26.3	29♋20.5	21♊44.6	18♏ 6.3	11♌54.0	24♊36.7	8♎30.5	12♌50.3
2 S	8 40 57.2	9 21.3	28 50.5	14 0.6	20 11.4	0♌34.3	22 25.0	18 9.3	12 1.7	24 39.5	8 31.8	12 52.1
3 S	8 44 53.8	10 18.7	28 47.3	26 3.0	21 2.5	1 48.1	23 5.4	18 12.5	12 9.4	24 42.2	8 33.1	12 53.9
4 M	8 48 50.3	11 16.1	28 44.1	8♓12.4	21 59.6	3 1.9	23 4574	18 15.9	12 17.1	24 44.9	8 34.5	12 55.7
5 T	8 52 46.9	12 13.5	28 40.9	20 30.0	23 2.5	4 15.8	24 25.9	18 19.5	12 24.8	24 47.6	8 35.9	12 57.5
6 W	8 56 43.4	13 11.0	28 37.7	2♈57.5	24 11.1	5 29.7	24 6.0	18 23.2	12 32.5	24 50.2	8 37.3	12 59.3
7 T	9 0 40.0	14 8.5	28 34.6	15 37.0	25 25.3	6 43.6	25 46.1	18 27.1	12 40.2	24 52.8	8 38.8	12 1.1
8 F	9 4 36.6	15 6.0	28 31.4	28 31.0	26 44.8	7 57.5	26 26.1	18 31.1	12 47.9	24 55.4	8 40.3	13 2.9
9 S	9 8 33.1	16 3.5	28 28.2	11♉42.5	28 9.4	9 11.5	27 6.0	18 35.3	12 55.6	24 58.0	8 41.8	13 4.7
10 S	9 12 29.6	17 1.0	28 25.0	25 14.2	29 38.9	10 25.5	27 45.9	18 39.7	13 3.3	25 0.5	8 43.3	13 6.5
11 M	9 16 26.2	17 58.6	28 21.9	9♊ 8.4	1♌12.9	11 39.5	28 25.6	18 44.2	13 11.0	25 2.9	8 44.8	13 8.3
12 T	9 20 22.8	18 56.2	28 18.7	23 25.7	2 51.3	12 53.5	29 5.3	18 48.9	13 18.7	25 5.4	8 46.4	13 10.1
13 W	9 24 19.3	19 53.8	28 15.5	8♋ 4.8	4 33.6	14 7.6	29 44.9	18 53.7	13 26.4	25 7.8	8 48.0	13 11.9
14 T	9 28 15.9	20 51.4	28 12.3	23 1.2	6 19.4	15 21.7	0♋24.4	18 58.7	13 34.1	25 10.1	8 49.6	13 13.6
15 F	9 32 12.4	21 49.1	28 9.2	8♌ 7.5	8 8.4	16 35.8	1 3.9	19 3.9	13 41.7	25 12.4	8 51.2	13 15.4
16 S	9 36 9.0	22 46.8	28 6.0	23 14.0	10 0.2	27 49.9	1 43.3	19 9.2	13 49.4	25 14.7	8 52.9	13 17.2
17 S	9 40 5.5	23 44.5	28 2.8	8♍10.6	11 54.3	19 4.1	2 22.5	19 14.7	13 57.0	25 17.0	8 54.6	13 19.0
18 M	9 44 2.1	24 42.2	27 59.6	22 48.0	13 50.4	20 18.3	3 1.7	19 20.3	14 4.7	25 19.2	8 56.3	13 20.8
19 T	9 47 58.6	25 40.0	27 56.4	6♎59.8	15 48.0	21 32.5	3 40.8	19 26.1	14 12.3	25 21.3	8 58.0	13 22.5
20 W	9 51 55.2	26 37.7	27 53.3	20 42.9	17 46.9	22 46.7	4 19.9	19 32.0	14 19.9	25 23.5	8 59.8	13 24.3
21 T	9 55 51.8	27 35.5	27 50.1	3♏57.2	19 46.5	24 0.9	4 58.8	19 38.1	14 27.5	25 25.5	9 1.5	13 26.1
22 F	9 59 48.3	28 33.3	27 46.9	16 45.4	21 46.7	25 15.1	5 37.7	19 44.3	14 35.0	25 27.6	9 3.3	13 27.8
23 S	10 3 44.9	29 31.1	27 43.7	29 11.6	23 47.1	26 29.4	6 16.4	19 50.7	14 42.6	25 29.6	9 5.1	13 29.5
24 S	10 7 41.4	0♍29.0	27 40.5	11 21.0	25 47.4	27 43.7	6 55.1	19 57.2	14 50.1	25 31.5	9 6.9	13 31.3
25 M	10 11 38.0	1 26.8	27 37.4	23 18.8	27 47.4	28 58.0	7 33.7	20 3.9	14 57.6	25 33.4	9 8.8	13 33.0
26 T	10 15 34.5	2 24.7	27 34.4	5♐10.2	29 47.0	0♍12.3	8 12.2	20 10.7	15 5.1	25 3534	9 10.6	13 34.7
27 W	10 19 31.1	3 22.6	27 31.0	16 59.8	1♍45.9	1 26.6	8 50.6	20 17.6	15 12.6	25 37.1	9 12.5	13 36.4
28 T	10 23 27.6	4 20.5	27 27.8	28 51.3	3 44.0	2 41.0	9 28.9	20 24.6	15 20.0	25 38.9	9 14.4	13 38.1
29 F	10 27 24.2	5 18.5	27 24.7	10♑47.9	5 41.3	3 55.3	10 7.2	20 31.8	15 27.5	25 40.6	9 16.3	13 39.8
30 S	10 31 20.7	6 16.5	27 21.5	22 51.8	7 37.5	5 9.7	10 45.3	20 39.2	15 34.9	25 42.3	9 18.3	13 41.5
31 S	10 35 17.3	7 14.5	27 18.3	5 4.4	9 32.7	6 24.1	11 23.4	20 46.7	15 42.2	25 43.9	9 20.2	13 43.2
						Declination at Noon						
1 F	8 37 0.7	18 N10.2	19 N55.1	24 S 1.8	19 N44.1	21 N 0.2	23 N15.2	16 S21.6	17 N55.9	23 N27.0	1 S60.0	23 N27.7
4 M	8 48 50.3	17 24.1	19 53.1	13 5.8	20 7.7	20 17.3	23 24.3	16 25.0	17 49.6	23 27.4	2 1.7	23 26.3
7 T	9 0 40.0	16 35.5	19 51.0	2 N56.3	20 17.9	19 29.1	23 31.5	16 28.8	17 43.4	23 27.8	2 3.4	23 24.9
10 S	9 12 29.6	15 44.4	19 48.9	18 44.9	20 9.9	18 35.9	23 37.0	16 32.9	17 37.0	23 28.1	2 5.3	23 23.6
13 W	9 24 19.3	14 51.1	19 46.7	26 22.1	19 39.6	17 38.0	23 40.7	16 37.5	17 30.7	23 28.4	2 7.2	23 22.3
16 S	9 36 9.0	13 55.6	19 44.6	18 28.9	18 45.3	16 35.5	23 42.6	16 42.3	17 24.3	23 28.7	2 9.3	23 21.0
19 T	9 47 58.6	12 58.2	19 42.5	0 48.8	17 27.4	15 29.0	23 42.8	16 47.6	17 18.0	23 29.0	2 11.3	23 19.7
22 F	9 59 48.3	11 58.8	19 40.3	15 S54.7	15 48.7	14 18.5	23 41.3	16 53.1	17 11.6	23 29.3	2 13.5	23 18.5
25 M	10 11 38.0	10 57.8	19 38.2	25 26.6	13 53.6	13 4.5	23 38.1	16 59.0	17 5.3	23 29.5	2 15.7	23 17.3
28 T	10 23 27.6	9 55.3	19 36.0	24 41.8	11 46.6	11 47.3	23 33.4	17 5.2	16 59.0	23 29.7	2 18.0	23 16.1
31 S	10 35 17.3	8 51.3	19 33.9	14 15.3	9 31.8	10 27.2	23 27.1	17 11.6	16 52.7	23 29.9	2 20.3	23 15.0

TABLA PARA LA CONVERSIÓN DEL TIEMPO SOLAR MEDIO EN TIEMPO SIDERAL (CORRECCION DEL INTERVALO)

	Corrección para las horas				*Corrección para los minutos*				
	h =	**min**	**s**		**min**	**=**	**s**	**min**	**=**	**s**

Hora de nacimiento	h =	min	s	Minuto de nacimiento	min	=	s	min	=	s
	1 =	00	10		1	=	0	31	=	5
	2 =	00	20		2	=	0	32	=	5
	3 =	00	30		3	=	0	33	=	5
	4 =	00	39		4	=	1	34	=	6
	5 =	00	49		5	=	1	35	=	6
	6 =	00	59		6	=	1	36	=	6
	7 =	1	09		7	=	1	37	=	6
	8 =	1	19		8	=	1	38	=	6
	9 =	1	29		9	=	1	39	=	6
	10 =	1	39		10	=	2	40	=	7
	11 =	1	48		11	=	2	41	=	7
	12 =	1	58		12	=	2	42	=	7
	13 =	2	08		13	=	2	43	=	7
	14 =	2	18		14	=	2	44	=	7
	15 =	2	28		15	=	2	45	=	7
	16 =	2	38		16	=	3	46	=	8
	17 =	2	48		17	=	3	47	=	8
	18 =	2	57		18	=	3	48	=	8
	19 =	3	07		19	=	3	49	=	8
	20 =	3	17		20	=	3	50	=	8
	21 =	3	27		21	=	3	51	=	8
	22 =	3	37		22	=	4	52	=	9
	23 =	3	47		23	=	4	53	=	9
	24 =	3	56		24	=	4	54	=	9
					25	=	4	55	=	9
					26	=	4	56	=	9
					27	=	4	57	=	9
					28	=	5	58	=	10
					29	=	5	59	=	10
					30	=	5	60	=	10

Observe la sección de *Longitude at Noon,* o sea, Longitud a Mediodía, bajo los símbolos de los astros. Es decir que la posición de los astros está dada para cada día al mediodía GMT (cuando es mediodía en Greenwich).

En las columnas de longitudes observará a veces una R: significa retrógrado (movimiento aparente de un planeta que parece retroceder en el espacio).

A veces, usted tendrá también una D que significa directo y que indica el día en que el planeta, después de haber regresado aparentemente, vuelve a tomar su recorrido hacia delante.

Observará también el apartado señalado en inglés como *Declination at Noon,* o sea Declinación a Mediodía. La declinación es una posición dada norte o sur (N o S) con relación al Ecuador. Cuando dos planetas tienen la misma declinación norte o sur, se dice que están en paralelo.

Ciertas efemérides indican a latitud celeste (dada norte o sur con relación a la eclíptica). Ciertos autores añaden importancia a esto.

Observe en la tabla de la página 71 el establecimiento del tiempo sideral para el personaje de nuestro ejemplo, David Vincent, que es de 3 h 01' 53" para mediodía. Este tiempo corresponde a toda persona nacida el 8 de mayo de 1947. Así, pues, ahora será preciso encontrar el tiempo personal de David Vincent.

Pasos a seguir para calcular cualquier tiempo sideral natal

Para calcular cualquier tiempo sideral natal (TSN) debe añadirse al tiempo sideral (del día del nacimiento) la diferencia habida entre el mediodía y la hora local, siempre que sea superior a la de mediodía, o sea, las 12 h 00.

O deberá restar del tiempo sideral (del día del nacimiento), la diferencia entre el mediodía y su hora local, cuando esta sea inferior a la de mediodía, o sea, las 12 h 00.

Y en el caso de nuestro ejemplo, la hora local es 17 h 24' 21". Así que, para establecer la diferencia con el mediodía, o las 12 h 00', haremos lo siguiente: 17 h 24' 21" - 12 h 00 = 5 h 24' 21".

Súmese, pues, esta diferencia al tiempo sideral, o TS, ya que la hora local es superior a la de mediodía, o 12 h 00' (HL = 17 h

24' 21"), o sea: 17 h 24' 21" (diferencia) + 3 h 01' 53" (TS) = 8 h 26' 14".

Para obtener finalmente el tiempo sideral natal, o TSN, queda una corrección por hacer. Ya antes indicamos que el TS discurre a razón de 9,85" por hora, los cuales pueden redondearse en la cifra de diez segundos, a menos que se sea fanático de la precisión.

Pues, bien, como la hora local de David Vincent es superior a 5 h 24' 21", como ya hemos visto, deberemos multiplicar esta diferencia por 9,85.

Para hacerlo, tome su calculadora. Primero deberá transformar 5 h 24' 21" en un número decimal. Comencemos por dividir 21" por 60, que da 0,35 (pues 21 segundos es $^{35}/_{100°}$ de minuto) después dividimos 24' + $^{35}/_{100°}$ de minuto, o 24,35 por 60, lo que da 0,4058333, que es una fracción de hora. Finalmente, se suman las 5 horas, lo que da 5,4058333 × 9,85 = 53,247458" o redondeando 53.

Estos 53 segundos deben ser sumados a 8 h 2' 14", a fin de obtener el tiempo sideral de David Vincent, que es de: TSN = 8 h 26' 14" = 8 h 27' 07".

(Convendrá volver a recordar aquí que la corrección del TS, de 9,85 segundos por hora, debe ser sumada para los nacimientos posteriores al mediodía, o restada para los nacimientos anteriores al mediodía. Para ello se calcula la diferencia entre la hora local y el mediodía o 12 h 00.)

Después de haber establecido la latitud y la longitud del lugar de nacimiento, la hora GMT —u hora de Greenwich—, la hora local (hora del lugar de nacimiento), el tiempo sideral del día del nacimiento, la diferencia de tiempo entre el mediodía o 12 h 00' y la hora local, ya habrá hallado su tiempo sideral añadiendo al TS del día del nacimiento la diferencia entre el mediodía y la hora local si el nacimiento ocurrió después del mediodía, o restándola si el nacimiento ocurrió durante la mañana, e igualmente añadiendo o restando la corrección del TS.

Por tanto, su diagrama zodiacal debe contener los nuevos elementos calculados en los capítulos anteriores:

— el tiempo sideral, o TS (3 h 01' 53" para nuestro ejemplo);
— la diferencia entre mediodía y la hora local (5 h 24' 21" para nuestro ejemplo);

— la corrección del TS (53" para nuestro ejemplo);
— el tiempo sideral natal, o TSN (8 h 27' 07" para nuestro ejemplo);
— y agregamos una última cifra que servirá de cálculo de posiciones planetarias, que es la diferencia entre mediodía o 12 h 00' y la hora GMT (o sea 17 h 15' - 12 h 00' = 5 h 15' para nuestro ejemplo).

Disposición de los cálculos de una carta astral

He aquí un buen modelo para la exposición de los cálculos de un horóscopo natal. Sin embargo, sólo la práctica le dará la agilidad necesaria para fijarlos sin lugar a confusiones. Deberá ayudarse, eso sí, de una calculadora, a fin de lograr los datos con la mayor rapidez.

Coordenadas de Nacimiento de:

Tiempo Sideral (TS) =
+/- diferencia HL: =
Corrección del TS =
Tiempo Sideral Natal =
(o TSN)
Hora GMT =
Hora Local =
Diferencia Mediodía GMT =

QUÉ ES EL ASCENDENTE

El ascendente es el punto preciso que se puede ver de su lugar natal en el instante de su nacimiento mirando derecho hacia el Zodíaco. Está unido a la altitud y a la longitud de su lugar de nacimiento.

Es el signo astrológico que en el momento y en el lugar de nacimiento se encontraba en levante sobre el horizonte. Signo que no queda fijo o que no cambia sólo una vez cada 30 días, sino que está en continuo movimiento con el Universo, porque la Tierra gira sobre ella misma en, prácticamente, 24 horas; su lugar de nacimiento gira asimismo.

Si usted imagina una gran aguja partiendo de su lugar de nacimiento, esta girará sobre el círculo de los 360° del Zodíaco y dará la vuelta completa prácticamente en 24 horas. Por lo tanto, nos encontramos con personas nacidas en el mismo signo, a la misma hora, pero en lugares o en años diferentes, que pueden tener un carácter completamente distinto.

En el instante de su nacimiento fotografiamos la posición de esta aguja, después miramos sobre qué grado ha sido fijada por la película. Este grado es el punto ascendente.

Podemos decir igualmente, de una manera más formal, que el ascendente es el resultado de un encuentro con el Zodíaco del plano tangente a la Tierra por el lugar y la hora del nacimiento de un individuo determinado.

Se dice más comúnmente que el ascendente es el signo del Zodíaco que se alza al este en el momento del nacimiento de una persona. Sin embargo, no hay que olvidar que el ascendente solamente es un punto.

No puede extrañar, pues, el caso de dos tipos mixtos Capricornio-Leo, o Capricornio-Libra muy diferentes del tipo Capricornio.

Hay que señalar otra dificultad al establecer con exactitud el ascendente en el lugar de nacimiento: si el nacimiento ha tenido lugar en el sur, la longitud norte disminuye, y será necesario añadir unos cuantos minutos a la hora de nacimiento. Ocurre lo contrario si nos encontramos con un nacimiento acaecido en el norte, donde la longitud aumenta y, por consiguiente, se restarán unos minutos.

En pos del ascendente

Se determina el ascendente de acuerdo con el tiempo sideral natal, o TNS. Para establecerlo, tome un libro de tablas de las Casas. Verá tres columnas de latitudes: 49° N, 50° N y 51° N. Ya hemos visto anteriormente que David Vincent, nacido en Barcelona, está a 41° 23' N. Elegimos entonces la columna de latitud 49° N, que es la más próxima a 41° 23' N.

Tiempo sideral

En la primera columna vemos los datos correspondientes al tiempo sideral. No hay que confundirlos con el tiempo sideral de las efemérides. Debe recordarse que el tiempo sideral de las efemérides es un tiempo que corresponde a cada día del año y cuya progresión cotidiana incluye una diferencia de aproximadamente unos cuatro minutos.

El tiempo sideral de las tablas de las Casas está en relación con la hora de nacimiento (es decir, tiempo sideral natal o TSN). Para distinguirlos, el tiempo sideral de las efemérides es llamado TS (o TS del día de nacimiento) y el tiempo sideral natal es el TSN (o TS de la hora de nacimiento).

Ya hemos visto que el TSN de David Vincent es: 8 h 27' 07". Busquemos pues, el tiempo más próximo en la columna *Tiempo Sideral*. Y vemos que es: 8 h 25' 18". Si no deseamos una precisión absoluta, el trabajo estará terminado ya y será suficiente anotar la línea de 8 h 25' 18". Véase la tabla siguiente:

David Vincent

Latitude 49° N

Sidereal time (H M S)	10 ♋	11 ♌	12 ♍	ASC ♎ (° ')	2 ♏	3 ♐
6 0 0	0	5	6	0 0	24	25
6 4 22	1	6	6	0 48	25	26
6 8 43	2	7	7	1 35	26	27
6 13 5	3	8	8	2 23	27	27
6 17 26	4	9	9	3 10	28	28
6 21 47	5	10	10	3 58	29	29
6 26 9	6	11	11	4 45	0 ♐	0 ♑
6 30 29	7	12	12	5 33	1	1
6 34 50	8	13	13	6 20	1	2
6 39 11	9	14	14	7 7	2	3
6 43 31	10	15	14	7 55	3	4
6 47 51	11	16	15	8 42	4	5
6 52 11	12	17	16	9 29	5	6
6 56 30	13	18	17	10 16	6	7
7 0 49	14	19	18	11 3	7	8
7 5 7	15	20	19	11 50	8	9
7 9 26	16	21	20	12 37	8	10
7 13 43	17	22	21	13 23	9	11
7 18 0	18	23	21	14 10	10	12
7 22 17	19	24	22	14 57	11	13
7 26 33	20	25	23	15 43	12	14
7 30 49	21	26	24	16 29	13	15
7 35 4	22	27	25	17 15	13	15
7 39 19	23	27	26	18 2	14	16
7 43 33	24	28	27	18 48	15	17
7 47 46	25	29	27	19 33	16	18
7 51 59	26	0 ♍	28	20 19	17	19
7 56 11	27	1	29	21 5	18	20
8 0 23	28	2	0 ♎	21 50	19	21
8 4 34	29	3	1	22 35	19	22
8 8 44	0 ♌	4	2	23 21	20	23
8 12 53	1	5	3	24 6	21	24
8 17 2	2	6	3	24 51	22	25
8 21 10	3	7	4	25 35	23	26
8 25 18	4	8	5	26 20	23	27
8 29 24	5	9	6	27 4	24	28
8 33 30	6	10	7	27 49	25	29
8 37 36	7	11	8	28 33	26	29
8 41 40	8	12	9	29 17	27	0 ♒
8 45 44	9	13	9	0 ♏ 1	28	1
8 49 47	10	14	10	0 45	28	2
8 53 50	11	15	11	1 28	29	3
8 57 51	12	16	12	2 12	0 ♐	4
9 1 32	13	16	13	2 55	1	5
9 5 52	14	17	13	3 38	2	6
Houses	4	5	6	7	8	9

Latitude 50° N

Sidereal time (H M S)	10 ♋	11 ♌	12 ♍	ASC ♎ (° ')	2 ♏	3 ♐
6 0 0	0	6	6	0 0	24	24
6 4 22	1	7	7	0 47	25	25
6 8 43	2	8	8	1 34	26	26
6 13 5	3	9	8	2 21	27	27
6 17 26	4	9	9	3 8	28	28
6 21 47	5	10	10	3 55	29	29
6 26 9	6	11	11	4 42	29	0 ♑
6 30 29	7	12	12	5 29	0 ♐	1
6 34 50	8	13	13	6 15	1	2
6 39 11	9	14	14	7 2	2	3
6 43 31	10	15	15	7 49	3	4
6 47 51	11	16	15	8 36	4	5
6 52 11	12	17	16	9 22	5	6
6 56 30	13	18	17	10 9	5	7
7 0 49	14	19	18	10 55	6	8
7 5 7	15	20	19	11 41	7	9
7 9 26	16	21	20	12 28	8	9
7 13 43	17	22	21	13 14	9	10
7 18 0	18	23	21	14 0	10	11
7 22 17	19	24	22	14 46	11	12
7 26 33	20	25	23	15 32	11	13
7 30 49	21	26	24	16 18	12	14
7 35 4	22	27	25	17 3	13	15
7 39 19	23	28	26	17 49	14	16
7 43 33	24	29	27	18 34	15	17
7 47 46	25	0 ♍	28	19 20	16	18
7 51 59	26	1	28	20 5	16	19
7 56 11	27	1	29	20 50	17	20
8 0 23	28	2	0 ♎	21 35	18	21
8 4 34	29	3	1	22 19	19	22
8 8 44	0 ♌	4	2	23 4	20	23
8 12 53	1	5	3	23 49	21	24
8 17 2	2	6	3	24 33	21	24
8 21 10	3	7	4	25 17	22	25
8 25 18	4	8	5	26 1	23	26
8 29 24	5	9	6	26 45	24	27
8 33 30	6	10	7	27 29	25	28
8 37 36	7	11	8	28 13	25	29
8 41 40	8	12	8	28 56	26	0 ♒
8 45 44	9	13	9	29 40	27	1
8 49 47	10	14	10	0 ♏ 23	28	2
8 53 50	11	15	11	1 6	29	3
8 57 51	12	16	12	1 49	29	4
9 1 32	13	17	13	2 32	0 ♐	5
9 5 52	14	17	13	3 15	1	6
Houses	4	5	6	7	8	9

Latitude 51° N

Sidereal time (H M S)	10 ♋	11 ♌	12 ♍	ASC ♎ (° ')	2 ♏	3 ♐
6 0 0	0	6	6	0 0	24	24
6 4 22	1	7	7	0 46	25	25
6 8 43	2	8	8	1 33	26	26
6 13 5	3	9	9	2 19	27	27
6 17 26	4	10	9	3 6	27	28
6 21 47	5	11	10	3 52	28	29
6 26 9	6	12	11	4 38	29	0 ♑
6 30 29	7	13	12	5 25	0 ♐	1
6 34 50	8	14	13	6 11	1	2
6 39 11	9	14	14	6 57	2	3
6 43 31	10	15	15	7 43	3	4
6 47 51	11	16	16	8 29	3	4
6 52 11	12	17	16	9 15	4	5
6 56 30	13	18	17	10 1	5	6
7 0 49	14	19	18	10 47	6	7
7 5 7	15	20	19	11 33	7	8
7 9 26	16	21	20	12 19	8	9
7 13 43	17	22	21	13 4	9	10
7 18 0	18	23	22	13 50	9	11
7 22 17	19	24	22	14 35	10	12
7 26 33	20	25	23	15 21	11	13
7 30 49	21	26	24	16 6	12	14
7 35 4	22	27	25	16 51	13	15
7 39 19	23	28	26	17 36	14	16
7 43 33	24	29	27	18 21	14	17
7 47 46	25	0 ♍	28	19 5	15	18
7 51 59	26	1	28	19 50	16	18
7 56 11	27	2	29	20 35	17	19
8 0 23	28	3	0 ♎	21 18	18	20
8 4 34	29	4	1	22 3	18	21
8 8 44	0 ♌	4	2	22 47	19	22
8 12 53	1	5	3	23 31	20	23
8 17 2	2	6	3	24 15	21	24
8 21 10	3	7	4	24 59	22	25
8 25 18	4	8	5	25 42	23	26
8 29 24	5	9	6	26 26	23	27
8 33 30	6	10	7	27 9	24	28
8 37 36	7	11	8	27 52	25	29
8 41 40	8	12	8	28 35	26	0 ♒
8 45 44	9	13	9	29 18	27	1
8 49 47	10	14	10	0 ♏ 1	27	2
8 53 50	11	15	11	0 43	28	2
8 57 51	12	16	12	1 26	29	3
9 1 32	13	17	12	2 8	0 ♐	4
9 5 52	14	18	13	2 50	1	5
Houses	4	5	6	7	8	9

Latitude 49° S   Latitude 50° S   Latitude 51° S

En la columna 10 leemos 4° de Leo.

En la columna 11 leemos 5° de Libra.

En la columna ASC leemos 26° 20' de Libra.

En la columna 2 leemos 23° de Escorpión.

En la columna 3 leemos 27° de Sagitario.

¿A qué corresponden estas columnas? La columna ASC corresponde al ascendente. Las otras columnas corresponden a las otras Casas astrológicas (aquí tenemos seis). Como existen doce Casas opuestas dos a dos, las otras seis se deducen de las seis primeras, pues ellas se encuentran sobre los mismos grados de los signos opuestos; para esto, revise el Zodíaco y así recordará cuáles son los signos y sus símbolos opuestos a los que hemos indicado aquí arriba y que los hemos leído en las columnas).

Por lo tanto como premisa obligada para conocerlo, se debe conocer la fecha, la hora legal y el lugar de nacimiento. Puesto que el horario no es estático, sino que cambia en el tiempo, a los conocimientos anteriores se debe añadir la determinación de la *hora local* de nacimiento.

Es sabido por todos que hora legal se refiere a la que marca el Meridiano de Greenwich, que fue implantada por decreto del 26 de julio de 1900 con obligatoriedad a partir del primero de enero del año siguiente.

Así pues, las personas nacidas antes de las cero horas del 1.° de enero de 1901 saben que la hora en vigor era la hora local. Las personas nacidas después de esta fecha sumarán o restarán (según el signo matemático abajo indicado) de la hora de nacimiento los minutos pertinentes a su ciudad de origen, o la más cercana. Esto es:

Alicante	– 0,02	Madrid	– 0,15
Barcelona	+ 0,09	Málaga	– 0,18
Bilbao	– 0,12	Murcia	– 0,05
Cádiz	– 0,25	Oviedo	– 0,23
Córdoba	– 0,19	San Sebastián	– 0,08
Gijón	– 0,23	Santander	– 0,15
Granada	– 0,14	Sevilla	– 0,24
Jerez (Cádiz)	– 0,25	Valencia	– 0,01
La Coruña	– 0,34	Valladolid	– 0,19
Las Palmas	– 0,40	Zaragoza	– 0,03

El signo *menos* (–) indica la cifra que se *resta* a la hora completa del nacimiento para averiguar la exacta hora local; el signo *más* (+), exclusivo de Barcelona, indica que se *suman* 0,09 a la hora de nacimiento. Por ejemplo: el barcelonés que nace el 16 de febrero a las 19,01 sumará 0,09 y le dará la hora local 19,10; los restantes españoles efectuarán la operación inversa, o sea, restar. El horario veraniego también recorta la jornada. En efecto, los nacidos después de 1918 (que es el año en el que empezó a regir en España la hora del Meridiano de Greenwich), realizarán un cálculo suplementario, sabiendo que la hora legal avanzó una hora en los meses de primavera y verano.

Las tablas de las páginas siguientes muestran la hora oficial, y las coordenadas de las principales ciudades de España.

Para determinar del ascendente, una vez conocida la hora local, se completa este dato sumándole la hora sideral (véase más adelante) del día de nacimiento, sumándolas. Se tiene el número sideral.

Con el resultado obtenido se mira dónde debe incorporarse según la tabla de ascendentes que viene a continuación:

De las	0,55	horas a las	3,27 horas	—	Leo
De las	3,28	horas a las	6,— horas	—	Virgo
De las	6,01	horas a las	8,30 horas	—	Libra
De las	8,31	horas a las	11,05 horas	—	Escorpión
De las	11,06	horas a las	13,26 horas	—	Sagitario
De las	13,27	horas a las	15,25 horas	—	Capricornio
De las	15,26	horas a las	16,49 horas	—	Acuario
De las	16,50	horas a las	18,— horas	—	Piscis
De las	18,01	horas a las	19,10 horas	—	Aries
De las	19,11	horas a las	20,35 horas	—	Tauro
De las	20,36	horas a las	23,34 horas	—	Géminis
De las	23,35	horas a las	0,54 horas	—	Cáncer

Pese a la aparatosidad de esquemas y horarios, con restas y sumas, es muy sencillo efectuar el cálculo personal.

En la suposición de quien haya nacido en Madrid un 10 de noviembre de 1912, a las 16,20 horas, sabrá que: 16,20 horas — 0,15 = 16,05 hora local + 2,59 hora sideral dará por resultado las 18,64 hora sideral, esto es, las 19,04. Las 19,04 corresponden al ascendente signo Aries.

TABLA DE LA HORA OFICIAL EN ESPAÑA

Desde el 1 de enero de 1901, en España rige la hora del Meridiano de Greenwich (0° 00'). El 15 de abril de 1918, se introduce por primera vez la llamada *hora de verano*. Hasta esa fecha no se produce ningún cambio en la hora legal.

Año	Fecha	Hora	Modificación	Fecha	Hora	Modificación
1918	15 abril	23.00	adelanto 1 hora	6 octubre	24.00	restablecimiento hora normal
1919	6 abril	23.00	adelanto 1 hora	6 octubre	24.00	restablecimiento hora normal
1920 a 1923, rige la hora legal sin ningún cambio						
1924	16 abril	23.00	adelanto 1 hora	4 octubre	24.00	restablecimiento hora normal
1925 rige la hora legal sin ningún cambio						
1926	17 abril	23.00	adelanto 1 hora	2 octubre	24.00	restablecimiento hora normal
1927	9 abril	23.00	adelanto 1 hora	1 octubre	24.00	restablecimiento hora normal
1928	14 abril	23.00	adelanto 1 hora	6 octubre	24.00	restablecimiento hora normal
1929	20 abril	23.00	adelanto 1 hora	6 octubre	24.00	restablecimiento hora normal
1930 a 1936, rige la hora legal sin ningún cambio						
1937	16 junio	23.00	adelanto 1 hora	6 octubre	24.00	restablec. hora normal (Z. R.)
1937	22 mayo	23.00	adelanto 1 hora	2 octubre	24.00	restablec. hora normal (Z. N.)
1938	2 abril	23.00				
	30 abril	23.00	adelanto otra hora	2 octubre	24.00	se suprime 1 hora. Queda otra de adelanto (Z. R.)
1938	26 marzo	23.00	adelanto 1 hora	1 octubre	24.00	restablec. hora normal (Z. N.)
1939 hasta el 1 de abril en que se restablece el horario normal, rige 1 hora de adelanto (Z. R.)						
1939	15 abril	23.00	adelanto 1 hora	7 octubre	24.00	restablec. hora normal (Z. N.)
1940	16 marzo	23.00	se adelanta permanentemente, hasta hoy, 1 hora			
1942	2 mayo	23.00	adelanto 1 hora (total 2)	1 sept.	24.00	se suprime 1 h. Queda 1 h de adelanto
1943	17 abril	23.00	adelanto 1 hora (total 2)	2 octubre	24.00	se suprime 1 h. Queda 1 h de adelanto
1944	15 abril	23.00	adelanto 1 hora (total 2)	1 octubre	24.00	se suprime 1 h. Queda 1 h de adelanto
1945	14 abril	23.00	adelanto 1 hora (total 2)	30 sept.	24.00	se suprime 1 h. Queda otra de adelanto
1946	13 abril	23.00	adelanto 1 hora (total 2)	28 sept.	24.00	se suprime 1 h. Queda otra de adelanto
1949	30 abril	23.00	adelanto 1 hora (total 2)	2 octubre	24.00	se suprime 1 h. Queda 1 h de adelanto;
Hasta 1974 sigue con 1 h de adelanto						
1974	13 abril	23.00	adelanto 1 hora (total 2)	6 octubre	1.00	se suprime 1 h. Queda 1 h de adelanto
1975	12 abril	23.00	adelanto 1 hora (total 2)	4 octubre	24.00	se suprime 1 h. Queda 1 h de adelanto
1976	27 marzo	23.00	adelanto 1 hora (total 2)	25 sept.	24.00	se suprime 1 h. Queda 1 h de adelanto

Z. R., zona republicana. Z. N., zona nacional.

1977	2 abril	23.00	adelanto 1 hora (total 2)	24 sept.	24.00	se suprime 1 h. Queda 1 h de adelanto
1978	2 abril	23.00	adelanto 1 hora (total 2)	1 octubre	3.00	se suprime 1 h. Queda 1 h de adelanto
1979	1 abril	2.00	adelanto 1 hora (total 2)	30 sept.	3.00	se suprime 1 h. Queda 1 h de adelanto
1980	6 abril	2.00	adelanto 1 hora (total 2)	28 sept.	3.00	se suprime 1 h. Queda 1 h de adelanto
1981	29 marzo	2.00	adelanto 1 hora (total 2)	27 sept.	3.00	se suprime 1 h. Queda 1 h de adelanto
1982	28 marzo	2.00	adelanto 1 hora (total 2)	26 sept.	3.00	se suprime 1 h. Queda 1 h de adelanto
1983	27 marzo	2.00	adelanto 1 hora (total 2)	25 sept.	3.00	se suprime 1 h. Queda 1 h de adelanto
1984	24 marzo	2.00	adelanto 1 hora (total 2)	30 sept.	3.00	se suprime 1 h. Queda 1 h de adelanto
1985	31 marzo	2.00	adelanto 1 hora (total 2)	29 sept.	3.00	se suprime 1 h. Queda 1 h de adelanto
1986	23 marzo	3.00	adelanto 1 hora (total 2)	28 sept.	3.00	se suprime 1 h. Queda 1 h de adelanto
1987	22 marzo	3.00	adelanto 1 hora (total 2)	27 sept.	3.00	se suprime 1 h. Queda 1 h de adelanto
1988	19 marzo	3.00	adelanto 1 hora (total 2)	24 sept.	3.00	se suprime 1 h. Queda 1 h de adelanto
1989	19 marzo	3.00	adelanto 1 hora (total 2)	23 sept.	3.00	se suprime 1 h. Queda 1 h de adelanto
1990	17 marzo	3.00	adelanto 1 hora (total 2)	23 sept.	3.00	se suprime 1 h. Queda 1 h de adelanto
1991	17 marzo	3.00	adelanto 1 hora (total 2)	28 sept.	3.00	se suprime 1 h. Queda 1 h de adelanto
1992	14 marzo	3.00	adelanto 1 hora (total 2)	27 sept.	3.00	se suprime 1 h. Queda 1 h de adelanto
1993	20 marzo	3.00	adelanto 1 hora (total 2)	26 sept.	3.00	se suprime 1 h. Queda 1 h de adelanto
1994	20 marzo	3.00	adelanto 1 hora (total 2)	25 sept.	3.00	se suprime 1 h. Queda 1 h de adelanto
1995	26 marzo	3.00	adelanto 1 hora (total 2)	24 sept.	3.00	se suprime 1 h. Queda 1 h de adelanto
1996	24 marzo	3.00	adelanto 1 hora (total 2)	22 sept.	3.00	se suprime 1 h. Queda 1 h de adelanto
1997	23 marzo	3.00	adelanto 1 hora (total 2)	28 sept.	3.00	se suprime 1 h. Queda 1 h de adelanto
1998	22 marzo	3.00	adelanto 1 hora (total 2)	27 sept.	3.00	se suprime 1 h. Queda 1 h de adelanto
1999	21 marzo	3.00	adelanto 1 hora (total 2)	26 sept.	3.00	se suprime 1 h. Queda 1 h de adelanto
2000	25 marzo	2.00	adelanto 1 hora (total 2)	24 sept.	3.00	se suprime 1 h. Queda 1 h de adelanto
2001	25 marzo	2.00	adelanto 1 hora (total 2)	23 sept.	3.00	se suprime 1 h. Queda 1 h de adelanto
2002	31 marzo	2.00	adelanto 1 hora (total 2)	27 oct.	3.00	se suprime 1 h. Queda 1 h de adelanto
2003	30 marzo	2.00	adelanto 1 hora (total 2)	26 oct.	3.00	se suprime 1 h. Queda 1 h de adelanto
2004	28 marzo	2.00	adelanto 1 hora (total 2)	31 oct.	3.00	se suprime 1 h. Queda 1 h de adelanto
2005	27 marzo	2.00	adelanto 1 hora (total 2)	30 oct.	3.00	se suprime 1 h. Queda 1 h de adelanto
2006	26 marzo	2.00	adelanto 1 hora (total 2)	29 oct.	3.00	se suprime 1 h. Queda 1 h de adelanto

En las islas Canarias, desde el 1 de marzo de 1922, a las 00.00 horas, rige el horario del Meridiano 15 Oeste, y con relación a la península hay un retraso de 1 hora. Con anterioridad a esa fecha regía la hora local.

TABLA DE LATITUDES Y LONGITUDES

Ciudad	Latitud	Longitud	Ciudad	Latitud	Longitud
ALBACETE	39° 00'	– 7' 25"	LINARES	38° 06'	– 14' 32"
ALCUDIA	39° 52'	+ 11' 36"	LOGROÑO	42° 28'	– 9' 47"
ALGECIRAS	36° 09'	– 21' 52"	LORCA	37° 41'	– 6' 48"
ALICANTE	38° 20'	– 1' 56"	LUGO	43° 01'	– 30' 14"
ALMERÍA	36° 50'	– 9' 52"	MADRID	40° 24'	– 14' 44"
ANDORRA			MAHÓN	39° 50'	+ 17' 12"
LA VELLA	42° 30'	+ 6' 00"	MÁLAGA	36° 43'	– 17' 41"
ÁVILA	40° 39'	– 18' 47"	MANACOR	39° 34'	+ 12' 53"
BADAJOZ	38° 53'	– 27' 53"	MANRESA	41° 44'	+ 7' 20"
BARCELONA	41° 23'	+ 8' 44"	MARBELLA	36° 30'	– 19' 36"
BILBAO	43° 15'	– 11' 42"	MIERES	43° 15'	– 23' 04"
BURGOS	42° 20'	– 14' 49"	MURCIA	37° 59'	– 4' 31"
CÁCERES	39° 28'	– 25' 29"	ORENSE	42° 20'	– 31' 27"
CADAQUÉS	42° 17'	+ 13' 08"	OVIEDO	43° 22'	– 23' 22"
CÁDIZ	36° 32'	– 25' 11"	PALENCIA	42° 00'	– 18' 08"
CALATAYUD	41° 20'	– 6' 40"	P. MALLORCA	39° 34'	+ 10' 36"
CARTAGENA	37° 38'	– 3' 55"	PAMPLONA	42° 49'	– 6' 36"
CASTELLÓN	39° 50'	– 0' 09"	PLASENCIA	40° 03'	– 24' 32"
CIUDAD REAL	38° 59'	– 15' 43"	PONFERRADA	42° 33'	– 26' 20"
C. RODRIGO	40° 36'	– 26' 08"	PONTEVEDRA	42° 26'	– 34' 35"
CÓRDOBA	37° 53'	– 19' 07"	SALAMANCA	40° 57'	– 22' 40"
CORUÑA	43° 23'	– 33' 34"	SAN SEBATIÁN	43° 19'	– 7' 56"
CUENCA	40° 04'	– 8' 32"	STA. CRUZ DE		
ÉIBAR	43° 11'	– 11' 52"	TENERIFE	28° 28'	– 1h 5' 57"
ELCHE	38° 15'	– 2' 48"	SANTIAGO DE		
FRAGA	41° 32'	– 1' 24"	COMPOSTELA	42° 52'	– 34' 12"
FUERTEVENTURA	28° 30'	– 56' 00"	SANTANDER	43° 28'	– 15' 13"
GERONA	41° 59'	+ 11' 18"	SEGOVIA	40° 57'	– 16' 30"
GIJÓN	43° 32'	– 22' 48"	SEVILLA	37° 23'	– 23' 58"
GOMERA	28° 10'	– 1h 08' 20"	SORIA	41° 46'	– 9' 52"
GRANADA	37° 11'	– 14' 24"	TARRAGONA	41° 07'	+ 5' 02"
GUADALAJARA	40° 38'	– 12' 39"	TERUEL	40° 20'	– 4' 26"
HIERRO	27° 57'	– 1h 11' 44"	TOLEDO	39° 51'	– 16' 05"
HUELVA	37° 16'	– 27' 47"	TORTOSA	40° 49'	+ 2' 04"
HUESCA	42° 08'	– 1' 38"	TUDELA	42° 04'	– 6' 24"
IBIZA	38° 54'	+ 5' 44"	VALENCIA	39° 28'	– 1' 30"
JAÉN	37° 46'	– 15' 09"	VALLADOLID	41° 39'	– 18' 53"
LA PALMA	25° 40'	– 1h 11' 20"	VIELLA	42° 42'	+ 3' 16"
LANZAROTE	29° 00'	– 54' 40"	VIGO	42° 18'	– 34' 44"
LAS PALMAS G.C.	28° 06'	– 1 h 01' 40"	VITORIA	42° 51'	– 10' 42"
LEÓN	42° 36'	– 22' 16"	ZAMORA	41° 30'	– 23' 01"
LÉRIDA	41° 37'	+ 2' 30"	ZARAGOZA	41° 34'	– 3' 31"

Las influencias no acaban matemáticamente. Las experimenta también quien tiene gran proximidad al signo siguiente o al anterior.

De ahí que no sea nada fácil determinar las verdaderas características de cada uno.

Una carta natal se divide en doce Casas astrológicas de dimensiones desiguales (salvo en el Ecuador con el sistema Placidus).

La cúspide (la punta) de la Casa I es el *ascendente* (AS o ASC).

La cúspide de la Casa X es el *medio cielo* (MC).

La cúspide de la Casa VII es el *descendente* (DS).

La cúspide de la Casa IV es el *fondo de cielo* (FC).

Estos son los cuatro ángulos de la carta natal, los cuatro puntos cardinales que principian las cuatro Casas principales. Las otras ocho Casas intermedias no tienen nombre particular. Las Casas se señalan utilizando los números romanos, salvo para los cuatro ángulos que se indican por las abreviaturas dadas aquí.

Para establecer la dominancia

Para establecer las posiciones de las Casas existen varios sistemas, de los cuales el que se emplea más comúnmente es el de Placidus, o Plácido.

En realidad este sistema no es original de Plácido, Placidus, ni data del siglo XVII, pues ya era utilizado por Magini (en su *Canon astronómico*) y anteriormente por Scaliger (1540-1609). Pero es Plácido el primero en poner a punto las tablas sistemáticas como nos lo explica Max Duval en su libro *La dominancia y los tránsitos*.

Conviene precisar que el ascendente corresponde a la salida del Sol, según el punto de vista de un observador colocado en el lugar de nacimiento de la persona astralmente analizada el día de su nacimiento.

El centro del cielo corresponde a la culminación del Sol (al mediodía) en las mismas condiciones. El descendente corresponde a la puesta del astro del día y el fondo del cielo al sol de medianoche (bajo la Tierra). Más científicamente, diremos que el centro del cielo (el punto más elevado de una carta del cielo) es un punto que marca la inserción de la eclíptica con el medio-meridiano diurno encima del horizonte; en astrología, el meridiano superior.

Resumimos pues diciendo que el TSN permite encontrar el ascendente que es el pico de la Casa I. Localizando en la columna de Tiempo sideral el tiempo más cercado de su TSN, usted leerá la línea que le corresponda y dispondrá de la posición de su ascendente y de otras cinco Casas. Las otras seis están opuestas sobre el mismo grado.

Para nuestro ejemplo, tomamos las posiciones de la línea de 8 h 25' 18".

ASC (Casa I) = 26° 20' Libra y en la parte opuesta Casa VII = 26° 20' Aries.

MC (Casa X) = 4° Leo y en la parte opuesta FC (Casa IV) = 4° Capricornio.

Casa XI = 8° Virgo y en la parte opuesta Casa VI = 3° Aries.

Casa II = 23° Escorpión y en la parte opuesta Casa VIII = 23° Tauro.

Casa III = 27° Sagitario y en la parte opuesta Casa IX = 27° Géminis.

Si dispone de una copia del dibujo del Zodíaco, puede imprimir su diagrama zodiacal sobre una hoja, orientado de tal manera que su signo ascendente se encuentre a la izquierda y el signo de su medio cielo se encuentre en lo alto.

Tome a continuación una regla y una pluma de tinta roja. Marque sobre el diagrama del Zodíaco el grado de su *ascendente* y trace una línea partiendo de este grado hacia el exterior del círculo zodiacal, terminando en una punta de flecha. A continuación, y a partir exactamente de la parte opuesta, trace otra línea yendo hacia el exterior y terminando en cola de flecha: es el *descendente*.

Luego, trace otra línea partiendo del grado que señala su medio cielo —hacia lo alto y remátelo con un círculo, que indicará precisamente el *medio cielo*. Y por la parte exactamente opuesta, prolongue la línea hacia la parte baja, concluyéndola con la señal de un semicírculo; será la indicación del *fondo de cielo*.

Así, los cuatro ángulos quedan ya establecidos en el diagrama zodiacal.

Ya no le queda más que trazar las Casas intermedias mediante simples líneas que señalarán el grado que las delimita.

Existe un segundo sistema es más fácil que se propone a continuación, aunque menos exacto sobre todo para los nacidos durante el primer y tercer decanato, pero no para los nacidos en el segundo decanato.

Para los nacidos en Leo

Su ascendente está en Leo si han nacido:

del 23 al 31 de julio desde las 4,48 a las 7,08 horas;
del 1 al 10 de agosto desde las 4,48 a las 6,46 horas;
del 11 al 22 de agosto desde las 3,38 a las 6,16 horas.

Su ascendente está en Virgo si han nacido:

del 23 al 31 de julio desde las 7,12 a las 9,33 horas;
del 1 al 10 de agosto desde las 6,50 a las 9,15 horas;
del 11 al 22 de agosto desde las 6,20 a las 8,45 horas.

Su ascendente está en Libra si han nacido:

del 23 al 31 de julio desde las 9,37 a las 12,07 horas;
del 1 al 10 de agosto desde las 9,20 a las 11,50 horas;
del 11 al 22 de agosto desde las 8,49 a las 11,19 horas.

Su ascendente está en Escorpión si han nacido:

del 23 al 31 de julio desde las 12,11 a las 14,39 horas;
del 1 al 10 de agosto desde las 11,54 a las 14,22 horas;
del 11 al 22 de agosto desde las 11,23 a las 13,51 horas.

Su ascendente está en Sagitario si han nacido:

del 23 al 31 de julio desde las 14,43 a las 17,04 horas;
del 1 al 10 de agosto desde las 14,26 a las 16,47 horas;
del 11 al 22 de agosto desde las 13,55 a las 16,16 horas.

Su ascendente está en Capricornio si han nacido:

del 23 al 31 de julio desde las 17,08 a las 19,02 horas;
del 1 al 10 de agosto desde las 16,51 a las 18,45 horas;
del 11 al 22 de agosto desde las 16,20 a las 18,14 horas.

Su ascendente está en Acuario si han nacido:

del 23 al 31 de julio desde las 19,06 a las 20,30 horas;
del 1 al 10 de agosto desde las 18,49 a las 20,13 horas;
del 11 al 22 de agosto desde las 18,18 a las 19,42 horas.

Su ascendente está en Piscis si han nacido:

del 23 al 31 de julio desde las 20,34 a las 21,39 horas;
del 1 al 10 de agosto desde las 20,17 a las 21,22 horas;
del 11 al 22 de agosto desde las 19,46 a las 20,51 horas.

Su ascendente está en Aries si han nacido:

del 23 al 31 de julio desde las 21,44 a las 22,53 horas;
del 1 al 10 de agosto desde las 21,26 a las 22,35 horas;
del 11 al 22 de agosto desde las 20,50 a las 22,04 horas.

Su ascendente está en Tauro si han nacido:

del 23 al 31 de julio desde las 22,58 a las 0,22 horas;
del 1 al 10 de agosto desde las 22,39 a las 0,03 horas;
del 11 al 22 de agosto desde las 22,08 a las 23,32 horas.

Su ascendente está en Géminis si han nacido:

del 23 al 31 de julio desde las 0,26 a las 2,16 horas;
del 1 al 10 de agosto desde las 0,07 a las 1,57 horas;
del 11 al 22 de agosto desde las 23,36 a las 1,26 horas.

Su ascendente está en Cáncer si han nacido:

del 23 al 31 de julio desde las 2,20 a las 4,33 horas;
del 1 al 10 de agosto desde las 2,01 a las 4,14 horas;
del 11 al 22 de agosto desde las 1,30 a las 3,43 horas.

Por consiguiente, si se trata de un Leo-Leo, es decir, un Leo con ascendente en su mismo signo, los caracteres generales se hallan incluso exaltados al máximo; de lo contrario, habrá que leer cuanto se refiere a las características generales y lo que se relaciona con el tipo mixto en particular.

Será útil llevar a cabo la misma búsqueda a propósito de los padres, estudiando en especial al progenitor, con quien se considera tener un mayor parecido. De tal forma podremos afirmar que se puede lograr un cuadro completo de la situación.

Para los nacidos en Virgo

Su ascendente está en Aries si han nacido:

del 23 al 31 de agosto desde las 19,53 a las 21,02 horas;
del 1 al 10 de septiembre desde las 19,18 a las 20,37 horas;
del 11 al 22 de septiembre desde las 18,38 a las 18,47 horas.

Su ascendente está en Tauro si han nacido:

del 23 al 31 de agosto desde las 21,06 a las 22,26 horas;
del 1 al 10 de septiembre desde las 20,40 a las 22,01 horas;
del 11 al 22 de septiembre desde las 18,51 a las 21,11 horas.

Su ascendente está en Géminis si han nacido:

del 23 al 31 de agosto desde las 22,30 a las 0,20 horas;
del 1 al 10 de septiembre desde las 22,05 a las 23,55 horas;
del 11 al 22 de septiembre desde las 21,15 a las 23,05 horas.

Su ascendente está en Cáncer si han nacido:

del 23 al 31 de agosto desde las 0,24 a las 2,37 horas;
del 1 al 10 de septiembre desde las 23,59 a las 2,12 horas;
del 11 al 22 de septiembre desde las 23,09 a las 1,22 horas.

Su ascendente está en Leo si han nacido:

del 23 al 31 de agosto desde las 2,41 a las 5,12 horas;
del 1 al 10 de septiembre desde las 2,16 a las 4,47 horas;
del 11 al 22 de septiembre desde las 1,26 a las 3,58 horas.

Su ascendente está en Virgo si han nacido:

del 23 al 31 de agosto desde las 5,16 a las 7,41 horas;
del 1 al 10 de septiembre desde las 4,51 a las 7,16 horas;
del 11 al 22 de septiembre desde las 4,02 a las 6,27 horas.

Su ascendente está en Libra si han nacido:

del 23 al 31 de agosto desde las 7,45 a las 10,14 horas;
del 1 al 10 de septiembre desde las 7,20 a las 9,49 horas;
del 11 al 22 de septiembre desde las 6,31 a las 9,00 horas.

Su ascendente está en Escorpión si han nacido:

del 23 al 31 de agosto desde las 10,18 a las 12,44 horas;
del 1 al 10 de septiembre desde las 9,53 a las 12,21 horas;
del 11 al 22 de septiembre desde las 9,04 a las 11,32 horas.

Su ascendente está en Sagitario si han nacido:

del 23 al 31 de agosto desde las 12,49 a las 15,10 horas;
del 1 al 10 de septiembre desde las 12,25 a las 14,46 horas;
del 11 al 22 de septiembre desde las 11,36 a las 13,57 horas.

Su ascendente está en Capricornio si han nacido:

del 23 al 31 de agosto desde las 15,14 a las 17,04 horas;
del 1 al 10 de septiembre desde las 14,50 a las 16,40 horas;
del 11 al 22 de septiembre desde las 14,01 a las 15,51 horas.

Su ascendente está en Acuario si han nacido:

del 23 al 31 de agosto desde las 17,08 a las 18,32 horas;
del 1 al 10 de septiembre desde las 16,44 a las 18,08 horas;
del 11 al 22 de septiembre desde las 15,55 a las 17,19 horas.

Su ascendente está en Piscis si han nacido:

del 23 al 31 de agosto desde las 18,36 a las 19,41 horas;
del 1 al 10 de septiembre desde las 18,12 a las 19,17 horas;
del 11 al 22 de septiembre desde las 17,23 a las 18,28 horas.

Para los nacidos en Libra

Su ascendente está en Aries si han nacido:

del 23 al 30 de septiembre desde las 17,51 a las 19,00 horas;
del 1 al 10 de octubre desde las 17,19 a las 18,27 horas;
del 11 al 23 de octubre desde las 16,40 a las 17,49 horas.

Su ascendente está en Tauro si han nacido:

del 23 al 30 de septiembre desde las 19,04 a las 20,28 horas;
del 1 al 10 de octubre desde las 18,31 a las 19,55 horas;
del 11 al 23 de octubre desde las 17,53 a las 19,17 horas.

Su ascendente está en Géminis si han nacido:

del 23 al 30 de septiembre desde las 20,32 a las 22,22 horas;
del 1 al 10 de octubre desde las 19,59 a las 21,49 horas;
del 11 al 23 de octubre desde las 19,21 a las 21,11 horas.

Su ascendente está en Cáncer si han nacido:

del 23 al 30 de septiembre desde las 22,26 a las 0,45 horas;
del 1 al 10 de octubre desde las 21,53 a las 0,12 horas;
del 11 al 23 de octubre desde las 21,15 a las 23,34 horas.

Su ascendente está en Leo si han nacido:

del 23 al 30 de septiembre desde las 0,49 a las 3,17 horas;
del 1 al 10 de octubre desde las 0,16 a las 2,44 horas;
del 11 al 23 de octubre desde las 23,38 a las 2,06 horas.

Su ascendente está en Virgo si han nacido:

del 23 al 30 de septiembre desde las 3,21 a las 5,46 horas;
del 1 al 10 de octubre desde las 2,48 a las 5,13 horas;
del 11 al 23 de octubre desde las 2,10 a las 4,35 horas.

Su ascendente está en Libra si han nacido:

del 23 al 30 de septiembre desde las 5,50 a las 8,19 horas;
del 1 al 10 de octubre desde las 5,17 a las 7,46 horas;
del 11 al 23 de octubre desde las 4,39 a las 7,08 horas.

Su ascendente está en Escorpión si han nacido:

del 23 al 30 de septiembre desde las 8,23 a las 10,51 horas;
del 1 al 10 de octubre desde las 7,46 a las 10,14 horas;
del 11 al 23 de octubre desde las 7,08 a las 9,36 horas.

Su ascendente está en Sagitario si han nacido:

del 23 al 30 de septiembre desde las 10,55 a las 13,16 horas;
del 1 al 10 de octubre desde las 10,18 a las 12,39 horas;
del 11 al 23 de octubre desde las 9,40 a las 12,01 horas.

Su ascendente está en Capricornio si han nacido:

del 23 al 30 de septiembre desde las 13,20 a las 15,10 horas;
del 1 al 10 de octubre desde las 12,43 a las 14,33 horas;
del 11 al 23 de octubre desde las 12,05 a las 13,55 horas.

Su ascendente está en Acuario si han nacido:

del 23 al 30 de septiembre desde las 15,14 a las 16,38 horas;
del 1 al 10 de octubre desde las 14,37 a las 16,01 horas;
del 11 al 23 de octubre desde las 13,59 a las 15,23 horas.

Su ascendente está en Piscis si han nacido:

del 23 al 30 de septiembre desde las 16,42 a las 17,47 horas;
del 1 al 10 de octubre desde las 16,05 a las 17,10 horas;
del 11 al 23 de octubre desde las 15,27 a las 16,32 horas.

Para los nacidos en Escorpión

Su ascendente está en Aries si han nacido:

del 24 al 31 de octubre desde las 15,49 a las 16,58 horas;
del 1 al 10 de noviembre desde las 15,17 a las 16,26 horas;
del 11 al 22 de noviembre desde las 14,38 a las 15,47 horas.

Su ascendente está en Tauro si han nacido:

del 24 al 31 de octubre desde las 17,02 a las 18,26 horas;
del 1 al 10 de noviembre desde las 16,30 a las 15,54 horas;
del 11 al 22 de noviembre desde las 15,51 a las 17,15 horas.

Su ascendente está en Géminis si han nacido:

del 24 al 31 de octubre desde las 18,30 a las 20,20 horas;
del 1 al 10 de noviembre desde las 17,58 a las 19,48 horas;
del 11 al 22 de noviembre desde las 17,19 a las 19,09 horas.

Su ascendente está en Cáncer si han nacido:

del 24 al 31 de octubre desde las 20,24 a las 22,43 horas;
del 1 al 10 de noviembre desde las 19,52 a las 22,11 horas;
del 11 al 22 de noviembre desde las 19,13 a las 21,32 horas.

Su ascendente está en Leo si han nacido:

del 24 al 31 de octubre desde las 22,47 a las 1,15 horas;
del 1 al 10 de noviembre desde las 22,15 a las 0,43 horas;
del 11 al 22 de noviembre desde las 21,36 a las 0,04 horas.

Su ascendente está en Virgo si han nacido:

del 24 al 31 de octubre desde las 1,19 a las 3,44 horas;
del 1 al 10 de noviembre desde las 0,47 a las 3,12 horas;
del 11 al 22 de noviembre desde las 0,08 a las 2,33 horas.

Su ascendente está en Libra si han nacido:

del 24 al 31 de octubre desde las 3,48 a las 6,17 horas;
del 1 al 10 de noviembre desde las 3,16 a las 5,45 horas;
del 11 al 22 de noviembre desde las 2,37 a las 5,06 horas.

Su ascendente está en Escorpión si han nacido:

del 24 al 31 de octubre desde las 6,21 a las 8,49 horas;
del 1 al 10 de noviembre desde las 5,49 a las 8,17 horas;
del 11 al 22 de noviembre desde las 5,10 a las 7,38 horas.

Su ascendente está en Sagitario si han nacido:

del 24 al 31 de octubre desde las 8,53 a las 11,14 horas;
del 1 al 10 de noviembre desde las 8,21 a las 10,42 horas;
del 11 al 22 de noviembre desde las 7,42 a las 10,03 horas.

Su ascendente está en Capricornio si han nacido:

del 24 al 31 de octubre desde las 11,18 a las 13,08 horas;
del 1 al 10 de noviembre desde las 10,46 a las 12,36 horas;
del 11 al 22 de noviembre desde las 10,07 a las 11,57 horas.

Su ascendente está en Acuario si han nacido:

del 24 al 31 de octubre desde las 13,12 a las 14,36 horas;
del 1 al 10 de noviembre desde las 12,40 a las 14,04 horas;
del 11 al 22 de noviembre desde las 12,01 a las 13,25 horas.

Su ascendente está en Piscis si han nacido:

del 24 al 31 de octubre desde las 14,40 a las 15,45 horas;
del 1 al 10 de noviembre desde las 14,08 a las 15,13 horas;
del 11 al 22 de noviembre desde las 13,29 a las 14,34 horas.

Para los nacidos en Sagitario

Su ascendente está en Aries si han nacido:

del 23 al 30 de noviembre desde las 13,50 a las 14,59 horas;
del 1 al 10 de diciembre desde las 13,19 a las 14,28 horas;
del 11 al 21 de diciembre desde las 12,39 a las 13,48 horas.

Su ascendente está en Tauro si han nacido:

del 23 al 30 de noviembre desde las 15,03 a las 16,27 horas;
del 1 al 10 de diciembre desde las 14,32 a las 15,56 horas;
del 11 al 21 de diciembre desde las 13,52 a las 15,16 horas.

Su ascendente está en Géminis si han nacido:

del 23 al 30 de noviembre desde las 16,31 a las 18,21 horas;
del 1 al 10 de diciembre desde las 16,00 a las 17,50 horas;
del 11 al 21 de diciembre desde las 15,20 a las 17,10 horas.

Su ascendente está en Cáncer si han nacido:

del 23 al 30 de noviembre desde las 18,25 a las 20,44 horas;
del 1 al 10 de diciembre desde las 17,54 a las 20,13 horas;
del 11 al 21 de diciembre desde las 17,14 a las 19,33 horas.

Su ascendente está en Leo si han nacido:

del 23 al 30 de noviembre desde las 20,48 a las 23,16 horas;
del 1 al 10 de diciembre desde las 20,17 a las 22,45 horas;
del 11 al 21 de diciembre desde las 19,37 a las 22,05 horas.

Su ascendente está en Virgo si han nacido:

del 23 al 30 de noviembre desde las 23,20 a las 1,45 horas;
del 1 al 10 de diciembre desde las 22,49 a las 0,14 horas;
del 11 al 21 de diciembre desde las 22,10 a las 0,35 horas.

Su ascendente está en Libra si han nacido:

del 23 al 30 de noviembre desde las 1,49 a las 4,18 horas;
del 1 al 10 de diciembre desde las 1,18 a las 3,47 horas;
del 11 al 21 de diciembre desde las 0,39 a las 3,08 horas.

Su ascendente está en Escorpión si han nacido:

del 23 al 30 de noviembre desde las 4,22 a las 6,50 horas;
del 1 al 10 de diciembre desde las 3,51 a las 6,19 horas;
del 11 al 21 de diciembre desde las 3,12 a las 5,40 horas.

Su ascendente está en Sagitario si han nacido:

del 23 al 30 de noviembre desde las 6,54 a las 9,15 horas;
del 1 al 10 de diciembre desde las 6,23 a las 8,44 horas;
del 11 al 21 de diciembre desde las 5,44 a las 8,05 horas.

Su ascendente está en Capricornio si han nacido:

del 23 al 30 de noviembre desde las 9,19 a las 11,09 horas;
del 1 al 10 de diciembre desde las 8,48 a las 10,38 horas;
del 11 al 21 de diciembre desde las 8,09 a las 9,59 horas.

Su ascendente está en Acuario si han nacido:

del 23 al 30 de noviembre desde las 11,13 a las 12,37 horas;
del 1 al 10 de diciembre desde las 10,42 a las 12,06 horas;
del 11 al 21 de diciembre desde las 10,03 a las 11,27 horas.

Su ascendente está en Piscis si han nacido:

del 23 al 30 de noviembre desde las 12,41 a las 13,46 horas;
del 1 al 10 de diciembre desde las 12,10 a las 13,15 horas;
del 11 al 21 de diciembre desde las 11,31 a las 12,36 horas.

Para los nacidos en Capricornio

Su ascendente está en Aries si han nacido:

del 22 al 31 de diciembre desde las 11,56 a las 13,05 horas;
del 1 al 10 de enero desde las 11,20 a las 12,29 horas;
del 11 al 22 de enero desde las 10,40 a las 11,49 horas.

Su ascendente está en Tauro si han nacido:

del 22 al 31 de diciembre desde las 13,09 a las 14,33 horas;
del 1 al 10 de enero desde las 12,33 a las 13,52 horas;
del 11 al 22 de enero desde las 11,53 a las 13,07 horas.

Su ascendente está en Géminis si han nacido:

del 22 al 31 de diciembre desde las 14,37 a las 16,27 horas;
del 1 al 10 de enero desde las 14,01 a las 15,51 horas;
del 11 al 22 de enero desde las 13,11 a las 15,01 horas.

Su ascendente está en Cáncer si han nacido:

del 22 al 31 de diciembre desde las 16,31 a las 18,50 horas;
del 1 al 10 de enero desde las 15,55 a las 18,14 horas;
del 11 al 22 de enero desde las 15,05 a las 17,24 horas.

Su ascendente está en Leo si han nacido:

del 22 al 31 de diciembre desde las 18,54 a las 21,22 horas;
del 1 al 10 de enero desde las 18,18 a las 20,46 horas;
del 11 al 22 de enero desde las 17,28 a las 19,56 horas.

Su ascendente está en Virgo si han nacido:

del 22 al 31 de diciembre desde las 21,25 a las 23,51 horas;
del 1 al 10 de enero desde las 20,50 a las 23,15 horas;
del 11 al 22 de enero desde las 20,00 a las 22,25 horas.

Su ascendente está en Libra si han nacido:

del 22 al 31 de diciembre desde las 23,55 a las 2,24 horas;
del 1 al 10 de enero desde las 23,19 a las 1,48 horas;
del 11 al 22 de enero desde las 22,29 a las 0,58 horas.

Su ascendente está en Escorpión si han nacido:

del 22 al 31 de diciembre desde las 2,28 a las 4,56 horas;
del 1 al 10 de enero desde las 1,52 a las 4,20 horas;
del 11 al 22 de enero desde las 1,02 a las 3,30 horas.

Su ascendente está en Sagitario si han nacido:

del 22 al 31 de diciembre desde las 5,00 a las 7,21 horas;
del 1 al 10 de enero desde las 4,24 a las 6,45 horas;
del 11 al 22 de enero desde las 3,34 a las 5,55 horas.

Su ascendente está en Capricornio si han nacido:

del 22 al 31 de diciembre desde las 7,25 a las 9,15 horas;
del 1 al 10 de enero desde las 6,49 a las 8,39 horas;
del 11 al 22 de enero desde las 5,59 a las 7,49 horas.

Su ascendente está en Acuario si han nacido:

del 22 al 31 de diciembre desde las 9,19 a las 10,43 horas;
del 1 al 10 de enero desde las 8,43 a las 10,07 horas;
del 11 al 22 de enero desde las 7,53 a las 9,17 horas.

Su ascendente está en Piscis si han nacido:

del 22 al 31 de diciembre desde las 10,47 a las 11,52 horas;
del 1 al 10 de enero desde las 10,11 a las 11,16 horas;
del 11 al 22 de enero desde las 9,21 a las 10,26 horas.

Para los nacidos en Acuario

Su ascendente está en Aries si han nacido:

del 22 al 31 de enero desde las 9,57 a las 11,06 horas;
del 1 al 10 de febrero desde las 9,17 a las 10,26 horas;
del 11 al 19 de febrero desde las 8,38 a las 9,47 horas.

Su ascendente está en Tauro si han nacido:

del 22 al 31 de enero desde las 11,10 a las 12,34 horas;
del 1 al 10 de febrero desde las 10,30 a las 11,54 horas;
del 11 al 19 de febrero desde las 9,51 a las 11,15 horas.

Su ascendente está en Géminis si han nacido:

del 22 al 31 de enero desde las 12,40 a las 14,30 horas;
del 1 al 10 de febrero desde las 11,58 a las 13,48 horas;
del 11 al 19 de febrero desde las 11,19 a las 13,09 horas.

Su ascendente está en Cáncer si han nacido:

del 22 al 31 de enero desde las 14,34 a las 16,53 horas;
del 1 al 10 de febrero desde las 13,52 a las 16,11 horas;
del 11 al 19 de febrero desde las 13,13 a las 15,32 horas.

Su ascendente está en Leo si han nacido:

del 22 al 31 de enero desde las 16,57 a las 19,25 horas;
del 1 al 10 de febrero desde las 16,15 a las 18,43 horas;
del 11 al 19 de febrero desde las 15,36 a las 18,04 horas.

Su ascendente está en Virgo si han nacido:

del 22 al 31 de enero desde las 19,29 a las 21,54 horas;
del 1 al 10 de febrero desde las 18,08 a las 20,33 horas;
del 11 al 19 de febrero desde las 2,40 a las 4,15 horas.

Su ascendente está en Libra si han nacido:

del 22 al 31 de enero desde las 21,58 a las 0,27 horas;
del 1 al 10 de febrero desde las 21,16 a las 23,45 horas;
del 11 al 19 de febrero desde las 20,37 a las 23,06 horas.

Su ascendente está en Escorpión si han nacido:

del 22 al 31 de enero desde las 0,31 a las 2,59 horas;
del 1 al 10 de febrero desde las 2,21 a las 4,42 horas;
del 11 al 19 de febrero desde las 1,42 a las 4,03 horas.

Su ascendente está en Sagitario si han nacido:

del 22 al 31 de enero desde las 6,05 a las 9,20 horas;
del 1 al 10 de febrero desde las 6,20 a las 8,00 horas;
del 11 al 19 de febrero desde las 5,00 a las 8,20 horas.

Su ascendente está en Capricornio si han nacido:

del 22 al 31 de enero desde las 5,28 a las 7,18 horas;
del 1 al 10 de febrero desde las 4,46 a las 6,36 horas;
del 11 al 19 de febrero desde las 4,07 a las 5,57 horas.

Su ascendente está en Acuario si han nacido:

del 22 al 31 de enero desde las 7,22 a las 8,46 horas;
del 1 al 10 de febrero desde las 6,40 a las 8,04 horas;
del 11 al 19 de febrero desde las 6,01 a las 7,25 horas.

Su ascendente está en Piscis si han nacido:

del 22 al 31 de enero desde las 8,50 a las 9,55 horas;
del 1 al 10 de febrero desde las 0,08 a las 9,13 horas;
del 11 al 19 de febrero desde las 7,29 a las 8,34 horas.

Para los nacidos en Piscis

Su ascendente está en Aries si han nacido:

del 20 al 29 de febrero desde las 8,02 a las 9,07 horas;
del 1 al 10 de marzo desde las 7,23 a las 8,28 horas;
del 11 al 20 de marzo desde las 6,44 a las 7,49 horas.

Su ascendente está en Tauro si han nacido:

del 20 al 29 de febrero desde las 9,11 a las 10,35 horas;
del 1 al 10 de marzo desde las 8,32 a las 9,56 horas;
del 11 al 20 de marzo desde las 7,53 a las 9,17 horas.

Su ascendente está en Géminis si han nacido:

del 20 al 29 de febrero desde las 10,39 a las 12,29 horas;
del 1 al 10 de marzo desde las 10,00 a las 11,50 horas;
del 11 al 20 de marzo desde las 9,21 a las 11,11 horas.

Su ascendente está en Cáncer si han nacido:

del 20 al 29 de febrero desde las 12,33 a las 14,52 horas;
del 1 al 10 de marzo desde las 11,54 a las 14,13 horas;
del 11 al 20 de marzo desde las 11,15 a las 13,34 horas.

Su ascendente está en Leo si han nacido:

del 20 al 29 de febrero desde las 14,56 a las 17,24 horas;
del 1 al 10 de marzo desde las 14,17 a las 16,45 horas;
del 11 al 20 de marzo desde las 13,38 a las 16,06 horas.

Su ascendente está en Virgo si han nacido:

del 20 al 29 de febrero desde las 17,28 a las 19,53 horas;
del 1 al 10 de marzo desde las 16,49 a las 19,14 horas;
del 11 al 20 de marzo desde las 16,10 a las 18,35 horas.

Su ascendente está en Libra si han nacido:

del 20 al 29 de febrero desde las 19,58 a las 22,27 horas;
del 1 al 10 de marzo desde las 19,18 a las 22,47 horas;
del 11 al 20 de marzo desde las 18,39 a las 21,08 horas.

Su ascendente está en Escorpión si han nacido:

del 20 al 29 de febrero desde las 22,31 a las 0,59 horas;
del 1 al 10 de marzo desde las 21,51 a las 0,19 horas;
del 11 al 20 de marzo desde las 21,12 a las 23,40 horas.

Su ascendente está en Sagitario si han nacido:

del 20 al 29 de febrero desde las 1,03 a las 3,24 horas;
del 1 al 10 de marzo desde las 0,23 a las 2,44 horas;
del 11 al 20 de marzo desde las 23,44 a las 2,05 horas.

Su ascendente está en Capricornio si han nacido:

del 20 al 29 de febrero desde las 3,28 a las 5,18 horas;
del 1 al 10 de marzo desde las 2,48 a las 4,38 horas;
del 11 al 20 de marzo desde las 2,09 a las 3,59 horas.

Su ascendente está en Acuario si han nacido:

del 20 al 29 de febrero desde las 5,22 a las 6,46 horas;
del 1 al 10 de marzo desde las 4,42 a las 6,06 horas;
del 11 al 20 de marzo desde las 4,03 a las 5,27 horas.

Su ascendente está en Piscis si han nacido:

del 20 al 29 de febrero desde las 6,50 a las 7,55 horas;
del 1 al 10 de marzo desde las 6,10 a las 7,15 horas;
del 11 al 20 de marzo desde las 5,31 a las 6,316 horas.

Para los nacidos en Aries

Su ascendente está en Aries si han nacido:

del 21 al 31 de marzo desde las 6,04 a las 7,13 horas;
del 1 al 10 de abril desde las 5,21 a las 6,30 horas;
del 11 al 21 de abril desde las 4,41 a las 5,50 horas.

Su ascendente está en Tauro si han nacido:

del 21 al 31 de marzo desde las 7,17 a las 8,41 horas;
del 1 al 10 de abril desde las 6,34 a las 7,58 horas;
del 11 al 21 de abril desde las 5,54 a las 7,18 horas.

Su ascendente está en Géminis si han nacido:

del 21 al 31 de marzo desde las 8,44 a las 10,34 horas;
del 1 al 10 de abril desde las 8,02 a las 9,52 horas;
del 11 al 21 de abril desde las 7,22 a las 9,12 horas.

Su ascendente está en Cáncer si han nacido:

del 21 al 31 de marzo desde las 10,38 a las 12,57 horas;
del 1 al 10 de abril desde las 9,56 a las 12,15 horas;
del 11 al 21 de abril desde las 9,16 a las 11,35 horas.

Su ascendente está en Leo si han nacido:

del 21 al 31 de marzo desde las 13,01 a las 15,29 horas;
del 1 al 10 de abril desde las 12,19 a las 14,47 horas;
del 11 al 21 de abril desde las 11,39 a las 14,07 horas.

Su ascendente está en Virgo si han nacido:

del 21 al 31 de marzo desde las 15,33 a las 17,58 horas;
del 1 al 10 de abril desde las 14,51 a las 17,16 horas;
del 11 al 21 de abril desde las 14,11 a las 16,36 horas.

Su ascendente está en Libra si han nacido:

del 21 al 31 de marzo desde las 18,02 a las 20,31 horas;
del 1 al 10 de abril desde las 17,20 a las 19,49 horas;
del 11 al 21 de abril desde las 16,40 a las 19,09 horas.

Su ascendente está en Escorpión si han nacido:

del 21 al 31 de marzo desde las 20,35 a las 23,03 horas;
del 1 al 10 de abril desde las 19,53 a las 22,21 horas;
del 11 al 21 de abril desde las 19,13 a las 21,41 horas.

Su ascendente está en Sagitario si han nacido:

del 21 al 31 de marzo desde las 23,07 a las 1,28 horas;
del 1 al 10 de abril desde las 22,25 a las 0,46 horas;
del 11 al 21 de abril desde las 21,45 a las 0,06 horas.

Su ascendente está en Capricornio si han nacido:

del 21 al 31 de marzo desde las 1,32 a las 3,22 horas;
del 1 al 10 de abril desde las 0,50 a las 2,40 horas;
del 11 al 21 de abril desde las 0,10 a las 2,00 horas.

Su ascendente está en Acuario si han nacido:

del 21 al 31 de marzo desde las 3,46 a las 5,10 horas;
del 1 al 10 de abril desde las 2,44 a las 4,08 horas;
del 11 al 21 de abril desde las 2,04 a las 3,28 horas.

Su ascendente está en Piscis si han nacido:

del 21 al 31 de marzo desde las 5,14 a las 6,19 horas;
del 1 al 10 de abril desde las 4,12 a las 5,17 horas;
del 11 al 21 de abril desde las 3,32 a las 4,37 horas.

Para los nacidos en Tauro

Su ascendente está en Tauro si han nacido:

del 22 al 30 de abril desde las 5,11 a las 6,35 horas;
del 1 al 10 de mayo desde las 4,35 a las 5,59 horas;
del 11 al 22 de mayo desde las 3,55 a las 5,19 horas.

Su ascendente está en Géminis si han nacido:

del 22 al 30 de abril desde las 6,39 a las 8,29 horas;
del 1 al 10 de mayo desde las 6,03 a las 7,53 horas;
del 11 al 22 de mayo desde las 5,23 a las 7,13 horas.

Su ascendente está en Cáncer si han nacido:

del 22 al 30 de abril desde las 8,33 a las 10,52 horas;
del 1 al 10 de mayo desde las 7,57 a las 10,16 horas;
del 11 al 22 de mayo desde las 7,17 a las 9,36 horas.

Su ascendente está en Leo si han nacido:

del 22 al 30 de abril desde las 10,56 a las 13,53 horas;
del 1 al 10 de mayo desde las 10,20 a las 12,48 horas;
del 11 al 22 de mayo desde las 9,40 a las 12,08 horas.

Su ascendente está en Virgo si han nacido:

del 22 al 30 de abril desde las 13,28 a las 15,53 horas;
del 1 al 10 de mayo desde las 12,52 a las 14,17 horas;
del 11 al 22 de mayo desde las 12,12 a las 14,37 horas.

Su ascendente está en Libra si han nacido:

del 22 al 30 de abril desde las 15,57 a las 18,26 horas;
del 1 al 10 de mayo desde las 15,21 a las 17,50 horas;
del 11 al 22 de mayo desde las 14,41 a las 17,10 horas.

Su ascendente está en Escorpión si han nacido:

del 22 al 30 de abril desde las 18,30 a las 20,58 horas;
del 1 al 10 de mayo desde las 17,54 a las 20,22 horas;
del 11 al 22 de mayo desde las 17,14 a las 19,42 horas.

Su ascendente está en Sagitario si han nacido:

del 22 al 30 de abril desde las 21,02 a las 23,23 horas;
del 1 al 10 de mayo desde las 20,26 a las 22,47 horas;
del 11 al 22 de mayo desde las 19,46 a las 22,07 horas.

Su ascendente está en Capricornio si han nacido:

del 22 al 30 de abril desde las 23,27 a las 1,17 horas;
del 1 al 10 de mayo desde las 22,51 a las 0,41 horas;
del 11 al 22 de mayo desde las 22,11 a las 0,01 horas.

Su ascendente está en Acuario si han nacido:

del 22 al 30 de abril desde las 1,21 a las 2,45 horas;
del 1 al 10 de mayo desde las 0,44 a las 2,08 horas;
del 11 al 22 de mayo desde las 0,05 a las 1,29 horas.

Su ascendente está en Piscis si han nacido:

del 22 al 30 de abril desde las 2,49 a las 3,54 horas;
del 1 al 10 de mayo desde las 2,12 a las 3,17 horas;
del 11 al 22 de mayo desde las 1,33 a las 2,38 horas.

Su ascendente está en Aries si han nacido:

del 22 al 30 de abril desde las 3,58 a las 5,07 horas;
del 1 al 10 de mayo desde las 3,22 a las 4,31 horas;
del 11 al 22 de mayo desde las 2,43 a las 3,51 horas.

Para los nacidos en Géminis

Su ascendente está en Aries si han nacido:

del 23 al 31 de mayo desde las 1,56 a las 3,05 horas;
del 1 al 10 de junio desde las 1,20 a las 2,29 horas;
del 11 al 21 de junio desde las 0,41 a las 1,50 horas.

Su ascendente está en Tauro si han nacido:

del 23 al 31 de mayo desde las 3,09 a las 4,33 horas;
del 1 al 10 de junio desde las 2,33 a las 3,57 horas;
del 11 al 21 de junio desde las 1,54 a las 3,18 horas.

Su ascendente está en Géminis si han nacido:

del 23 al 31 de mayo desde las 4,37 a las 6,27 horas;
del 1 al 10 de junio desde las 4,01 a las 5,51 horas;
del 11 al 21 de junio desde las 3,22 a las 5,12 horas.

Su ascendente está en Cáncer si han nacido:

del 23 al 31 de mayo desde las 6,31 a las 8,50 horas;
del 1 al 10 de junio desde las 5,55 a las 8,14 horas;
del 11 al 21 de junio desde las 5,16 a las 7,35 horas.

Su ascendente está en Leo si han nacido:

del 23 al 31 de mayo desde las 8,54 a las 11,22 horas;
del 1 al 10 de junio desde las 8,18 a las 10,46 horas;
del 11 al 21 de junio desde las 7,39 a las 10,17 horas.

Su ascendente está en Virgo si han nacido:

del 23 al 31 de mayo desde las 11,26 a las 13,51 horas;
del 1 al 10 de junio desde las 10,50 a las 13,15 horas;
del 11 al 21 de junio desde las 10,21 a las 12,46 horas.

Su ascendente está en Libra si han nacido:

del 23 al 31 de mayo desde las 13,55 a las 16,24 horas;
del 1 al 10 de junio desde las 13,19 a las 15,48 horas;
del 11 al 21 de junio desde las 12,50 a las 15,19 horas.

Su ascendente está en Escorpión si han nacido:

del 23 al 31 de mayo desde las 16,28 a las 18,56 horas;
del 1 al 10 de junio desde las 15,52 a las 18,20 horas;
del 11 al 21 de junio desde las 15,23 a las 17,51 horas.

Su ascendente está en Sagitario si han nacido:

del 23 al 31 de mayo desde las 19,00 a las 21,21 horas;
del 1 al 10 de junio desde las 18,24 a las 20,45 horas;
del 11 al 21 de junio desde las 17,55 a las 20,16 hora.

Su ascendente está en Capricornio si han nacido:

del 23 al 31 de mayo desde las 21,25 a las 23,15 horas;
del 1 al 10 de junio desde las 20,49 a las 22,39 horas;
del 11 al 21 de junio desde las 20,20 a las 22,10 horas.

Su ascendente está en Acuario si han nacido:

del 23 al 31 de mayo desde las 23,19 a las 0,43 horas;
del 1 al 10 de junio desde las 22,43 a las 0,07 horas;
del 11 al 21 de junio desde las 22,14 a las 23,38 horas.

Su ascendente está en Piscis si han nacido:

del 23 al 31 de mayo desde las 0,47 a las 1,52 horas;
del 1 al 10 de junio desde las 0,11 a las 1,16 horas;
del 11 al 21 de junio desde las 23,42 a las 0,47 horas.

Para los nacidos en Cáncer

Su ascendente está en Aries si han nacido:

del 22 al 30 de junio desde las 23,57 a las 1,06 horas;
del 1 al 10 de julio desde las 23,22 a las 0,31 horas;
del 11 al 22 de julio desde las 22,42 a las 23,51 horas.

Su ascendente está en Tauro si han nacido:

del 22 al 30 de junio desde las 1,10 a las 2,34 horas;
del 1 al 10 de julio desde las 0,35 a las 1,59 horas;
del 11 al 22 de julio desde las 23,55 a las 1,19 horas.

Su ascendente está en Géminis si han nacido:

del 22 al 30 de junio desde las 2,38 a las 4,28 horas;
del 1 al 10 de julio desde las 2,03 a las 3,53 horas;
del 11 al 22 de julio desde las 1,23 a las 3,13 horas.

Su ascendente está en Cáncer si han nacido:

del 22 al 30 de junio desde las 4,32 a las 6,51 horas;
del 1 al 10 de julio desde las 3,57 a las 6,16 horas;
del 11 al 22 de julio desde las 3,17 a las 5,36 horas.

Su ascendente está en Leo si han nacido:

del 22 al 30 de junio desde las 6,55 a las 9,23 horas;
del 1 al 10 de julio desde las 6,20 a las 8,48 horas;
del 11 al 22 de julio desde las 5,40 a las 8,08 horas.

Su ascendente está en Virgo si han nacido:

del 22 al 30 de junio desde las 9,27 a las 11,52 horas;
del 1 al 10 de julio desde las 8,52 a las 11,17 horas;
del 11 al 22 de julio desde las 8,12 a las 10,37 horas.

Su ascendente está en Libra si han nacido:

del 22 al 30 de junio desde las 11,56 a las 14,25 horas;
del 1 al 10 de julio desde las 11,22 a las 13,50 horas;
del 11 al 22 de julio desde las 10,41 a las 13,10 horas.

Su ascendente está en Escorpión si han nacido:

del 22 al 30 de junio desde las 14,29 a las 16,57 horas;
del 1 al 10 de julio desde las 13,54 a las 16,22 horas;
del 11 al 22 de julio desde las 13,14 a las 15,42 horas.

Su ascendente está en Sagitario si han nacido:

del 22 al 30 de junio desde las 17,01 a las 19,22 horas;
del 1 al 10 de julio desde las 16,26 a las 18,47 horas;
del 11 al 22 de julio desde las 15,46 a las 18,07 horas.

Su ascendente está en Capricornio si han nacido:

del 22 al 30 de junio desde las 19,26 a las 21,16 horas;
del 1 al 10 de julio desde las 18,51 a las 20,41 horas;
del 11 al 22 de julio desde las 18,11 a las 20,01 horas.

Su ascendente está en Acuario si han nacido:

del 22 al 30 de junio desde las 21,20 a las 22,44 horas;
del 1 al 10 de julio desde las 20,45 a las 22,09 horas;
del 11 al 22 de julio desde las 20,05 a las 21,29 hora.

Su ascendente está en Piscis si han nacido:

del 22 al 30 de junio desde las 22,48 a las 23,53 horas;
del 1 al 10 de julio desde las 22,13 a las 23,18 horas;
del 11 al 22 de julio desde las 21,33 a las 22,38 horas.

Tabla de ascendentes en países centro y sudamericanos

Conocida la hora sideral, se añade la hora de nacimiento; inmediatamente se busca el signo ascendente según la numeración que se indica. No hay que olvidar los flujos del horario veraniego.

Cuba - Méjico

De las		horas a las			
De las	1,30	horas a las	3,50 horas	—	Leo
De las	3,51	horas a las	5,59 horas	—	Virgo
De las	6,—	horas a las	8,12 horas	—	Libra
De las	8,13	horas a las	10,29 horas	—	Escorpión
De las	10,30	horas a las	12,44 horas	—	Sagitario
De las	12,45	horas a las	14,45 horas	—	Capricornio
De las	14,46	horas a las	16,29 horas	—	Acuario
De las	16,30	horas a las	17,59 horas	—	Piscis
De las	18,—	horas a las	19,34 horas	—	Aries
De las	19,35	horas a las	21,17 horas	—	Tauro
De las	21,18	horas a las	23,19 horas	—	Géminis
De las	23,20	horas a las	1,29 horas	—	Cáncer

Colombia - Guayana - Guatemala - Panamá - Venezuela

De las		horas a las			
De las	2,—	horas a las	3,59 horas	—	Leo
De las	4,—	horas a las	5,59 horas	—	Virgo
De las	6,—	horas a las	7,59 horas	—	Libra

De las	8,—	horas a las	10,03 horas	—	Escorpión
De las	10,04	horas a las	12,14 horas	—	Sagitario
De las	12,15	horas a las	14,21 horas	—	Capricornio
De las	14,22	horas a las	16,15 horas	—	Acuario
De las	16,16	horas a las	17,59 horas	—	Piscis
De las	18,—	horas a las	19,47 horas	—	Aries
De las	19,48	horas a las	21,41 horas	—	Tauro
De las	21,42	horas a las	23,49 horas	—	Géminis
De las	23,50	horas a las	1,59 horas	—	Cáncer

Bolivia - Brasil - Chile - Ecuador - Paraguay - Perú

De las	0,30	horas a las	2,34 horas	—	Leo
De las	2,35	horas a las	4,24 horas	—	Virgo
De las	4,25	horas a las	5,59 horas	—	Libra
De las	6,—	horas a las	7,39 horas	—	Escorpión
De las	7,40	horas a las	9,29 horas	—	Sagitario
De las	9,30	horas a las	11,33 horas	—	Capricornio
De las	11,34	horas a las	13,46 horas	—	Acuario
De las	13,47	horas a las	15,59 horas	—	Piscis
De las	16,—	horas a las	17,59 horas	—	Aries
De las	18,—	horas a las	20,03 horas	—	Tauro
De las	20,04	horas a las	22,15 horas	—	Géminis
De las	22,16	horas a las	0,29 horas	—	Cáncer

Argentina - Uruguay

De las	1,13	horas a las	3,09 horas	—	Leo
De las	3,10	horas a las	4,39 horas	—	Virgo
De las	4,40	horas a las	5,59 horas	—	Libra
De las	6,—	horas a las	7,21 horas	—	Escorpión
De las	7,22	horas a las	8,23 horas	—	Sagitario
De las	8,24	horas a las	10,49 horas	—	Capricornio
De las	10,50	horas a las	13,09 horas	—	Acuario
De las	13,10	horas a las	15,37 horas	—	Piscis
De las	15,38	horas a las	17,59 horas	—	Aries
De las	18,—	horas a las	20,24 horas	—	Tauro
De las	20,25	horas a las	22,52 horas	—	Géminis
De las	22,53	horas a las	1,12 horas	—	Cáncer

CALCULE LA POSICIÓN DE SUS PLANETAS

Ya ha iniciado el trazo de la carta astral. Ya ha delimitado en ella las Doce Casas astrológicas. Ahora, aprenderá a calcular la posición de sus planetas para, a continuación, inscribirlas sobre su carta astral.

¿Recuerda el símbolo de cada planeta? Si no es así, le aconsejamos que copie cuidadosamente en una ficha o tarjeta el símbolo y el nombre de cada planeta para tenerlo siempre a mano. Por otra parte, este ejercicio le ayudará considerablemente a grabar los especialísimos grafismos en su memoria.

Ahora, vuelva a tomar su libro de efemérides y ábralo en la página correspondiente al año y al mes de su nacimiento.

Para nuestro ejemplo, tomamos la página relativa al 8 de mayo de 1947 (recuerde que las efemérides que utilizamos en esta obra dan las posiciones planetarias para el mediodía GMT).

Vemos que nuestras efemérides indican las posiciones de diez astros más del nódulo norte (entre el Sol y la Luna).

Usted debe saber que todos los planetas, salvo la Luna, solamente se desplazan un grado o dos por día como máximo. Se puede entonces contentar con realizar las posiciones indicadas para el mediodía en el día del nacimiento que nos interesa (la Luna aparte), si no somos fanáticos de la precisión.

Para nuestro ejemplo del 8 de mayo de 1947 (el nódulo Norte se anota al final y la Luna quedará aparte por el momento) tendremos:

SOL	17° 3,6'	TAURO
VENUS	16° 3,4 '	ARIES
JÚPITER	23° 26,2'R	ESCORPIÓN
URANO	19° 51,62'	GÉMINIS
PLUTÓN	11° 1,8'	LEO
MERCURIO	8° 27,3'	TAURO
MARTE	20° 26,6'	ARIES
SATURNO	3° 1,1'	LEO
NEPTUNO	8° 28,5'	LIBRA
NÓDULO NORTE	3° 23,6'	GÉMINIS

(La R significa retrógrado como ya se ha dicho. Pero, por lo que respecta al nódulo norte, estando siempre en retrogradación, no se anota.)

Sin duda usted ya ha observado que los segundos están indicados en décimas de minutos. Para obtener un número de segundos multiplique la cifra después de la coma por 60.

Por ejemplo: la posición del Sol se escribirá: 17° 03' 36" $(0,6 \times 60 = 36)$.

Veamos ahora cómo determinar fácilmente la posición de la Luna. Se desplaza rápidamente (en promedio de 13° por día). Tendrá usted en cuenta que ella progresa aproximadamente un grado cada dos horas. Le será fácil calcular entonces su posición aproximativa según su hora GMT.

La hora GMT de David Vincent es 17 h 15'.

La luna ha progresado de 5 h 15' después del mediodía. Como avanza un grado cada dos horas, esto nos da:

$$\frac{-1 \times 5 \text{ h } 15' \text{ o } 5,25}{2} = 2,625$$

o sea casi 3°.

La posición de la Luna al mediodía GMT es de 24° 05' Sagitario. A las 17 h 15' GMT, será de aproximadamente 27° Sagitario. (Le recordamos que para los otros planetas no hemos tenido en cuenta su progresión diaria, puesto que es mínima.)

Ahora tenemos todas las posiciones —aproximadas— de los astros para nuestro tema de ejemplo. Solamente tiene usted que inscribir los planetas sobre la carta astral.

En otras palabras

Si se desea ser preciso en el cálculo de las posiciones planetarias (y esto es a veces indispensable cuando un planeta se sitúa en el límite entre dos signos), se debe proceder de la manera siguiente: En las tablas de efemérides las posiciones planetarias están dadas para mediodía GMT (o a veces para 0 h 00'). Si la hora GMT es 12 h 00', es para considerarse afortunado pues no se tiene que hacer ningún cálculo. Por el contrario, si se tiene una hora GMT diferente, es necesario calcular en qué posición se encontraba cada planeta en el momento del nacimiento.

Puesto que las posiciones se dan para cada día, se debe encontrar la progresión de cada planeta en 24 horas; es lo que se llama el paso del planeta. Así, si la persona ha nacido antes del mediodía GMT, hay que establecer la diferencia entre la posición al mediodía GMT, el día del nacimiento y la posición al mediodía GMT de la víspera; si la persona ha nacido después del mediodía GMT, establézcase la diferencia entre la posición habida al mediodía GMT del día siguiente al nacimiento con la posición que se tiene al mediodía GMT en el día del nacimiento. En ambos casos se hace una diferencia de posiciones entre dos días que se siguen. Se obtiene el avance de cada planeta en 24 horas: es el paso.

Ejemplo: David Vincent nació a las 17 h 15' GMT; es decir, después del mediodía GMT; se toma pues la diferencia con el día siguiente de su día de nacimiento (es decir la diferencia entre el 9 de mayo y el 8 de mayo):

— el 9 de mayo el Sol está a 18° 01',6;
— el 8 de mayo el Sol está a 17° 03',6;
— la resta entre estas dos posiciones da 58° de progresión: es el paso del Sol el día del nacimiento de David Vincent.

Hay que hacer lo mismo para todos los planetas. Calcular el paso de la Luna resulta un poco más complicado:

— el 9 de mayo la Luna está a 5° 58,5';
— el 8 de mayo la Luna está a 24° 05'.

Para que la resta sea posible, se añadirá 30° a 5° 58,5'.
(Puesto que un signo hace 30°), lo que dará: 35° 58,5 - 24° 05' = 11° 53,5', que será el paso de la Luna.
De esta forma se debe calcular el paso de cada uno de los planetas.
No hay que olvidar calcular la diferencia entre mediodía o 12 h 00 y la hora GMT. Para nuestro ejemplo, es de 5 h 15 (hora GMT = 17 h 15 - 12 h 00).
Aún falta hacer el cálculo de interpolación para cada planeta, mediante la fórmula siguiente:

$$\frac{\text{paso del planeta} \times \text{diferencia GMT}}{24}$$

Dicho de otra manera, hay que multiplicar el paso de cada planeta por la diferencia existente entre la hora GMT y 12 h 00' y dividir por 24.
Si el nacimiento ocurrió después del mediodía GMT, sume el resultado de la operación a la posición de cada planeta del día de nacimiento.
Y si el nacimiento ocurrió antes del mediodía GMT, reste el resultado de la operación de la posición de cada planeta del día de nacimiento.
Vea la tabla de cálculos de interpolación para todos los planetas para nuestro ejemplo.
Pero antes, constate que anotamos la posición al mediodía GMT del día de nacimiento, después el paso que calculamos, después el cálculo de interpolación (I) con la diferencia con el mediodía GMT expresada en números decimales (así que 5 h 15' quedan como 5,25, ya que un cuarto de hora equivale a 25/100 de hora).
Después sumamos la interpolación, porque el nacimiento ha ocurrido después del mediodía GMT (de otra manera la hubiéramos restado), con lo que encontramos la posición exacta del

planeta. Note que transformamos siempre nuestros pasos en números decimales para facilitar los cálculos.

Se percibirá igualmente que para Júpiter, Neptuno y el nodo norte se ha añadido R al paso. En estos casos de retrogradación, se ha restado la interpolación en lugar de añadirla, ya que en el caso de una retrogradación un astro retrocede en lugar de avanzar. Así pues, cuando se tiene un astro retrógrado se restará la interpolación para un nacimiento después del mediodía GMT y se añadirá la interpolación para un nacimiento antes del mediodía, es decir el contrario de los astros directos.

Una vez que se han calculado las posiciones planetarias, solamente habrá que inscribirlas sobre la carta astral en los signos y en los grados su correspondiente.

No hay que olvidar añadir el nodo sur que está opuesto al nodo norte. En nuestro ejemplo, el nodo norte se sitúa a 3° 22' 55" de Géminis. El nodo sur se encontrará pues a 3° 22' 55" de Sagitario (puesto que este signo está frente a Géminis, verifíquelo sobre un Zodíaco).

A continuación se añadirán las luminarias negras, que son la Luna negra, llamada *Lilith,* y el Sol negro, llamado *Dionisio.* Adviértase que el Sol negro, siendo muy lento queda bien colocarlo directamente en el 12° de Cáncer; solamente progresa un grado cada sesenta años aproximadamente.

Para el Sol negro, se ha extraído una tabla del *Tratado de astrología racional* de Dom Neroman reeditada en las ediciones de la tabla esmeralda. Las tablas para la Luna negra están extraídas de una obra colectiva aparecida en las ediciones tradicionales.

Nótese que las posiciones del Sol negro y de la Luna negra están dadas en las tablas de 0° a 360°. Revise la primera parte de esta obra en caso de que no recuerde el orden de los signos y sus grados. Véase la tabla «Efemérides del Sol Negro».

El Sol negro, Dionisio, progresa a razón de 1' 02" por año, o 0,017°.

Para establecer la posición del Sol negro en su carta siga los siguientes pasos:

Adopte la posición del año más próximo (para nuestro ejemplo, 1947, corresponde el de 1950, equivalente a 102,076°).

Sume o reste 0,017 (o 1' 02") un número de veces igual al de

	Efemérides del Sol Negro
	(longitud del Sol Negro al 1.º de enero)

Años	Longitudes y correspondencias	
— 7500	300	— Era de Acuario
— 5750	330	— Era de Piscis
— 4000	0	— Era de Aries
— 2250	30	— Era de Tauro
— 504	60	— Era de Géminis
+ 1246	90	— Era de Cáncer
+ 1440	93.33	— Era de Cáncer-2
+ 1635	96.67	— Era de Cáncer-3
+ 1800	99.504	
+ 1810	99.676	
+ 1820	99.847	
+ 1829	100.000	— Era de Cáncer-4
+ 1830	100.019	
+ 1840	100.190	
+ 1850	100.362	
+ 1860	100.533	
+ 1870	100.704	
+ 1880	100.876	
+ 1890	101.047	
+ 1900	101.219	
+ 1910	101.390	
+ 1920	101.560	
+ 1930	101.733	
+ 1940	101.901	
+ 1950	102.076	
+ 1960	102.247	
+ 1970	102.419	
+ 1980	102.590	
+ 1990	102.762	
+ 2000	102.933	
+ 2025	103. 33	— Era de Cáncer-5
+ 2220	106. 67	— Era de Cáncer-6
+ 2415	110. 00	— Era de Cáncer-7
+ 2610	113. 33	— Era de Cáncer-8
+ 2805	116. 67	— Era de Cáncer-9
+ 3000	120. 00	— Era de Leo

El Sol Negro, Dionisio, o Dionisius, progresa de 1'02" a 0,017° por año. Para establecer la posición del sol Negro en su carta natal, haga lo siguiente:

1. Fije la posición correspondiente al año lo más aproximada que le sea posible. Para el ejemplo que hemos seguido a lo largo de esta obra, sería: Para 1947 el año más próximo sería el de 1950, con 102,076°.

2. Sume o reste el número de veces que corresponda por año de diferencia la cifra de 0,017° (o 1'02"). Así, para nuestro ejemplo sería: 1950 — 1947 = 3 años, o sea, 0,017° × 3 = 0,051°, o sea 102,076° — 0,051° = 102,025°, o 12°,02'.

años de diferencia (para nuestro ejemplo = 1950 – 1947 = 3 años, o sea = 0,017 × 3 = 0,051°, o sea 102,076° – 0,051° = 102,025° o 12°, 02").

En este punto conviene ver la tabla Longitud de Lilith (La Luna Negra), para aclarar conceptos.

Longitud de Lilith (La Luna Negra)			
(dada a 1 de enero a mediodía GMT)			

1900 = 154° 27'	1927 = 173° 00'	1954 = 191° 40'	1981 = 210° 19'
1901 = 195° 07'	1928 = 213° 40'	1955 = 232° 20'	1982 = 250° 59'
1902 = 235° 46'	1929 = 254° 26'	1956 = 272° 59'	1983 = 291° 39'
1903 = 276° 26'	1930 = 295° 06'	1957 = 313° 46'	1984 = 332° 19'
1904 = 317° 06'	1931 = 335° 45'	1958 = 354° 25'	1985 = 13° 05'
1905 = 357° 52'	1932 = 16° 25'	1959 = 35° 05'	1986 = 53° 44'
1906 = 38° 32'	1933 = 57° 12'	1960 = 75° 45'	1987 = 94° 23'
1907 = 79° 12'	1934 = 97° 51'	1961 = 116° 31'	1988 = 135° 04'
1908 = 119° 51'	1935 = 138° 31'	1962 = 157° 11'	1989 = 175° 51'
1909 = 160° 38'	1936 = 179° 11'	1963 = 197° 51'	1990 = 216° 30'
1910 = 201° 18'	1937 = 219° 57'	1964 = 238° 30'	1991 = 257° 10'
1911 = 241° 57'	1938 = 260° 37'	1965 = 279° 17'	1992 = 297° 50'
1912 = 282° 37'	1939 = 301° 17'	1966 = 319° 56'	1993 = 338° 36'
1913 = 323° 23'	1940 = 342° 57'	1967 = 0° 36'	1994 = 19° 16'
1914 = 4° 03'	1941 = 22° 43'	1968 = 41° 16'	1995 = 59° 56'
1915 = 44° 43'	1942 = 63° 23'	1969 = 82° 02'	1996 = 100° 36'
1916 = 85° 23'	1943 = 104° 02'	1970 = 122° 42'	1997 = 141° 22'
1917 = 126° 09'	1944 = 144° 42'	1971 = 163° 22'	1998 = 182° 02'
1918 = 166° 49'	1945 = 185° 29'	1972 = 204° 02'	1999 = 222° 41'
1919 = 207° 29'	1946 = 226° 08'	1973 = 244° 48'	2000 = 263° 21'
1920 = 248° 08'	1947 = 266° 48'	1974 = 285° 28'	2001 = 304° 01'
1921 = 288° 55'	1948 = 307° 28'	1975 = 326° 08'	2002 = 344° 41'
1922 = 329° 34'	1949 = 348° 14'	1976 = 6° 47'	2003 = 25° 21'
1923 = 10° 14'	1950 = 28° 54'	1977 = 47° 34'	2004 = 66° 01'
1924 = 50° 54'	1951 = 69° 33'	1978 = 88° 13'	2005 = 106° 41'
1925 = 91° 40'	1952 = 110° 13'	1979 = 128° 53'	2006 = 147° 21'
1926 = 132° 20'	1953 = 151° 00'	1980 = 169° 33'	

Paso mensual (avance de Lilith para el primer día de cada mes a mediodía GMT):

Febrero	+ 3° 27'	Agosto	+ 23° 37'
Marzo	+ 6° 34'	Septiembre	+ 27° 04'
Abril	+ 10° 02'	Octubre	+ 30° 25'
Mayo	+ 13° 22'	Noviembre	+ 33° 52'
Junio	+ 16° 49'	Diciembre	+ 37° 13'
Julio	+ 20° 10'		

Paso diario (avance de Lilith cada día): 6' 41".

Paso mensual (avance de Lilith dado para el día 1° de cada mes a mediodía GMT):

Febrero + 3° 27'; marzo + 6° 34'; abril + 10° 02'; mayo + 13° 22'; junio + 16° 49'; julio + 20° 10'; agosto + 23° 37'; septiembre + 27° 04'; octubre + 30° 25'; noviembre + 33° 52'; diciembre + 37 13'. Paso diario (avance de Lilith cada día) = 6' 41"

NOTA: En los años bisiestos, debe añadirse 6' 41" al avance mensual en todos los nacimientos ocurridos entre el 1/03 y el 31/12.

Forma de utilizar esta tabla

Primero hay que establecer la posición de Lilith en el año del nacimiento (ejemplo: 266° 48' para el año de 1947, del nacimiento de David Vincent de nuestro ejemplo permanente). Después, se sumará la progresión al 1° de mes y al día de nacimiento (ejemplo: 7 días entre el 1 y el 8 de mayo, para David Vincent, son 7 × 6' 41" = 46' 47"). Esto indica una posición de 280° 57' para David Vincent (o 10° 57' Capricornio).

En esta etapa deberá usted situar en su astral natal todos sus astros dentro de sus respectivos signos.

Y para asegurarse de no haber cometido ningún error, observe dónde situó su Sol en la carta astral.

Dado que el ascendente corresponde a la salida del Sol, o sea aproximadamente a las 6 de la mañana, que el MC representa el mediodía, el DS aproximadamente a las 18 horas y el FC a la media noche (en promedio cada Casa tiene un valor de dos horas), de acuerdo con la hora local se puede verificar si el sol se halla correctamente ubicado en la carta astral.

Para nuestro ejemplo, la hora local es la de 17 h 24 m 21 s. Ahora bien, el Sol está situado en la Casa VII (DS) que va (en promedio) de las 16 a las 18 horas.

Trazado de los aspectos planetarios

A continuación el objetivo será trazar sobre la carta astral los aspectos planetarios, o relaciones planetarias.

¿Qué es un aspecto o una relación planetaria en astrología? Es una correspondencia angular entre dos astros, la cual determina una

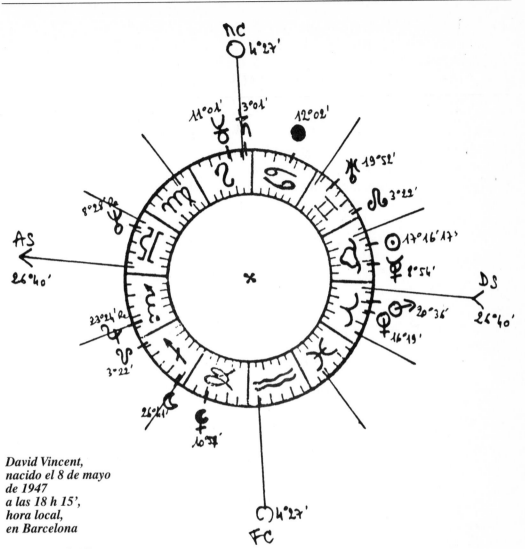

David Vincent,
nacido el 8 de mayo
de 1947
a las 18 h 15',
hora local,
en Barcelona

GMT = 17 h 15'
Latitud = 41 23 N
Longitud = 0 h 08'
44" E
TSN = 8h 21' 07"

relación particular entre ellos. Pero no toda desviación angular es considerada como un aspecto, por tanto, hay que determinarlas en la carta astral y después interpretarlas. Ciertas relaciones planetarias (aspectos) se denominan *mayores* y otras *menores*. Los aspectos mayores son los que ejercen una acción muy significativa. Los aspectos menores tienen una influencia más reducida.

En principio, debe hacerse el trazado de los aspectos mayores sobre una carta natal lo que, por supuesto, no impide que se anoten las tendencias de los aspectos menores.

Como todo en el cosmos reposa sobre la dualidad positivo/negativo, tenemos igualmente aspectos expresando dos clases de energía espiritual que se oponen en las bajas vibraciones para complementarse en las altas. Se trata de una ley cósmica que se manifiesta a todos los niveles.

Tenemos pues aspectos conciliadores que corresponden a desviaciones angulares de 60° y de 120° y que, en lo absoluto, se expresan positivamente (es decir matemáticamente, pero esto no significa que sean favorables al individuo).

Y tenemos aspectos dinámicos, que corresponden a desviaciones angulares de 90° y de 180° y que, en lo absoluto, se expresan negativamente (es decir matemáticamente, pero esto no significa que sean necesariamente desfavorables al individuo). Esto en cuanto a los aspectos mayores.

El quinto aspecto mayor es la conjunción que corresponde a una desviación angular de 0°, es decir, cuando dos astros están bajo el mismo grado.

Como usted lo ve aquí, el ángulo de 60° es un sextil, el de 120° un trígono, el de 90° una cuadratura y el de 180° una oposición. Los aspectos menores son más difíciles de clasificar:

— consideramos el aspecto de 40° (novil) y el de 72° (quintil) como conciliadores;
— consideramos el aspecto de 30° (semisextil), el de 45° (octil), el de 135° (sesquicuadratura) y el de 150° (quincucio) como dinámicos.

Numerológicamente resultaría así:

— la conjunción (0°) es aspecto 1;
— la oposición (180°) es aspecto 2;
— el trígono (120°) es aspecto 3;
— la cuadratura (90°) es aspecto 4;
— el quintil (72°) es aspecto 5;
— el sextil (60°) es aspecto 6;
— el octil o semicuadratura (45°) es aspecto 8;
— el novil (40°) es aspecto 9.

Cada uno de estos aspectos corresponde a la división de los 360° del círculo por el número dado aquí arriba. (Ejemplo: el cuadrado = 360° : 4 = 90°.)

Así pues, el semisextil (30°) corresponde a la división por 12.
La sesquicuadratura (135°) corresponde a la fracción 3\8.
El quincucio (150°) corresponde a la fracción 5\12.
Hay que tener en cuenta que hay 22 polígonos regulares que dividen el círculo de 360°, del mismo modo que hay 22 letras en el alfabeto hebreo o 22 patriarcas en la Biblia o aun 22 arcanos mayores en el tarot iniciático.
Debe tenerse presente igualmente que de todos los números del 1 al 9, solamente el 7 no divide el círculo de 360° exactamente; como información, diremos que la división del círculo por 7 da 51,428571… y este aspecto se conoce como septil. Véanse los demás términos al pie de los símbolos que les corresponden, tanto para los aspectos mayores como para los menores.

Símbolos de los aspectos mayores:

 1 Conjunción (0°)

 2 Oposición (180°)

 3 Trígono (120°)

 4 Cuadratura (90°)

 5 Sextil (60°)

Símbolos de los aspectos menores:

 1 Semisextil (30°)

 2 Novil (40°)

 3 Octil o semicuadratura (45°)

 4 Quintil (72°)

 5 Semicuadratura (135°)

 6 Quincucio (150°)

En lugar del vocablo trígono, a veces se utiliza el de trino y, en vez del término cuadratura, el de cuadrado para los aspectos mayores.

Para los aspectos menores se utilizan los términos de sextil en lugar de semisextil, de semicuadrado para octil y de sesquicuadrado para trioctil.

Es preferible que solamente los aspectos mayores sean representado sobre su carta natal como sigue:

— el sextil y el trígono por un trazo continuo azul;

— el cuadrado y la oposición por un trazo discontinuo rojo;

— la conjunción no tiene necesidad de ser representada, pues ella va por ella misma cuando dos astros están cerca el uno del otro.

Siguiendo estas indicaciones la carta astral quedará expuesta claramente, facilitando mucho su interpretación.

Como regla general diremos que:

— cada vez que dos planetas están sobre el mismo grado tenemos una conjunción;

— cada vez que dos planetas están una distancia angular de 40°, 60°, 72° o 120° tenemos un aspecto conciliador;

— cada vez que dos planetas están a una distancia angular de 30°, 45°, 90°, 135°, 150° o 180° tenemos un aspecto dinámico.

La conjunción, ya sea un aspecto conciliador, o un aspecto dinámico está en función de la cualidad de los planetas en presencia; pero es antes que nada un aspecto de fusión.

Cuando tenemos un aspecto entre dos planetas, consideramos que la influencia entre estos dos astros es significativa, incluso si no existe ángulo exacto. La influencia está presente antes de haber obtenido el ángulo exacto, pero también después de que el ángulo exacto haya sido traspasado: es lo que se llama la órbita de influencia.

Se admitirá, por ejemplo, que el cuadrado es influyente de 85° a 95° (el ángulo exacto es de 90°) y en este caso la órbita vale 5°. Hay que comprender que cuanto más pequeña es la órbita, más influyente es el aspecto.

Las órbitas muestran a veces variables de uno a otro autor. Ciertos astrólogos no han comprendido que no se debe atribuir sistemáticamente una órbita más grande por un aspecto cuyo ángulo es más grande, pues este criterio es de cantidad y de medida, es decir un razonamiento científico que nada tiene que ver con la astrología. Ya hemos mencionado anteriormente que la cantidad y las estadísticas no tienen nada que ver con la astrología; en este campo sólo cuenta la cualidad.

De hecho, la órbita de los aspectos debe variar bastante poco de un aspecto al otro según la cualidad de los planetas en presencia y según la evolución global del individuo del que usted interprete el tema.

Atribuimos una órbita de 5° a 7° a los aspectos mayores de sextil, de cuadrado y de trígono.

Atribuimos una órbita de 2° a 3° a todos los aspectos menores citados más altos cuya influencia es menos significativa que la de los aspectos mayores. Para la oposición, atribuimos en general, una órbita de 10°, pudiendo alcanzar en ciertos casos 15° cuando el aspecto es aplicado.

En fin, la conjunción es un aspecto particular que, teóricamente, está admitido cuando dos astros están en el mismo signo, pues están bañados en el mismo elemento; pertenecen a las mismas vibraciones espirituales, tienen una identidad parcial común (como dos personas viviendo bajo el mismo techo y/o de la misma familia). Cuanto más juntos estén los dos astros en presencia el uno del otro, más potente será la conjunción cualitativamente. Pero el aspecto de conjunción puede ser significativo más allá de los 15° (principalmente entre astros individuales: Sol, Luna, Mercurio, Venus y Marte). Como indicación, le atribuimos una órbita de 10° en promedio.

Como regla capital señalaremos que no existe buen ni mal aspecto como aún se puede leer en ciertas obras de astrología. Tampoco existe buen o mal planeta, ni buen o mal tema.

Investigue y trace sus aspectos

Represente las *conjunciones:* vea qué planetas están en el mismo signo. Anote las conjunciones aparte o una los astros mediante un trazo.

Represente las *oposiciones:* es fácil hacerlo de un vistazo al ver dos astros opuestos; trácelos con trazos rojos discontinuos.

Represente los *triángulos:* es un ángulo de 120°, o sea una desviación de tres signos completos entre dos astros situados en otros dos signos. Debe recordar que los trígonos solamente son significativos entre dos astros situados en signos del mismo elemento: *fuego, tierra ,aire, agua.*

En cambio, si usted tiene un astro situado a 29° Cáncer, elemento *agua,* y otro a 2° Sagitario elemento *fuego,* aunque solamente haya 123° de ángulo entre ellos, el aspecto del trígono no será retenido, pues los dos signos en cuestión no son del mismo elemento. (Cáncer = *agua* y Sagitario = *fuego*).

Trace los trígonos con trazos azules continuos.

Represente los *cuadrados* (90°): contrariamente a los trígonos, no pueden jamás tener lugar entre dos signos del mismo elemento. En cambio, se forman cuadrados entre dos planetas situándose en signos cardinales (los dos), en signos fijos (los dos) o en signos dobles (los dos):

Signos cardinales = Aries, Cáncer, Libra y Capricornio.

Signos fijos = Tauro, Leo, Escorpión y Acuario.

Signos dobles = Géminis, Virgo, Sagitario y Piscis.

(Le aconsejamos seguir sobre un diagrama zodiacal estas nociones de elementos o de signos cardinales, fijos o dobles. Notará que un signo de cada elemento se encuentra entre los cuatro signos cardinales y que es el mismo para los signos fijos y para los signos dobles, como veremos posteriormente.)

Anote los *sextiles* (60°): solamente pueden tener lugar entre dos signos de elementos compatibles: el *fuego* con el *aire* y la tierra con el *agua*.

Ejemplo: un planeta en Aries (*fuego*) puede estar en sextil con un planeta en Géminis o en Acuario (*aire*) a condición de que la órbita no sobrepase 5 o 6°. En cambio, no puede haber sextil entre dos signos cardinales o entre dos signos fijos o, en fin, entre dos signos dobles.

David Vincent, nacido el 8 de mayo de 1947 a las 18 h 15', hora local, en Barcelona

GMT = 17 h 15'
Latitud = 41 23 N
Longitud = 0 h 08' 44" E
TSN = 8 h 27' 07"

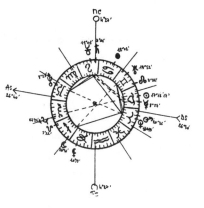

Podemos presentarle la carta astral de nuestro ejemplo, David Vincent, terminada. En ella no hacemos figurar los aspectos menores, así como tampoco los aspectos de la Luna negra, del Sol negro, de los nudos norte y sur, ni incluso del ascendente y del medio cielo a fin de no sobrecargar la carta astral, que deberá quedar clara y despejada. Nada le impide anotar en una hoja aparte los otros aspectos no trazados sobre su carta del cielo.

Doce pasos para calcular una carta zodiacal

Resumen general del cálculo de una carta zodiacal.

1. Anote la fecha, la hora y el lugar de nacimiento de la persona que se va a estudiar astralmente.

2. Establezca y anote la latitud y la longitud del lugar de nacimiento.

3. Encuentre la hora GMT para ajustar el régimen horario en vigor en la época del nacimiento (sumando la diferencia de tiempo con Greenwich si el nacimiento tuvo lugar al oeste de Greenwich, o restándola si tuvo lugar al este de Greenwich).

4. Establezca la hora local: se añade la longitud (en tiempo) a la hora GMT si el nacimiento tuvo lugar al este del meridiano de Greenwich, o se resta la longitud (en tiempo) a la hora GMT si el nacimiento tuvo lugar al oeste.

5. Establezca el tiempo sideral (TS) del día del nacimiento (efemérides).

6. Establezca la diferencia entre las 12 h y la hora local.

7. Añada la diferencia calculada en el punto 6 a su TS encontrando en el 5 si el nacimiento tuvo lugar después del mediodía GMT, o reste esta diferencia del TS si el nacimiento tuvo lugar antes del mediodía GMT.

8. Haga la corrección del TS multiplicando 9,85 segundos por la diferencia calculada en el punto 6, después añada esta corrección al total encontrado en el punto 7 si el nacimiento tuvo lugar después del mediodía GMT, o disminúyala si el nacimiento tuvo lugar antes de mediodía GMT.

9. Acaba de obtener su tiempo sideral natal que corresponde a: tiempo sideral (TS) + diferencia entre mediodía y la hora local + corrección del TS = TSN (para los nacimientos después del mediodía GMT); o tiempo sideral (TS) - diferencia entre mediodía y la hora local - corrección del TS = TSN (para los nacimientos antes de mediodía GMT).

10. Con el TSN y el libro de tablas de las Casas, podrá determinar la posición del ascendente y de las Casas.

11. Con las efemérides, determinará la posición de los astros y todos los elementos que deben figurar en una carta natal.

12. Complete el trazo de la carta natal haciendo figurar en ella las Casas, los astros y sus otros elementos, más los aspectos mayores entre planetas.

Estudie usted todos los datos que condujeron a conformar las cartas astrales de los famosos Julio Iglesias y José Luis Perales. Vea el tipo de horario que regía en el lugar y el día de su nacimiento.

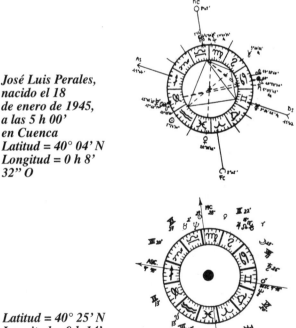

José Luis Perales, nacido el 18 de enero de 1945, a las 5 h 00' en Cuenca
Latitud = 40° 04' N
Longitud = 0 h 8' 32" O

Latitud = 40° 25' N
Longitud = 0 h 14' 44" O

Cálculo de la carta zodiacal para el extranjero

El cálculo de una carta zodiacal para el extranjero no presenta ninguna dificultad particular.

Se empieza igualmente por establecer la latitud y la longitud. A continuación hay que transformar la hora del nacimiento en hora GMT. Para ello necesitará un libro de regímenes horarios, a fin de saber en qué uso horario se halla el lugar de nacimiento.

Una vez encontrada la hora GMT, calcule la hora local como debe hacerse para cualquier nacimiento, añadiendo el tiempo de la longitud si está al este o restando el tiempo de la longitud si está al oeste de su hora GMT.

El cálculo del TSN es idéntico a las cartas zodiacales nacionales, así como el cálculo de las posiciones planetarias (que siempre se efectúa para la hora GMT).

La única diferencia consiste pues en el hecho que usted debe conocer el régimen horario particular del país donde haya nacido la persona y también para la época de este nacimiento.

Cálculo de una carta zodiacal para el hemisferio sur

En primer lugar veamos lo que es idéntico al cálculo de una carta astral por el hemisferio Norte.

La hora GMT se encuentra siempre según el régimen horario en vigor en el momento del nacimiento (diferencia horaria con Greenwich).

El cálculo de las posiciones planetarias se efectúan siempre sobre la hora GMT, no hay diferencia aquí tampoco.

La hora local se calcula siempre según la longitud este u oeste, para añadir o restar respectivamente a la hora GMT como todo punto de la Tierra.

Usted realiza el TS para el día del nacimiento como es costumbre.

La corrección del TS y el cálculo del TSN son idénticos.

Es aquí donde existe una diferencia. Una vez que usted ha obtenido el tiempo sideral natal, o TSN, la añadirá 12 h 00. En todos los casos de cálculo de la carta astral por la latitud sur deberá añadir 12 h 00 minutos al TSN (hallado según la fórmula habitual).

Entonces tiene lugar otro cambio para establecer la dominancia. Tome sus tablas de las Casas para fijar la latitud del lugar natal del consultante.

Localice el TS más cercano de su TSN, aumentado en 12 h 00 y establezca las posiciones de las Casas tomando precisamente los signos opuestos (si tiene ascendente 15° Libra, deberá anotar: ascendente 15° Aries que es el signo opuesto al de Libra y así a continuación para las seis Casas en las que también deberá anotar las posiciones invertidas).

Para terminar, calcule las posiciones planetarias para la hora GMT como para cualquier tema, pues los planetas se desplazan en el espacio y no tiene nada que ver con los cambios de lugares terrestres ya sean en latitud norte o sur.

Tabla para la conversión de arcos en tiempo											
Grados			minutos de arco								
°	h	m	′	m	s	′	m	s	′	m	s
1	→	4	1	→	4	21	1	24	41	2	44
2	→	8	2	→	8	22	1	28	42	2	48
3	→	12	3	→	12	23	1	32	43	2	52
4	→	16	4	→	16	24	1	36	44	2	56
5	→	20	5	→	20	25	1	40	45	3	• • •
6	→	24	6	→	24	26	1	44	46	3	4
7	→	28	7	→	28	27	1	48	47	3	8
8	→	32	8	→	32	28	1	52	48	3	12
9	→	36	9	→	36	29	1	56	49	3	16
10	→	40	10	→	40	30	2	• • •	50	3	20
20	1	20	11	→	44	31	2	4	51	3	24
30	2	• • •	12	→	48	32	2	8	52	3	28
40	2	40	13	→	52	33	2	12	53	3	32
50	3	20	14	→	56	34	2	16	54	3	36
60	4	• • •	15	1	• • •	35	2	20	55	3	40
70	4	40	16	1	4	36	2	24	56	3	44
80	5	20	17	1	8	37	2	28	57	3	48
90	6	• • •	18	1	12	38	2	32	58	3	52
100	6	40	19	1	16	39	2	36	59	3	56
200	13	20	20	1	20	40	2	40	60	4	• • •
300	20	• • •									
360	24	• • •									

ARIES

 El signo de Aries, del 21 de marzo al 19 de abril, atravesado por el Sol, está bajo el dominio del planeta Marte. Signo de *fuego*, que abre el Zodíaco y representa la Tierra antés del génesis, o sea cuando reinaba universalmente el fuego, el caos y las potencias desencadenadas. Marte es signo de fuerza, coordinador de potencias desbocadas y en Aries encuentra su domicilio. Fogosidad, dinamismo y rapidez son las características sobresalientes que impone el signo; voluntad y fuerza de decisión son los dones que se les otorga a los nacidos bajo su imperio por la influencia de Marte.

Los nacidos en este signo son organizadores, coordinadores, nunca pierden el ánimo, tienen gran fortaleza de carácter, saben afrontar las adversidades con la sonrisa en los labios, mantener la cabeza alta incluso en los momentos difíciles y reconstruirse una existencia, con sacrificio, pero también con éxito, si algo no ha salido como esperaban. Impulsivo y autoritario, Aries pretende que todos sigan sus directrices, pero a la vez está dispuesto, por su parte, a sacrificarse heroicamente por sus seres queridos. Moderado cuando se trata de dar dinero, es sumamente generoso con lo que posee, comunicativo y amable, inclinado a perdonar las ofensas recibidas, aunque no las olvida, no por espíritu de venganza sino simplemente porque sabe que también de las experiencias negativas se puede sacar provecho y lección para el futuro.

Su espíritu tiende a la elevación: es religioso, pero lleva la fe dentro de sí, es decir, se aleja de las formas exteriores, aunque su código moral es siempre bastante más rígido que cuanto pueda serlo el de cualquier practicante, ya que nunca haría daño a nadie y sus esfuerzos van siempre encaminados a comportarse con rectitud y justicia. Esta norma la impone también a cuantos lo rodean procurando que las personas de su familia se comporten siempre rectamente, pues de lo contrario Aries no les dejará en paz hasta que no haya impuesto su punto de vista y su voluntad.

Aries es valiente; muchos famosos nacidos en Aries fueron pioneros, y esta vocación vanguardista hace que los nacidos bajo el signo estén dispuestos al sacrificio, a viajar, a trasladarse, a iniciar actividades nuevas y difíciles, sin importarles que haya dificultades en su camino. Es lo bastante tenaz como para llegar a vencer allí donde otros se rindieron.

Como médico es meticuloso, atento, escrupuloso, sigue al paciente, que se siente sometido a su voluntad y por tanto seguro y apoyado: sería deseable que todos tuvieran un médico Aries, puesto que nunca se le verá desfallecer ni rendirse.

Como soldado, lógicamente, no puede ser más que un héroe. Mantiene las líneas hasta el último momento, se niega a batirse en retirada, va hacia adelante para solucionar una dificultad, se presta voluntario, y tiene un gran valor físico además de moral. No será nunca un buen diplomático, porque rehuye todo cuanto no sea claro, y por consiguiente también en política considera que su conducta debe ser recta; en el mundo de la diplomacia y en los pasillos de los políticos se siente perdido.

Su espíritu indómito y recto le hace imponer su pensamiento, aun a costa de crearse antipatías; no le gusta estar sometido y por ello, antes o después, Aries llegará a alcanzar en la familia, en el trabajo, en cualquier actividad, una posición prominente.

Cauto y cuidadoso administrador y «jefe» económico, Aries es capaz de gobernar a su familia o a la entidad a la que pertenece con el mínimo gasto posible, invirtiendo con atención y prudencia, y estudiando planos económicos que consigan el máximo aprovechamiento y la máxima utilización del dinero.

Su necesidad de continua acción lo transforma en un elemento siempre dispuesto y activo, y su deseo de batalla hace que sea un buen sindicalista, mesurado pero decidido.

El tipo negativo se inclina a la volubilidad: inicia un trabajo, una profesión, y después, cuanto esta ya está bien encaminada, la abandona a medias, muy satisfecho por haber solucionado las dificultades que presentaba el problema, pero ya sin interés por seguir su desarollo. Aries es, en efecto, una mina de ideas, que pone inmediatamente en práctica, que comienza a realizar, y que después fácilmente se cansa de ellas y las abandona; le serán de gran ayuda los colaboradores que sepan llevar a cabo un trabajo de ordenación, y que tomen las riendas de cuanto Aries ha iniciado y solucionado, prosiguiendo con su trabajo.

Este signo siente también una buena dosis de fanatismo, que le lleva a vivir en el presente, sin preocuparse por el porvenir. Su idea es: «solucionemos los problemas de hoy; de nuevo mañana, en cuanto se presenten, ya pensaremos en ellos».

Por esta postura y por el tipo decidido de su carácter, Aries no sabe esperar; si lleva un asunto quiere verlo resuelto en seguida, si una cuestión está en suspenso sufre hasta que no se ha solucionado y sale victorioso en donde otros han fracasado.

Gracias a su fuerza de voluntad y a su genialidad, alcanza el éxito en todas cuantas empresas se necesita el poder de la fuerza física y moral. Es un buen deportista, aún más, un campeón en el deporte que ha decidido practicar. No tolera que se le maneje con astucia porque, siendo incapaz de cualquier acción diplomática, sufre viendo que los demás, con su marrullería, lo han instrumentalizado. Si advierte que ha sido tratado con trampas se transforma en una fiera y prefiere perderlo todo, incluso económicamente, con tal de salir de una situación que no le gusta.

Aries que es un gran trabajador, no duda en someterse a sacrificios para alcanzar sus fines: es uno de los signos más tenaces, el trabajo se transforma incluso en parte de sí mismo. No sabría concebir la vida sin actividad; incluso cuando llegue a la edad del retiro buscará algo para hacer, y podrá transformar sus aficiones en provechosas actividades creadoras.

Apasionado por la música, suele tocar algún instrumento. Con frecuencia recibe el encargo de dirigir espectáculos. En esta profesión encontramos nacidos en Aries, célebres en el mundo entero.

Por su gran fuerza magnética sabe conquistar el favor del público. Como hombre político es un orador lleno de fuerza, que arrastra a las masas y se convierte en líder. Como actor se coloca en el lugar de los divos. Como músico lo encontramos con preferencia tocando instrumentos «fuertes», en los que puede expresar su vigor y su exuberancia. Si es industrial, será un experto en metalurgia y, si es artista, habrá en él un escultor fuerte e incisivo.

Su amor por la disciplina es grande y por tanto, si es militar lo encontraremos dirigiendo, mandando, siempre en puestos de gran relieve y notable responsabilidad.

En los tipos más fuertes de Aries se destaca unos rasgos algo despóticos. Este despotismo tienden a ejercitarlo incluso en familia y así, hacen respetar tradiciones a las cuales se sienten ligados y complacen su punto de vista, que, sin duda, consideran infalible. Como deportistas prefieren los deportes fuertes y violentos: boxeo, lucha, fútbol, etc.

En ocasiones Aries será víctima de crisis depresivas. Ello sucede cuando alguien intenta someterlo, modificar su vida y su punto de vista y tiene suficiente autoridad como para hacerlo. Odia las represiones, y se adapta a las mismas con dificultad; ni siquiera sabe fingir diplomáticamente a la espera de tiempos mejores. Pero su exuberancia se expresa de forma contundente en el campo del trabajo, pues Aries no se despide con buenos modales sino que se marcha dando un portazo. En el coche es un conductor audaz, pero temerario, tiene gran dominio del volante y seguridad en sí mismo, por lo que no se preocupa en absoluto del cansancio, hambre o caprichos de sus acompañantes.

Se inclina a considerar estos fenómenos como un deseo de obstaculizarlo o como debilidades y, por consiguiente, no cambia por nada del mundo su norma porque otros pretendan sentirse cansados. Piensa que basta con que los demás reaccionen un poco y lo tomen como ejemplo. Muestra cierta tendencia a detenerse y entablar una buena discusión con quien lo adelanta o le ha demostrado escaso respeto. Su capacidad de reflejos se pone también de manifiesto en este caso, difícilmente será posible encontrar un Aries poco preparado.

De igual manera, asombra la caballerosidad y gentileza que muestra con los demás cuando se le piden las cosas con buenos modales, no con imposiciones, sino por favor. Entonces es tierno, cuidadoso, preocupado por hacerlo todo lo mejor posible, amabilísimo y lleno de comprensión, pero cuidado, pues, quienes intentan hacerle realizar algo mediante intrigas, ya que con mucha mayor sencillez es posible pedirle abiertamente, y obtener cuanto se desea.

Rehuye a quien le da consejos, porque considera que no son desinteresados, y, si es preciso hacerlo, se buscará un hábil juego diplomático que le haga pensar que ha sido él el ocurrente. Poseedor de un fino espíritu, Aries se arrepiente pronto de sus golpes de ira y de sus palabras duras, pero difícilmente pedirá perdón, preferirá sufrir con su actitud, y quien está a su lado deberá hacerle comprender que no le guarda rencor.

En cambio, se equivoca quien pretende hacer esperar a Aries, y quien confía en que él encuentre el momento para excusarse, puesto que al odiar la pérdida de tiempo, Aries olvidará inmediatamente que ha ofendido y acusará a los demás de ser pasivos y hacerle esperar inútilmente, incluso en el supuesto que sea él el ofensor y deba pedir disculpas.

Ptolomeo en su *Tetrabiblos* dice que las características principales de este signo son: audacia, desorganización, impaciencia, erotismo, gran actividad muscular y nerviosa, independencia y valentía.

El optimismo es prerrogativa del tipo Aries, aunque difícilmente logra controlar y dirigir la agresividad que le es propia, puesta al servicio de su ambición, ya que para él sólo es importante iniciar bien las cosas que, no obstante, no lleva casi nunca a término.

Es extremista y no conoce la programación de su futuro. No es rencoroso, aunque sus ataques de ira son violentos y a veces hieren a su adversario en lo más hondo.

Para la combatividad del Aries no existen obstáculos y si los hay, estos no representan más que un aliciente. Los obstáculos que se le oponen son destruidos, más que saltados o rodeados. La alegría y el dolor son para él sentimientos extremos, que sufre con exceso, aunque duren sólo una mañana.

El elemento *fuego*, característico de Aries, y Marte, dios de la guerra, que tiene su casa en Aries, hacen de este signo uno de los más vitales y dinámicos del zodíaco. Si se encuentra ante un acontecimiento imprevisto, su reacción es instintiva y puede pasar del pánico a la inmediata autodefensa. Este tipo tiene absolutamente necesidad de una fe por la que luchar y una meta a la que aspirar; si le falta un credo no puede llevar a cabo nada bueno. La inteligencia del tipo Aries es intuitiva e instintiva y no puede encontrarse bien con personas mediocres que lleven una vida monótona, gris y solitaria. De hecho, este tipo quiere rodearse de gente, aunque sólo sea por acaparar el centro de la atención.

Quiere ser siempre el protagonista, y lo logra por hallarse dotado de una simpatía y espontaneidad únicas.

La vida afectiva de este tipo, especialmente en su juventud, se encuentra llena de aventuras sentimentales y eróticas. Su amor, dada la extrema sensualidad que lo caracteriza, es de muy breve duración por su tendencia a quemar todo de una vez.

El tono de voz de este tipo es como un torrente impetuoso: transforma la alabanza en adulación y el insulto en algo verdaderamente tremendo.

Aries, deseoso de ser el centro de la atención, tiene en consecuencia necesidad de ser adorado por la mujer amada.

Respecto a la elección profesional, el Aries se enfrascará en su trabajo preocupándose únicamente de que satisfaga las exigencias físicas y psíquicas de su organismo, colocando en un segundo plano sus ganancias económicas. Mientras su estado físico se lo permita, la vitalidad desarrollada en el trabajo será sobrehumana, y si le acompaña la perseverancia, tan rara en este tipo, nos encontramos frente a un hombre de primera categoría y capaz en cualquier campo, tanto en el artístico como en el económico.

Las enfermedades que caracterizan a este signo son las que afectan sobre todo a los ojos, los oídos y los dientes. Es el signo en el que antes cesa la actividad sexual, alcanzando en poco tiempo el climaterio masculino, que vendrá acompañado de síndromes depresivos que afectarán gravemente a todo el sistema nervioso, a veces de forma irreparable. También la arteriosclerosis lo alcanza antes de lo normalmente previsto. Llevado por su instinto de conquista, tanto en el campo laboral como en el afectivo, empezará y llevará a término en breve tiempo éxitos efímeros, honor y gloria.

La simpatía que emana de este tipo puede crearle muchos enemigos porque es tomada como soberbia. Junto con el Escorpión es el niño más apasionante de educar por la vitalidad que lo caracteriza. La educación de este niño debe consistir sobre todo en hacerle amar las cosas bellas y a racionalizar su inteligencia, demasiado dispersa. Los deportes en los que destacará serán los destinados a descargar su energía nerviosa.

El hombre

Es interesante, a menudo atlético, con nariz gruesa, decidido. Tiene la mirada vivísima, es un buen orador, algo rudo de modales pero educado, fuerte y enérgico, musculoso, muy dinámico, siempre en movimiento y viril. Su carga sexual es potente, la mujer que le gusta tiene que ser muy femenina, dulce y romántica y representar su ideal de compañera sumisa y buena, pero demostrando que posee fuerza de carácter y que se sabe desenvolver en la vida. Muchas mujeres lo encuentran incluso fascinante, pero el hombre de Aries correrá tras los que no le adulan ni se fían de él, porque quiere tener la ilusión de ser él mismo quien realiza una elección precisa, y no tolera ser escogido.

En amor es exclusivista, absoluto, celosísimo y no consiente que su mujer sea cortejada por nadie. Es capaz de pasiones desenfrenadas, de llamas ardientes, en resumen, un idealista lleno de vida y de sueños románticos. No conviene mantener con él noviazgos demasiado largos; el nacido en Aries se cansará y será capaz de tomar una decisión «por los pies» y casarse en poco tiempo con otra. En la unión hay que tener presente que hay que dejarle toda la libertad posible si se desea que dure y no condicionarle o limitarle la personalidad.

La mujer

Posee gran sensibilidad y dulzura, a pesar de que en la vida muchas veces se ve obligada a hacer un papel masculino; es sólida, eficiente y una gran trabajadora. Por lo general, posee una actividad a la cual no renuncia y que en muchos casos suele significar la base sobre la que se mantiene su familia. Es una buenísima organizadora de su vida y de su casa. La mujer Aries es, en ocasiones, una ayuda incluso para amigos y parientes, los cuales, con frecuencia, se apoyan en ella para obtener una ayuda que sin duda se les ofrece; aunque a veces, el tener que apoyar a los demás le contraría bastante. Querrían en efecto que los otros se espabilaran, intentaran reaccionar y se pusieran a actuar como hace ella.

Apasionada por el arte, se halla cercana a todas las manifestaciones espontáneas, primitivas, ama los colores intensos, el folclore, la artesanía india y africana y se rodea de muchos objetos coleccionados durante viajes o estancias en el extranjero, aunque después sea muy sencilla tanto en el vestir como en sus gustos. Ama las cosas prácticas y odia las pérdidas de tiempo. No tiene muchos hijos pero los cría muy bien con gran sentido y pasión. Si no tiene hijos vuelca su afecto hacia sus sobrinos, a quienes adora. Muchas tías cariñosas han nacido bajo el signo de Aries.

Goza de espíritu independiente. Durante la juventud intenta crearse un lugar en el que transcurrir la vejez, sin pensar en nadie y sin limitar la propia libertad. Es impetuosa, y, por tanto, será capaz de afrontar las dificultades y las personas que se interpongan; sin embargo, en sus momentos de reacción no olvida el buen sentido y la educación. Bajo este perfil supera en inteligencia al hombre Aries.

En su interior no desea otra cosa que encontrar un hombre más fuerte que ella, que pueda dominarla, si bien a menudo el hombre con quien se casa halla un apoyo seguro. La mujer Aries ha de gobernar el timón, cargo que no le disgusta en absoluto, a pesar de que su sueño fuera unirse a un compañero seguro en quien apoyarse y del cual recibir protección.

Su entusiasmo hacia toda acción emprendida se dirige particularmente al dominio sobre alguna persona o cosa, aunque difícilmente consigue el éxito deseado, al faltarle paciencia y perseverancia.

No constituye un signo favorable respecto a la personalidad de la mujer, por ser un signo de *fuego*, cardinal y masculino. Esta será poco femenina, odiará todo lo romántico e intentará suplantar al hombre en su colaboración en la casa y en la educación de los hijos. Es la mujer fatal que sabe donde quiere ir y que, fiándose en un instinto fuertemente egocéntrico, es difícilmente dominada, aunque a veces lo haga creer. El hombre elegido por la mujer Aries deberá poseer dotes de belleza y simpatía tan exclusivas y utópicas que con facilidad la mujer Aries se verá insatisfecha y pasará de un amor a otro, quedando siempre decepcionada.

El tipo de mujer Aries no es precisamente constante y, a la mínima ofensa o traición de la persona amada, se la devuelve igual, siempre que sea una venganza inmediata, ya que, como sabemos, la perseverancia no es precisamente la cualidad de este signo. Tanto el hombre como la mujer Aries reaccionan frente al abandono sentimental con toda su fuerza, utilizando su gran capacidad erótica para conservar ligada a sí a la persona amada. La mujer que ame a un Aries podrá conquistarlo siempre que le sea fiel y al mismo tiempo le dé la impresión de no haberla conquistado del todo. Sepan las mujeres que aman a un Aries, que la fidelidad de este tipo es a prueba de bomba, si ellas son siempre vitales, amantes de los viajes, de los nuevos descubrimientos, si se cuidan de su persona y no se lamentan de los males físicos y mentales que les agobien.

Muy distinto es conquistar a la mujer Aries. No hay que darle tiempo a que organice su contraataque, hay que iniciar el cortejo primero, adulándola por su belleza e indiscutibles dotes de simpatía y alegría, para, a continuación, pasar a una crítica metódica de las mismas alabanzas que se le hayan prodigado. No se debe temer demostrarse demasiado seguros de sí mismos: este tipo de mujer ama y teme todo lo que representa fuerza y valentía. Pero, si tras el éxito de los primeros avances, quien la corteja quiere hacerse desear, cometerá un error gravísimo, ya que la inconstancia de esta mujer se encuentra tan enraizada en ella que su pasión se apagará tal como ha nacido. Esto también es válido si se quiere darle celos. La unión con la mujer Aries es absolutamente contraindicada para los nacidos bajo el signo de Escorpión, ya que ellos también tienen como planeta a Marte.

Los niños

Son exuberantes, juguetones, a veces impetuosos y encuentran dificultades si uno de los padres intenta reprenderles con modales bruscos y no con dulzura. Alienta mucha alegría de vivir, sienten fortísimamente el peso de la autoridad, pero hay que convencerles para que hagan algo, siempre con persuasión más que con órdenes. Debido a su energía pueden causarse con frecuencia heridas, romper vestidos, destrozar zapatos y pantalones. También a las niñas les gustan los juegos un tanto violentos; vivaces e indisciplinadas, los obstáculos que encuentran en el colegio son debidos a la conducta más que al aprovechamiento.

El niño nacido en Aries se hallará perplejo ante la decisión de lo que hará cuando sea mayor; por su carácter, se muestra enojado ante la pérdida desmesurada de tiempo y no le gustará realizar estudios muy prolongados, sintiendo por otra parte una intensa vocación hacia la medicina, la música, la dirección, el arte, todo ello comprometido y largo como tipo de estudio.

Por lo general, escogerán después el camino que prefieren incluso en contra de la voluntad de sus padres. En el juego, en el trabajo, en las actividades infantiles demuestran siempre una carga excepcional de vitalidad, para caer después exhaustos, en un sueño muy profundo y regenerador.

Sienten mucho amor por la naturaleza, son aventureros, exploran complacidos lugares recónditos, no temen a nada, los animales les causan admiración sin amedrantarles, incluso aquellos grandes y de especies poco conocidas.

No tienen miedo a la oscuridad, a los extraños, son bastante descarados y no sienten ningún reparo por decir lo que piensan, aun encontrándose frente a personas que deberían infundirles respeto.

El pequeño Aries es, pues, el tipo capaz de responder abiertamente al maestro, al director, al superior, y decirle lo que opina sin ninguna preocupación. Muy sensibles, se conmueven si alguien tiene para con ellos un gesto de ternura. A pesar de que parezcan fríos y apartados, sufren si sus padres no tienen de vez en cuando un acto de amabilidad con ellos, si no encuentran el momento para mimarlos un poco, sobre todo si ven que este trato queda reservado para con otros hermanos. Necesitan afecto, a pesar de que nunca lo piden, amparándose en una fingida capa de dureza e indiferencia.

Relaciones con los otros signos

En relación con los otros signos, Aries congenia mal con Virgo porque este tiende demasiado a la crítica y Aries, en cambio, se considera perfecto.

La unión con Géminis y Acuario es buena, mientras que es mediocre con Escorpión, con el cual pueden surgir graves discusiones a pesar de que exista entre ellos una fuerte atracción física.

La atracción por los tipos Libra es tan sólo física ya que estos chocan por su carácter voluble con Aries.

Con Cáncer y Capricornio es raro que dure la unión a causa de la diversa concepción de la vida.

Con Piscis congenia bien pero contrasta en el campo afectivo.

Aries se adapta a personas del mismo signo, pero a menudo la relación cede al cansancio porque hay demasiada monotonía, y el hábito sexual juega un papel negativo entre los dos.

La unión por excelencia es la de este signo, dominado por Marte y el signo de Tauro, dominado por Venus. Es la virilidad que se opone y se complementa con la feminidad. La mujer Tauro sabrá mantener intacto el amor del Aries, a condición de que sepa renunciar a los celos y sentido de la posesión que le son característicos.

Además de con la mujer Tauro, la unión perfecta la logrará el hombre Aries con la Sagitario, la cual sabrá darle el estímulo por la lucha amorosa. Para Aries significa la mujer fatal, pero con la que podrá también establecer una relación de amistad.

Por el contrario, la unión más desaconsejable es la de Aries y Leo (aunque este pueda templar la impulsividad de aquel), dada la extraordinaria seguridad que posee la mujer Leo, capaz, por su manera de actuar, de dominar la masculinidad del Aries y de destruir así una unión que al menos en su inicio podía parecer armónica y duradera.

Podrá encontrar fácilmente el gran amor en estos signos: Leo, Géminis, Acuario y Sagitario, los cuales pueden ofrecer a este tipo de mujer el amor que desea, instintivo y un poco polémico, pero luchador y vivaz en la medida que permite que el amor no acabe en monotonía.

La salud

Los nacidos en Aries son bastante robustos, aunque sufren de dolores de cabeza, alteraciones de la presión sanguínea y tienen la nariz delicada, así como los ojos y la garganta. Con frecuencia, de pequeños padecen fiebres altas pero gracias a su complexión robusta superan estas crisis. Aries, debido a su costumbre de sobrevalorar las cosas, ha de vigilar posibles depresiones nerviosas.

El carácter

Por lo general el defecto a combatir es el de la impaciencia, que conduce a Aries a acciones impulsivas e irreflexivas. Con la madurez, Aries llega a encontrar un equilibrio envidiable, aunque tenga que reprimir sus golpes de ira y su ímpetu. La fidelidad no es su fuerte, pues prefiere dar siempre intensamente y pocas son las personas que pueden mantener su ritmo. Generalmente concede gran importancia a las amistades, más que a las uniones afectivas, y el matrimonio irá muy bien si es la amistad la primera relación instaurada, llegando después al amor.

Son muy buenas sus relaciones familiares en la plenitud, pero a menudo tiene dificultades con la familia política, si esta pretende de Aries, por ejemplo, una ayuda desde el punto de vista económico y Aries se ve forzado a concedérsela. Es preciso que quien esté cerca de él sepa reconocer siempre en él al jefe y al maestro, y de esta manera Aries, que desea sentirse importante y respetado, dará cuanto tiene de bueno.

Los famosos

Hemos dicho que Aries es un óptimo administrador y economista. La prueba está en Einaudi, primer presidente de la República Italiana y famoso economista, nacido en Aries.

Hombres políticos de todas las tendencias han nacido en Aries. Todos ellos han destacado: Nikita Kruschef, De Gaspari. Otro estadista y hombre político que supo imponer su política durante muchos años fue Bismarck, el «canciller de hierro», típico Aries.

Entre los directores y actores no podemos olvidar al Aries perfecto que es Charles Chaplin, verdadero ejemplo de jefe amante de la gran familia, deseoso de tenerlo todo bajo el propio dominio.

De dominio espiritual se trata, en cambio, en el caso de otra Aries ilustre, la gran Teresa de Ávila. En cuanto a los maestros directores de orquesta encontramos a Herbert von Karajan, y a Arturo Toscanini. Músicos Aries fueron Ruperto Chapí y Haydn, así como Bach, que representa mejor que nadie al tipo clásico de Aries. Y en el campo de la ciencia, Von Braun, el padre de la cibernética moderna, que ha sabido reconstruir con tenacidad todos los resultados de sus estudios realizados en Alemania.

Los números

Los números tienen una influencia determinante en la vida de los nacidos en Aries: les son propicios el 7, número mágico por excelencia; el 17, que a otros «da desgracia» y que para Aries es afortunado; el 21, número que con frecuencia se encuentra en la cabalística y en la magia.

Las piedras de la suerte

Para los nacidos en Aries las piedras de la suerte son las de colores concretos, fuertes: rubí, esmeralda o el purísimo diamante, fuerte e incorruptible, que no se raya, como los nacidos en este signo. Su color es el rojo, en sus diversas tonalidades.

Aries día a día

1.° grado ARIES	21 marzo

Son personas positivas, libres y poderosas, con falta de autocontrol. Espíritu de iniciativa en el trabajo. Carácter simpático. En lo que a la salud se refiere, deberán prestar atención a posibles fiebres y a evitar excitantes.
Tienen un carácter fuerte, positivo y despótico, independiente y hasta prepotente, lleno de pasión y coraje. Poseen una gran personalidad. Son originales en sus sentimientos con un fuerte sentido de la independencia. No les resultará difícil labrarse un porvenir lleno de honores, momentos importantes y riquezas. Su energía no tiene límites. Son tenaces y constantes, características que resultan raras en personas nacidas bajo el signo de Aries.

2.º grado ARIES   22 marzo

Son personas organizadas, prácticas, constructivas, obstinadas y agresivas. Tienen muchos enemigos; gozan de protecciones ocultas; son activas y trabajadoras.
El famoso actor Nino Manfredi o el pintor Van Dyck son claros representantes de este signo y grado.
Poseen una mentalidad fértil, de naturaleza autosuficiente. Destaca su fuerza de concentración, gracias a la cual pueden triunfar como científicos, matemáticos, ingenieros nucleares y en otras profesiones similares. Su capacidad de trabajo, tenacidad y constancia son abiertamente superiores a las de las personas normales. Están muy seguras de sí mismas y convencidas de que sólo ellas saben las cosas, lo que puede crearles enemigos. Deberán aprender a controlarse, autodominarse.

3.º grado ARIES   23 marzo

Son personas ambiciosas, refinadas y entusiastas. Aman la paz, la tranquilidad, el arte. Tendrán muchos amigos que les resultarán de gran utilidad.
Por lo que a la salud se refiere, deberán estar atentos a posibles infecciones.
Son personas ambiciosas y ardientes. Tienen facilidad para expresarse a través de la poesía y de la literatura. Aman las bellas artes. Su gusto es refinado y les resultará fácil crearse muchos admiradores. Tendrán muchos amigos sinceros. Son afortunados porque poseen un corazón generoso. Aman la paz y la tranquilidad, y no son personas vengativas. Se hacen querer. Como características negativas cabe destacar la arrogancia, impulsividad, toma precipitada de decisiones y falta de autodominio. Deberán ejercitar el autocontrol.

4.º grado ARIES   24 marzo

Son personas afectuosas, impulsivas, hedonistas y voluptuosas. Aman la naturaleza y la vida del campo; acostumbran a ser muy buenos cazadores.

En cuestión de salud tienen tendencia a sufrir enfermedades psicosomáticas como consecuencia de su carácter nervioso e impresionable.

Son personas impulsivas y exuberantes. Sus cualidades y defectos vienen condicionados por el hecho de que su instinto prevalece sobre la lógica y su corazón sobre la razón. Se lanzan con pasión en todo lo que emprenden, sin reserva. Son irascibles e incapaces de autodominarse. Deberían eliminar estos defectos de su carácter, así como la vanidad para llegar a alcanzar una posición relevante.

5.° grado ARIES   25 marzo

Son personas de gran fuerza creadora y sentimiento artístico. Después de mucho esfuerzo llegan a alcanzar el éxito y una buena posición. Tiene un carácter magnánimo y bastante ambicioso.

Por lo que se refiere a la salud, el Sol y Saturno en este grado impiden el crecimiento del cabello. Este grado en el ascendente proporciona cabellos ásperos y delicados, así como problemas en la vista y en el oído.

El famoso director de orquesta Arturo Toscanini y la cantante italiana Mino son claros representantes de este grado.

Son personas con tendencia a tener dotes de mando. Mantienen una actitud paternalista con las personas que aceptan su superioridad. Poseen talento artístico y creativo.

6.° grado ARIES   26 marzo

Son personas ambiciosas a causa de sus deseos insatisfechos. Eso las lleva a afrontar duras pruebas y viajes muy largos. Tienen carácter decidido y aires de superioridad.

Por lo que a la salud se refiere, son propensas a sufrir problemas en los cabellos, en la vista y en los oídos, aunque estos pueden curarse a tiempo.

Su inteligencia manifiesta abiertamente su ambición y vanidad. Para encauzar su carácter ambicioso pueden dedicarse a la vida política, para la que tienen facultades.

7.° grado ARIES   27 marzo

Son personas idealistas y espirituales, prudentes, afortunadas y con tendencia a tener un matrimonio feliz.
Por lo que a la salud se refiere son propensas a sufrir dolencias de riñón. En general deberán cuidar sus hábitos de vida.
Aman la naturaleza y la caza. Son de los pocos Aries capaces de pensar antes de actuar. No les falta sin embargo la fogosidad y el entusiasmo característicos en este signo. Serán afortunados en el amor. Podrán conseguir un gran éxito si se dedican a desarrollar algún deporte. La gente ama su compañía porque son simpáticos, sencillos y comprensivos.

8.° grado ARIES   28 marzo

Son personas violentas, turbulentas y amantes de la libertad, propensas a originar peleas y discusiones. Gozan con la venganza y a menudo son irascibles. Les gustan la artesanía y los trabajos manuales.
En lo que respecta a la salud, son propensos a sufrir complicaciones en la nariz, la mandíbula, los ojos y a las indisposiciones internas.
Son personas con un fuerte espíritu de independencia. Su amor por la libertad podrá crearles dificultades, sobre todo cuando quieran ser libres a costa de los demás. Podrán tener éxito en todos aquellos negocios o empresas en los que es preciso convencer o dominar a los demás. Deberán ejercitar el autocontrol y la diplomacia.

9.° grado ARIES   29 marzo

Son personas muy viajeras, románticas, con tendencia a filosofar. Muy simpáticas. Tienen mucha confianza en sí mismas y a la vez son temerarias, con tendencia al éxito.
El sentimiento de superioridad y triunfo las llevan a una continua autoafirmación.
Por lo que se refiere a la salud, son propensas a dolores de cabeza y a problemas para mantener la línea.

Es muy probable que su vida sea hermosa y serena. Tienen mentalidad filosófica. A menudo sus razonamientos sorprenden por la claridad de las ideas. Tendrán más éxito como jefes que como empleados. Podrán alcanzar fama y riqueza si saben aprovechar las etapas afortunadas de su vida. Son personas locuaces, orgullosas, dignas y sensibles a las alabanzas.

10.º grado ARIES   30 marzo

Son personas con deseos de éxito, dignidad, amigos importantes. Victoriosas en las luchas de la vida, aman la caza y el militarismo.

En cuestiones de salud pueden tener algunos problemas de circulación.

Son de naturaleza osada y generosa. Pueden alcanzar una elevada posición en la vida y probablemente serán admirados por los amigos y por las personas importantes. Su sentido de la justicia y de la honestidad les permitirá relacionarse con personas buenas y fieles.

Su intuición les resultará de gran ayuda cuando deban tomar decisiones importantes. El amor jugará un gran papel en su vida.

11.º grado ARIES   31 marzo

Son personas estudiosas, de mentalidad científica, carácter benévolo y amores secretos.

Por lo que a la salud se refiere, pueden sufrir fiebres y dificultades en el habla. En este signo, Marte y Neptuno producen fiebre y alteraciones nerviosas.

La vida les dará mucho y ellos darán mucho a la vida. Tendrán una naturaleza dualista. A menudo son indecisos. Algunas de las decisiones que tomen serán equivocadas por desear demasiado.

Podrán tener dos matrimonios, dos amores y dos ocupaciones distintas. Son indulgentes respecto a los demás, no tanto por principios como por no meterse en asuntos ajenos. Serán amados y admirados por la mirada penetrante que poseen.

Son personas con percepciones extrasensoriales que les permitirán superar los obstáculos. Tienen gran amor a la familia, y grandes aspiraciones y esfuerzo para llegar más arriba. Superan las situaciones difíciles con intuición y lógica. Les gusta la actividad, el deporte y la caza.

En lo que a la salud se refiere, son sensibles al exceso de calor en la cabeza que puede llegar a ocasionarles delirio.

Son personas que han nacido para la comunicación y el amor. Serán felices en el matrimonio o en una relación de pareja. Tendrán ideales elevados y lucharán por realzarlos. Su amor hacia los demás es la base de un fuerte instinto maternal. En la segunda parte de su vida tenderán a ser más egocéntricos.

Son personas inconstantes, agresivas y de temperamento luchador. En el fondo, su carácter es dulce y sensual en la tranquilidad hogareña. Por lo que se refiere a salud, deberán tener en cuenta los problemas que puedan presentarse sobre dieta, trastornos oculares o fiebres.

El famoso escritor Emile Zola y Giacomo Casanova pertenecen a este signo y nacieron en este grado.

Tendrán una vida llena de acontecimientos, cambios y aventuras. Son combativos, enérgicos y a veces agresivos e intolerantes. Aman las cosas hermosas como las joyas o los objetos de arte. Tienen un gusto excepcional. Deberán abandonar su tendencia a cambiar de planes y aprender a ser tenaces. Si lo consiguen, alcanzarán el éxito y estarán contentos de sí mismos.

Son personas luchadoras y vengativas. Correrán por ello el peligro de pasar algún tiempo en la prisión o en el exilio. Obtendrán el éxito después de duros esfuerzos y máxima ocupación. En cuestiones de salud deberán vigilar cualquier problema relacionado con los ojos y el oído.

Son personas apasionadas y pasionales. Hay algo en su interior que las hace distintas a las demás, pero no siempre logran realizar aquello que desean debido a su impaciencia y atención dispersa. El peligro radica en su temperamento. Quieren mucho y desean mucho. Deberán controlarse y no ser demasiado agresivas o violentas.

15.º grado ARIES   4 abril

Son personas tímidas con tendencia a fobias y temores. Estas características las hace introvertidas aunque también son capaces de comunicarse con los demás a través de la escritura. Mantienen una falsa seguridad.

En cuestiones de salud deberán prestar especial atención a los ojos y a la sensación de vértigo.

Tendrán facilidad de expresión, tanto que pueden convertirse en famosos escritores, periodistas, políticos, vendedores, es decir, pueden destacar en todas aquellas profesiones que requieren locuacidad. Están predispuestos a dejarse influenciar en sus decisiones. Tienen espíritu artístico y buen gusto, pero necesitan de toda su inteligencia y rapidez de reflejos para superar la timidez y los pequeños temores.

16.º grado ARIES   ·   5 abril

Son personas amantes de la familia y de la vida tranquila. Sienten amor por el campo y por la naturaleza. Destacarán en el estudio de la biología y de la agricultura.

En lo que respecta a la salud, son propensos a tener los ojos delicados, así como el rostro. Deberán cuidar también su dieta.

Su amor por la naturaleza, las plantas silvestres, el sol y todo aquello que no ha sido creado por el hombre, les ofrece amplias posibilidades de ser felices sin demasiados medios.

En la segunda parte de su vida aumentarán aún más las ganas de estar en contacto con la naturaleza. Muchas personas nacidas en este grado acaban viviendo sus días en el campo, cerca del mar o de un río.

17.° grado ARIES   6 abril

Son personas amantes de los niños y de las situaciones tranquilas, en las que encuentran su felicidad, empañada a veces por ansias de grandeza.

En cuestiones de salud pueden sufrir depresiones de cierta importancia. Tienen predisposición a las articulaciones delicadas.

Aman todo lo que es hermoso, lujoso, elegante, precioso, estético y artístico. La vida les ofrecerá muchas oportunidades favorables, pero sólo sabrán aprovechar muy pocas porque no siempre querrán ocuparse de ellas.

Realizarán muchos viajes durante los cuales tendrán aventuras extrañas e interesantes. Para los nacidos en este grado también existe la posibilidad de llegar a ser personas importantes gracias al uso de la palabra hablada y escrita.

18.° grado ARIES   7 abril

Son personas científicas y muy observadoras. Aman la paz y luchan por conseguirla. Gracias al trabajo inteligente llegarán a alcanzar una buena posición.

Las afecciones dérmicas pueden producirles problemas de salud. Tienen un buen carácter y serán queridos por muchas personas.

Corren el peligro de perder algún amigo cuando se muestran intolerantes, aunque afortunadamente son inteligentes y poseen un fuerte sentido de la autocrítica, de modo que los momentos negativos son breves. Si se dedican a una profesión en la que circula mucho dinero existirá posibilidades de que sean famosos y queridos por todos. Les atraen las ciencias experimentales y las ciencias ocultas.

19.° grado ARIES   8 abril

Son personas de amor apasionado y mente fértil. En ellas el amor y el odio estarán presentes en igual medida.

En lo que a la salud se refiere, pueden sufrir dolencias de

riñón, además de poseer una piel muy delicada. Son personas de inteligencia rápida. Tienen mentalidad materialista y su sueño es llegar a ser ricos. El oro, la plata y las piedras preciosas jugarán un papel importante en su vida. El amor también será importante. Los niños les proporcionarán alegría; las personas ancianas, en cambio, les causarán sufrimiento si no asumen las dificultades propias de la edad.

20.º grado ARIES   9 abril

Son personas poco escrupulosas, hábiles y versátiles. Amantes de viajes largos y duraderos. Tienen pocos escrúpulos para obtener lo que desean.

En lo que se refiere a la salud, tienen el rostro delicado y sufren los cambios de temperatura.

Un día alcanzarán el éxito porque son activos y cuando se lo proponen superan siempre a los demás. Podrán llegar a descubrir o inventar algo: en ese caso serán ricos y admirados. El amor jugará un papel importante en su vida. Deberán elegir bien a su pareja porque en caso contrario es probable que una relación afectiva insatisfactoria les haga sufrir. Llegarán a una edad avanzada.

21.º grado ARIES   10 abril

Son personas impresionables, románticas, amantes de aventuras marinas. Generosas, leales, conscientes de su fuerza. Pueden encontrarse con obstáculos o aventuras extrañas; es mejor no fiarse demasiado de sí mismas.

En lo que se refiere a la salud, deberán hacerse una cura para depurar la sangre. Es necesario también que coman y beban con moderación.

El famoso actor Omar Shariff nació bajo este grado.

Son personas a las que les gusta viajar y descubrir nuevas tierras, nuevas ciudades, nuevas cosas. Son activas y generosas. Muchas personas se sienten atraídas por ellas debido a su lealtad y a sus cualidades humanas. Son personas sensibles e impresionables.

22.º grado ARIES   11 abril

Son personas profundas, reflexivas y un poco pesimistas. Tienden a perder sus bienes por culpa propia.

Por lo que se refiere a la salud, acostumbran a ser personas de piel y articulaciones delicadas.

Son de carácter generoso y leal. A veces se dejan llevar por un pesimismo injustificado que resulta pesado e injusto para los demás. Sus ambiciones son modestas y por ello son fáciles de realizar. Deberán aprender a ser menos aproximativos y desordenados. Aman a los niños, los animales y todo aquello que es débil.

23.º grado ARIES   12 abril

Son personas muy aficionadas a los viajes en busca de curiosidades y extravagancias. Tendrán muchos amigos pero deberán evitar socios y parejas. Será necesario superar los obstáculos con calma y prudencia.

En lo que respecta a la salud, en general tienen una buena constitución.

Tendrán una vida rica e interesante. Este tipo de personas tiende a la exageración y a la fantasía. En la vejez estarán considerados como tipos excéntricos. Podrán sobresalir como inventores, oculistas, astrólogos o en otras profesiones parecidas.

Observando su vida, podrán ver con gran claridad que siguen un destino y un karma preciso.

24.º grado ARIES   13 abril

Son personas a las que gusta la filosofía y el pensamiento. Sufrirán problemas a causa de una mujer. Su amor desmesurado por el dinero y por los placeres serán causa de infelicidad.

En lo que a la salud se refiere, deberán cuidar la boca y la piel que, en general, la tienen delicada.

Son personas profundas y filósofos por naturaleza. la necesidad de amor y de satisfacciones sexuales podrán acarrearles problemas difíciles de superar. Muchos tienen un talento artístico que, desarrollado, podrá proporcionarles celebridad y éxitos financieros.

La mayor parte de los sufrimientos en su vida estarán causados por problemas con el sexo opuesto.

25.° grado ARIES   14 abril

Son personas amantes de los viajes. Su carácter impulsivo y dominante tropieza con la resistencia de los demás, por lo que precisan autocontrolarse.

Respecto a la salud, deberán cuidar con especial atención la boca y la piel.

Son personas decididas y hábiles. Harán muchas cosas provechosas en la vida y es posible que obtengan un discreto éxito.

Un defecto característico es el de juzgar a los demás de una forma distinta a como se juzgarían a sí mismos. Existen para ellos, dos justicias: una muy flexible para ellos mismos y una muy estricta para los demás. Su suerte está ligada de alguna manera con el exterior o con los extranjeros. Será conveniente que realicen viajes.

26.° grado ARIES   15 abril

Son personas con gran genialidad y creatividad. Gozan de mucha aceptación y respaldo social a causa de su celebridad.

Por lo que se refiere a la salud, deberán cuidarse los labios y la piel, que en general la tienen muy delicada.

Leonardo Da Vinci y la actriz Claudia Cardinale son dos figuras representativas de este grado.

Son personas que tienen la suerte de ser verdaderos artistas. Cualquier cosa que hagan tendrá siempre un sello inconfundible. Este grado zodiacal muy a menudo proporciona genialidad. Deberán prestar atención a sus intuiciones, sueños o a todo lo que sientan íntimamente. El éxito les llegará pronto.

27.° grado ARIES   16 abril

Son personas con gran interés por el mando. Sienten también interés por la religión. Corren peligro de caer en cualquier renuncia por no saber encontrar el justo equilibrio.
En lo que se refiere a la salud, deberán tener especial cuidado con los pulmones, los labios y la piel, en general muy delicada.
El famoso Charles Chaplin «Charlot», fue un claro representante de este grado.
Son personas que han nacido para estar por encima de los demás, para mandar o para ocupar altos cargos y posiciones en la sociedad. Podrán llegar a desempeñar un papel importante en asuntos públicos. Su naturaleza será el obstáculo más importante para llegar a la fama o a la gloria. A veces son todavía demasiado inmaduras o excesivamente vanidosas y orgullosas. Estos defectos pueden hacerles equivocar.

28.° grado ARIES   17 abril

Son personas tenaces y constantes con tendencia a la meditación. Son perseverantes hasta obtener sus propósitos.
En lo que a la salud se refiere, tienen la barbilla y la piel delicadas y sensibles.
Con su capacidad de concentrarse y de profundizar, podrán tener éxito en cualquier profesión que requiere reflexión y espíritu de observación.
Su manera de actuar les proporcionará simpatía. Gozarán toda la vida de muchos amigos y admiradores. Su tenacidad les permitirá conseguir casi todo aquello a lo que aspiran.

29.° grado ARIES   18 abril

Son personas con éxito en especulaciones arriesgadas. Vida laboriosa y difícil, obstáculos invisibles, aspiraciones elevadas.
En lo que respecta a la salud deberán tener especial cuidado con problemas epidérmicos y de circulación.

Son personas decididas y de naturaleza fuerte. Probablemente obtendrán gran parte de lo que desean, pues no aceptan la desconfianza y son capaces de superar los obstáculos, incluso los más difíciles. La vida no siempre les será fácil, pero en realidad no quieren las cosas fáciles. Son capaces de luchar, en el sentido amplio de la palabra. De vez en cuando la suerte les echará una mano, por lo que no se pueden excluir tampoco períodos de bienestar.

30.° grado ARIES   19 abril

Son personas iniciadas en los misterios y atraídas por la parapsicología. Correrán el riesgo de perder una fortuna. Son muy organizadas y dominantes.
En lo referente a la salud, deberán prestar atención a cualquier problema que esté relacionado con la piel y las articulaciones. Son personas de carácter fuerte y egocéntrico. Este último grado de Aries establece contacto con otras dimensiones. Por ello pueden ser magos, profetas, iniciados, religiosos convencidos, filósofos, o bien individuos que mandan y que saben en seguida dónde están los intereses de los demás. Deberán dejarse aconsejar por los sentimientos y no por el interés. Les gusta la naturaleza y los animales, sobre todo los perros y caballos.

TAURO

 El signo de Tauro, desde el 21 de abril al 21 de mayo, atravesado por el Sol, está bajo el dominio del planeta Venus. Este hace especialmente bellos e inteligentes a los nacidos bajo su signo: sus facciones son armoniosas, delicadas y al mismo tiempo bien definidas, su manera de obrar está llena de fascinación. Los nacidos en este signo son de alma caritativa, de índole conciliadora, inclinados al pacifismo, pero también de voluntad combativa e impulsivos.

Serán muchos los encuentros amorosos durante su vida, aunque Tauro prefiera la seguridad de la fidelidad a la inseguridad de relaciones casuales. De todas formas, si está comprometido, rehuirá siempre otras complicaciones sentimentales y todas las escapadas serán de orden físico.

Tauro se distingue por su enorme fuerza de voluntad, por la paciencia para lograr lo que se ha fijado, por la fuerza y la constancia, y a veces también por la obstinación. Si se da a Tauro una cosa difícil de hacer se puede estar seguro de que lo conseguirá de la mejor manera.

Son bastante diplomáticos y si se necesita que su ayuda la dan siempre con buenos modales, en consonancia con el carácter de las personas que les rodean.

No se encontrará nunca un nacido Tauro que se dedique febrilmente al trabajo, sino que actuará de forma paciente, metódica, solucionando los problemas a medida que se le presentan, resistente al cansancio, al cual sólo se rinde sabiendo que el resultado será según sus deseos.

Tauro siente un gran respeto y tiene un gran sentido del dinero. En efecto, cada uno de sus actos está ligado a la posibilidad de obtención de beneficios; sus amistades son influyentes, escoge a las personas que pueden serle útiles, o que lo pueden elevar, tanto desde el punto de vista material como en el espiritual. Su relación con personas ricas en fantasía son muy buenas; lo estimulan y transforman en algo dinámico y efervescente.

Las energías de Tauro se dirigen por lo general hacia un solo objetivo: una vez conseguido, Tauro vuelve a otra cosa, y desmantela lenta pero inexorablemente las dificultades, gracias a su gran paciencia y a su constancia en salir adelante. La paciencia de Tauro le conforma un temperamento bastante calmado, reflexivo, que se irrita difícilmente; pero al igual que todas las personas tranquilas, cuando abusan de su paciencia su ira se transforma peligrosamente. Hay que ir con cuidado para no contrariarlo cuando tiene un día que no es del todo como de costumbre.

Tauro está muy ligado a la tierra y, por consiguiente, a todas las cosas sólidas y materiales. Intentará siempre afirmar su posición alcanzando altas metas económicas, buscará tener buenos puestos, seguridad material, comodidad en casa, tranquilidad en la familia.

Su resistencia al trabajo supera todo límite imaginable: Tauro es en efecto capaz de enormes fatigas; si desarrolla un trabajo intelectual es capaz de no moverse de su escritorio durante horas y horas, incluso durante todo el día, puesto que se halla absorto en lo que está realizando.

La tenacidad es uno de sus dones más valiosos. No existen obstáculos si un Tauro se propone hacer algo, a costa de fatigar a cuantos le rodean, de estimular al máximo a sus subordinados, extrañándose de que no sean resistentes como él. Al mismo tiempo, sus acciones no son nunca atrevidas: si se desea escoger un socio es bueno que sea un Tauro porque nunca correrá riesgos inútiles; sus movimientos económicos están siempre controladísimos y sus especulaciones, seguras al cien por cien; su desconfianza instintiva le ayuda en esto. Porque no es un ingenuo, piensa siempre que alguien puede engañarle y por tanto es prudentísimo y cauto en los negocios.

Se sincera tan sólo con las personas que estima, que son de probada fidelidad, y difícilmente contará secretos a alguien que no considere un verdadero amigo.

Siente la necesidad física de ahorrar acumulando dinero: muchos de los nacidos en Tauro han alcanzado posiciones envidiables desde el punto de vista financiero, pero cuando su posición es segura, y no tienen que temer por el futuro, los nacidos en Tauro se dedican en cuerpo y alma a asociaciones filantrópicas, fundan institutos, dan vida a fundaciones culturales y asistenciales, procurando repartir un poco su fortuna y distribuirla a quien verdaderamente la necesita. A la vez pretenderán siempre llevar un control de cómo se gasta su dinero, porque no toleran que se malgaste bajo ningún concepto, y ello es natural si se considera que los nacidos en Tauro han sufrido mucho para lograr su posición económica.

Cuando escoge un regalo, el nacido en Tauro buscará siempre algo verdaderamente útil, válido, nunca superfluo. La misma línea seguirá para la elección de sus propios vestidos, prácticos, funcionales, armoniosos pero siempre útiles y sólidos, y en cuanto a la propia casa, bastante clásica, acogedora, cálida, con bonitos tonos de colores no estridentes.

En situaciones difíciles, intrincadas, en las vicisitudes, el nacido en Tauro sabe siempre encontrar en sí mismo fuerzas de reserva: es este un don que se encuentra de manera muy acusada en todos los nacidos en este signo; incluso en los períodos muy difíciles, Tauro conserva la calma y la dignidad, hasta el punto de que no se doblegará nunca a pedir limosna, sino que intentará un nuevo trabajo que le permita solucionar sus problemas sin perder el decoro.

Su amor por la tierra le hace ser un buen cultivador, un jardinero apasionado y dotado del famoso «pulgar verde»; si no tiene la posibilidad de crearse un jardín propio, encontraremos en la casa de los nacidos en Tauro numerosas macetas en la ventana, o por lo menos flores en un jarrón o una planta. Su pasión por la naturaleza es enorme. La mayor desilusión que puede tener Tauro es ver tierras sin cultivar o abandonadas, desaprovechadas y no cuidadas con amor. Ello responde también a una vocación innata.

En efecto, los nacidos en Tauro sienten una acusada tendencia por transformar, mejorar, producir: podrán ser, pues, óptimos arquitectos, estudiosos de urbanística, coordinadores de gran fama y capacidad.

El dibujo, la arquitectura y la escultura le interesan vivamente, así como la política, en la cual son maestros cuando se trata de planificar, transformar, empujar el desarrollo, programar.

Son excelentes administradores y el dinero en sus manos se multiplica por la sagacidad de las inversiones; si se arriesgan, procuran controlar al máximo el peligro para tener siempre un cierto margen de seguridad. Muchos banqueros han nacido en el signo de Tauro, y por lo general personajes característicos que pueden encontrarse entre los *self-made-men*, es decir, entre aquellos que han sabido hacerse ellos mismos.

En la cocina, Tauro es un *gourmet*. Amante de los placeres de la mesa, escoge comidas fuertes y sanas, vinos con cuerpo, platos genuinos, no se olvida nunca de dónde ha comido a gusto y tendrá lo que ha gastado apuntado en un cuadernito así como la forma en que le han servido en los diferentes lugares en que ha estado. Por este gusto innato por los buenos alimentos y por su gran tendencia a ser un óptimo anfitrión, el nacido en Tauro es también muy indicado para dirigir hoteles y regentar restaurantes. Sabrá intercambiar siempre con cada cliente la palabra justa y será un perfecto patrón de casa, tanto en privado como si es precisamente esta su profesión.

Tiene cierta inclinación a las artes: ama la música, sobre todo la ópera y a menudo se dedica a la misma, porque su mismo físico le ayuda. La caja torácica de los nacidos en Tauro (sobre todo en los hombres) es considerable. Posee buen gusto y sentido innato de la elegancia y del color: triunfa en las actividades de artesanía ligadas al sector de la moda y a veces impone su línea; sus gustos en cuestión de vestir son bastante sobrios y prefiere los colores y cortes clásicos.

En las amistades Tauro, aun siendo propenso a ayudar al próximo, rehuye de las personas que se lamentan demasiado o que tienen siempre males: se trata de un tipo bastante supersticioso y teme que las desgracias sean «contagiosas».

Evitará, pues, siempre a todos cuantos demuestran ser desgraciados y que no saben sobreponerse con valor y fuerza de voluntad. Pero si un amigo muestra esta valentía, correrá en seguida en su ayuda generosamente y con decisión. No soporta en cambio a las personas que se acobardan y no son capaces de reaccionar.

Al volante es un conductor prudente y admirador más del paisaje que de la velocidad: sus viajes, incluso los de traslado, son siempre tranquilos. Por lo general, sigue una tabla de marcha bien precisa, sin someterse a esfuerzos excesivos o inútiles. Los coches que prefiere son los tradicionales, incluso viejos; su pasión son los viejos automóviles «estilo inglés».

Todos los deportes pesados le van bien: el boxeo, en el que triunfa, el fútbol (es un aficionado enfervorizado), el atletismo, la natación; cuando debido a la edad ya no puede practicar estos deportes, se ocupará igualmente de ellos sosteniendo a su equipo preferido, incluso económicamente, si le es posible: muchos directivos de equipos deportivos o financieros han nacido en Tauro.

Es un apasionado de los viajes, que realiza encantado, pero tiene que alejarse de contactos con personas que le propongan trabajos en el extranjero, ya que desconfía de todo cuanto le está cerca, pero por temperamento puede ser vulnerable en cuanto a países y situaciones que desconoce. Tiende pues a creer que un determinado tipo de conducta sea debido a las costumbres del país extranjero que lo ocupa y por tanto, con el tiempo, puede ser engañado.

Por lo general, los nacidos en Tauro gozan de una vida larga y una vejez serena. Su reserva de energías es prácticamente inagotable, y con frecuencia los nacidos en este signo buscan una segunda actividad laboral después de jubilarse, precisamente por su vitalidad y por su deseo de hacerse útiles.

El signo de Tauro tiene bien asentados los pies sobre la tierra, sin demasiadas complicaciones. Es, según Lucía Alberti, el más realista de todos, tenaz y obstinado. Es un signo de inteligencia lenta pero asimiladora, racional, poco inclinada a la aventura, tranquilo, y constante en sus decisiones.

Es un signo de *tierra* fijo, femenino y en el que ha elegido su domicilio Venus, diosa del amor. Signo carnal, pero no excesivamente sensual, sabe, no obstante, amar con gran dulzura, aunque tanto en el amor como en el trabajo sea un formulista. Es el hombre que cuando ama lo hace para toda la eternidad, a condición de que el objeto de su amor sepa darle la tranquilidad y el afecto que lo caracterizan como signo. En otros tiempos era representado como un toro salvaje y agresivo, como la vaca fecunda y paciente y como el buey trabajador.

La estabilidad de su carácter le permite una coherencia a veces inhumana, ya que es el único signo que sabe sopesar en su justo valor tanto el pro como el contra. Es amante de la naturaleza y el signo al que más le gusta su propia tranquilidad, tanto afectiva como psíquica y moral. Si Saturno influye en él de manera decisiva, será un tipo pasivo y lento en sus decisiones, pero perseverante y capaz de llevar a cabo su cometido. Desde niño se inclina hacia la investigación sobre la esencia de las cosas, aunque le falta instinto y espontaneidad.

Por lo tanto, a un niño de este tipo hay que enseñarle la forma de superar el egoísmo que lo ata a sus cosas. Es el signo que más aprecia la lógica y el razonamiento. El amor, tanto afectivo como material, es de importancia vital para él. Tiene una voz agradable y, sobre todo, la gran ventaja y cualidad de saber escuchar.

Físicamente, este signo simboliza la fuerza anatómica; el cuello es el clásico taurino, las cejas amplias y espesas, el rostro cuadrado y los ojos dulces y grandes. No por nada han nacido en este signo, testarudo e inclinado al raciocinio, filósofos como Karl Marx, Kant, Stuart Mill, artistas fríos y racionalistas como Salvador Dalí y Balzac, y músicos famosos como Wagner. Para este signo, el trabajo representa una fuente de ganancias, y cualquiera que sea el campo artístico en el que intente afirmarse lo hará únicamente por sed de dinero. La inteligencia de este tipo, aunque lenta, tiene siempre una finalidad práctica. Todo lo que aparece ante sus ojos es perfectamente encasillado en su cerebro y no lo olvidará jamás.

Las enfermedades que sufra, difícilmente serán de rápida curación. Tiende a la obesidad y sobre todo sufre de cólicos renales y enfermedades de garganta. La diabetes es una enfermedad característica de este signo. Siendo de buen comer, sufrirá trastornos del tubo digestivo y de la digestión en general. También tiene los oídos y pulmones muy débiles. El instinto de propiedad se halla muy arraigado en este signo.

El Tauro es un tipo muy influenciable en sus relaciones con los demás y buscará siempre entablar amistad con personalidades influyentes. No conoce obstáculos en las metas que profesionalmente se ha fijado. Tiene un agudo sentido de los negocios, por lo que puede convertirse fácilmente en un buen director de empresa, hábil, honesto y expeditivo. En el campo del arte y en su juventud, puede ser un óptimo cantante con una bonita voz, pero que fácilmente puede perder.

Es el signo más conservador, a pesar de su agudo sentido de la justicia. Junto con Escorpión es uno de los más celosos, y posesivos; e irrevocable en sus decisiones sentimentales.

Por una frase fuera de lugar, este signo puede fácilmente romper una amistad o una relación afectiva. Aún poseyendo una energía física inagotable, a menudo, al igual que el Aries, la agota en su primera juventud, quizá porque su físico netamente masculino gusta mucho a las mujeres y él no sabe rechazarlas. No obstante, en él el lado afectivo va parejo con el sentimental. Es un espléndido amante que, sin embargo, no pierde, ni siquiera en los momentos de pasión, el sentido realista de las cosas. Al no arrojarse en el amor con los ojos cerrados, sino sopesando y criticando punto por punto las cualidades y defectos de la mujer amada, sufrirá con facilidad frecuentes desengaños amorosos.

Musicalmente es el signo más fecundo de todos. Strauss, Massenet, Puccini, además de Wagner, ya señalado, han nacido bajo este signo.

No obstante, no hay que engañarse respecto al Tauro, ya que por ejemplo cuando escoge una profesión le es fiel hasta el final, siempre, bien entendido, que sea satisfactoria también, y sobre todo, a nivel económico. En este signo se encuentran los mejores economistas y políticos, perseverantes y realistas.

Aunque el signo de Tauro no se encuentra dotado de una inteligencia rápida e intuitiva, la paciencia con la que sabe construirse su vida afectiva y profesional le procurará una vejez serena, sin preocupaciones económicas y rodeada del afecto de los suyos. A veces, la parsimonia con la que gasta el dinero, puede hacerlo parecer tacaño y avariento; en realidad, en él es sólo prudencia. Piensa siempre en el mañana y, si no se ve atosigado, intenta dominar y programar el día siguiente sin descorazonarse por eventuales obstáculos.

Se trata de individuos equilibrados y no excesivamente comunicativos con los demás, pero que, cuando es necesario, se encuentran dispuestos a ofrecer su ayuda a cualquiera. Es el signo más laborioso y constructivo de todo el Zodíaco. En sentido negativo, nos encontraremos frente a un abúlico cumplidor de órdenes, incapaz de decisiones propias, que prefiere agregarse a los demás de forma anónima y conformista.

No obstante, generalmente, el individuo Tauro es una amalgama de factores positivos y negativos que, si los conoce y sabe dirigirlos hacia el buen camino, harán de él tanto un consciente y preparado trabajador, como un perfecto cumplidor de órdenes, que conservará íntegra su personalidad.

El hombre

Generalmente es apolíneo, elegante, de ancho tórax, estatura superior a la media, mirada abierta, aspecto cordial y leal. Es amable y lleno de tacto, sabe tratar con educación y modales finos aun siendo muy masculino.

Es sensual y las relaciones físicas tienen para él el mismo peso que las espirituales, pero debe guardarse de fáciles enamoramientos: si encuentra a una mujer bonita tiende a enamorarse de ella, considerando sólo el aspecto exterior, sin preocuparse de si esta tiene valores morales o intelectuales, y puesto que no sabrá renunciar a estos, puede cometer errores en la elección de la mujer de su vida.

Es aconsejable, por tanto, que utilice al enamorarse la misma prudencia que sabe tener hábilmente en los negocios.

Por regla general se casa joven y puede equivocarse en la elección por los motivos ya señalados. Entonces se desalienta y no acepta continuar la unión si no es como él desea. Prefiere romper y probar de nuevo, en edad más madura, un segundo encuentro sentimental, que se revela siempre buenísimo y sólido. Este podrá ser tanto una unión matrimonial como una relación que para el nacido en Tauro tiene el mismo valor que el matrimonio, o más. A pesar de ello tiene un gran sentido de la familia: es un tipo patriarcal, ama la gran familia en la que todos están cerca y en la que él sea el jefe absoluto y de todos aceptado sin discusión. Le gusta recibir, ofrecer comidas y bebidas a los amigos, hacer que se sientan todos a gusto. Ama la vida llevada con anchura y comodidad, a pesar de que sea bastante parsimonioso y comedido al gastar el dinero, cuyo valor conoce. Por su familia es capaz de enormes sacrificios, pero le gusta que los otros reconozcan estos esfuerzos.

Las habitaciones de la casa del nacido en Tauro serán acogedoras, grandes, amuebladas con gusto muy personal y con alguna nota de lujo. Pero es preciso que nadie le contradiga en sus hábitos; una mujer con un marido nacido en Tauro debe saber secundarlo, mimarlo lo bastante como para que se sienta el dueño absoluto y al mismo tiempo no variar sus costumbres, a pesar de que no le gusten. A cambio tendrá un marido fiel, afectuoso a pesar de que Tauro se concederá alguna escapada, a menudo entre las personas que conoce, porque, por instinto, el suyo es un deseo de dominar.

Teme las aventuras de tipo sentimental, aborrece que alguien se enamore de él si ya está casado, y que le moleste. Odia las indiscreciones y no se contenta con una relación sexual, que con el tiempo se hace monótona y le pesa.

El hombre Tauro carece de grandes ideales. Cuando tiene bastante dinero, la familia está bien situada y no hay problemas de salud para él o para quien ama, se considera satisfecho y no busca nada más. No siempre son tranquilas sus relaciones con su familia de origen; suelen nacer disputas con sus hermanos, incluso por motivos de interés. Tauro no es muy afortunado en los pleitos, por consiguiente le convendrá siempre intentar solucionar las posibles desavenencias y no llevarlas por los caminos legales porque los procesos podrán ser muy largos y no precisamente a su favor. Con los hijos tiene suerte, a pesar de que de pequeños le den preocupaciones, cuando sean mayores le serán buenos colaboradores y con ellos podrá lograr un clima de estima y comprensión recíproca. Por lo general encuentra la manera de colocarlos a todos, con posiciones económicas muy convenientes. A menudo su elección y su consejo para el trabajo de los hijos es determinante porque estos le aprecian y le estiman como padre y como amigo.

La mujer

Es decididamente bella y simpática, la influencia de Venus le da una fascinación indiscutible con líneas armoniosas, rostro a menudo redondeado u ovalado y mirada maliciosa y seductora. Aun siendo casi siempre delgada, tiene formas hermosas, muy agraciadas, y una gran carga sexual. Es, en una palabra, muy femenina, pero no por ello renuncia a su propia vida y actividad.

Tiene gran sentido de la familia y se preocupa porque a los hijos no les falte nada. Intenta casarse pronto, pero no por ello está dispuesta a renunciar a su carrera. Esto sucede sobre todo en el tipo más evolucionado del signo. Tiene siempre muchos admiradores: si se ve a una señora mayor y todavía agradable, de cabellos blancos, vestida con coquetería y rodeada de la admiración masculina, podemos apostar tranquilamente a que se trata de una mujer nacida bajo el signo de Tauro.

Fiel por naturaleza, no excluye el gusto por los flirteos, pero no se compromete nunca porque teme, al igual que el hombre, las complicaciones sentimentales. Es celosa por temperamento: cuidado con el hombre que la traicione; incluso tratándose del marido no dudaría en tomar posiciones extremas.

Sigue la moda con atención y sabe aplicarla a su personalidad; no se pondrá nunca un vestido equivocado sino que tiende a cambiar el modelo de acuerdo con sus propias exigencias, a menudo siente afición hacia todo lo que es arte, expresión, color. Es coleccionista: ama todas las cosillas que ha ido recogiendo durante sus múltiples viajes; su casa está llena de objetos que le gustan y a los que aprecia mucho.

En general, la mujer Tauro tiene un gran concepto de su vida privada: no tolera que ojos indiscretos curioseen en la intimidad de su casa y nunca confía a nadie sus propios problemas. Si algo no va bien rehuye confiar sus propias preocupaciones a los demás, y por ello, a menudo da la impresión de una gran serenidad doméstica, aunque esta no exista. En sus relaciones con el marido es una óptima colaboradora, porque sabe encontrar el modo de ayudar al marido en su carrera, sabe comportarse en las dificultades y sabe apretar, si es preciso, los frenos. Es una buena compañera: siempre deliciosa, fascinante, aun cuando no se encuentre bien y tenga problemas. Las joyas son su pasión, le gusta poseerlas aunque fácilmente se aficiona a una sola «pieza» que lleva siempre.

La mujer Tauro, tiene cierta inclinación por las profesiones artísticas, pero su interés principal recae en el matrimonio, en el que destacará como una perfecta ama de casa. La belleza de esta mujer es de apariencia frágil, tiene ojos extraordinarios y grandísimos, de una belleza divina. Al igual que en el varón, el lado práctico y económico encuentra una base sólida.

Ama con tierno amor a su compañero, pero su sentido posesivo y sus celos pueden hacérselo perder o cansarlo; cosa por otra parte raramente verificable, ya que el amor de este tipo de mujer por sus propios hijos, típicamente materno, le inducen a aceptar incluso el lado negativo de un matrimonio. Es una mujer que sabe lo que quiere tanto respecto al hombre como a su profesión. La alegría y buen humor de la mujer Tauro se ven, no obstante, sujetos a cambios que le llevan a la pasividad o la melancolía. Puede ser también un tipo frío, que más tarde se convierte en pasional. No obstante, es una mujer que se fija metas precisas y sabe seguirlas y, si la ocasión le es favorable, puede convertirse en una gran mujer, como lo demuestran Margarita de Navarra y Catalina de Rusia, nacidas en este signo.

Los niños

Les gusta sentirse libres cuando son pequeños, hacer por sí solos algunas cosillas, como comprar objetos, tener independencia económica. Pronto buscan algún trabajo para realizar. Les gusta la naturaleza, aman a los animales, a las plantas y adoran caminar descalzos. Pueden ser caprichosos porque tienen un fondo de tozudez característico de Tauro; pero si son guiados con amor, pueden convertirse en sabios y obedientes. Son ambiciosos. Regalemos vestidos a los niños de Tauro, pero dejando que sigan su gusto, y les haremos más felices que con un juguete caro. Son muy cumplidores y por ello triunfan en la escuela; sienten inclinación por el trabajo y el estudio; son precisos y ordenados. Les gusta el dibujo y encuentran en el arte un desahogo a la exuberancia: por lo tanto, los colores y los pinceles son regalos que se adaptan muy bien a ellos. Son muy sensibles a las alabanzas, y más que una riña, puede ser útil una alabanza indirecta, para estimularles.

Relaciones con los otros signos

En las relaciones con los otros signos del Zodíaco, Tauro tiene uniones felices con Aries, en el campo del trabajo.
Con Géminis, bien, si estas relaciones son esporádicas, pero cuidado si Tauro se da cuenta de la duplicidad y falta de lealtad de Géminis.

Con Cáncer hay una acentuada simpatía y pueden surgir uniones tranquilas.

Con Leo no así, porque este difícilmente se doblega a los deseos del imperioso Tauro.

Tauro tiene una gran fe en el matrimonio y el signo con el que por excelencia puede llevarse de acuerdo y realizar una unión feliz es Virgo. Tauro, aunque al principio no se sienta físicamente atraído hacia Virgo, lo es en lo que concierne a la vida familiar y la educación de los hijos. La unión entre estos dos signos será efectivamente sólida y duradera, ya que el buen entendimiento con Virgo es muy favorable, tanto si se trata de amor o de trabajo.

Son muchas las afinidades con los nacidos bajo el signo de Libra, mientras que con el signo de Escorpión existe una fuerte atracción física, aunque no es remoto el peligro de uniones borrascosas. Con Sagitario se producen encuentros favorables. Con Capricornio se da un perfecto entendimiento: los dos signos son complementarios uno del otro.

Tauro no se adapta con Acuario, porque se encuentra frente a elementos demasiado sensibles, impresionables y delicados para su impetuosidad. Con Piscis la unión es buena en tanto no desemboque en matrimonio, que con el tiempo caería en el aburrimiento y monotonía para los nacidos en Tauro, que desean en cambio una relación muy variada.

La unión entre el Tauro y la Sagitario también es aconsejable ya que lo estimulará en toda empresa a la que se lance y hará de él una personalidad en el mundo laboral.

Es desaconsejable su unión con el Escorpión, hacia el que no obstante se siente irresistiblemente atraída por su soberbia belleza varonil.

Las mujeres de este signo pueden encontrar una unión feliz con los nacidos bajo el signo de Virgo, pero su complementario es sobre todo el de Cáncer.

La salud

Los nacidos bajo Tauro tienen que controlarse mucho en las cuestiones de alimentación: las molestias pueden provenir del aparato digestivo, a causa de excesos en la comida y en la bebida. Deben estar atentos a su línea, de lo contrario con los años pueden engordar y sufrir molestias circulatorias de importancia. Debe controlarse la presión arterial, que se altera con facilidad.

El estómago y la presión pueden ocasionarle dolores de cabeza, y por tanto es aconsejable vigilar la circulación y la alimentación. Pero Tauro tiene una gran capacidad de recuperación y a pesar de que es fácilmente vulnerable en los riñones y en los órganos internos, vencerá sin duda los males porque sabrá autocontrolarse como debe, y regularse en todos los sentidos.

El carácter

Por lo general los nacidos en el signo de Tauro deben evitar su exceso de impulsividad y, si son negativos, la tendencia al amor y al placer de cualquier tipo. Deben prestar atención para no beber ni comer demasiado, a no ser desmedidos, inquietos y a no frenar los impulsos. Se encontrarán bien en las uniones con tal de hallar a alguien que sepa aconsejarles, moderarles, y enderezarles, misión nada fácil porque el nacido en Tauro posee una fuerte personalidad y un acentuado sentido de la independencia.

En efecto, muchos de los nacidos en Tauro son de tendencias extremistas, revolucionarias, a pesar de que en su mayor parte sean conservadores. Hay, entre los grandes pensadores de Tauro y entre los políticos, hombres de teoría más que de práctica, pero siempre capaces de arrastrar masas.

Los famosos

Entre los personajes nacidos en Tauro está Maquiavelo que dictó un pensamiento político y enseñó el arte de gobernar de manera. María Teresa de Austria que condujo a su país en momentos dificilísimos de la política internacional, con extrema habilidad y manteniendo siempre apariencia de solidez. Marx, hombre de pensamiento más que de acción, que articuló los esquemas revolucionarios en el siglo XIX. Freud inició el estudio del psicoanálisis, penetrando en la psique humana y estudiando sus reacciones más profundas. Marconi que fue hombre de ciencia y benefactor de la humanidad. Entre los músicos nacidos en Tauro encontramos a Brahms. De los actores, el típico Tauro es Jean Gabin, que repite fielmente las características incluso físicas de su signo y está muy arraigado a la tierra, hasta el punto de que posee granjas y campos. Orson Welles, conocido como actor y director, es a su vez un típico nacido en este signo. Y Tyrone Power, que llevaba del signo Tauro la nota física del tipo elegante y deportivo. Entre las mujeres, Audrey Hepburn, excesivamente delgada para ser una auténtica Tauro, pero siempre muy agraciada y amable, fina y elegante, como las mujeres que tienen su nacimiento en este afortunado signo.

Los números

Entre los números de este signo están el 4, que es el número de la felicidad, el 6, que es propicio para los viajes y las excursiones de todo tipo; el 11, número antimaléfico.

Las piedras de la suerte

Para los nacidos en Tauro las piedras de la suerte son el coral blanco, como signo de la honestidad y de la pureza de los sentimientos; la esmeralda, piedra de la suerte por excelencia del signo; el granate, símbolo del calor humano y de la amistad.

Tauro día a día

1.° grado TAURO	20 abril

Son personas victoriosas, autoritarias, dominantes y astutas. Realizan grandes esfuerzos y obtienen triunfos gracias a su fuerza y a la habilidad para dominar a los demás.
En lo que se refiere a la salud, deberán prestar atención a todas las alteraciones digestivas que puedan ocasionarles problemas. Evitarán el uso de alcohol y del tabaco.

Son personas que sienten notablemente los influjos del signo de Tauro. Son materialistas, a menos que otros elementos en el horóscopo neutralicen su materialismo. Son de carácter fuerte y voluntad perseverante. Obtendrán fácilmente lo que deseen porque saben insistir. Muchas veces las personas próximas dejarán sus ideas para abrazar las de ellos.

2.° grado TAURO   21 abril

Son personas profundas, estudiosas, de habilidades mágicas, naturalistas. Emprenderán batallas difíciles contra sucesos de fuerza mayor.

Son personas que tienen dones particulares y que se distinguirán de los demás durante toda la vida. Podrán estudiar magia, parapsicología y ciencias ocultas con gran éxito; algunas personas nacidas bajo las influencias de este grado podrán llegar a ser magos y astrólogos. Les atraen también los fenómenos naturales, por lo que pueden dedicarse a profesiones relacionadas con la naturaleza, como la de botánico, astrónomo, meteorólogo, etc. La vida no les será siempre fácil: deberán afrontar muchos obstáculos que el destino colocará en su camino.

3.° grado TAURO   22 abril

Son personas con tendencia a la filosofía, generosas y optimistas. Son propensas a matrimonios de interés con personas ancianas. Son muy dadas a obtener éxito en el trabajo.

En cuestiones de salud tienen cierta predisposición a sufrir en su estado físico ciertos problemas de origen nervioso.

Tendrán una vida dividida en dos partes muy distintas. La primera conllevará diversiones y momentos de ligereza. Serán cortejados y amados por personas mayores, pero difícilmente llegarán a un estado de felicidad o a obtener suficiente serenidad. En la segunda parte de la vida, después de los cuarenta años, serán más afortunados y felices.

Los Tauro de este grado son generosos y están predispuestos a grandes sacrificios. Realizarán algunos viajes que les permitirán conocer la vida bajo perspectivas distintas.

4.º grado TAURO   23 abril

Son personas amantes de la disciplina, de la buena posición y autoritarias. Para alcanzar el éxito deberán superar la irascibilidad y las discordias familiares.

Su estado físico es delicado y son personas propensas a sufrir graves enfermedades.

El famoso escritor inglés William Shakespeare es un claro representante de este grado.

Son personas que podrán obtener una buena posición en la vida. Que lo consigan más o menos pronto, dependerá sólo de ellas. La falta de tacto y de diplomacia puede hacer que algunas veces las personas que les rodean se puedan sentir heridas o molestas. Serán felices gracias a su pareja o a las personas cercanas, aunque los familiares les pueden causar disgustos.

5.º grado TAURO   24 abril

Son personas de carácter pacífico que pueden ser fundadoras de algún clan y secta.

Por lo que respecta a la salud, deberán evitar las comidas fuertes y picantes y decantarse por las naturales y poco elaboradas. Aman la naturaleza, las plantas, los campos y todo aquello que forma parte de la creación. Su vida será hermosa y estará llena de aventuras. Son queridas por su sencillez y por su amor hacia los demás. Saben trabajar como nadie y tienen un sentido innato por la técnica o la mecánica, si son hombres, y por los trabajos manuales si son mujeres. Saben pensar y sus conclusiones son casi siempre correctas.

6.º grado TAURO   25 abril

Son personas glotonas que tienen tendencia a la soledad. Son también severas, pero al mismo tiempo placenteras. Tienen múltiples actitudes.

Por lo que a la salud se refiere, deberán cuidarse la piel por tenerla muy delicada.

Por una parte, son personas placenteras, materialistas y sensuales, y por la otra tienen una tendencia ascética, eremita, autodisciplinada e idealista. Poseen una inteligencia espléndida y tienen además gran rapidez de reflejos. Aman las cosas hermosas y podrían llegar a ser buenos artistas. Serán admirados por sus ideas progresistas y originales.

7.º grado TAURO   26 abril

Son personas decididas y severas con los demás, con tendencia a tener muchos enemigos, pero muy hábiles en dirigir empresas.
Tienen tendencia a ser muy afortunadas y a tener un matrimonio feliz.
Por lo que se refiere a la salud, deberán evitar el estrés, tanto nervioso como psíquico, y el uso de estimulantes como el café.
Son personas afortunadas en todo lo que emprenden. En un cierto sentido serán pioneras en la observación de nuevas cosas, inventando nuevos sistemas. Serán más admiradas y queridas que otras personas menos afortunadas. Les será conveniente viajar, conocer gente y cuidar las relaciones públicas. Deberán también ejercitar la modestia y la diplomacia si desean tener siempre éxito.

8.º grado TAURO   27 abril

Son personas testarudas, de elevada posición, influenciables y versátiles. Sufrirán algún disgusto a causa de una mujer, además de una pobreza pasajera.
Por lo que se refiere a la salud, deberán cuidar la alimentación para evitar trastornos de estómago.
La famosa actriz francesa Anouk Aimée es una destacada representante de este grado.
Son personas destinadas a alcanzar una buena posición en la vida, aunque esta no sea siempre cómoda y fácil, puesto que tendrán que superar algunos obstáculos. De todas formas, jamás podrán lamentarse de lo que les ofrecen las estrellas. Podrán tener éxito con cualquier profesión relacionada con el cine o la televisión. Tendrán una vejez serena.

9.° grado TAURO   28 abril

Son personas profundas, que tienen elocuencia. Sienten amor por la naturaleza y la vida campestre. Son muy proclives a cultivar el pensamiento filosófico.

Por lo que a la salud se refiere, deberán cuidarse especialmente el hígado y evitar el abuso de alcohol.

Son personas de naturaleza agradable y maternal. Buena parte de su felicidad les vendrá dada por su amor a los niños y a los jóvenes. Su elocuencia les proporcionará admiración. Aman las cosas buenas de la vida y les gusta estar en plena naturaleza. Cuando se sientan desilusionados, deberán salir de casa y relacionarse con la gente. Hacia la segunda parte de su vida podrán obtener la posibilidad de poseer una hermosa casa en medio del campo o del bosque.

10.° grado TAURO   29 abril

Son personas decididas, sensibles y artistas, que van siempre a la búsqueda de placeres. Son hedonistas y amantes de la belleza. En cuestiones de salud son propensas a la neurastenia. Deberán evitar los excesos en la bebida y en la comida.

Les gustan las diversiones y alegrías que la vida les puede ofrecer. Probablemente amarán más de una vez o quizás contraerán más de un matrimonio. Evitarán tener dos amores al mismo tiempo, ya que esto les podría causar graves problemas. Están dotados para el arte y poseen un gusto refinado. Saben convencer a los demás. A menudo, gracias a una excelente intuición, acertarán con las acciones que deben llevarse a cabo.

11.° grado TAURO   30 abril

Son personas que tienen facultades artísticas, son geniales y alcanzan éxitos. Su espíritu es alegre, ardiente y generoso.

En lo que respecta a la salud, son propensas a problemas asmáticos y dermatológicos.

Posee un gran entusiasmo, a menudo contagioso. Son ambiciosas y afortunadas, por lo que pueden alcanzar el éxito y convertirse en personajes famosos. Suelen inclinarse por las bellas artes. Deberán estudiar y ejercitarse para perfeccionar la técnica artística que más les atraiga. Tendrán dos grandes amores en su vida.

12.° grado TAURO · 1 mayo

Son personas precisas, laboriosas y con tendencia a experimentar en nuevas técnicas. Tienen carácter benevolente y simpático, además de poseer precisión y paciencia. Son dominantes.

En lo que la salud se refiere, son propensas a padecer asma, que si se diagnostica a tiempo puede curarse.

Son de naturaleza paciente y sencilla. Les gusta trabajar y el tiempo libre lo dedicarán a una afición y que compartirán con los demás. Para ser felices necesitan trabajar con otros, pues un trabajo independiente nunca acabará de complacerlos. Aman todo lo bueno que la vida les ofrece.

13.° grado TAURO · 2 mayo

Son personas que no dejan indiferentes: son amadas o incluso odiadas por los demás. Tienen gustos refinados, especialmente en el aspecto artístico. Son de naturaleza conflictiva y celosa, provocando con ello antipatías y antagonismos.

En lo que se refiere a la salud, el sistema circulatorio puede provocarles molestias.

Son personas hábiles y ambiciosas. Su naturaleza artística les podrá hacer escoger una profesión artística en la que podrán alcanzar un éxito muy notable. Encontrarán siempre personas en su camino dispuestas a ayudarlas y a servirlas. Sus defectos son los celos y la envidia, que en más de una ocasión les impedirá disfrutar plenamente de la vida.

14.° grado TAURO · 3 mayo

Son personas de carácter fuerte, místico, difícil pero constructivo. Son de espíritu recto, aman con igualdad. Serán favorecidas por la suerte.

En cuanto a la salud, pueden sufrir trastornos de circulación y convulsiones de origen nervioso.

El papa Pío XI así como Golda Meier son personajes nacidos bajo este grado.

Son personas dotadas para la organización y el mando. Podrán llegar a ser buenos jefes en cualquier ambiente. Son honestos. No aman los problemas y mucho menos las peleas. Buscan la verdad y les gusta descubrir los secretos de la vida, del universo y de las diversas religiones. Conocerán el amor en toda su grandeza, pero en el matrimonio no serán demasiado felices hasta que no establezcan los recíprocos derechos y deberes.

15.° grado TAURO   4 mayo

Son personas religiosas y también inclinadas por las ciencias ocultas. Se encuentran a su gusto en las organizaciones políticas y religiosas y simpatizan fácilmente con los demás.

Respecto a la salud, deberán prestar atención a su resistencia física y psicológica.

Son personas bondadosas. La vida será generosa con ellas y en sus acciones para ayudar a los demás conseguirán buenos resultados.

Tienen gran atractivo sobre muchas personas y también tendrán grandes éxitos amorosos. Su instinto religioso les protegerá contra acciones equivocadas. Podrán descubrir los secretos de la naturaleza y sus facultades parapsicológicas les permitirán conocer cosas que las demás personas no pueden captar. Realizarán largos viajes y quizás vivan en el extranjero hasta el final de sus días.

16.° grado TAURO   5 mayo

Son personas amantes de la justicia, sutiles y silenciosas. Inteligentes y sensibles. Podrán contraer matrimonio con una persona rica, pero no obstante, sólo podrán alcanzar la felicidad cuando tengan un verdadero amor.

Por lo que a la salud se refiere, corren el peligro de quedarse ciegas.

Siendo este grado el centro del signo de Tauro, muestran las características propias de este signo. Son personas fuertes, decididas y dotadas para el arte. Tenaces y muy testarudas.
Se enfadan difícilmente pero si lo hacen pueden causar terror. Son afortunadas en el amor y en el matrimonio. Jamás deben enfrentarse a la ley.

17.° grado TAURO	6 mayo

Son personas originales, modernas, de buen aspecto, influyentes, muy observadoras.
Tienen fuerza para superar todos los obstáculos y pueden atravesar momentos tristes como el exilio, la prisión o la pobreza en la primera parte de la vida. Luego habrá una lenta mejoría profesional y éxitos gracias a una mente perspicaz y abierta.
Por lo que a la salud se refiere, corren el peligro de padecer problemas en la vista, cosa que puede evitarse con un tratamiento adecuado.
Son personas progresistas, originales en su forma de pensar, creativas. Destacarán en su ambiente. Deberán combatir la tendencia a hacer las cosas en momentos no apropiados. No deberán escuchar ciegamente nunca los consejos de los demás.

18.° grado TAURO	7 mayo

Son personas caritativas, generosas y tolerantes, por una parte. Y por otra, irascibles y peleonas. Duelos, peleas, heridas de guerra y empresas peligrosas deben ser controladas con mucha prudencia.
En cuestiones de salud corren el peligro de padecer una apendicitis cuando el Sol, la Luna y Venus se encuentran en este grado.
Son personas comprensivas y capaces de perdonar. Cuando se dejan llevar por la ira pueden ser antipáticas e incluso violentas. Serán afortunadas tanto en el amor como en el juego. Deberán controlarse en la satisfacción de sus sentidos.

19.º grado TAURO   8 mayo

Son personas con deseo de mando. Sus muchos recursos unidos a una mano hábil y eficaz las convierten en buenos técnicos. Son de carácter leal, acomodaticio y honesto.

Tienen un espíritu habilidoso y organizativo. Podrán tener éxito como jefes, políticos, organizadores, o bien trabajando en una oficina de viajes.

Son personas amables y saben cómo tratar a la gente. A veces se muestran un poco inseguras, y deberán pensar primero pacientemente antes de decidir sobre algo. Les gustan las cosas hermosas y limpias y prefieren los colores claros. Realizarán muchos viajes.

20.º grado TAURO   9 mayo

Son personas seguras de sí mismas, autosuficientes. Padecen estados injustificados de ira y de rabia junto a actitudes arrogantes e impulsivas, que revelan un carácter indiferente y a veces hasta peligroso.

Por lo que a la salud se refiere, son propensas a sufrir debilidad en la vista y en el oído.

Tienen una gran confianza en sí mismas y saldrán siempre adelante en lo que emprendan aunque surjan obstáculos. A veces esta característica les puede ocasionar problemas e incluso ponerlas en peligro. Deberán aprender a ser ponderadas y sobre todo menos impulsivas. La suerte las acompañará en diversas etapas de la vida, por lo que deberán intentar reconocer esos momentos para poder actuar. Tendrán la suerte a favor y no deberán sorprenderse si cualquier día se hacen ricas.

21.º grado TAURO   10 mayo

Son personas versátiles, sociables, hábiles en el hablar. Prefieren callar en determinadas ocasiones demostrando una verdadera diplomacia. Son de carácter taciturno con tendencia a tener enemigos que les pueden hacer daño, aunque las personas nacidas en este grado poseen una protección paranormal.

En cuanto a la salud, su estado físico es de absoluta normalidad, aunque pueden tener los bronquios algo delicados.

Tienen talento y facilidad en la expresión hablada y escrita, lo que les permitirá elegir una profesión en consonancia con su habilidad. Muy a menudo, sin embargo, son demasiado cerrados o prudentes; no confían en la gente. Deberán ejercitar las relaciones públicas y emplear su diplomacia y su calma, lo que les proporcionará grandes ventajas.

22.º grado TAURO   11 mayo

Son personas con tendencia a realizar viajes por mar, pese a estar muy atadas a la familia y a la vida doméstica. Son personas que están siempre dispuestas a ayudar a los demás.

En cuanto a la salud, son propensas a tener los bronquios delicados.

El gran pintor Salvador Dalí fue un famoso representante de este grado.

Tienen una gran facilidad para visitar países. Poseen gran talento para los trabajos manuales o artesanales, en los que pueden obtener grandes éxitos. Se moverán en el mundo de los artistas, del espectáculo, de la moda y de la belleza.

23.º grado TAURO   12 mayo

Son personas ambiciosas e idealistas, apasionadas, con un notable sentido estético en la elección de las cosas.

Por lo que a la salud se refiere, son propensas a tener los bronquios delicados.

Tienen un entusiasmo exuberante y la capacidad de ver el lado bueno de las cosas. Cuando tienen una idea en la cabeza no hay nada ni nadie que se la quite, y si se trata de algún plan lo llevan a cabo aunque tengan que ir en contra de todos los obstáculos del mundo. En el amor son cariñosos, sinceros y apasionados. Procurarán no ser demasiado generosos con los demás para no poner en peligro su posición.

24.º grado TAURO   13 mayo

Son personas modestas, trabajadoras y de buen carácter. Tienen una salud delicada aunque no enferman con facilidad.
Son honestas y puras. Su paciencia y el deseo de hacer, es decir, de realizar algo, les proporcionarán considerables beneficios. Su confianza en los demás podrá acarrearles problemas, pues no todo el mundo es del mismo modo, ni la merece. También en el amor serán sinceras; posiblemente se enamoren más de una vez. Frecuentarán gente del mundo del deporte o del espectáculo, sobre todo en el segundo período de su vida.

25.º grado TAURO   14 mayo

Son personas con gran intuición musical y sentido poético, aunque a menudo taciturnas.
Tienen un carácter fuerte y buscan hacerse respetar por la fuerza. A veces son demasiado intolerantes y tienden a aislarse y a sufrir.
Por lo que a la salud se refiere, corren el peligro de roturas, fracturas y esguinces, debido a imprudencias.
Son personas orgullosas, dignas y a veces también presuntuosas y exigentes. Tienen talento artístico, especialmente para la música.
Saben razonar bien, pero en las decisiones importantes se dejan guiar por la intuición. Podrán tener éxito también como escritores, poetas o cantautores. Tienden a aislarse, lo que deberán evitar si desean alcanzar fama y bienestar.

26.º grado TAURO   15 mayo

Son personas de espíritu benévolo y pacífico, aunque autoritarias y con pocos escrúpulos. Les atrae la naturaleza y los animales.
En cuestiones de salud, deberán controlar la dieta y evitar las tensiones nerviosas.
Son inteligentes y las estrellas les han proporcionado un gran

sentido de belleza y armonía. Saben hacerse valer con amabilidad y en caso necesario con autoridad. Puesto que la estrella fija Algol o cabeza de Medusa se encuentra en este grado zodiacal, deberán ser prudentes en todas las ocasiones en que exista peligro de accidente en la cabeza. Deberán conducir siempre con calma y alejarse de las armas de fuego. Serán felices viviendo en el campo o cerca del mar.

27.° grado TAURO	16 mayo

Son personas convincentes, hábiles y económicamente afortunadas con abundancia de los bienes materiales.. En su vida sentimental tendrán un matrimonio sereno.

Prosperarán gracias a su trabajo si saben administrarse bien.

En cuestiones de salud pueden tener problemas con los ojos y la piel.

El famoso actor Henry Fonda era un representante de este grado zodiacal.

Son personas de carácter fuerte y decidido, con grandes dotes de persuasión. No les resultará fácil alcanzar el éxito, conseguir bienes o lograr una buena posición social. La vida en la etapa juvenil no será del todo fácil y armoniosa, pero con el paso de los años, la suerte les acompañará en cualquier empresa que lleven a cabo. El matrimonio será feliz y les proporcionará bienestar tanto moral como material.

28.° grado TAURO	17 mayo

Son personas perseverantes tanto en los asuntos materiales como espirituales. Tendrán suerte en el trabajo y en la vida social. Son de carácter inteligente y ambicioso. Alcanzarán el éxito gracias a su tenacidad y a su perseverancia.

Por lo que a la salud se refiere, son propensos a las fiebres reumáticas, por lo que deberán evitar totalmente la humedad.

Si saben perseverar alcanzarán sus sueños de éxito y grandeza. Realizarán numerosos viajes y mantendrán relaciones con personas del extranjero. Deberán dar gracias al destino, porque su vida será larga y feliz.

## 29.° grado TAURO					18 mayo

Son personas con una fuerte voluntad y gran habilidad organizativa. Son eficientes y jugarán un papel importante en la vida. Tienen carácter despótico, gran fantasía y fuertes deseos de protagonismo.

Por lo que a la salud se refiere su estado físico es normal y son personas que se caracterizan por tener los ojos muy hermosos. Están dotadas de una fantasía muy fértil. Su vida estará llena de acontecimientos más o menos románticos. A veces vivirán aventuras desagradables, que pasarán con rapidez, dejando como única huella una mayor experiencia. Serán más felices solas o con amigos que con una pareja que podría hacerles la vida difícil. En su caso es preferible una unión sin ataduras ni contratos. Evitarán correr riesgos. Serán personas afortunadas con éxito en las transacciones comerciales.

## 30.° grado TAURO					19 mayo

Son personas con gran influencia en la vida social y gusto refinado y artístico unido a una gran inteligencia.

En lo que a la salud se refiere, serán propensas a tener los ojos delicados.

Son muy afortunadas sobre todo con las cosas materiales. Tienen un buen gusto para vestir y para escoger objetos hermosos. Son generosas aunque a veces se muestren nerviosas o intolerantes.

Es aconsejable que se dediquen a cualquier actividad artística, como la música o la pintura. Están destinadas a hacer el bien a los demás y a salvar la felicidad e incluso la vida a alguien. Su vida estará llena de momentos hermosos.

GÉMINIS

 El signo de Géminis, del 20 de mayo al 20 de junio, atravesado por el Sol, se halla bajo el dominio de Mercurio, planeta del intelecto, del espíritu, de los negocios y especialmente del comercio.

Casi siempre hace a los pertenecientes a este signo vulnerables y fantasiosos.

Este signo zodiacal está representado por formas humanas; dos adolescentes que, según la mitología griega son Cástor y Pólux, el primero mortal y el segundo inmortal. Observando en efecto las mutaciones, la volubilidad de Géminis y sus contrapuestas cualidades, se comprende porque representa el contraste entre mortal e inmortal.

Al nacido en este signo podemos definirlo ante todo como un «curioso» porque es precisamente este afán el que determina todos los aspectos positivos y negativos de su carácter. Se interesa por todo, y se preocupa siempre por algo o alguien, aunque la necesidad de desarrollar una actividad mental continua lo entretiene a menudo en la superficie de las cosas.

Su elemento es el aire, que lo lleva a frecuentes choques con el dinamismo de los demás y que le da un gran espíritu de adaptación, un carácter doble, indecisión e incertidumbre.

Los Géminis casi siempre inician empresas que nunca concluyen, malgastando así inútilmente tiempo y trabajo. Para los nativos de este signo es muy fácil caer en los estados de angustia. Las imágenes y los remordimientos que les persiguen les hacen nerviosos e irritables. De modo especial, el tipo más intelectual atraviesa períodos en los que se autoatormenta por una sensación de inestabilidad, de continua búsqueda y por las dudas obsesivas que están en él. Tales estados de pesimismo y de tensión pueden llevarlo a molestias en la salud. Se muestra contrario a toda forma de violencia y de ofensa; aunque sea provocado nunca reaccionará, sino que tenderá con un fortísimo esfuerzo a mantener las buenas relaciones con todos. Le gusta resolver las situaciones más difíciles con astucia y el enredo antes que afrontarlas directamente.

El número de tipos representantes de este signo es muy variado; así pues encontramos al tipo superficial y al excesivamente reflexivo, al inseguro y al escrupuloso.

El Géminis con influencias negativas posee una innata habilidad para dominar el enredo, mientras que el de influencias positivas puede ser considerado como el ser de más recta y elevada conducta moral y espiritual.

Por regla general, se observa que a los Géminis no les gusta realizar reflexiones muy profundas e interminables, en cuanto ha encontrado la solución a cualquier problema, en cuanto lo ha superado, lo olvida completamente sin la mínima acción de control. Todo lo que dura demasiado le aburre; él es el clásico tipo capaz de cambiar mil veces de actividad, que cambia tres o cuatro tipos de trabajo antes de dedicarse a uno definitivo.

Géminis no admite nunca haberse equivocado, ni siquiera cuando se ve obligado a la rendición incondicional; siempre encontrará un pretexto o una coartada perfecta para evitar reconocer su error, aunque es tan diplomático que consigue no ganarse rencor alguno por sus errores.

En la vida de un Géminis se alternan siempre períodos de notable florecimiento con períodos en que sufrirá la miseria más preocupante. A fin de triunfar incluso en las cosas más simples Géminis tiene necesidad de sentirse protegido y amado; a pesar de ser bastante excitable no es pasional y difícilmente se encontrará un Géminis que se abandone a excesos.

Desarma fácilmente a los demás con su astucia y habilidad. Aun cuando esté abierto a toda renovación, las novedades le rozan sin interesarlo excesivamente. Es impulsivo y decide de pronto lo que debe hacer, sin pausa ni meditación. El miedo y preocupaciones son las dos cosas que le abaten sobre todas las demás.

La duplicidad típica de este signo puede hacer que sean muy generosos o muy avaros, obstinados, con una conducta más que decidida o impresionables y rendidos.

Es contrario a las tradiciones y a todas las imposiciones sociales por ello, para Géminis, las personas idealistas que se toman demasiado en serio la vida misma vistiéndola de excesivos detalles y con todo tipo de represiones, serán siempre incomprensibles. Géminis es con frecuencia poco constante y voluble.

Conducen con cierta desenvoltura el coche aunque, a menudo, debido a su falta de atención estén sujetos a pequeños incidentes. Aman el deporte y especialmente el ciclismo, la natación y el fútbol; discuten de buena gana de los problemas afines a las actividades deportivas y aunque sean poco entendidos, lo dicen siempre con gran convencimiento.

En las relaciones sentimentales también se manifiesta la duplicidad del signo y por ello no se ata por mucho tiempo.

En el matrimonio prefiere unirse a una persona tranquila, para que alrededor suyo se respire una atmósfera serena y sin tensiones.

Es el signo más contradictorio de todo el Zodíaco (tanto puede ser nervioso como ponderado en sus decisiones) y, entre los signos de *aire*, también el más móvil, ya que en él ha elegido su domicilio el planeta Mercurio. La ambivalencia de este signo puede llevarle tanto hacia el bien como hacia el mal. Es optimista y hace todo por los demás, con placer.

Incluso el menos dotado, es siempre un buen orador que convence fácilmente a los demás, aunque no siempre mantiene la coherencia dialéctica.

Narcisista al extremo, logra ser un seductor incomparable por la gracia y simpatía de sus palabras. Su finalidad principal más que la conquista, es la de hacerse atractivo, cosa más que posible dada su exuberancia física y dotes intelectuales.

La relación afectiva tiene generalmente una base erótica. Suele ser el tipo de muchos amoríos, ya que desconfía instintivamente del sexo opuesto. El deseo de gustar se encuentra tan arraigado en este signo, que a veces llega hasta el exceso; es considerado como un irresistible Don Juan. Su voz es cálida y persuasiva.

La constelación de Géminis, compuesta por los mitológicos Cástor y Pólux, significa ambivalencia por lo que puede existir en el sujeto una continua lucha espiritual que a la larga le corroe los nervios.

No constituye un tipo especialmente trabajador, pero puede destacar en el desarrollo de una profesión de carácter intelectual que al mismo tiempo le permita descargar su energía física.

A menudo es un inconstante por su inseguridad en la elección de profesión. Puede destacar fácilmente en el periodismo como también puede convertirse en un gran escritor tipo Hemingway, Pirandello, el filósofo y novelista Jean Paul Sartre y Kafka.

Aunque grande como artista es verdaderamente un desastre como ahorrador, dilapidando todo su dinero e incluso el ajeno. Desde niño su espíritu de observación es muy agudo, por lo que su inteligencia es asimiladora y está dispuesta siempre a dar una respuesta inmediata aunque a veces cáustica.

Sufre enfermedades de los pulmones y del sistema neurovegetativo en general.

El Géminis sabe sacar el máximo partido del papel que la vida le ha asignado; puede ser tanto un revolucionario fanático, como un tirano cruel y represivo; aun cuando la situación no presente riesgos y todo se transforme en una farsa, que tanto él como ella sabrán convertir en dramática. Infiel por naturaleza, sabe conquistar a las mujeres por su teatro y por la ternura que puede inspirar su conducta, que sabe pasar de la melancolía a la alegría con extraordinaria facilidad.

En otros tiempos, este signo era representado por medio de dos niños cogidos de la mano, teniendo en la mano libre, uno el cetro de Apolo y el otro la clava de Hércules. Por tanto, es comprensible cómo la ambivalencia de este signo puede influir tanto positiva como negativamente en el individuo. Nos encontramos ante un hombre de doble vida y de doble moral. El nacido bajo Géminis puede ser tanto un ladrón de guante blanco, como un jugador de azar, o un intelectual dedicado a la investigación, ya que en este signo ha elegido su domicilio Mercurio, adorado en la antiguamente como el sagaz e inteligente protector de los ladrones, los comerciantes y las actividades intelectuales.

El hombre

Es frío, con una capacidad de crítica elevadísima. Comprende tipos espontáneos, afectuosos y generosos y otros mezquinos y avaros. Tiene un temperamento huidizo, y no le gusta sentirse cazado.

Si estrecha relaciones o lazos, lo hace exclusivamente para satisfacer su curiosidad. Es infiel en cualquier oportunidad; para él, las infidelidades son casi una necesidad fisiológica. Adora todo cuanto es extraño y anticonvencional solamente porque estando fuera de la norma colma su ansiedad. Géminis no es pasional, la amistad amorosa le atrae más que cualquier otra forma de amor, y a pesar de que sueña siempre con la mujer ideal, su ideal cambia continuamente. Es inestable, le gusta el juego del coger y dejar, pues se halla sujeto al aburrimiento. Sentimentalmente es el ser más árido y menos sincero que existe. Todo cuando de dulce y delicado saldrá de su boca, será siempre una postura o una ficción para conquistar. También su amabilidad es falsa, porque en el Géminis varón no existe ninguna gentileza: si es amable, lo hace solamente porque le conviene.

A veces incluso la amistad no es tal: finge una amistad sólo porque sabe que, en un momento determinado, aquella amistad le será útil. No hay que confiar nunca un secreto a Géminis, porque es lo mismo que confiarlo a un periódico de gran tirada; y no hay que contar nunca con su ayuda, porque aunque la ofrezca continuamente, llegado el momento de necesidad, con mucho tacto y amabilidad, la negará.

La mujer

Es un ser muy perspicaz, despierto, alegre y optimista. Sabe sostener discusiones de cualquier tema, lee mucho y siempre está al corriente de todo suceso. Pero el hecho de leer mucho está condicionado sobre todo a la necesidad de colmar su curiosidad, y mientras en un determinado tipo de Géminis puede ser inofensiva, en otros se convierte en las críticas más nocivas.

Tiene que saberlo todo de todos y se irrita si ha sucedido algo alrededor suyo y no ha sido informada. Las influencias positivas de Mercurio hacen que muchas mujeres de Géminis sean admiradas por su inteligencia, por los consejos que pueden dar y también por la posibilidad que tienen de recurrir a un numeroso círculo de amistades. Su astucia innata les hace demostrar una especial habilidad en el comercio y en los problemas de trabajo en general.

La mujer géminis con frecuencia es delgada, de rostro irregular, nariz larga y pronunciada, tiene gestos y actitudes casi felinas. Envejece lentamente y permanece joven con el cuerpo y con el espíritu. Se aburren con facilidad y entonces se dedica a las cosas más desconcertantes. Es hábil en confeccionarse ella misma los vestidos, pero la mujer Géminis no es nunca muy elegante; le gustan las mezclas de colores y el tono que prefiere es el gris en toda su gama. No pelea, pero a menudo tiene que afrontar discusiones con quien no soporta su acusada tendencia a las murmuraciones. Habla siempre demasiado y no conoce el mínimo tacto ni la menor moderación. Tiene un temperamento nervioso, y si se enamora llega incluso a provocar profundas crisis con la persona amada por su manía de querer saberlo siempre todo y hacer siempre preguntas. Generosa cuando tiene poco, es terriblemente avara cuando la suerte le es propicia y le concede mucho más de lo necesario.

La mujer Géminis se encuentra siempre dispuesta y disponible en el aspecto sexual. Pierde fácilmente la cabeza y se divierte jugando con el amor como con un juguete. Aparentemente puede ser fría, pero en realidad es toda fuego. Inclinada a la aventura sentimental, puede dominar su pasión durante un cierto tiempo, pero después esta explota violentamente en toda su crudeza.

Es lo suficientemente emotiva y sensible como para ser una amante cálida y sensual. Es un tipo de mujer que pasa de la risa a las lágrimas con extraordinaria facilidad. La mujer Géminis es a veces incomprensible en sus ideas, pero tiene el buen gusto de saberlas adaptar al lugar y a las circunstancias; para triunfar tanto en el campo afectivo como en el material. Ante el peligro, huye sin volverse atrás, e incluso cuando ama, si en una situación hay riesgo de peligro, abandona el campo.

Los niños

Desde los primeros años de vida se muestran muy vivaces, alegres y precoces. Les gusta el movimiento y prefieren los juegos al aire libre. En las discusiones con sus compañeros se tornan testarudos y hacen prevalecer sus puntos de vista a pesar de que todo les demuestre que no tienen razón.

Tienen mucha facilidad para el estudio sobre todo debido a la buena memoria de que están dotados. Se interesan por todo porque tienen una gran curiosidad. Pronto son capaces de comportarse debidamente con las personas mayores.

Relaciones con los otros signos

En relación con los otros signos, Géminis logra un buen entendimiento con Aries, tanto para una relación amistosa como para una colaboración material; y también con Tauro especialmente en cuanto se refiere a aspectos espirituales y sensuales. Una buena unión puede verificarse también con Cáncer ya que los dos signos se caracterizan por una acusada tendencia a la curiosidad y a los cambios. Con Leo, Géminis puede unirse solamente en relaciones de trabajo y sociales. Es también improbable su unión con Virgo, tanto en el campo sentimental como en el del trabajo.

Una unión casi perfecta se da con las personas de un signo sensualmente afectivo como Libra, con las cuales además de una fuerte atracción física comparte gustos e intereses. Afectivamente, esta es la unión por excelencia por el amor morboso que ambos sienten hacia la propia persona. La vida en común se desarrollará siempre llena de alegría y optimismo, por la facilidad con la que ambos signos saben rodearse de amigos. También realizará una buena unión con la mujer Sagitario, ya que ambos soportan alegremente las infidelidades del otro. Con Escorpión la mayoría de las veces su perfecto entendimiento en el campo sentimental y laboral se ve enturbiado por la tendencia a la crítica típica de Géminis, por lo que su relación resulta cruda y dolorosa hasta embrutecerse, privándole de su libertad, no permitiéndole devaneos y encerrando al otro en una torre de marfil de la que difícilmente sabrá escapar.

Varios puntos de contacto unen al signo de Géminis con el de Sagitario, pero tan sólo en el campo de trabajo y social. Con Capricornio, no es posible ningún entendimiento: demasiados puntos les separan irremediablemente; esta unión sería triste y conduciría a la miseria.

Con Acuario pueden en cambio unirse profundamente; la unión es casi perfecta. A pesar de sentirse atraídos por el signo de Piscis difícilmente dura largo tiempo su unión, que les llevaría a la monotonía. Pueden vivir cerca, basando sus relaciones en un conocimiento superficial.

Con su signo, Géminis no concuerda bien casi nunca; es cierto que tiene afinidades espirituales e intelectuales, pero después, lo mismo la amistad que la relación amorosa se resquebrajan por las críticas provenientes tanto de una como de otra parte.

La salud

Con frecuencia, la salud del tipo Géminis se ve afectada por molestias de tipo nervioso; hecho que puede conducir a estados de ansiedad que se reflejarán en el aparato gastrointestinal. Tiene una especial predisposición para sufrir inflamaciones de las vías respiratorias y los pulmones. Muchas de sus molestias son causadas también por excesos diversos, en el fumar, en el beber y en el comer. A pesar de su constitución delicada, la intensa vitalidad nerviosa les permite una existencia muy larga.

El carácter

Por regla general, para poder dar un aspecto global del nacido en Géminis, es necesario tener presente, como en Piscis, la duplicidad del signo. Por consiguiente, podemos encontrar el Géminis puro y sincero, generoso y amable y el Géminis falso, criticón, avaro y que en parte tiende a la manía por el dinero. La mayoría de las veces aparece como un ser tímido, pero ello no es nada más que pura impresión. Géminis no es tímido en absoluto, su timidez es tan sólo una actitud para exponerse lo menos posible a las críticas de los demás. Siempre debido a la duplicidad del signo, observaremos a seres desinteresados y a seres que pasan la vida completamente inmersos en la falsedad porque le saben sacar provecho.

Los famosos

El primero en abrir la lista de los famosos nacidos en Géminis es el gran escritor Dante Alighieri, encarnación perfecta de todas las virtudes y defectos de Géminis. Otros personajes renombrados: Federico García Lorca, Frank Kafka, Vincen van Gogh, Richard Wagner, músico; y Jean Paul Sartre. La belleza típica de la mujer de Géminis está encarnada en Marilyn Monroe, que hace también gala de sus actitudes felinas.

Los números

Los números más propicios para este signo son el 3, que es el número mágico por excelencia; el 12, que favorece el ingreso de importantes sumas de dinero y el 18, símbolo de la simpatía.

Las piedras de la suerte

El topacio, propicio para los encuentros sentimentales; el aguamarina, piedra de la suerte típica del signo y el cristal, símbolo de la locuacidad.
El gris y sus tonalidades son los colores típicos de los nacidos bajo el signo de Géminis.

Géminis día a día

1.° grado GÉMINIS	20 mayo

Son personas importantes, originales y creativas.
En lo que respecta a la salud, son propensas a tener la vista y las articulaciones delicadas.

El escritor francés Honoré de Balzac es un claro representante de este grado.

Su suerte está casi siempre relacionada con las amistades. Serán los amigos quienes les ayudarán y encauzarán para alcanzar el éxito. Son personas inteligentes y rápidas de reflejos. Tendrán buen ojo para captar las buenas ocasiones y una excelente intuición para distinguir los buenos negocios. Personas importantes se interesarán por ellas e intentarán favorecerlas, aunque ellas no lo pidan.

1.º grado GÉMINIS — 21 mayo

Personas inteligentes y versátiles. Obtendrán siempre el apoyo de amigos influyentes. Tienen originalidad y actividad productiva. Realizarán numerosas amistades a lo largo de su vida, y tendrán siempre protección y una vida social brillante.

Por lo que a la salud se refiere, tienen predisposición a las dolencias articulares. Las mujeres podrán tener un parto doloroso.

Dante nació en este día y es un representante de este grado.

Son personas inteligentes que alcanzarán el éxito si se empeñan con pasión y tenacidad en realizar lo que se han propuesto.

2.º grado GÉMINIS — 22 mayo

Son personas rápidas de reflejos, elocuentes, capaces y artistas. Obtendrán victorias en su lucha, elevadas posiciones y posibles enemigos que les causarán problemas.

Por lo que a la salud se refiere, deberán cuidar especialmente las articulaciones y el bazo.

Son personas listas que saben hacer muchas cosas. Tienen buena aceptación por su versatilidad y espíritu práctico. Si lo desean pueden llegar a descubrir los secretos de la naturaleza. En cualquier profesión o afición que elijan serán siempre más originales y progresistas que los demás.

A la estrella Algenib que se encuentra en este grado le corresponde su carácter, junto con un velo de espiritualidad y originalidad. Recibirán señales de otras dimensiones aunque no lo sepan.

3.º grado GÉMINIS   23 mayo

Son personas artísticas, rápidas de reflejos, con facilidad de palabra. Tienen el don de la elocuencia.

Por lo que se refiere a la salud, deberán prestar atención al nervio óptico y la vista, que tienen extremadamente sensible.

Poseen talento, grandes medios y una enorme versatilidad. Casi todas las personas que tienen este grado en el horóscopo muestran algunos dones fuera de lo común. Su carácter es fuerte, aunque a veces parezcan indecisas y dudosas. En general saben muy bien lo que quieren y consigue los objetivos que se han propuesto. Algunas personas nacidas en este grado alcanzan cargos de gran responsabilidad.

4.º grado GÉMINIS   24 mayo

Son personas afortunadas en el mar, con un notable magnetismo y una gran atracción por las cosas misteriosas. Sufrirán disgustos a causa del matrimonio, que podrán evitar alejando las influencias negativas.

Por lo que respecta a la salud, tienen predisposición a dolencias oculares.

Tendrán un destino más bien afortunado y serán ayudadas por algún elemento paranormal. Su simpatía atraerá a la gente y les permitirá tener amigos sinceros. Son personas observadoras y saben escoger el momento apropiado para actuar. Pueden llegar a ser excelentes comerciantes. Serán también afortunadas en el amor. Tal vez contraigan dos matrimonios, ambos felices.

5.º grado GÉMINIS   25 mayo

Son personas artistas, críticas, expresivas y agudas, buenas y comprensivas. Pueden desarrollar un trabajo importante en alguna entidad pública, como en un ministerio.

Por lo que respecta a la salud, Sol y Saturno pueden provocar la caída del cabello.

Son personas armoniosas y honestas, especialmente dotadas

para distinguir lo que es hermoso de lo que no lo es. La belleza viene a ser para ellas el resultado del equilibrio. Nunca tendrán problemas económicos porque siempre les acompañará la suerte, incluso en los momentos difíciles. Para las personas ancianas, la estrella Hyadi puede crear problemas a causa del amor, del sexo o del matrimonio.

6.° grado GÉMINIS   26 mayo

Son personas receptivas y sensibles que a menudo caen en malentendidos debido a su impulsividad e irreflexión. Tienen espíritu de justicia, con tendencia a ejercer notablemente una profesión legal. Poseen también buenas dotes comerciales.
Por lo que a la salud se refiere, corren el peligro de coger pulmonías.
El papa Clemente VII fue un claro representante de este grado. Tienen un fuerte sentido de la justicia y podrían ser excelentes jueces, abogados o notarios. En los asuntos legales serán siempre personas afortunadas respecto a sus adversarios. Serán queridas por lo que son. Aman a la naturaleza y a los animales. La estrella fija Hyadi en este grado puede proporcionar un exagerado interés por el erotismo y las fantasías morbosas.

7.° grado GÉMINIS   27 mayo

Son personas apacibles y amables, afortunadas en el matrimonio. Prefieren la vida sencilla y tranquila, sin demasiados problemas.
Por lo que respecta a la salud, son propensas a afecciones cardíacas.
El famoso político norteamericano Henry Kissinger es un representante de este grado zodiacal.
Atraerán a los amigos con su magnetismo. A veces recurrirán a la mentira para no disgustar a los demás. Tendrán varios amores hasta que encuentren la persona apropiada. Entonces la vida en pareja será perfecta.

8.º grado GÉMINIS   28 mayo

Son personas listas y astutas, a al vez que irritables y coléricas. Tienden a enrolarse en actividades militares.

Por lo que respecta a la salud, tienen predisposición por las afecciones auditivas y visuales.

Son personas de carácter muy difícil. Casi nadie es capaz de comprenderlas, y en el fondo ni ellas mismas se entienden. Sufren una gran contradicción, por un lado desean gustar a los demás, introducirse en la sociedad, participar en todo, pero por otro critican, son irascibles, impacientes e intolerantes. Son hábiles en el terreno laboral. Este grado ofrece también la posibilidad de organizar o dirigir una empresa.

9.º grado GÉMINIS   29 mayo

Son personas simpáticas, refinadas, libres de prejuicios y con tendencia a tener una esposa extranjera. Elevada posición, poder, dinero.

En cuestiones de salud, podrán sufrir alteraciones en las articulaciones, puesto que las tienen muy sensibles. Deberán cuidarse.

Son personas inteligentes y muy observadoras. Podrán tener éxito en aquellas profesiones que se precisan destacadas dotes de observación, como por ejemplo detective, vendedor, psicólogo. Podrán resolver problemas, misterios y enigmas con gran facilidad.

Tendrán facilidad para conseguir dinero y no será improbable que alcancen una buena posición en la que serán respetados y admirados.

10.º grado GÉMINIS   30 mayo

Son personas con grandes aspiraciones que se patentizan en un ascenso social después del matrimonio. Carácter ingenioso y versátil.

En lo que respecta a la salud, deberán tener cuidado con las afecciones renales.

Son sin duda, personas de una cierta importancia. Tienen ganas de hacer, de crear, de ser activas. Su personalidad magnética atrae a los demás; poseen la fuerza de dominar sin esfuerzo alguno. Sus ambiciones se realizarán probablemente después del matrimonio, que influirá positivamente en su ascenso social. Por un lado reciben de la estrella fija Alpha Tauri inteligencia y éxito, y por otro problemas debido al sexo y a las enfermedades, por suerte no demasiado graves.

10.º grado GÉMINIS   31 mayo

Son personas con éxito después del matrimonio. Tienen grandes aspiraciones y muestran gran habilidad en cada actividad que realizan. Son de carácter comprensivo y entregan amor hacia los demás.

En cuestiones de salud deberán prestar atención a los riñones, que tienden a tenerlos delicados a causa de una alimentación equivocada.

Son personas admiradas por su inteligencia, que tienen la suerte de superar siempre las dificultades. Parece como si una fuerza mágica las protegiera toda su vida. Serán entusiastas de todo hasta llegar a una edad avanzada. Siempre están abiertas a la vida de los demás seres humanos.

11.º grado GÉMINIS   1 junio

Son personas sociables que realizarán grandes viajes gracias a los amigos. A veces son déspotas y autoritarias.

Por lo que a la salud se refiere, deberán prestar atención a los problemas que les pueden ocasionar secreción biliar.

Son personas afortunadas con el dinero. Su carácter es complicado, tanto para sí mismas como para los demás. Una de sus mayores aficiones es viajar. Les encanta conocer otras tierras y otras gentes. No deberá excluirse el matrimonio con una persona extranjera. Este grado ofrece la posibilidad de vivir en otro país. Podrán tener éxito en varios tipos de trabajo. Siempre tendrán habilidad y preparación para todo aquello que realicen.

12.º grado GÉMINIS   2 junio

Son personas indecisas, insatisfechas. Tendrán éxito en los negocios. No obstante, la pérdida prematura de una persona querida acentuará el carácter indeciso e inseguro. Conquistarán seguridad y facilidad de expresión con los años.

Por lo que respecta a la salud, tienen propensión a padecer por las articulaciones delicadas.

Podrán destacar en todas aquellas profesiones que estén relacionadas con la técnica, la mecánica o la electricidad. Sus ideas son buenas, modernas y progresistas. Les gusta experimentar, incluso en el amor, pero deberán prestar atención para no herir la susceptibilidad de los demás. Podrán ser abandonados de improviso por la persona a la que estén unidos.

Saldrán beneficiados con la generosidad de alguna persona amiga, pero no deberán esperar demasiado de los demás.

13.º grado GÉMINIS   3 junio

Son personas dominadas por los deseos y las grandes aspiraciones. Tienen carácter paciente. Respecto al dinero son volubles e inestables.

Por lo que respecta a la salud, corren el peligro de sufrir algún accidente de circulación de carácter leve y por otra parte, tienen los antebrazos delicados.

Son personas activas. Su idealismo las hace afrontar muchos sacrificios, pero existe el peligro de no ser comprendidas y de ser rechazadas por los demás. Realizarán muchos viajes. Resultará mejor la segunda parte de su vida, pues alcanzarán un cierto éxito o sus iniciativas serán recompensadas con satisfacciones morales o materiales. Deberán combatir la tendencia a ser posesivos y envidiosos.

14.º grado GÉMINIS   4 junio

Son personas de rostro poco armonioso pero interesante. Mentalidad astuta y sutil. Con rectitud y perseverancia vencerán los obstáculos y los peligros.

Por lo que a la salud respecta, tienen predisposición a sufrir alteraciones de tipo nervioso en el habla.

Son personas sabias e inteligentes, contrarias a las costumbres establecidas. Quisieran cambiar el mundo. Observan los problemas actuales pero hacen muy poco para solucionarlos. Ganarán lo suficiente y no debe excluirse la posibilidad de que consigan enriquecerse merced a su propio esfuerzo o gracias a una herencia inesperada. Deberán combatir la tendencia a pensar demasiado en sí mismas y en sus intereses. Conocerán el amor en muchas de sus múltiples formas.

15.º grado GÉMINIS   5 junio

Son personas versátiles y listas, de carácter brillante y espíritu antagonista. Son dispersas porque quieren hacer demasiadas cosas a la vez. Tienen inquietud, genialidad, ingenio e inteligencia.

Por lo que se refiere a la salud, pueden sufrir de las articulaciones por tenerlas frágiles y delicadas.

Son personas activas e inquietas. Su vida es una continua búsqueda de algo que no alcanzan a comprender ni ellas mismas. Parece como si una fuerza interior las empujara a actuar, a buscar e indagar. Resultan simpáticas a sus amigos, que las consideran personas divertidas e ingeniosas. Sólo con la vejez alcanzarán la paz y serenidad de ánimo.

16.º grado GÉMINIS   6 junio

Son personas de carácter emotivo y sensual inclinadas a las fantasías y a los sueños, que se cumplirán gracias a una herencia. Tienden a realizar trabajos que ofrecen pocos ingresos pero que satisfacen su naturaleza sensible. Necesitan una gran tenacidad para conseguir buenos resultados.

Por lo que a la salud se refiere, pueden tener problemas respiratorios por tener los pulmones sensibles. También deberán tener cuidado con los aparatos eléctricos.

El famoso escritor Thomas Mann fue un ejemplo de este grado zodiacal.

Son personas de naturaleza modesta y generosa. Muchas de las cosas que hacen las realizan para los demás, o al menos para que gusten a los demás. A menudo son emotivas y están condicionadas por sus sensaciones. Les gustan las cosas buenas de la vida. Las mujeres que poseen este grado en el horóscopo son fascinantes e inteligentes.

17.° grado GÉMINIS   7 junio

Son personas activas, enérgicas y vitales pero poco prácticas. Por lo que respecta a la salud, deberán cuidar el pulso y la respiración.

Les conviene llegar pronto al matrimonio para que este las equilibre, pues el consorte será un buen administrador y sabio consejero. No deberán correr con el coche, ni participar en peleas. Es mejor que estén alejadas de cualquier huelga o manifestación puesto que podrían ser heridas o incluso sufrir alguna lesión en el cuerpo. Tienen respeto por los demás y conservan una buena posición social. Este grado crea la posibilidad de que surjan artistas en la familia, sobre todo entre hermanos.

18.° grado GÉMINIS   8 junio

Son personas entusiastas y críticas, lo cual puede destruir muchas amistades. Existirá un dualismo entre casa y trabajo. Tienen gran afán de cultura y de saber, con una mente astuta. A menudo les resulta difícil afrontar los problemas prácticos de la vida.

En cuestiones de salud deberán controlar de vez en cuando el pulso, y vivir en lugares oxigenados para evitar enfermedades respiratorias y de la sangre.

Son personas inteligentes. Les gusta conversar, escribir, realizar pequeños viajes, mantener relaciones públicas, dedicarse al comercio, poseer objetos pequeños y cosas hermosas. Corren el peligro de dejarse influenciar demasiado por los demás. No creen en el trabajo duro y es muy probable que elijan una profesión en la que prime la comodidad.

19.° grado GÉMINIS   9 junio

Son personas artistas y humanistas, de buen carácter, entusiastas, que logran desenvolverse bien en todo lo que emprenden, aunque sea difícil.
En lo que a la salud se refiere, deberán cuidar el pulso y las articulaciones por tenerlas frágiles y delicadas.
Son personas creativas y sensibles, que no tienen un carácter demasiado fuerte. Pese a ello, durante toda la vida estarán ayudadas por una fuerza superior que les permitirá alcanzar la mayor parte de los objetivos que se propongan a pesar de algunas equivocaciones y falta de esfuerzo por su parte. Siempre tendrán mucha importancia los amigos aunque no deberán confiar demasiado en los demás, pues corren el peligro de que algún amigo los traicione, lo que les causaría un gran sufrimiento y tristeza. Serán personas afortunadas tanto en el juego como en el amor.

20.° grado GÉMINIS   10 junio

Son personas con tendencia al misticismo, y deseosas de realizar viajes y de evadirse. Tienen afición por las ciencias ocultas. Por lo que a la salud respecta, deberán vigilar el pulso y las articulaciones.
No son personas como todas las demás. Estas pueden alcanzar incluso la celebridad gracias al don especial que poseen: siempre destacarán en lo que hagan.
Existen en su interior percepciones extrasensoriales, por lo que tendrán sueños premonitorios y visiones que alguna vez les pondrán en contacto con otras dimensiones.

21.° grado GÉMINIS   11 junio

Son personas con gran afición por los viajes e inclinadas a realizar una unión con almas elegidas que les guiarán y aconsejarán. Tienen un carácter excéntrico tanto en su comportamiento como en su deseo de realizar cosas extrañas. Les conviene vivir en el extranjero. Aman el deporte.

En cuestiones de salud corren el peligro de sufrir fobias, temores morbosos que les causarán alteraciones gástricas.

Son personas originales y brillantes. Deberán combatir su inclinación a la indiferencia, intolerancia y negligencia. Tendrán más éxito en las diversiones y aficiones que en el trabajo y en el deber. Aspiran a obtener éxito. Son idealistas pero no siempre tienen los deseos y la voluntad de realizarse. Serán muy afortunados en todo lo que tenga relación con el extranjero y con los extranjeros.

22.° grado GÉMINIS   12 junio

Son personas con habilidad literaria y muy generosas. Tendrán facilidad para alcanzar éxitos. La muerte del padre cambiará su vida casi radicalmente. El matrimonio será feliz por el respeto recíproco entre ambos cónyuges.

Por lo que a la salud respecta, pueden quedarse parcialmente ciegos o sufrir lesiones en algún ojo.

Son personas generosas y durante toda su vida estarán rodeadas de seres queridos. Saben hacer buen uso de la palabra y pueden tener éxito como escritores u oradores. Conseguirán el éxito si saben tomarlo cuando se cruce en su camino. Tendrán una buena juventud con posibilidad de aprender y desarrollar su talento. Su felicidad es la de hacer feliz a los demás. Aman la vida hogareña.

23.° grado GÉMINIS   13 junio

Son personas con ideas originales. Tienen una actitud mental abierta hacia las innovaciones. Recibirán ayuda por parte de su pareja o de algún socio. La vida les será difícil en ciertos momentos.

En lo que a la salud se refiere, deberán cuidar las manos y las articulaciones.

Tendrán una vida llena de altibajos. Cuando estén deprimidos o melancólicos deberán recordar que la noche tiene la oscuridad más intensa antes de que nazca el día. Los demás son muy importantes para ellos, y es conveniente que realicen actividades con otros. Deberán asociarse o casarse para ser más felices y estar más serenos. La nebulosa Ensis que se encuentra en este grado puede crear problemas en la vista.

24.° grado GÉMINIS   14 junio

Son personas sometidas y tranquilas, que en seguida despiertan simpatías. Se dejan llevar por sus sueños y deseos. Son de carácter alegre, locuaces y buenas conversadoras. Tendrán amigos sinceros. Por lo que a la salud respecta, sufrirán problemas en las manos y articulaciones por carencia de calcio. Son personas joviales, siempre listas para estar junto a otras y frecuentar ambientes alegres. Aman las bellas artes y no será de extrañar que escojan una profesión en la que el arte, la moda, la belleza y el buen gusto jueguen un papel importante. Piensan en profundidad y poseen una buena memoria, elementos que les permitirán llegar a ser científicos o investigadores. Son queridos por su espontaneidad y sencillez. Tendrán un matrimonio afortunado.

25.° grado GÉMINIS   15 junio

Son personas entusiastas que acostumbran a conseguir lo que se proponen. Deberán prestar atención a las amistades interesantes. Amor por los estudios. Éxito en las artes, las ciencias, la literatura y el teatro. En lo que a la salud se refiere, deberán tener cuidado con las manos. Tienen propensión a la excesiva preocupación. Su buena inteligencia les permitirá llegar a ser notables filósofos, o científicos. Sus ideas son modernas y originales. A menudo tendrán inspiración, como si recibieran señales o sugerencias de otras dimensiones. Están un poco faltos de práctica sobre todo en actividades cotidianas. Sus esperanzas tienen una gran posibilidad de realizarse.

26.° grado GÉMINIS   16 junio

Son personas soñadoras, comprensivas e inteligentes, con tendencia a la pereza y a las provocaciones.

En cuestiones de salud este grado sobre el ascendente marca el peligro de padecer problemas durante una pelea, o algún otro enfrentamiento. La prudencia deberá jugar por tanto un papel importante.

Son artistas pero testarudas. Tienden a vanagloriarse de sí mismas, a un ligero narcisismo. Su magnífica capacidad intelectual junto a su sensibilidad les permitirá recorrer mucho camino en la vida. Deberán esforzarse para vencer y alcanzar el éxito. Este grado, al igual que el anterior, ofrece inspiración y percepciones extransensoriales. Serán afortunados en el juego y en todas las empresas que impliquen riesgo.

27.° grado GÉMINIS   17 junio

Son personas muy diplomáticas en el trato con la gente. Existe la posibilidad de que sean abandonadas en el amor. Momentos tristes se alternarán con períodos de suerte y con beneficios materiales.

Por lo que a la salud se refiere, deberán tener cuidado con las manos y las articulaciones.

Son personas geniales. Atraerán la atención de los demás por la gran forma que tienen de hacer las cosas, forma que expresa gran inteligencia y dotes poco comunes. Aman a los demás aunque no están siempre dispuestas a soportarlas. Tendrán numerosas amistades que sobre todo serán vecinos o parientes. Tienen tendencia a tener éxito en la carrera política o diplomática.

28.° grado GÉMINIS   18 junio

Son personas que sufren altibajos de suerte y desgracias. obtendrán ventajas y beneficios gracias a sus padres. Tienen aptitudes artísticas. En los temas relacionados con la economía sufrirán inestabilidad, por lo que será necesario saber emplearlo oportunamente.

Por lo que respecta a la salud, podrán tener problemas en el aparato respiratorio.

Son personas con un acusado sentido del ritmo, una buena

musicalidad y con facilidad para utilizar la palabra hablada y escrita como muy pocas personas pueden hacerlo. Son activas y sanas, aman las cosas simples y les gusta estar al aire libre en el campo, en el mar o en la montaña. Los amigos les quieren bien porque se sienten protegidos por ellas. La madre tendrá una fuerte influencia en sus vidas.

29.° grado GÉMINIS — 19 junio

Son personas impulsivas y ricas en cualidades morales, con talento para hacer las cosas. Versatilidad, cambios. Correrán muchas aventuras durante los viajes que realicen. Algunas incertidumbres y dudas pueden estropear las relaciones con los demás.

Por lo que a la salud se refiere, pueden correr el peligro de sufrir problemas circulatorios.

Tienen talento, por lo que podrían ser artistas, científicos excepcionales o descubridores. Son personas amables, pero alguna vez se dejan llevar por la melancolía y la desconfianza. Una hermosa característica de su personalidad es su impulsividad. Sin embargo deberán aprender a ser voluntariosos y tenaces y a no dejar las cosas a medio hacer.

30.° grado GÉMINIS — 20 junio

Son personas trabajadoras, aunque con tendencia a preocuparse demasiado por todo. Les gusta estudiar las fuerzas naturales. Son amantes de viajes y exploraciones. Tienen necesidad de los demás y de su compañía.

El famoso actor Errol Flynn fue un ejemplo de este grado zodiacal.

Por lo que a la salud se refiere, sufren de carencias vitamínicas. Son de carácter fuerte y decidido. No les asusta el trabajo constante y pesado, gracias a su capacidad organizadora. Tienden a pensar demasiado en sí mismas y algunas veces a cuenta de los demás. Con su versatilidad, y preocupándose menos de los pequeños obstáculos, pueden llegar muy arriba.

CÁNCER

 El signo de Cáncer, del 21 de junio al 21 de julio, atravesado por el Sol, está bajo el dominio de la Luna, y esta merece un puesto prominente dada la cantidad de influjos que puede determinar. Domina los impulsos naturales, regula la vida sentimental, provoca deseo de viajes y cambios, otorga exquisita sensibilidad y predisposición para las artes y las facultades de médium, concede intuición rápida, etc. A veces hace que los nacidos en este signo sean pasivos, contempladores y estáticos. Regula las funciones de los órganos femeninos, determina la fertilidad y esterilidad, sus fases regulan las gestaciones y los nacimientos, sus manifestaciones influyen sobre el humor de las mujeres y de los niños. La Luna, si es negativa los hace irritables, extravagantes, histéricos y nerviosos. Su influjo es grande, llega a determinar los ascensos y descensos de las mareas, y es lógico pensar que en las fases de luna llena o luna nueva, influya sobre los individuos hipersensibles y sobre las condiciones atmosféricas. El 22 de junio, la Luna inicia su camino hacia el cenit. La noche se hace más larga y el poder de la Luna es más intenso. Este poder hace a los nacidos en el signo de Cáncer muy flemáticos, fácilmente impresionables con altibajos nerviosos, ricos en vuelos de la fantasía, hipersensibles, sujetos a simpatías vivísimas y a antipatías declaradas e instintivas. El continuo alternar de las fases de la Luna hace que su carácter sea muy variable, y produce sensaciones que van desde el desenfado inconsciente a la más negra melancolía. Los nacidos en Cáncer son como barómetros muy sensibles y en todas sus manifestaciones nunca hay indiferencia, sino participación negativa o positiva.

El nacido en Cáncer a veces tiende a preocuparse exageradamente por cosas banales: se ofende con facilidad o se impresiona como un niño.

Su imaginación, tan fértil, le crea obstáculos donde no los hay y le hace obrar con cierta desconfianza en sus relaciones con los que le rodean. Lo que otros consideran problemas fácilmente solucionables o pasajeros se transforma para ellos en una cuestión de capital importancia y no están tranquilos hasta que no los han resuelto; Son muy sensibles a todas las variaciones de humor y de ambiente.

En un espléndido día de sol, el nacido en Cáncer se sentirá alegre, satisfecho, feliz; si el cielo está encapotado se mostrará incómodo y taciturno. En efecto, es capaz de estar malhumorado durante varios días hasta que no suceda algo que le haga cambiar de pronto su porte. La vida del nacido en Cáncer se transforma de este modo en una continua variación de estados emotivos, en relación con las vicisitudes de la familia, sus relaciones con los hermanos, con el mundo externo, etc. Al mismo tiempo, los nacidos en Cáncer son sensibles, de fácil generosidad espontánea, divertidos y afortunados.

Desde jóvenes, su sentido del dinero los lleva a ganar, a crearse una sólida posición económica. En los tipos negativos esta tendencia a acumular puede inducirles a cometer acciones poco claras, a desembocar en acciones arriesgadas. Tienen, pues, que ir con cuidado en los dobles juegos, para no dejarse confundir y no llevar sus negocios de manera demasiado incontrolada. Son muy caseros, les atrae mucho permanecer en su casa; son rutinarios al mismo tiempo aman los viajes y la variedad.

Cáncer necesita sentir su «caparazón», sentirse rodeado de las cosas que ama o que colecciona con afecto y absoluta precisión. Necesita compañía y la busca, a pesar de que a veces declara que prefiere estar solo y desea que le dejen en paz. Urge, pues, ayudarle desde pequeño, a que sea optimista, para que sepa valorarse y manifestarse, que son cosas que a menudo odia. Sus ideales son altísimos y en nombre de estos a veces está dispuesto al sacrificio, a cambiar de país si es perseguido aun permaneciendo como intelectual más que como hombre de acción. Siente muy acusado el amor por la patria, y son por tendencia conservadores y tradicionalistas.

Los nacidos en Cáncer tienen divergencias con sus hermanos y a menudo con su padre, porque pueden sufrir a causa del autoritarismo. Si tienen hermanos mayores tienden a superarles, y su ideal sería haber nacido antes que los otros, porque les espolea un gran deseo de mando.

Aunque dispongan de grandes viviendas, con frecuencia amuebladas de modo extravagante y a la vanguardia, a los nacidos en Cáncer les gusta tener un lugar apartado, sólo para ellos, en el que expansionarse y ordenar sus colecciones, los objetos que recogen y puedan reparar, pintar de nuevo, buscar, etc. Son grandes coleccionistas y conservadores a ultranza de pequeños recuerdos. Nunca desperdician nada: si se desea un trocito de cuerda, un clavo, un dientecito de leche caído en la niñez, un tubito de pintura medio seco, en resumen, cualquier banalidad incluso disparatada, habrá que buscarla en una familia en la que haya un nacido bajo el signo de Cáncer; la habrá conservado porque tiende a guardarlo todo y sus pequeños objetos están divididos y clasificados a la perfección.

Entre los nacidos en Cáncer es posible, pues, encontrar a grandes filatélicos y numismáticos, arqueólogos, músicos, cantantes, estudiosos; todo cuanto sea aplicación va en consonancia con ellos. En especial les gustan los trabajos precisos y bien definidos, minuciosos y pacientes.

A menudo su iniciación en el campo del trabajo se ve obstaculizada por su incapacidad a someterse a alguien; no toleran tener superiores que no estén a su altura y difícilmente llegan a frenar su impulso, que es el de mandar más que de obedecer. Por instinto los nacidos en Cáncer son jefes, y a su dificultad en adaptarse corresponde un enorme éxito profesional, porque son constantes y tenaces y si se meten algo en la cabeza llegan a conseguirlo. Su carrera se hace entonces brillante, rica en satisfacciones y afirmaciones y su posición económica envidiable, porque es muy sólida y fundada en el ahorro a pesar de que los nacidos en Cáncer sean generosos y no escatimen ni con los demás ni consigo mismos.

Los nacidos en Cáncer son también románticos y sensibles, odian las contrariedades, tienen necesidad de finura, de distinción, de ambientes armoniosos, no hay que intentar que cambien sus costumbres, ya que se corre el riesgo de que se vuelvan irascibles y cerrados. En tal caso, es mejor dejarles estar tranquilos, sin preguntarles qué les sucede si están enfadados, y no interesarse tampoco por si no se encuentran bien. Responderían mal o entablarían una discusión buscando tres pies al gato por el gusto de ser polémicos. En cambio con amabilidad y haciendo como si nada, cuando ha pasado un poco de tiempo el nacido en Cáncer se desboca, sale de su mutismo y de su mundo interior y se vuelve alegre y sociable.

Tratando con él, lo importante es no tomárselo demasiado a pecho, si no hacer gala de mucha diplomacia e intentar secundarlo y halagarlo, mostrándose amables pero no invasores.

Odia que se curiosee sus cosas, que se le quite algo sin haber autorizado antes a ello. No hay que ordenar nunca sin su permiso el armario o el escritorio de un nacido en Cáncer pues nos odiaría durante mucho tiempo.

Los nacidos en Cáncer sueñan mucho y son supersticiosos, a menudo tienen pequeñas manías: tocar tres veces un objeto, beber a pequeños sorbos, como si se tratara de un rito propiciatorio, realizar exorcismos y además creen en los días faustos e infaustos, puesto que han nacido bajo la Luna y en efecto para ellos es importante lo que para los otros carece del menor relieve.

Es conveniente familiarizarse con él y si se tiene algún problema confiárselo y les ayudará, porque siempre está animado de óptimos propósitos. Si tienen algún disgusto, sabrá encontrar la palabra buena para animar.

Por otro lado, evítese siempre el engaño; al tipo Cáncer le molesta mucho tener que decir que no, pero si se da cuenta de que ha sido tratado con engaños o sin la debida lealtad se irrita y se ofende.

Le fastidia la curiosidad y las intromisiones en su vida íntima; en familia no hablará nunca de sus afectos; será poco expansivo y, sin embargo, esta es tan sólo una apariencia, porque cuando quiere sabe tener sentimientos delicados y afectuosos.

El nacido en Cáncer es especialmente sensible a la opinión que los demás se forman de él, y por tanto, procura actuar siempre según normas bien precisas, que no sean de tendencias extremas; le gusta conservar, y le gusta ser conservador también en las tradiciones. No le gusta cambiar de casa, mucho menos de ciudad y menos todavía costumbres. Se siente atado a todo cuanto le rodea. Adora los coches viejos, y sería muy feliz si pudiera poseer un automóvil antiguo pero que funcionara bien años. Su país ideal es Inglaterra, donde iría enseguida a vivir y se sentiría a gusto. Ama también las cosas raras y las extravagancias, sigue bastante la moda en el vestir, le gusta causar impresión y que hablen de él.

A menudo utiliza cierto tono que le hace parecer soberbio, se preocupa mucho de sí mismo, de su propio parecer y le gusta si en familia se le trata con la debida consideración. En momentos de peligro y de necesidad hay que dar gracias al cielo si tenemos cerca a un nacido en Cáncer: por su decisión inmediata, los reflejos activísimos, la seguridad de juicios, el nacido en Cáncer es un precioso consejero y válida ayuda.

Los amigos pueden contar con él: su intervención es rápida y generosísima.

En cambio, sufre en un ambiente que no es el suyo y que no le gusta, porque instintivamente querría cambiarlo. Incluso si vive en una habitación de hotel conseguirá pronto darle un toque personal al ambiente. Por otra parte, le gusta la vida cómoda y aprecia los placeres del mundo, a pesar de que nunca manifestará abiertamente su entusiasmo por una u otra cosa.

Su pasión por la mecánica se debe a su instinto agudísimo por la precisión. Así pues, es un buen conocedor de motores, de técnica. No pidan nunca a un nacido en Cáncer que les preste su coche, pues sufrirá por ello. Y si, finalmente, consiente lo hará de mala gana.

Cáncer es bastante deportista, pero todas sus actividades están inexplicablemente ligadas al agua. Experto nadador, le atrae con firmeza la pesca, el esquí acuático y el waterpolo. Déjenlo cerca del mar y se sentirá feliz. Verdaderos hijos de la Luna, los nacidos en el signo tienen un profundo sentido religioso, más en el ánimo que en la práctica, de la cual a menudo rehuyen. Pueden pasar largos períodos de misticismo, vivir en una ermita por propia voluntad o incluso aislarse completamente, aun estando en compañía de mucha gente. Saben apartarse y meditar llenándose de nuevo y encontrando en sí mismos nuevas fuerzas y nuevos objetivos. Su «marcha atrás», como la representación de su signo, les hace evocar cosas pasadas, pero de las que ellos saben sacar lecciones para el presente y válidas experiencias para el futuro.

Este es el signo conservador por excelencia, sobre todo en lo concerniente a su pasado, que para él representa lo más bello y querido de la existencia. Es un signo de agua, cardinal, femenino, en el que la Luna ha elegido su domicilio, lo que le da una gran afectividad por su familia y la persona amada.

Es crédulo a todo lo que se le dice y, dada su extrema receptividad, se conmueve con las historias dramáticas que escucha. Tiene una personalidad complicada, a la que difícilmente puede accederse. Desde niño hay que dirigir su carácter hacia un fin preciso, de modo que sepa distinguir entre el bien y el mal, sin por ello castigarlo con excesiva severidad. Hay que tratarlo siempre con dulzura para obtener de él lo que se quiera; pero, atención, si ve que los demás se comportan con él hipócritamente para manejarlo a su gusto, se convertirá en un enemigo implacable.

Es un romántico atraído por todo lo que representa belleza, dulzura y sobre todo feminidad y gusto por el amor.

Aunque indolente, pondera bien las decisiones que debe tomar, y cuando llega el momento de llevarlas a cabo, nada ni nadie puede hacerle desistir de su empeño.

La voluntad del Cáncer se completa y manifiesta sólo cuando encuentra a su lado una persona de carácter fuerte y autoritario que, sin embargo, no lo tome a la ligera o lo trate con sarcasmo.

No es raro que el Cáncer lo plante todo en un momento dado por una frase burlona dicha en momento poco oportuno. Así como el Géminis es un narcisista convencido y convincente, el Cáncer es fácil que llegue a serlo cuando el mundo exterior, compuesto por la familia y compañeros de trabajo, no logren comprender sus manifestaciones típicamente emotivas.

La fisonomía de este signo no es de las más agradables, por la redondez de las líneas del rostro que les prestan una expresión algo ausente y fuera de tiempo. El estómago es la parte más delicada de todo su organismo; úlceras, diabetes y cólicos renales son los males a los que más fácilmente se ve sujeto. Tiende a la obesidad ya desde la juventud.

La continua necesidad de ser considerado por lo que vale, le aporta disgustos que inevitablemente le afectan en el aspecto físico, dañando gravemente su sistema neurovegetativo.

La emotividad de este signo le lleva a considerar el arte como algo grandioso y capaz de absorber todas sus energías tanto psíquicas como físicas, como se demuestra en el caso del pianista y compositor Tchaikovsky, el director de cine Ingmar Bergman, el filósofo Jean Jacques Rousseau y el escritor Marcel Proust, nacidos bajo el signo de Cáncer.

Antiguamente este signo era representado como el crustáceo encerrado en su caparazón protector. Más que el cangrejo se solía representar al camarón, cuyo significado era la introversión y la dificultad de comunicación. El camarón, como se sabe, camina hacia atrás y el individuo nacido bajo el signo de Cáncer niega las verdades desagradables y guarda celosamente sus secretos y los de los demás.

Efectivamente, vemos cómo a menudo el sujeto se encierra en sí mismo, dentro de su cascarón, del que sale sólo esporádicamente. Lo que significa un continuo rechazo del sujeto frente al mundo externo. El individuo ama la vida íntima y cultiva sus propias aspiraciones; no por nada ha elegido la Luna su domicilio en este signo, ya que la Luna es el planeta de la tranquilidad, la familia y el calor del hogar.

Este signo tiene tan desarrollado el sentido trascendental de la vida que difícilmente soporta la personas banales o insignificantes, pero, como al mismo tiempo teme a las personas más inteligentes y preparadas que él, encuentra una salida muy simple, que es la de fiarse únicamente de su propio instinto. Siempre le parece que no ha hecho suficiente y se encuentra casi siempre insatisfecho del trabajo y las acciones emprendidas.

La relación sentimental es para él de una gran importancia, pero exige que el amor que él ofrece sea correspondido en igual medida por la persona amada. El ideal de mujer con el que sueña es más que bella, buena, más que refinada, femenina, y, sobre todo, una buena madre para sus hijos. La búsqueda constante de la mujer ideal con la que vivir, es, a veces, fatigante y se convierte en una espina constante que compromete la ya acentuada emotividad del sujeto. Lo dicho para el hombre es también válido respecto a la mujer.

El hombre

Es bello, delgado, con grandes ojos, ni alto ni bajo, desenvuelto, con frecuencia de tez pálida, con ojos azules o verdes, profundos y grandes. Bajo la máscara de una calma que a menudo no siente, esconde un carácter muy voluntarioso que lo lleva a defender con energía y tenacidad su punto de vista. Busca en la compañera de su vida afecto y comprensión y no mira la posición económica. Nunca se casaría por interés porque sabe que el dinero puede aportarlo él personalmente; más bien desea afecto y estima de la mujer ideal. Busca con tesón su ideal y si no lo encuentra en el matrimonio no duda en romperlo y rehacer su vida con otra persona que le comprenda. A pesar de que siente profundamente el afecto por sus hijos y la paz familiar, no está dispuesto a dejarse atar en una situación que lo obligaría a vivir sofocado y sin demostraciones de afecto.

Su casa tiene que estar en orden y bien cuidada, llena de objetos que ama y que todos deben respetar. Sus hijos son muy educados y sumisos con él. No le importa ayudar en los trabajos domésticos y se desenvuelve bien también en la cocina. No es demasiado fiel y sobre todo si encuentra a una mujer que no le comprende y no le contenta en su abundante carga sexual y afectiva, no dudará en buscar en otra parte lo que la familia le niega. Aprecia a la mujer que trabaja, que sabe desenvolverse, pero esta tiene que depender siempre de él o se sentiría frustrado en uno de sus derechos: el de ser jefe indiscutible. Es muy orgulloso y tolera mal las observaciones, aunque sean justas; será preciso exponerle el propio parecer con ponderación y mucho tacto. Si se desea obtener algo de él, las únicas armas son los buenos modales y la diplomacia.

Para él amar representa casi siempre un problema, dada su fidelidad a la imagen de una mujer que su fantasía infantil ha creado, casi siempre la proyección femenina de su madre, hacia la cual profesa un gran afecto.

En el plano afectivo, es por lo tanto, exigente en la elección de la mujer con la que unirse. Además de por su belleza y apariencia física, casi siempre elementos indispensables para él, gusta a las mujeres por la timidez y gracia con la que sabe expresarse, sin que sea por ello un gran orador o un seductor irresistible. Ejerce su atractivo sobre todo en mujeres maduras.

La mujer

Maternal, apasionada, dulce, agraciada. Sabe llevar bien los vestidos, tiene una elegancia natural fruto de la influencia de la Luna. Afectuosa y amante de la casa, con frecuencia tiene muchos hijos, a los que cría con amor y ternura, a veces excesiva. Se siente inclinada a idealizar su misión de madre y muchas veces por ello relega al marido a un segundo término. Dotada de abnegación y profundo sentido del deber, es una buenísima compañera si se le comprende, ya que de lo contrario sufre, se entristece y se vuelve algo lunática; busca las evasiones y se cansa fácilmente, en una palabra, sufre mucho la ausencia de felicidad de una situación poco armoniosa. Tiene fascinación, es muy atractiva, no alta pero sí proporcionada. Por la mañana, vestida deportivamente, es una mujer completamente diferente a la de la noche, con vestidos elegantes. No sigue demasiado la moda sino que viste tan sólo prendas que le están verdaderamente bien. Le gustan los tonos claros, el blanco, el amarillo, el verde, y el azul, que subrayan su personalidad. El hombre que quiera verla verdaderamente feliz y satisfecha, tranquila y segura en el porvenir, tendrá que proporcionarle una casa en la que ella sepa que puede estar siempre, y regalos y joyas porque le gustan mucho. Será un guardián perfecto de la paz familiar porque de este modo se sentirá apoyada y segura. Pero si se le quita la seguridad se volverá irritable y nerviosa.

La mujer Cáncer se encuentra fácilmente inclinada a idealizar el amor, pretendiendo a veces lo imposible del hombre que está a su lado. Altruista en exceso, manifiesta su personalidad a través de la persona amada, y basta con que esta no responda a las exigencias afectivas y prácticas de una mujer así para ofenderla en su sensibilidad.

Al igual que el hombre, la mujer Cáncer es muy influenciable por el ambiente y las personas que la rodean y, aunque ame las cosas bellas, no es una fanática arribista. Siempre piensa que es poco valorada, por lo que se considera incomprendida. Puede encontrar su complemento sólo en un hombre que le dé la sensación de ser única y que sepa dar un tono romántico a su amor. Su innato instinto maternal puede llevarla hacia un hombre no precisamente honesto.

La mujer Cáncer tiene la vocación de proteger al perseguido por la sociedad, y su continua necesidad de idealizar la lleva a creer que el perseguido tiene la razón y la sociedad está equivocada.

En el caso de que sea abandonada por el hombre que ama, permanece fiel a su imagen, atormentándose y pretendiendo de los demás compasión y comprensión. Puede también suceder que se vuelva malvada y llena de hastío frente al mundo entero, cambiando así completamente de personalidad.

Los niños

Sensibles y muy inteligentes, son niños en apariencia cerrados pero muy necesitados de afecto y comprensión. Más que con un grito se les convence con una sonrisa o haciéndoles reír por alguna situación graciosa. Cáncer, muy sensible al sentido del humor, apreciará la gracia y preferirá reír antes que seguir en su actitud. De pequeños, los nacidos en Cáncer suelen ser quisquillosos: pelean con sus amigos y compañeros, pero no hay que intervenir. Es mejor dejar que se defiendan por sí solos y que lo solucionen ellos mismos, ya que de lo contrario continuamente habría que entrometerse para apaciguar las discusiones. Lunáticos y con frecuencia inconstantes, les gusta jugar ruidosamente en compañía y silenciosamente cuando están solos. Se ofenden con facilidad, se enfadan muchísimo, pueden ser violentos con los compañeros de juego y hacerles daño no porque no se den cuenta sino para descargar sus nervios. Después se arrepienten pero difícilmente piden perdón.

Sienten gran pasión por la naturaleza, las plantas, los animales hacia los que profesan afecto y ternura. Les disgustan los juegos crueles y prefieren la educación y buenos modales. Si existe un juego amable, seguro que será del niño nacido en Cáncer. Coleccionistas apasionados, se rebelan si alguien les arroja sus cosas o rompe algo que a ellos les gusta. Conservan los trocitos de papel, los juguetes viejos, pintan con placer, sienten atracción por el arte y el dibujo. Hay que estimular su fantasía, regalarles libros que les interesen, dejar que frecuenten las escuelas de arte.

Relaciones con los otros signos

Respecto a los otros signos del Zodíaco, los nacidos en Cáncer concuerdan bien con Tauro, comunicándose bien en el plano práctico y afectivo y con el que desarrolla intereses de trabajo y afecto controlado pero profundo.

Con Aries contrastan debido a la dureza de este comparada con el carácter de Cáncer; la unión resulta negativa. Con Géminis pueden hacer amistad y mantener una buena comunicación, a pesar de que no aprecien en absoluto la volubilidad de este último y su tendencia física a mentir. Pueden llegar a mantener una convivencia serena.

Grandes e intensas pasiones y matrimonios excelentes se pueden dar con los nacidos en Leo, que inspiran amistad y pasión profundísimas en Cáncer.

La unión por excelencia se produce con Virgo, pero hay que tener presente que en las relaciones con Cáncer existe el «factor tiempo»: el acuerdo con Virgo no llegará enseguida, sino con el tiempo. Libra choca, por su carácter perezoso y vividor, con los nacidos en Cáncer, quienes no simpatizan con aquel signo ni desde el punto de vista físico ni en el intelectual; el matrimonio con él provocaría demasiados contrastes. Es mejor que se mantenga una relación de amistad.

Con Escorpión, el entendimiento es difícil: la amistad no es imposible, pero llena de discusiones y de obstáculos; el amor, improbable; la pasión puede existir, a condición de que los dos no vivan juntos: la ruptura sería fácil y el amor podría convertirse en odio.

La relación irá muy bien si se trata de un Escorpión, oficial de marina, por ejemplo, y una mujer nacida en Cáncer, ya que el esposo que estará lejos muchos meses al año.

Con Sagitario, si el Cáncer es pasivo y abúlico, es posible la amistad debida a un gran respeto recíproco y a las afinidades: que con el tiempo se transformará en afecto, pero rara vez en amor apasionado.

Disparidad de criterios entre Cáncer y Capricornio, son más fáciles los afectos familiares que las relaciones amorosas. Con la mujer capricornio la unión es contraindicada por la frialdad y distanciamiento de tal mujer, que harán el matrimonio triste y monótono. A menudo una madre Capricornio es buenísima para un hijo Cáncer, a pesar de que a veces surjan contrastes de ideas.

Con Acuario el entendimiento es bueno, pero Cáncer tiene que ser menos susceptible en su trato y crear sentimientos de amistad. Además tiene que perdonar la sensibilidad de Acuario, que fácilmente puede herirse por las indirectas de Cáncer. Con la mujer Acuario el matrimonio es desaconsejable, por la tendencia de este signo a aspirar a metas exclusivamente intelectuales.

Con Piscis, el entendimiento es excelente desde todos los aspectos, matrimonio feliz con tal de que Cáncer no insista demasiado en sus puntos de vista, que en el tipo negativo de Cáncer son muy firmes y pueden llegar a irritar al nacido en Piscis, por la extrema sensibilidad receptiva de estos dos signos de *agua*.

Con otra persona del tipo Cáncer la unión es desaconsejable por la desconfianza innata que le separa, creando entre ellos un abismo insondable.

La salud

Cáncer padece con frecuencia del estómago y de dolores intercostales. Puede estar sujeto a molestias de origen nervioso, tiene necesidad de oportunas curas reconstituyentes cuando llegan los cambios de estaciones, es bastante delgado, de línea estilizada y por consiguiente requiere una alimentación rica en proteínas. La carne le es indispensable, pero también le gusta mucho el pescado. Le gusta escoger entre muchas cosas, pellizcar de aquí y de allá, probar un poco de todo más que saciarse con un solo plato.

En los tipos negativos, la tendencia a dramatizar los males les hace ser individuos con enfermedades imaginarias. Pero con frecuencia los nacidos en el signo de Cáncer son valientes, soportan bien el dolor, casi se sienten orgullosos del mismo, para demostrar una vez más que saben ser superiores incluso a los dolores físicos. Los nacidos en este signo, por otra parte, temen siempre por su salud, pero su tenacidad les ayudar a superar los momentos difíciles, imponiéndose a sí mismos el soportarlos, apretando los dientes y esperando siempre en tiempos mejores para la realización de sus deseos.

El carácter

Por lo general, los nacidos bajo el signo de Cáncer son genia-les, aunque estén dominados por la Luna y por lo tanto sean inconstantes. Son elementos difíciles de guiar en el plantea-miento de los problemas, pero capaces de autodeterminarse y de escoger lo mejor. Lo importante es que venzan su tozudez inicial y que sepan aprovechar los consejos de quienes les quieren bien para sacar partido de los innumerables dones que poseen.

Para convencerlos, hay que sostenerlos y alabarlos, y ellos se sentirán de esta manera estimulados a mejorar y a triunfar. Los nacidos en Cáncer necesitan junto a sí a una persona que les comprenda y que les ame, que sea para ellos el objetivo de su vida: por esta persona, los nacidos en el signo serán capaces de toda abnegación y de grandes sacrificios, recibiendo a cambio el estímulo para construir con éxito y para triunfar en la vida de la manera más brillante, fortalecidos incluso con dones naturales poco comunes.

Los famosos

Hombres políticos y patriotas, como Walter Ulbritch; escrito-res y pensadores, como Proust y Rousseau; hombres de acción, periodistas y novelistas, como Hemingway; músicos, como Schubert, y directores artísticos, actores como De Sica, que sin duda ha marcado impronta su huella en el cine con-temporáneo. Entre los pintores encontramos a Rubens y Rembrandt, claro exponente del tipo Cáncer. En el campo femenino, Cáncer tiene una fiel caracterización en la actriz Gina Lollobrigida, que de joven destacó por sus dotes de estrella y que todavía brilla por su carácter indómito y por su atractivo, que aumenta incluso con los años. Por lo general, se trata de personajes polifacéticos, muy diferentes los unos de los otros, pero que cada uno en su propio campo ha sabi-do dar la imagen de una época e importancia a su obra. Típi-cos nacidos en el signo de Cáncer, pues, que puede ser un signo de lunáticos, de originales, de extraños personajes, pero nunca un signo de medianías.

Los números

Para los nacidos en Cáncer el 17 es considerado generalmente el número de la suerte, pero asume el papel de número mágico por excelencia; el número 30, es propicio para ganancias e inversiones; el 5, es simbólico por cuanto concierne a estudios e investigaciones.

Las piedras de la suerte

La turquesa, que además de ser un óptimo antídoto contra fantasmas y espíritus de todo tipo es también símbolo de amistad; la amatista es la piedra de los negocios y el topacio es propicio para las compras. El gris y el verde en todas sus tonalidades son los colores de Cáncer.

Cáncer día a día

1.° grado CÁNCER	21 junio

Son personas de gustos refinados y deseosas de obtener popularidad. Tienen tendencia a realizar numerosos viajes por mar. Son idealistas y amables, de carácter simpático y sensual. Poseen un cierto instinto maternal.
Por lo que a la salud se refiere, será necesario que establezcan una dieta equilibrada para mejorar el metabolismo, influenciado negativamente por Mercurio.
Este es un grado fuerte e importante con acusadas influencias de Cáncer. Tienen una notable sensualidad y un gran sentido del ritmo. Aman a la gente y son simpáticas con los demás. Algunas veces son nostálgicas y sentimentales. Para estas personas será muy importante el matrimonio.

1.° grado CÁNCER	22 junio

Son personas de éxito y popularidad inesperados. Tienen tendencia a realizar viajes por mar, a realizar un matrimonio feliz y a tener muchos amigos.

En lo que se refiere a la salud, deberán vigilar el estómago y prestar atención a las tensiones nerviosas injustificadas.

Este es un grado fuerte e importante con grandes influencias de Cáncer. Existen numerosas posibilidades de que lleguen a ser artistas famosos y populares. A veces son excesivamente melancólicos y sensibles. Son muy sensuales, y también simpáticos y afectuosos con los demás.. Les será de suma importancia el matrimonio.

2.° grado CÁNCER   23 junio

Son personas sutiles y sensibles, interesadas por la parapsicología. La muerte de parientes puede influir decisivamente en sus vidas, convirtiéndolas en personas más maduras y reflexivas. Serán felices en el matrimonio gracias a su buen carácter que les permite evitar roces y peleas.

Por lo que a la salud se refiere, tienen la vista delicada aunque la influencia del Sol les beneficia.

Este grado zodiacal presenta muchas características iguales a las del precedente. Son artistas y la gente los quiere por la simpatía, el tacto y la diplomacia con que tratan a sus amigos. Aman la naturaleza y todo aquello que es hermoso y que forma parte del universo. Muchas personas de este grado prefieren que sean los demás quienes tomen las decisiones, colocándose de este modo en un estado de dependencia y no de responsabilidad.

3.° grado CÁNCER   24 junio

Son personas con tendencia a recibir influencias del extranjero; son de carácter emotivo. Corren el riesgo de sufrir disgustos amorosos a causa sobre todo de su propia indecisión. Alcanzarán la felicidad familiar, pero su emotividad les puede crear problemas en su actividad. Atravesarán momentos imprevistos de pereza. Son personas con sentido artístico y sensibles, con una constitución física notable.

En cuestiones de salud no corren el peligro de sufrir ninguna enfermedad grave. Tienen tendencia a experimentar percepciones extrasensoriales.

La estrella fija Tejat en este grado les proporcionará un notable amor por el teatro, el arte, el cine y por lugares o locales públicos de diversión.

Son personas con una inteligencia y una cultura tan destacadas que no tendrán dificultades en un matrimonio con acusada diferencia de edad. Su carácter sensual puede ocasionarles problemas. En el terreno económico avanzarán lentamente, y aún así gracias a sus amigos fieles y serviciales.
En cuestiones de salud tienden a sufrir por su excesiva inconsciencia. Poseen una destacada agudeza auditiva.
Son personas versátiles, elocuentes, que aman las sensaciones buenas de la vida. Su necesidad de disponer de las cosas hermosas y refinadas contrastará con su concepción ascética y progresista.
Hay algo en ellas que les hará ver la vida de una forma muy particular. Muchas de ellas se interesarán por la parapsicología y las ciencias ocultas. El amor les llegará de una forma inesperada y la persona amada será mucho más joven o mucho mayor que ellas.

Son personas presuntuosas e indecisas, con fantasía y creatividad. Sufrirán problemas a causa de una mujer, originados por su presunción. Sus extravagancias lo convierten en personajes simpáticos y atrayentes a los ojos ajenos.
Por lo que a la salud se refiere, deberán evitar alimentos pesados y cuidar las articulaciones.
Son idealistas en el más amplio sentido de la palabra. A veces su exagerada confianza en los demás podrá crearles problemas.
Están dotados de una notable fantasía e imaginación que si se emplean correctamente podrán convertirlos en estupendos escritores, directores, actores y hasta inventores de objetos nuevos.

6.º grado CÁNCER 27 junio

Son personas cuyas dotes de observación les permitirán disfrutar de los viajes. Captarán las influencias extranjeras por tener dotes extransensoriales. Correrán el peligro de sufrir crisis de pesimismo.

Por lo que a la salud se refiere, pueden sufrir trastornos gástricos a causa del estrés y del exceso de trabajo.

Tienen buen carácter y son queridas por su simpatía. Son personas muy exigentes. La mayor alegría la tendrán viajando, sobre todo por mar. Deberán evitar la tentación de gastar dinero demasiado fácilmente. Más de una vez captarán mensajes telepáticos a través del subconsciente.

7.º grado CÁNCER 28 junio

Son personas intelectuales y versátiles, pero también bondadosas e indulgentes que detestan ser dominadas o mandadas. Les apasiona explorar el reino vegetal y mineral.

Por lo que se refiere a la salud, son propensas a los trastornos gástricos, que podrán evitar con una dieta adecuada.

Tiene un gran sentido artístico y podrán triunfar con facilidad pues son personas ambiciosas y no temen los problemas, los obstáculos ni los adversarios. Su inteligencia, superior a la media, deberán utilizarla para hacer cosas realmente justas.

No deberán atormentar a los demás con sus propios problemas, al contrario deberán tener en cuenta que su felicidad y su destino será el resultado de sus propias acciones.

8.º grado CÁNCER 29 junio

Son personas de carácter decidido. La práctica y la memoria son las bases de su capacidad. Los amigos del trabajo les serán de ayuda.

Los viajes y desplazamientos les permitirán conocer gente interesante, pero los disgustos en el matrimonio serán consecuencia de sus obstinaciones, por lo que correrán el peligro de divorciarse.

En cuestiones de salud corren el peligro de sufrir problemas óseos, pues aquí tienen su punto más débil.

Son personas prácticas y eficientes en todo lo que hacen. Les gusta la diversión y les atrae todo lo que pueda satisfacer los sentidos. Serían buenos periodistas o artistas creativos. Deberán evitar calumniar o criticar a los demás.

9.º grado CÁNCER   30 junio

Son personas tímidas y sensibles, pero se muestran elocuentes e inteligentes cuando superan la timidez. Son personas activas, trabajadoras y poco ambiciosas. Saben ser felices en el matrimonio.

En cuestiones de salud tienen los huesos delicados y pueden sufrir alguna fractura, por lo que deberán tener mucho cuidado con las caídas.

Son personas modestas y buenas por naturaleza. Su paciencia y excelente espíritu de observación les permitirá salir adelante en todas las circunstancias de la vida. Tendrán muchos amigos sinceros, aunque siempre tendrán algún pariente en su contra. Con la estrella fija Alhena en este grado y la colaboración de otros elementos del horóscopo podrán alcanzar la fama en el mundo del arte.

10.º grado CÁNCER   1 julio

Son personas con un acusado amor por la familia, la casa y la tierra. El trabajo y la actividad les llevarán al éxito, así como a un ascenso social y a una buena posición económica.

En lo que se refiere a la salud, podrán tener algún problema si realizan una actividad no sedentaria. Deberán prestar atención a las dolencias del corazón.

Son personas decididas y muy obstinadas. No les gusta demasiado la vida pública y prefieren recorrer su camino en silencio. Cualquier cosa que hagan será un motivo suficiente para ser queridos por los demás. La segunda parte de su vida será muy hermosa porque empezarán a recoger los frutos de las diversas actividades realizadas. Deberán controlarse a la hora de comer y de beber.

11.º grado CÁNCER   2 julio

Son personas con buena sensibilidad artística y musical, y con temperamento ardiente e impulsivo, con propensión a problemas amorosos. Propensas a realizar largos viajes.

En cuestiones de salud, el corazón se resentirá de su emotividad. Deberán evitar por tanto los tranquilizantes.

Son personas impulsivas, entusiastas y optimistas, con aptitudes artísticas y musicales. Con todas estas características no les resultará difícil alcanzar el éxito, aunque deberán ser más tenaces y voluntariosas en la vida.

Sus ambiciones suelen ser apropiadas aunque a veces el modo en que quieren llevarlas a cabo no es el más indicado. Aman la naturaleza y el mar, aunque deberán evitar los viajes en barco si el tiempo no es muy apropiado. Tendrán cierta facilidad para ganar en el juego.

12.º grado CÁNCER   3 julio

Son personas astutas con capacidad para los negocios y el comercio. Sienten cierta inclinación por las ciencias ocultas. Deberán dominar los bajos instintos, que son sólo una reacción y un deseo de autoafirmación, para no correr el peligro de cometer graves infracciones. Por lo que a la salud respecta, tienen un corazón sensible; este grado en el ascendiente produce melancolía.

El escritor Franz Kafka fue un notable ejemplo de este grado zodiacal.

Realizarán bastantes viajes en su vida y deberán afrontar muchos cambios. No son personas muy sociables aunque a menudo tengan grandes deseos de estar con los demás.

Les atrae el ocultismo, así como la parapsicología, la astrología, la magia y el espiritismo. Tendrán mucha suerte en el amor y el matrimonio les proporcionará felicidad.

13.º grado CÁNCER   4 julio

Son personas que sienten temor a actuar, en contraposición con su temperamento dinámico. Son inteligentes y con sentimiento artístico.

En lo que se refiere a la salud, deberán tener el corazón bajo control en períodos de estrés y cansancio.

Son personas versátiles e inteligentes, dotadas de un gran sentido del humor.

Su sensualidad les permitirá captar los pensamientos y los cambios de humor de las personas cercanas. Deberán combatir la pereza y la tendencia a renunciar demasiado fácilmente a las cosas.

Su vida será rica en acontecimientos y emociones. Podrán tener un amor muy importante, pero algunas personas nacidas bajo este grado tienen la posibilidad de contraer más de un matrimonio.

14.º grado CÁNCER   5 julio

Son personas emotivas y autoritarias, a menudo con tendencia a lanzarse a empresas equivocadas. Tendrán un matrimonio feliz.

Por lo que a la salud se refiere, tienen tendencia a padecer problemas en las articulaciones y especialmente en los pies, por lo que deberán tener cuidado.

Han nacido en un grado muy importante y por ello tienen una fuerte personalidad y una gran capacidad de convicción, mando y dominio sobre los demás.

Tienen fuertes deseos y a menudo intentan satisfacerlos para tranquilizar los sentidos. Les gusta la buena mesa.

Podrán tener éxito como artistas (músicos o pintores). La estrella fija Sirius, una de las más importantes del firmamento, se encuentra en este grado. Si otros elementos del horóscopo lo confirman, puede alcanzar fama y riqueza.

15.º grado CÁNCER   6 julio

Son personas idealistas, diplomáticas, optimistas, a las que les gusta el trabajo y la acción. Algunas veces se dejan arrastrar por los recuerdos, pero el sentido práctico se sobrepone a cualquier estado de melancolía o de tristeza. Podrán realizar un matrimonio feliz.

En lo que respecta a la salud, tienen propensión a los trastornos nerviosos y pueden sufrir digestiones difíciles.

Son personas sencillas que se contentan con poco. Esta cualidad les permitirá alcanzar una buena posición sin que nadie les tenga envidia. Aman la vida privada y el hogar. Evitarán resolver sus problemas con engaños o deshonestidad, que son inclinaciones notablemente peligrosas.

16.° grado CÁNCER   7 julio

Son personas organizativas, que son capaces de llevar a cabo las empresas más enredadas y confusas merced a su tacto y diplomacia. Son propensas a tener un matrimonio de fortuna en cuanto a la posición social.

En lo que respecta a la salud, pueden sufrir insomnio, de origen psicosomático.

Gustav Mahler, así como el famoso director de cine italiano Vittorio de Sica fueron representantes de este grado zodiacal.

Son personas valientes y su forma de afrontar los obstáculos merece admiración. Sin embargo, de vez en cuando se dejan llevar por un cierto miedo, una de las conocidas fobias de los Cáncer; entonces se vuelven indecisas y dudosas. Son cariñosas, pero no siempre fieles en el amor. Podrán beneficiarse de una unión sentimental o comercial.

17.° grado CÁNCER   8 julio

Son personas versátiles y llenas de humanidad. Les falta un poco de energía e iniciativa, pero si se esfuerzan pueden llegar al éxito.

En lo que se refiere a la salud deberán controlar la dieta porque son propensas a sufrir problemas estomacales.

Tienen una inteligencia espléndida, y son personas originales, creativas y artistas.Tienen buen gusto. Deberán frenar el deseo de satisfacer sus sentidos, y no abusar de la bebida.

Son personajes representativos de este grado zodiacal el famoso fabulista La Fontaine y el millonario Rockefeller.

18.° grado CÁNCER   9 julio

Son personas amantes del mar, los ríos y todos los lugares donde haya agua. Se sienten fuertemente atraídas por el riesgo. Su afición por el juego les causará pérdidas de dinero, y realizarán numerosos viajes, aunque breves. Son personas de carácter romántico.

En lo que se refiere a la salud, su estado físico es delicado, sobre todo la vista. Son personas egocéntricas y débiles de carácter. No soportan la crítica de los demás.

Aman las especulaciones del azar, el juego, las empresas con muchas incógnitas. Son apreciadas por su jovialidad y simpatía. Podrán tener éxito en trabajos relacionados con la estética, institutos de belleza, gimnasia, etc. Deberán evitar a toda costa gente equívoca, ladrones o pícaros.

19.° grado CÁNCER   10 julio

Son personas impulsivas, aficionadas a organizar fiestas y reuniones sociales.

Su estado físico es delicado con cierta propensión a tener cálculos renales.

Son personas refinadas, elegantes, inteligentes y polémicas.

Deberán elegir una profesión que les ofrezca la posibilidad de organizar o mandar.

La estrella fija Propus que se encuentra en este grado proporciona un notable sentido estético junto con un exagerado sentimentalismo y la posibilidad de alcanzar importantes metas en la vida. El famoso cantante Paul Anka es un representante de este grado zodiacal.

20.° grado CÁNCER   11 julio

Son personas con suerte en cualquier aspecto de su vida. Tienen una mentalidad despierta, que les proporcionará éxito en todo aquello que realicen, aunque en realidad son poco ambiciosos. Son fieles a los amigos. No les falta inteligencia y tienen rápidos reflejos mentales aunque parece que no quieran utilizarlos. Algunas personas nacidas en este grado estarán destinadas a enseñar esta verdad.

Tenderán al misticismo, pero no deberán confundir la sencillez y la modestia con la esclavitud. A pesar de todo son personas afortunadas y aunque no se esfuercen demasiado conseguirán alcanzar el bienestar y la felicidad. Son eróticas y sensuales.

21.º grado CÁNCER   12 julio

Son personas amantes de conocer e indagar. Su curiosidad, sin embargo, se mide según el tiempo y el lugar. La realización de largos viajes pueden producirles pérdidas económicas.

Por lo que a la salud se refiere, deberán prestar atención a la garganta y a los problemas respiratorios.

Son personas que son buenas observadoras, pero tienden a preocuparse demasiado de sí mismas. Su vida y su situación económica sufrirán muchos altibajos. Tendrán mucha confianza en el amor y momentos felices gracias a los niños.

Un representante nacido bajo este grado fue el poeta chileno Pablo Neruda.

22.º grado CÁNCER   13 julio

Son personas sentimentales y sensibles, amantes de la vida doméstica, con tendencia a confundir lo real con lo irreal.

No tienen mucha iniciativa y son algo ingenuos; les gusta la vida simple y la dependencia de la casa.

Por lo que a la salud se refiere, son propensas a sufrir alteraciones respiratorias y en los bronquios.

Son personas románticas, fantasiosas y soñadoras, y su vida no siempre será fácil. Tienden a no aceptar las dificultades. La fantasía y la ilusión les hacen olvidar los disgustos.

Aman la casa, y quizás alguna actividad que al principio la consideren una afición acabará siendo su verdadera profesión.

La sensibilidad les permitirá ser un buen médium, captar mensajes procedentes de otras dimensiones y recibir también ideas de los demás. La estrella fija Wesen en este grado proporciona sabiduría y filosofía.

23.° grado CÁNCER   14 julio

Son personas impulsivas y generosas, inclinadas a emprender empresas difíciles y por ello tendrán altibajos de fortuna.
Tienen gran afición a la naturaleza y a los viajes.
Por lo que a la salud se refiere tienen predisposición a sufrir enfermedades de nariz y garganta.
Son personas dotadas de gran vitalidad y energía. Podrán recorrer mucho camino y alcanzar metas elevadas gracias a su tenacidad. También alcanzarán éxito en cuestiones prácticas.
Aman las cosas verdaderas y la gente auténtica, pero aman sobre todo la libertad. Recordemos que el pueblo francés, en su lucha por la libertad, tomó la Bastilla el 14 de julio de 1789.

24.° grado CÁNCER   15 julio

Son personas tímidas pero con buen sentido crítico, inteligentes y ambiciosas.
Por lo que a la salud se refiere, corren el peligro de tener problemas bronquiales.
El famoso pintor Rembrandt nació bajo este grado zodiacal.
Tienen un carácter fuerte y decidido. Están dotadas de sentido religioso, aunque a menudo no son miembros de la Iglesia.
Podrán elegir entre todas las actividades artísticas con fuertes sensaciones de colores, sonidos y luces. Es muy fácil que alcancen una posición importante, dada su ambición. Tendrán muchos amigos, pero también enemigos.

25.° grado CÁNCER   16 julio

Son personas con un espíritu independiente, indomable y rebelde, amantes de la comodidad y el lujo, que tendrán una vida variada e interesante.
Por lo que a la salud respecta pueden correr el peligro de coger una pulmonía.
Son personas valientes y de una voluntad de hierro. Aficionadas a la aventura, los riesgos y los viajes.
La vida sencilla les parece insignificante y sólo cuando sucede

algo realmente importante muestran su verdadera naturaleza, orgullosa y noble. Les gusta el lujo y la elegancia, y en su casa habrá numerosos objetos de arte. Serán personas afortunadas en todo aquello que esté relacionado con los sentimientos, el afecto y el amor.

El pintor holandés Van Dyck nació bajo este grado zodiacal.

26.° grado CÁNCER — 17 julio

Son personas a las que fascina cualquier cosa que encierre algún misterio, y por ello les atrae el misticismo y a la parapsicología. Tendrán suerte en el amor.

Su vida será inestable y variada, pero en los momentos de peligro tendrán protección de más arriba o de fuentes sobrenaturales.

Por lo que a la salud se refiere, tienen predisposición a las caídas. Son personas afortunadas y el apoyo de personas influyentes les permitirá progresar en todos los aspectos, aunque les falta un poco de combatividad. No les gusta perjudicar ni disgustar a nadie. Por ello son diplomáticos y volubles. La estrella fija Procyon se encuentra en este grado y proporciona vitalidad, actividad y agresividad.

27.° grado CÁNCER — 18 julio

Son personas con suerte en las empresas y en los negocios, en los que la docilidad aparente y amabilidad son las armas que utilizan para vencer al adversario. Tendrán diversos amores.

Por lo que respecta a la salud, deberán prestar atención a los cambios bruscos de temperatura.

Son personas buenas, generosas, comprensivas. Siempre les acompañará la suerte, especialmente cuando se desplacen de un lugar a otro por motivos laborales o comerciales.

Son personas sabias; aman al prójimo porque saben observar y analizar la forma de ser de los demás. No les faltará el éxito.

Su amabilidad no es el resultado de un determinado miedo o de la necesidad de gustar a los demás, pues son contrarias a la adulación.

28.° grado CÁNCER 19 julio

Son personas que podrán destacar como políticos gracias a su habilidad y capacidad dialéctica. Son simpáticas y contemplativas, pensadoras y soñadoras, que ven siempre el lado bueno de las cosas. Sienten un profundo amor por la naturaleza.

Por lo que a la salud respecta, deberán tener cuidado con los cambios bruscos de temperatura que podrían provocarles alteraciones en el estómago y en el pecho.

Es probable que lleguen a alcanzar el bienestar económico y la estima de los demás.

Llevan una vida sana y les gusta cualquier teoría o hecho real que esté en armonía con el universo. Por ello creen en la religión, en la naturaleza, en el poder de las plantas para curar el cuerpo humano, en la macrobiótica y en la filosofía india.

Les gusta pasear por el campo y por el bosque, pero tienen pasión por todo aquello que forma parte del progreso.

29.° grado CÁNCER 20 julio

Son personas de carácter introvertido que evitan el contacto con la gente, que obtendrán éxitos sólo después de haber tomado decisiones meditadas y tranquilas.

Por sus ideas pueden sufrir algún tiempo de percance social. Por lo que a la salud se refiere, pueden sufrir bronquitis.

Son personas honestas pero astutas. Tienen ideales y ambiciones que podrán ser realizados gracias a una persona con la que mantengan vínculos sentimentales. Aman la libertad y no soportan que alguien limite sus movimientos. Este grado ofrece inteligencia y bienestar gracias al comercio, y protección de los golpes bajos del destino.

30° grado CÁNCER 21 julio

Son personas de naturaleza profunda, exploradores incansables, aunque a menudo les falta decisión. son de carácter voluble.

En lo que respecta a la salud, tienden a la obesidad por causas psíquicas.

Tienen un fuerte espíritu de independencia y prefieren hacer las cosas por sí mismos sin contar para nada con la ayuda de los demás. En su comportamiento hay algo que siempre inspira respeto.

Podrán destacar como cómicos o actores.

Les gusta viajar y a menudo se desplazarán por el extranjero, pero no estarán libres de dificultades o contratiempos durante los viajes.

LEO

 El signo de Leo, desde el 22 de julio al 22 de agosto, atravesado por el Sol, está bajo el dominio del mismo Sol. Puede afirmarse, sin duda, que es el signo de *fuego* más fuerte del Zodíaco. El Sol, que domina este signo, constituye la verdadera fuente del vigor vital, del individualismo, de la fuerza creadora que está en nosotros y de la parte espiritual que los antiguos definían con el atributo de «hálito divino».

Representa la voluntad mental, el éxito en la profesión y en la vida, acompañado de una gran generosidad. Modula al carácter noble y orgulloso, que alcanza a veces puntos de fiereza y nobleza demasiado elevados.

La propia originalidad de este dominio solar confiere una acusada personalidad. Pero hay influjos negativos que conducen a un temperamento cruel, a la arrogancia, a la presunción, a la impulsividad y al egocentrismo.

Al igual que el Sol irradia y domina con su luz y su calor a todo el sistema solar, así el nacido en Leo se siente inclinado a dominar, o mejor, a sobresalir y a destacar en todas las facetas de la vida; sabedor de su personalidad y de su poder de dominio, no admite la mínima interferencia por parte de nadie.

Este convencimiento no siempre corresponde a la realidad, pero Leo precisa poseer para sentirse un verdadero «león».

Leo es el signo dominado por una voluntad que sabe lo que quiere, por la tenacidad en triunfar a toda costa. Es el símbolo de la voluntad consagrada a potenciar el yo.

Normalmente, los sentimientos de Leo son siempre sinceros; buenos por naturaleza, llenos de amabilidad, aunque la mayoría de las veces estas cualidades se pongan de manifiesto, con decisión y espontaneidad, en los actos externos. Aun siendo impulsivo y autoritario, la ingenua naturalidad con que actúa, hace que Leo no provoque nunca resentimientos en los demás. En todas sus actividades manifiesta algo de realeza, que en ocasiones se transforma en soberbia. Es en ese momento cuando adopta cierta actitud condescendiente respecto a los demás, así como cierto aire de superioridad. Todo ello sin ser consciente que en realidad él mismo es una persona como cualquier otra.

Sus pretensiones son muy elevadas a pesar de que sus servicios sean inferiores a lo que podrían ser. No malgasta nunca sus energías sino que tiende a conservarlas para las ocasiones en que puede hacer valer con autoridad su propia capacidad. En el fondo es algo proclive a la pereza que lo hace desganado y carente de iniciativa. Difícilmente hará más de lo necesario.

Sabe valerse con astucia para atribuir a otras personas los trabajos que son de su responsabilidad.

Poco conocedor de la psicología, no consigue identificarse con el prójimo por lo que con frecuencia sufre notables desilusiones. Muchas veces esta ingenuidad acaba perjudicándole. Para él es incomprensible que no se tenga su mismo «código de honor». Se muestra sensible a las alabanzas, las cuales se acaban transformando en una verdadera necesidad para él. Las acepta siempre aunque se dé cuenta, pero raramente advierte la mera adulación. No se ofende, es elegante en el perdón. Le gusta muchísimo ostentar su riqueza, ser magnánimo, incluso más de lo necesario. No soporta las cosas escuálidas y míseras; le cuesta admitir las críticas a su persona; odia las intrigas y las complicaciones y tiende siempre a no ser mezclado en ellas.

Sabe utilizar toda su energía para no encontrarse en condiciones desfavorables. Generalmente lo logra, gracias a su notable constancia y a su profundo tesón.

El bienestar es para él no tan sólo una cosa muy agradable a la que aspira, sino una necesidad. Si un Leo no consigue el estado de bienestar que pretende, vivirá su vida tras una considerable capa de bienestar realizando los llamados «saltos mortales» para ocultar sus propias carencias.

Vigoroso, posee una positiva concepción de la vida y de las metas que quiere conseguir. No siendo excesivamente espiritual, se presta a realizar meditaciones profundas; apunta al éxito y al poder logrando con frecuencia alcanzar aquello que se ha propuesto.

Muestra gran aprecio por el dinero, pero tiene importantes gestos de generosidad, especialmente cuando pueden originar admiración hacia su persona. Si da, quiere hacerlo por propia iniciativa, sin que le sea pedido. Lleno de fe en sí mismo, además de ser dispuesto y voluntarioso, posee una fuerte personalidad, la cual quiere poner en evidencia y que sea reconocida por todos. Tiene grandes dotes de organización. En las decisiones es puntilloso, impaciente, la mayoría de las veces descuida los detalles para llegar a una rápida conclusión; aspira a la independencia absoluta, es sensible a la estima incondicional y nada le satisface más que el reconocimiento de sus propias cualidades. En este sentido, a menudo se deja poseer por una forma contemplativa de admiración de sí mismo. Le gusta causar impacto, tiene que sentirse siempre centro de atención. En las relaciones sociales se orienta con preferencia hacia personas importantes, influyentes y ricas, pero también hacia los débiles de carácter, que sin duda alguna, impresionados por la fuerza de su carácter le prestarán atención como si de un verdadero rey se tratase.

Su hospitalidad persigue el reconocimiento de los demás. Acoge complacido a amigos en su casa y en su entusiasmo se transforma en el ser más generoso poniéndoles a su disposición todo cuanto posee, sensibilísimo a la admiración que suscita y a las alabanzas que recibe. Prefiere siempre las cosas grandes y si por fortuna nace en un ambiente rico se rodea de objetos hermosos y caros, no tanto por el placer de poseerlos como por el de lucirlos y causar impacto.

Si un Leo no consigue salir adelante se torna neurasténico y arrogante. Esta debilidad en su fuerza vital le atenaza con continuas reflexiones y preocupaciones. Sus ideales son en gran parte de índole práctica porque los Leo desean sobre todo actuar en firme y no caer en fantasías.

Un don sobresaliente es el saber relacionar el idealismo con el realismo sin dar excesiva importancia a ninguno de los dos. A veces, sin embargo, se pueden encontrar también soñadores en cuanto que sus sueños, con los ojos abiertos, son siempre el incentivo necesario para la realización de algo. Es un signo que actúa siempre con el corazón, no conoce la venganza y a pesar de que a veces pueda tener una reacción brusca, debido a su carácter irritable, desprecia cualquier actitud humana que pueda abrigar la bajeza moral o el odio hacia otras personas. Si se percata de la mezquindad de una persona trunca definitivamente con ella todo contacto. No soporta la injusticia y contra esta puede reaccionar contundentemente.

No conoce el término medio. Es un signo donde se encuentran personas dominantes y autoritarias junto a individuos más transigentes y sensibles.

Las actividades de Leo son variadas. Se le encuentra entre los artistas, los escritores, los compositores, los directores de industrias privadas y entre los militares.

Leo triunfa también gracias a su *savoir faire* característico y a la fascinación que llega a emanar. Cuando ocupa posiciones de mando es más que nunca apreciado, no existiendo en él la mínima sombra de mezquindad. En el campo artístico obtiene grandes éxitos porque busca la aprobación de la crítica antes que el afán de lucro. Aunque se vean envueltos en dificultades, incluso en el mismo ámbito familiar, difícilmente se dejan avasallar, sino que, reaccionando inmediatamente, son capaces de afrontar todas las situaciones, aún las más imprevisibles.

Sienten inclinación por los viajes, a menudo con largas permanencias en el extranjero, donde hace muchos amigos que verá de nuevo en sucesivos encuentros. Son hábiles conductores de automóviles, a pesar de que a veces se dejen poseer por el vértigo de la velocidad. Escogen siempre coches muy vistosos, de último modelo y, a ser posible, deportivos. Para ellos el coche no es tanto un medio de trabajo cuanto un elemento necesario a su personalidad.

El deporte constituye una de las actividades preferidas por Leo. Desde jóvenes les gustan todos los deportes, pero se dedican a los que pueden poner de relieve sus cualidades físicas.

Casi siempre triunfan de manera excelente. Su modo de pensar es por lo general muy libre, libertad que no siempre encuentra correspondencia en la vida real. Les gusta construirse la vida con su propio trabajo sobre todo en un clima de libertad universal.

Nos encontramos ante el mejor signo del zodíaco, signo fijo, de *fuego*, masculino y en el que tiene su domicilio el Sol. Inteligencia viva y brillante, que a menudo se hace manifiesta en una lógica irrefutable, exuberancia, distinción, señorío, generosidad que puede llegar a la prodigalidad, voluntad dirigida a una finalidad determinada, orgullo y ambición son las características de este signo. La excesiva «magnitud» de sus acciones lo hace antipático, ya que no sabe o no quiere esconderla. En el Leo menos evolucionado intelectualmente estas dotes innatas se transformarán en defectos imposibles de eliminar.

Pasional en sus sentimientos, no es capaz de esconderlos tras un velo de hipocresía, y, si se le desilusiona, no es extraño entonces que considere al amor como una debilidad a la que es mejor no supeditarse. Un Leo es fácilmente reconocible por su modo de andar lento y señorial, por su voz alta y de tono agradable, aunque difícilmente presta atención a lo que dicen los demás.

Aunque fuese el último de los charlatanes, el individuo Leo jamás renunciaría a su aspecto imponente y majestuoso. Junto con Escorpión es el signo que menos teme los males físicos. Las enfermedades que le afectan son sobre todo de corazón, ojos, espina dorsal, bazo y fiebres violentísimas, de las que sólo su indómita fuerza de voluntad lo cura. También el sistema circulatorio se encuentra muy afectado en este sujeto.

En el campo laboral, si Leo tiene sólidas bases económicas, sabrá situarse, tanto financiera como humanísticamente. No obstante, es un sujeto muy sensible a las adulaciones y basta que un hipotético colaborador sepa halagarlo para hacer de él lo que quiera. Por este motivo, muchas veces se rodea sin saberlo de personas poco sinceras, que le podrán ocasionar problemas. A menudo maneja grandes cantidades de dinero, que gasta con excesiva prodigalidad. La necesidad de gastar constituye un mal hábito al que no sabe renunciar y que puede abocarlo a la ruina. Aunque en el trabajo obtiene gran éxito, se creará grandes enemigos que, lentamente, pero de forma segura, lo conducirán a la ruina. Alegre y despreocupado, sin artificio, su vivacidad es espontánea e innata. La simpatía y antipatía instintivas lo llevan a equivocarse en la elección de amigos, que a su generosidad y desinterés responden con el engaño. La excesiva seguridad de sus actitudes a veces lo conducen a situaciones comprometidas.

Aunque sabe lo que quiere, a veces su orgullo desaprovecha las buenas posibilidades que la vida le ofrece. Tiene vocación docente y está muy capacitado para la educación de los hijos y de las personas queridas, aunque a menudo la megalomanía de sus enseñanzas le arrebatan la confianza que muchas personas depositan en él.

El orgullo, que camina al paso de la inteligencia realizadora y superior de este signo, le lleva a cometer errores en la vida sentimental. Aunque enamorado, no se deja dominar por el sentimentalismo, sino que el orgullo le domina, haciéndole perder ocasiones favorables. Una mujer puede ser quizá maravillosa, rica y enamorada, pero deberá dar siempre ella el primer paso hacia la reconciliación con un hombre Leo. Sólo en el tipo más evolucionado espiritualmente encontramos un cierto autocontrol del orgullo, pero es más fácil que esta disposición se incline hacia la ruptura de una relación sentimental o hacia el completo desastre económico.

El hombre

Es la imagen viviente de la virilidad. Sano y robusto tiene casi siempre el físico de atleta. Por lo general es autoritario, se siente un superhombre; tiene siempre un aspecto que intimida, a veces puede parecer incluso inaccesible. Su sensualidad es exuberante pero sana, y raramente es el hombre de las mil aventuras. Reacio al matrimonio por su naturaleza libre, prefiere lazos fundados en un amor intenso y en la estimación recíproca. Su infidelidad nace siempre de la vanidad y del temperamento posesivo. Es en efecto posesivo al cien por cien, pretende de la mujer la más completa donación. En la traición ve una gran ofensa y reacciona sin contemplaciones. Si además se estimulan sus celos se hace difícil e intratable. Cuando se decide por el matrimonio es entonces un buen marido, ama a sus hijos y no abandonará nunca a una familia sólidamente constituida ni a los hijos, que adora, para con los cuales ningún sacrificio es demasiado grande. Da a su esposa plena autonomía porque está demasiado ocupado abriéndose camino en la vida. Siempre cuida más su persona que la elegancia en el vestir; la limpieza para él es una necesidad aguda, casi morbosa. Le gusta la vida en sus distintas manifestaciones, desde el amor hasta las diversiones y el trabajo. Los aspectos negativos le causan, sin embargo, un carácter irascible; exagerado en el hablar y con tendencia a las provocaciones debido a las actitudes dominantes que a menudo asume. Además, con frecuencia, es vanidoso, soberbio y arrogante hasta el máximo, llegando a mostrarse brutal. Ya que actúa como un león, le gusta que le adulen, y la estima que tiene de sí mismo hace que en ocasiones llegue a comportarse despóticamente.

No tolera la traición de la persona amada, pero su reacción no es casi nunca violenta como en el Escorpión, sino que pasa por alto el daño sufrido y busca afecto y comprensión en el exterior cerca de quien pueda dárselo, sea una mujer o un amigo. Sabe cómo conquistar a una mujer, aunque a la mínima contrariedad la abandone sin contemplaciones.

Si la vida afectiva no le da lo que pide y sigue, por otra parte, enamorado de la mujer amada, sublima su ardor en el campo laboral, el cual se convertirá en su *leitmotiv*. Si no es el tipo superior de Leo, puede adquirir comportamientos despóticos. Ama todo lo bello y todo lo que incita a la admiración y la envidia. También artísticamente es un signo válido, como lo demuestran artistas como F. Petrarca, pintores como Rubens y músicos como Listz, nacidos en este signo; pero en el campo en que sobre todo destaca es en la política, la economía, las ciencias exactas y todos aquellos en el que el Leo pueda destacar superando a los demás.

En las relaciones de pareja, es el signo que más difícilmente puede encontrar la mujer adecuada. Con la mujer Aries el matrimonio sería un fracaso por la falta de inteligencia que esta demuestra frente a un Leo. Con la mujer Tauro puede existir, por el contrario, una unión pasión y erótica, y en caso de dos signos intelectual y espiritualmente elevados, también una complementación intelectual. Con la mujer Géminis se entablaría una rivalidad que minaría la relación. Con la Cáncer, aun siendo una unión basada en la mala fe, tiene grandes probabilidades de duración. Con la Leo será una batalladora y venturosa. Con la mujer Virgo, el matrimonio será perfecto únicamente en el aspecto práctico y no en el afectivo, por el excesivo distanciamiento de esta mujer respecto a las cuestiones sentimentales. Con la Libra la unión será siempre una incógnita por el egoísmo intrínseco de ambos signos. Con la Escorpión se entablará un romance pasional y dramático. Con la mujer Sagitario la unión puede inclinarse a una afectuosa amistad, con una comprensión puramente intelectual. Con la Capricornio la unión será triste, ya que una mujer así, tan fría y racional, no corresponderá sexualmente al hombre. Con la Acuario se verificarán tres fases: atracción intelectual y física, desilusión inmediata por los caprichos de una mujer así y abandono por parte del Leo de una mujer tan complicada. Finalmente, es completamente desaconsejable la unión entre el Leo y la Piscis, por los graves daños morales y materiales que una mujer tan sensible sufriría por parte del impetuoso Leo.

La mujer

Por encima de todo es orgullosa. Tiene una opinión muy alta de sí misma y de su propia valía; una opinión que no sufre variaciones. Nunca tiene dudas. Según la mujer Leo, todas sus acciones son justas y nunca experimenta la angustia de haberse equivocado, de haber fallado en su cometido. Se considera siempre como una vencedora. No obstante, actúa siempre de buena fe y en cierto sentido es casi ingenua. Considera el compromiso como una vergüenza y no acepta ninguna dominación. La elevada autoestima le impide mostrarse humilde y pobre, a pesar de que sus condiciones económicas sean desastrosas.

La ostentación le da prestigio y el prestigio es una forma de supremacía sobre los demás. Para la nacida en Leo, el orgullo y el prestigio están en la base de su estructura sentimental y de su carácter. El orgullo vence su naturaleza pasional, la frena y le hace desdeñar los pequeños amores. Su naturaleza, que no conoce el término medio, exige el amor total, entero y perfecto; cuando lo ha encontrado, se transforma en el ser más dulce y amable.

Si se equivoca, nunca admite el propio error, solamente si las pruebas son aplastantes podrá considerar la posibilidad de haberse equivocado, pero no lo admitirá. Siempre es muy cortejada, acepta los regalos como un justo tributo a su «realeza» y su punto débil está quizás en profesar demasiada simpatía a quienquiera le dedique un cumplido.

Incluso el cumplido más común la conmueve y ella, tan difícil, pone en los pedestales a personas sin ningún valor por el simple hecho de que la cubren de alabanzas. Se nota en seguida a la mujer Leo por el hecho de que causa siempre más impacto ella que su acompañante. De cuerpo lleno y bien proporcionado, con frecuencia tiene una expresión velada por la melancolía.

Sincera, en el amor odia las complicaciones sentimentales; difícilmente sucumbirá ante una nueva aventura, sobre todo gracias a su orgullo y a su rectitud moral muy profunda. No tiene muchas amistades femeninas porque la atracción que ejerce en el sexo opuesto le ocasiona con frecuencia desavenencias con las otras mujeres. Aunque no es muy prolífica, guarda siempre un fuerte sentido de la familia y de la casa. No siente afición por los pequeños trabajos domésticos pero posee un singular talento para la cocina. Sabe llevar los vestidos, incluso los más simples, como si fuesen modelos de alta costura.

Sus colores son el amarillo oro, el naranja y las diversas tonalidades de rojo, es decir, todos los colores de rayos solares. Se casa fácilmente por interés porque le gusta el prestigio y el lujo y además, aunque sea desgraciada tiene demasiada dignidad para afrontar el proceso de una separación, por lo que vivirá junto al marido dejándole la máxima libertad.

La mujer Leo tiene una voluntad férrea y es capaz de dominar cualquier situación; sabe ser la compañera ideal de aquellos hombres que necesitan continuamente ser estimulados para llegar a conquistar la meta fijada. A menudo es una mujer arribista, con un amor propio muy pronunciado, para la que no existen escrúpulos en la consecución de los objetivos.

Por el contrario, los impedimentos que la suerte le depara no significan para ella otra cosa que un aliciente más, y, aunque la mayoría de veces sea odiada, triunfa siempre en sus empeños. Una mujer de este tipo difícilmente se liga a un hombre, ya que su independencia, como su sed de dominio, se encuentran muy pronunciados.

En todas las facetas de la vida conyugal, es la mujer más exigente de todo el Zodíaco. Su marido deberá tener una posición y si no la tiene ella será quien haga de él una personalidad.

Aries, Libra y Géminis son los únicos signos que pueden encontrarse con una mujer así. Aunque altiva y orgullosa, es una mujer fácil de conquistar. Como ama la adulación y no distingue lo falso de lo verdadero, si el hombre que la quiere tiene paciencia y carácter, puede obtener primero su confianza y luego su amor.

Hay que darle siempre la impresión de ser ella la única y poderla cubrir desde el principio de lujosos presentes, aunque todo esto no tiene valor si el hombre no es capaz también de respetarla intelectualmente y, sobre todo, si no le hace comprender que tiene en ella la máxima confianza y la considera superior a las demás mujeres.

Si el hombre tiene carácter dominante se enfrentará siempre a la mujer, pero si es sensible, la mujer Leo establecerá una relación de dominio. El orgullo es el arma que el Leo utiliza más a menudo. Por lo que si se hiere su amor propio, este tipo tan egocéntrico y aparentemente invulnerable, se encontrará completamente indefenso.

Los niños

Tienen que ser vigilados y educados con inteligencia y amor, puesto que poseen un acentuado sentido de la justicia. Emotivos e impetuosos no soportan la soledad sino que desean constantemente la atención de alguien. Con la mayor naturalidad llegan a imponerse, a mandar a sus compañeros de juego; y en especial saben captar protagonismo, con todos los medios a su alcance, convirtiéndose en el centro de la atención.

Dado el fuerte orgullo de su naturaleza es aconsejable no reñirles delante de otras personas ni intentar dominarles. Tampoco se exagere en castigos y reprimendas, pues debido a su sensibilidad se les puede dañar fácilmente el carácter provocando enemistades y contrastes con sus padres. Hay que actuar con paciencia y obrar por el lado del corazón.

Son muy exuberantes y esta exuberancia la manifiestan de dos maneras completamente opuestas, es decir, o en los juegos al aire libre con sus compañeros o con una acusada fantasía al referir hechos y cosas. La infancia del joven Leo es muy importante para su vida futura, pues un mal desarrollo de esta etapa de la vida puede provocar fuertes traumas psíquicos que pueden trocar completamente el temperamento imponente y exuberante típico de Leo.

Relaciones con los otros signos

En relación con los otros signos vemos cómo Leo y Aries, ambos signos viriles y teniendo relevantes afinidades de carácter, forman un lazo fundado en sólidas bases. Un acuerdo con el signo de Tauro es poco probable, porque a pesar de existir gran atracción física, el carácter obstinado de Tauro está en desacuerdo con la naturaleza egocéntrica de Leo. Con el signo de Géminis además de una fuerte atracción física y tras un período de profundo entendimiento, pueden presentarse períodos de crisis causados por la variabilidad de Géminis pero resueltos por el espíritu de adaptación de este. Cáncer, debido a su afecto pasivo encuentra muchos puntos de acuerdo con Leo.

Tan sólo en el campo laboral es posible un entendimiento entre Leo y Leo. También con Virgo son aconsejables tan sólo relaciones laborales en especial en relación al carácter analítico y crítico del signo. Libra es un signo que puede establecer una buena relación con Leo tanto en el plano sentimental como espiritual.

Raramente, en cambio, se determina un acuerdo duradero con Escorpión, y puntualizando será mejor evitar uniones entre Leo femenino y Escorpión masculino, ya que la gran diferencia de caracteres podría hacer fracasar la relación. En cambio puede resultar excelente la unión entre Leo masculino y Escorpión femenino. Unión perfecta entre Leo y Sagitario. Entre Acuario y Leo hay una gran atracción física pero sus puntos de vista, completamente opuestos, obstaculizarán siempre una unión armoniosa y duradera. Posibilidades de encuentro en el trabajo y de amistad con Piscis.

La salud

Se halla profundamente ligada al equilibrio psíquico. De constitución muy fuerte, pueden estar sujetos a estados febriles y a dolores en la espalda y espina dorsal. Su punto más delicado es el corazón porque lleva una vida demasiado intensa. Es conveniente que todos los Leo se sometan a masajes y a moderados ejercicios deportivos. Óptimos los beneficios que pueden sacar de las curas termales.

El carácter

Por lo general, Leo puede definirse como uno de los signos más característicos del Zodíaco. Hay que procurar no hacerle caso en su continua necesidad de estar en el centro de la atención, o sea, tenerlo en la máxima consideración sin manifestar el propio descontento por esta morbosa manía suya ya que su generosidad, su buen corazón y su simpatía pueden contribuir vivamente a hacer menos evidentes sus defectos y convertirlos en un amigo precioso. No hay que olvidar que Leo, detrás de esta barrera de seguridad es el ser más gentil, sociable, dulce y a veces incluso tímido que existe y estos dones los muestra a través de la fuerza y espontaneidad que usa ayudando a los demás. Mirar hacia el éxito es para él casi como una necesidad fisiológica, el objetivo de una existencia; en efecto, no puede rendirse a una vida común y monótona, se tiene que dedicar siempre a algo ambicioso que inevitablemente le conduzca al éxito. En la vida, Leo tiene que ser el primero y brillar al igual que el Sol brilla en el universo.
Leo dará lo mejor de sí mismo cuando se vea rodeado de alabanzas, éxitos y amigos, porque entonces podrá decir que es verdaderamente alguien.

Los famosos

Podemos afirmar que la natural necesidad de éxito típica de Leo ha aportado en todos los campos al menos un Leo célebre. En un rápido recorrido por la historia comenzamos por Julio César hasta llegar a Napoleón Bonaparte, pasando por el

Conde de Cavour y Benito Mussolini. Simón Bolívar es también un claro exponente de lo que hemos citado. En la historia de la literatura han sido célebres Leo Alejandro Dumas, Guy Maupassant, así como Carducci y Quasimodo, estos dos últimos con los honores de premio Nobel. También en el deporte brilla la figura del italiano Gianni Rivera, que dejará su nombre grabado en las filas del fútbol europeo.

Los números

Los números tienen una influencia determinante en la vida de Leo: propicio es el 1, número mágico; el 9 como número de la suerte para emprender viajes o iniciativas completamente nuevas y el 10 como número del éxito así como: 100, 1.000, 10.000, 100.000 etc., que son los números más majestuosos.

Las piedras de la suerte

Son las que brillan como el Sol: el diamante, piedra esplendente por excelencia, símbolo de la realeza y del poder; el granate y el rubí color rojo fuego, símbolos del calor solar y del poder magnético elevado. Los colores dominantes son los colores del Sol: el amarillo oro, el naranja y el rojo en todas sus tonalidades.

Leo día a día

1.° grado LEO	22 julio

Personas audaces y entusiastas de las innovaciones, siempre listas para conocer nuevas experiencias. Carácter pasional. Talento. Amor por la libertad.
Por lo que a la salud respecta, predisposición a la obesidad y a dolencias cardíacas.
Son personas dignas y justas. Tienen gran confianza en sí mismas e inspiran gran admiración en los demás. Les gusta ser comprendidos y admirados por lo que son. El amor jugará un papel importante en su vida aunque en el matrimonio

podrán encontrar obstáculos y dificultades. En cada cosa que realicen en su vida se notará el toque personal y su original personalidad.

1.º grado LEO   23 julio

Personas con dotes de organización. Sus amores serán pasionales y profundos. Afición por la caza. Su carácter decidido les permitirá asumir determinaciones para superar las dificultades y alcanzar la victoria.

Por lo que a la salud respecta, deberán tener especial cuidado con el hígado y los órganos genitales.

Este grado zodiacal está relacionado con el de los nacidos el día 22 y 24 de julio. Son personas audaces que afrontarán con éxito los proyectos empresariales. Deberán aprender a hacer por sí solas todo aquello que pretenden de los demás, y cumplir con sus obligaciones en lugar de traspasarlas a los demás.

2.º grado LEO   24 julio

Personas con talento e inspiración. Sentido artístico. Seguras de sí mismas y de su capacidad.

Por lo que a la salud se refiere, deberán cuidar los órganos genitales.

Las personas nacidas bajo este grado pueden ser demasiado sensibles y susceptibles. El lado positivo de esta sensibilidad consistirá en crear trabajos importantes basados en la pura inspiración. Deberán darse cuenta del potencial que existe en su interior. Podrán ser grandes artistas creativos. De todos modos, su vida será útil a la humanidad según determinen los otros elementos de su horóscopo personal.

3.º grado LEO   25 julio

Personas con un acusado entusiasmo por todas las cosas. Fluctuación entre un pesimismo y un optimismo muy acusados. Saben hablar y escribir bien y sus mejores amigos los encontrarán en la familia. Conseguirán victorias gracias a la fuerza moral y a la energía con que saben afrontar los problemas.

Por lo que a la salud se refiere, el hígado les puede crear algún problema.

Están dotadas de una gran fantasía y de un enorme entusiasmo por todas las manifestaciones de la vida. Tienen una gran inteligencia que les permite utilizar la fuerza de la palabra, no sólo para convencer, sino para crear imágenes y conceptos estéticos. Una característica curiosa de su personalidad es que a veces el optimismo y la confianza dejan sitio al pesimismo y a la desidia.

4.º grado LEO   26 julio

Personas con gran fuerza de voluntad —a veces testarudez— que les permite llevar a cabo todo aquello que emprenden.

Por lo que a la salud se refiere, deberán tener cuidado con las drogas y el alcohol.

Es probable que su fortaleza radique en la paciencia, en la tenacidad y en la prudencia. Son personas enérgicas, activas y entusiastas. Dan mucha importancia a la amistad y al amor. De hecho, tendrán siempre muchos amigos y recibirán constantemente demostraciones de afecto. Realizarán viajes afortunados, y obtendrán provecho de sus relaciones en el extranjero.

5.º grado LEO   27 julio

Personas de carácter fuerte y decidido. Tendrán una vida retirada en el segundo período de su vida. Inclinadas hacia el arte y las ciencias. Su inteligencia y energías les llevarán a realizar y a ser aquello que desean y se han propuesto.

Por lo que a la salud respecta, deberán prestar especial atención a las extremidades.

Tendrán dotes científicas, un buen sentido crítico y una marcada afición por la mecánica. Son personas versátiles y capaces de hacer un poco de todo. Su principal defecto es la falta de generosidad, defecto muy extraño en los nacidos bajo el signo de Leo. Aprenderán a ser respetados, así como a respetar a los demás. Su carácter fuerte y decidido les permitirá alcanzar la meta amorosa que se propongan.

6.° grado LEO   28 julio

Personas con dotes de mando. Temperamento vivo, carácter agresivo, violento y combativo. Apasionadas por las armas de fuego, las historias bélicas y las revoluciones. Deberán confiar más en su inteligencia que en su buena suerte.
Por lo que a la salud se refiere, deberán cuidar la vista y mantener una dieta equilibrada.
La influencia de Júpiter será decisiva en su comportamiento. Son personas enérgicas, fuertes y agresivas. Su orgullo y dignidad les impedirán recorrer su camino a través de medios poco éticos, lo que les permitirá alcanzar una posición muy alta. Aficionadas al deporte y dispuestas siempre a discutir sobre los acontecimientos de la vida.

7.° grado LEO   29 julio

Personas generosas, su único defecto es su comportamiento un tanto irascible, que puede condicionar muchos momentos importantes. La fuerza y el coraje les permitirá dominar y ejercitar su propia voluntad sobre los demás. La luna les proporcionará una buena posición económica.
Por lo que a la salud se refiere, son personas propensas a las diabetes. El oído recibirá las influencias negativas de Marte.
Una persona con este grado, que es muy fuerte en el horóscopo, no puede ser insignificante. Serán siempre personas muy destacadas por su comportamiento y conocidas por su hospitalidad.

8.° grado LEO   30 julio

Personas amantes de emociones y sensaciones. Son serias en el trabajo y tienen pasiones ardientes y fogosas. Correrán el peligro de ser traicionadas por algún amigo cercano.

Por lo que a la salud se refiere, deberán cuidar la piel. Estarán expuestas a sufrir anemia y trastornos de oído, que estará bajo la influencia negativa de Marte.

Son personas importantes en esta vida. Según su horóscopo personal la importancia se manifiesta en sentido positivo o negativo. Sus pasiones siempre estarán listas para explotar. Con estas características, pues, su vida estará llena de sucesos, emociones, aventuras y cambios continuos. No les gusta ser demasiado observadas pues en el fondo desean paz y tranquilidad, que sólo obtendrán al cabo de muchos años, controlando sus instintos e impulsos irracionales.

8.° grado LEO — 31 julio

Personas amantes de estímulos y emociones. El deseo de ver y conocer las llevará a viajar mucho y a tener una vida interesante. Deberán tener cuidado con las relaciones sociales. Posibles aventuras heroicas.

Por lo que respecta a la salud, deberán vigilar especialmente el cabello y los riñones.

Este grado zodiacal les proporcionará un carácter justo, digno y apasionado. El grado tiene los mismos influjos del precedente. Existe en su interior un fuerte deseo de vivir intensamente y de satisfacer los sentidos. En la segunda parte de su vida sentirán un fuerte deseo de huir de la ciudad y de la gente para buscar refugio en la naturaleza.

9.° grado LEO — 1 agosto

El orgullo y la obstinación pueden resultarles perjudicial. Los viajes tendrán un papel importante en sus vidas. Afición por las cosas hermosas y por el lujo. Por lo que a la salud respecta, tienen una clara tendencia a la calvicie.

Son personas populares entre los colegas y amigos. Les gusta demostrar su saber. El orgullo puede degenerar con facilidad en vanidad. Un lado positivo de esta característica es una fuerte necesidad de ser personas generosas y magnánimas. Aunque a veces sean criticadas, con frecuencia practican el bien. Siempre tendrán buena suerte.

10.º grado LEO   2 agosto

Carácter firme y decidido. Saben lo que quieren y cómo obtenerlo. Peligro de un contratiempo prematuro y repentino. Coraje y obstinación. En algunos asuntos les resultará indispensable actuar con diplomacia. Son personas ambiciosas, pero gracias a su fuerte carácter es muy probable que alcancen el éxito en la vida. Su inteligencia está destinada a conseguir aquello que se han propuesto como meta. Son personas decididas hasta sus últimas consecuencias; si es necesario actuarán enérgicamente y sin tener en consideración a nadie. El matrimonio les proporcionará numerosos momentos de felicidad. El ocultismo, la parapsicología, la magia y el espíritu jugarán un papel importante en su vida.

11.º grado LEO   3 agosto

Personas simpáticas. Gracias a su carácter tendrán muchos amigos sinceros, a veces un poco superficiales, pero el buen sentido les ayudará a saber distinguir entre unos y otros. Aman los placeres. Son personas sensuales y seductoras, a veces demasiado impulsivas. En vano buscan encontrar en las satisfacciones mundanas un sentido a la vida.
Por lo que a la salud se refiere, este grado en el ascendente produce debilidad y anemia.
Son personas sabias y extravagantes. Podrán triunfar en los negocios. Muchos niños prodigio han nacido bajo este grado.
Son personas joviales, amantes de los placeres y de la vida mundana, afectuosas con los amigos, pero a veces enormemente inquietantes.

12.º grado LEO   4 agosto

Personas de buen carácter que les permitirá superar muchos problemas. Con la ayuda de la suerte tendrán una vida feliz. Carácter reservado, tímido. Ocuparán puestos de responsabilidad y recibirán honores.
Por lo que a la salud respecta, son personas propensas a las fracturas y a poseer cabellos delicados.

Este grado promete una vida cargada de felicidad. Se casarán pronto. Las especulaciones de cualquier tipo son favorables, es decir, irán siempre por delante de los demás. El matrimonio les resultará feliz y materialmente beneficioso. Instintivamente poseen un enorme sentido ético y sentimientos equilibrados. Resultan personas atrayentes y simpáticas. Deberán intentar superar su deseo de aislamiento y sus temores.

13.º grado LEO   5 agosto

Personas impacientes, a veces excesivamente precipitadas. Carácter obstinado, firme, tenaz y testarudo. Bien o mal, llegan hasta donde se proponen llegar.
Les atrae el arte, la belleza y todo aquello que esté relacionado con la estética.
Por lo que a la salud se refiere, deberán cuidar el cabello, que tiene frágil y delicado.
Son personas de una naturaleza que no encuentra paz; les falta un poco de confianza en los demás. Si utilizan su proverbial constancia conseguirán todo lo que se propongan. La literatura y el teatro les interesarán muchísimo.
Un claro representante de este grado fue el famoso actor Robert Tylor.

14.º grado LEO   6 agosto

Personas impulsivas y racionales al mismo tiempo. Sencillas, místicas. Aman la familia y la casa, donde se sienten tranquilas y felices. Sienten gran atracción por las cosas hermosas y por todo lo refinado. La pereza forma parte de su personalidad. Por lo que a la salud se refiere, tienen tendencia al reumatismo. Deberán ser más ordenadas en sus vidas, particularmente en las cosas relacionadas con el lado afectivo. La influencia de la familia es muy fuerte y están muy unidas a los padres durante la primera parte de su vida. Son personas poco prácticas; las cosas prácticas de la vida cotidiana les producen un gran fastidio. Su ingeniosidad y talento les permitirán alcanzar lo que deseen.

15.° grado LEO   7 agosto

Son personas que se enfadan con facilidad, aunque también resulta fácil calmarlas. Aficionadas a viajes y desplazamientos. Carácter bueno y comprensivo. Poder de decisión sobre sí mismas y sobre los demás. Son conscientes de su propia fuerza.
En lo que a salud se refiere, este grado en el ascendente crea estados de ansia y agitación.
Su vida será tranquila. Mejorarán siempre con una constante búsqueda de progreso mental y espiritual. Tendrán muchas amistades. Realizarán viajes, a menudo para solucionar problemas de sus amigos. Deberán superar los estados aprensivos, pues todo tiene remedio.

16.° grado LEO   8 agosto

Personas afectuosas y altruistas, un poco inseguras de sí mismas. Se arrepienten en seguida de lo que hacen. Deberán aprender a reflexionar antes de actuar. Atención a los viajes por mar si no saben nadar. Carácter obstinado, sobrio y parsimonioso. Podrán mejorarlo si toman conciencia de sí mismas.
Por lo que a la salud se refiere, este grado sobre el ascendente produce emotividad y dificultad circulatoria.
La vida les brindará más de una aventura amorosa. Son de naturaleza abierta y leal, podrán superar los contratiempos con facilidad. No perderán la paciencia. No son personas testarudas; por el contrario, con frecuencia utilizan toda la capacidad de razonar de que son capaces. A menudo, bajo este grado del Zodíaco, nacen personas de una estatura imponente, con manos largas y anchos hombros.

17.° grado LEO   9 agosto

Personas que podrán alcanzar sus máximas aspiraciones gracias a su constancia, cuando se sientan tranquilas. El ocultismo y la parapsicología les ofrecerán la posibilidad de conocerse mejor. Los trabajos duros no les asustan.
Por lo que a la salud se refiere, tienen predisposición al reumatismo.

Su cumpleaños es uno de los más afortunados aniversarios del año. Los amigos les procurarán beneficios. Lograrán sus aspiraciones por medio de un socio o del cónyuge. Tienen una personalidad brillante.

El gran tenista Rod Laver es un claro representante de este grado del Zodíaco.

18.º grado LEO   10 agosto

Personas atrayentes, estudiosas de la naturaleza humana y de su psique. Podrán llegar a ser ricas. Saben actuar en el momento justo utilizando su experiencia y cultura. Su inteligencia superior y espíritu de adaptación les permitirá encontrarse a gusto en diversos ambientes de los que extrae y asimila pensamientos e ideas, invenciones y buenos negocios. Recibirán la beneficiosa ayuda de un amigo ya mayor, que será determinante junto con los influjos del grado. Aunque puedan ser de extracción social humilde, tendrán muchísimas oportunidades de alcanzar una posición social relevante gracias a sus propias fuerzas y a sus estudios.

Son personas simpáticas y amables. Cuando el Sol se encuentre en el 18.º grado del signo Leo, estarán particularmente dotadas para la medicina o para todas aquellas actividades que derivan de esta.

19.º grado LEO   11 agosto

Personas sutiles e intrigantes, poderosas y rebeldes, que no se contentan con poco. Esta insatisfacción irá en aumento hasta que den a las cosas materiales su justo valor. Los obstáculos y dificultades que no logran superar con su inteligencia, los superan luchando con coraje y tenacidad.

Por lo que a la salud se refiere, pueden sufrir problemas en la columna vertebral.

La primera parte de sus vidas será distinta de la segunda. De hecho aprenderán a reírse de sí mismos y de sus defectos. Poseen una innata originalidad y un óptimo sentido estético. Su principal defecto es la arrogancia.

20.° grado LEO   12 agosto

Personas decididas. Cambiarán su carácter rebelde con los años y aprenderán a dominarse. Tendencia a tener un matrimonio feliz y sereno.

Por lo que a la salud se refiere, propensión al reumatismo.

Sus ambiciones sufrirán altibajos porque encontrarán impedimentos para la realización de sus planes, y no tendrán siempre las ventajas que exigen de la vida. Deberán utilizar su magnífica inteligencia e intuición para superar los obstáculos. Respetan la forma y las buenas maneras sobre todo en la vida en pareja; el respeto por los demás es indispensable. Este grado presenta una tendencia hacia el ocultismo y la astrología, e indica además un sentimiento religioso que deberá cultivarse, pues constituye para estas personas una gran fuente de ayuda y serenidad.

21.° grado LEO   13 agosto

Personas honestas, abiertas y perseverantes. Saben concentrarse y utilizar la inteligencia para alcanzar la suerte que este grado proporciona de vez en cuando.

Por lo que a la salud se refiere, son personas propensas al reumatismo y a leves trastornos digestivos.

Sus vidas no tendrán un principio feliz, pero en seguida les acompañará la suerte. Las amistades jugarán un papel muy importante. Deberán observarse a sí mismas y superar su tendencia a la soberbia y a la exageración.

22.° grado LEO   14 agosto

Personas con una notable capacidad organizativa y creadora. Sufrirán por problemas familiares de origen económico y correrán peligro en su propia casa, aunque están protegidos por una fuerza superior. Fáciles cuando se trata de seducción. Son personas muy optimistas.

Por lo que a la salud se refiere, este grado en el ascendente crea peligro de heridas. Deberán prestar atención a las enfermedades espontáneas e imprevistas (especialmente apendicitis) y evitar peligros derivados de los incendios.

Son alegres y extravagantes. Podrán alcanzar éxito. Deberán desarrollar el sentido humanitario que poseen y encontrar un poco de tiempo para dedicarse a los problemas de la humanidad, pues ganarán en riqueza interior.

23.° grado LEO   15 agosto

Personas deseosas de éxito, gloria y popularidad, meta que alcanzarán gracias a la suerte que les proporciona este grado. Inteligentes, intuitivas y diplomáticas, lo que les permitirá ser excelentes políticos o abogados.

Por lo que a la salud se refiere, tienen tendencia a sufrir de reumatismo.

Napoleón fue un claro representante de este grado zodiacal.

Tendrán una vida feliz, aunque deberán evitar peleas y discusiones. Esto les resultará fácil pues tienen tacto y diplomacia, así como benevolencia y generosidad. Es notable su sentido del despotismo. Haber nacido este día y bajo este grado confiere éxito en cualquier actividad que se emprenda.

24.° grado LEO   16 agosto

Personas trabajadoras, hábiles y constantes, que encontrarán dificultades en el trabajo y en el tipo de actividad que desarrollen. Son hábiles en todo y sentimentalmente tendrán una vida feliz.

El principal órgano asociado a este grado es el corazón.

La actriz Lauren Bacall es un claro ejemplo de este grado zodiacal.

Dependerá de ellas mismas tener una vida tranquila y serena, si saben moderarse cuando se encuentren en una situación feliz. Son personas generosas, amantes de la naturaleza y con un corazón buenísimo. Son excelentes amigos ya que no se ofenden nunca, quizás porque comprenden siempre perfectamente todo lo que ocurre dentro de los demás.

25.º grado LEO   17 agosto

Personas que pueden sufrir algún peligro si realizan algún viaje por mar, río o lago. Tendrán buenos amigos y momentos de gran felicidad gracias a la influencia de Mercurio. Por lo que a la salud se refiere, deberán cuidarse del fuego. Son personas con grandes dotes organizadoras. Tienen gusto delicado y artístico, lo que a menudo les resultará de utilidad pues se inclinan por profesiones relacionadas con el arte. Deberán vencer los enemigos ocultos. Tienen afición por la pesca y el coleccionismo.

26.º grado LEO   18 agosto

Personas que tendrán siempre ventajas profesionales, entusiasmo e inclinación por el arte. Vida laboriosa y serena. Sentirán un gran amor por la naturaleza. Los bosques y las montañas serán sus lugares predilectos. Éxitos en edad madura.
Por lo que a la salud se refiere, son personas propensas a la neurastenia y a las desviaciones de la columna vertebral.
Este grado del Zodíaco siente la influencia de Marte; la fuerza y la decisión les acompañarán siempre, por lo que tendrán ya ventaja desde un principio. Son personas prácticas, trabajadoras y su éxito no podrá cambiar su innata sencillez. Alcanzarán la riqueza a través de las ciencias, y de profesiones con poco porvenir económico.

27.º grado LEO   19 agosto

Personas con ventajas gracias a la ayuda de parientes. Estarán siempre rodeadas de amigos inteligentes y la astrología les proporcionará perspectivas inesperadas. Les gustarán mucho las cosas artesanales y artísticas.
Por lo que a la salud respecta, deberán tener cuidado con el agua y las intoxicaciones. Son personas que llegan allí donde los demás no pueden llegar. Son rápidas y diligentes cuando se trata de actuar. No temen el azar y es muy difícil que fracasen en los negocios. Tendrán más posibilidad de triunfar en su lugar de nacimiento.

28.º grado LEO   20 agosto

Personas con una vida familiar llena de armonía. Son sociables y simpáticas, dotadas de gran fuerza magnética.

Por lo que a la salud se refiere, deberán prestar atención al abuso del alcohol y a las alteraciones dietéticas.

Son personas que tienen facilidad de hacer dinero con todos los productos que provienen de la tierra, como las pepitas de oro, el petróleo, etc. Poseen un buen método que les será de gran ayuda en el trabajo. Son personas prácticas, sencillas y sociables. Muy bien aceptadas en la vida social, especialmente durante las fiestas pues su presencia puede animar notablemente el ambiente por la alegría que saben comunicar a los demás. Evitarán alejarse demasiado del lugar de donde han nacido. Tienen tendencia a casarse demasiado jóvenes, pero de todos modos su vida privada será una ayuda para su vida profesional.

29.º grado LEO   21 agosto

Personas llenas de coraje, que saben actuar en el momento oportuno sin miedo ni temor. Tendrán un matrimonio feliz, y buenos amigos.

La princesa Margarita de Inglaterra nació en este grado zodiacal. La vida matrimonial les será feliz y afortunada. Puede suceder que contraigan dos matrimonios, pero ambos serán felices. Son personas de un carácter firme y honesto. Si tienen gran pasión por las matemáticas podrán realizar una carrera científica. La vejez será extremadamente feliz.

Por lo que a la salud respecta, son personas propensas a sufrir de ciática.

30.º grado LEO   22 agosto

Personas con espíritu crítico. Éxitos literarios. Temperamento artístico. Caprichosas y volubles. Aman la diversión; gustos extravagantes e ideas originales, que las caracterizan como personas simpáticas.

Por lo que a la salud respecta, pueden tener problemas en las articulaciones, así como en el duodeno.

Tendrán grandes posibilidades de conseguir dinero y gloria. Les resultará fácil obtener la estimación de todo el mundo y conservarla. Están dotadas de una gran inteligencia y poseen un magnífico talento literario. De vez en cuando, sin embargo, tienen ideas extrañas que deberán reprimir así como la tendencia a la melancolía y a la inactividad.

VIRGO

 El signo Virgo, del 24 de agosto al 22 de septiembre, atravesado por el Sol se halla bajo el dominio de Mercurio, planeta del intelecto, del espíritu, de los negocios y del comercio en especial. Esta protección planetaria se comparte con el signo de Géminis; pero mientras para Géminis, signo de *aire*, Mercurio favorece el lado espiritual, para Virgo, signo de *tierra*, aumenta el sentido de la lógica, del análisis y de la práctica. Así pues, Virgo puede ser considerado el signo del orden, de la claridad, de todo cuanto es puro. En el individuo perteneciente a este signo no hay nada de impulsivo, todo es fruto de la reflexión. Excluida completamente cualquier forma de exageración, la limpieza, la precisión y el sentido del justo límite se hallan más arraigados que nunca.

Este individuo ama las cosas moderadas, el justo reconocimiento del propio valer, y sabe regular su vida en toda pequeña manifestación sin dejarse sorprender por ningún imprevisto. Cuando llega a un compromiso, este ha sido siempre razonado y sigue siempre las reglas de moral tradicionales. Detesta la inseguridad, la demasía, la excentricidad, la confusión y las cosas sin cauce; su lema es: «cada cosa en su sitio y un sitio para cada cosa». Muchas veces ocurre que este sentido de la regularidad sea extremo determinando casi una manía por el orden y la limpieza. Los individuos que se hacen esclavos de las cosas y de los muebles al hallarse obsesionados por la necesidad de limpiarlos continuamente, la mayoría de ellos han nacido bajo la influencia de Virgo.

A este signo pertenecen también otros tipos: quienes se interesan demasiado por los hechos de los demás hasta preocuparse por su conducta moral y se indignan si no siguen una línea de obrar recta. O bien seres de naturaleza muy crítica y con tendencia al análisis. Su inteligencia, aun no siendo común, desemboca a menudo en la oscuridad debido a su alto puritanismo y a la excesiva obstinación. En muchos casos, se trata de gente muy seria, para quienes el deber es sagrado. Metódicos, el trabajo no les asusta; son los estudiantes que sobresalen en la escuela. Su único fallo es la falta de puntualidad.

Para vivir tranquilo Virgo necesita que su trabajo sea reconocido y valorizado, porque esto además de un incentivo le es una necesidad. Acepta los elogios sólo cuando está seguro de merecerlos y asumirá un cargo importante si tiene la certeza de que los otros lo comprenden y lo tratan según su justo valor.

Posee un profundo espíritu de sacrificio. Las dificultades lo abaten tan sólo cuando se encuentra en condiciones de no poder usar este espíritu. Tiene que sentirse siempre útil y cuando lo hace debe ser importante hasta el punto de querer sacrificarse por algún ideal o persona. Toda la fuerza del tipo Virgo radica en la inteligencia y en la lógica. En Virgo hay un profundo deseo de cultura y de perfección moral, que deriva especialmente de la necesidad de pertenecer a sí mismos y de disponer libremente de sí y de su propia seguridad. Es el tipo lleno de sentido práctico y capaz de afrontar cualquier situación. Sin embargo, también en Virgo como en todos los signos zodiacales, existen personas que llevando al exceso todas las particularidades del signo se crean una existencia opaca y terriblemente monótona. Por lo general, el pensamiento de los Virgo es muy claro y lógico y en raras ocasiones llega al campo especulativo. Las cosas misteriosas y fantásticas son contrarias a su naturaleza y le asustan. Se ofende tremendamente si se le considera estúpido y se le trata como a tal. Siente indiferencia hacia los que tienen gran personalidad y se manifiesta contrario a las cosas rápidas e impulsivas. El carácter crítico y susceptible del signo hace que a menudo sufra por la despiadada competencia en el trabajo, por las enemistades y las intrigas que puedan provenir de sus parientes o vecinos.

Estos seres generalmente se forman el bienestar gracias a sus propias capacidades.

Sus esperanzas y sus deseos se realizan con el transcurso de los años, y por lo general, consiguen una vejez tranquila y segura. Tienen que ser muy previsores en lo que respecta a los negocios y tomar acuerdos escuetos y definitivos ya que pueden incurrir fácilmente en pleitos, que no siempre se solucionan a su favor. Virgo no quiere dominar, su destino está en servir y ayudar. Tiene grandes dudas cuando toma decisiones y siente fuertemente la necesidad de vivir en provecho de alguien para ser estimulado.

Los lados negativos de este signo pueden hacerles pedantes y burócratas, refinados mentirosos. Siendo buenísimos técnicos y mecánicos, conduciendo el coche demuestran una meticulosa pericia difícilmente superable. Sus automóviles están siempre limpios y en buenas condiciones. Son los mejores chóferes y los más seguros pilotos de aviación porque saben controlar los propios impulsos y jamás se expondrán a maniobras arriesgadas. También los hallamos en aquellos deportes donde la técnica, la precisión y la reflexión son las cualidades más urgidas.

Es un signo muy calculador, por lo que es difícil que dé un paso si antes no se encuentra muy seguro de lo que hace. Signo de *tierra*, móvil y femenino en el que tiene su domicilio Mercurio.

Su representación gráfica es simbolizada por una muchacha que lleva una espiga en la mano derecha. Es un signo concreto que va a lo sustancial, con grandes dotes de meticulosidad y escrupulosidad.

La inteligencia y la sensibilidad van en este signo parejas. Escéptico y a veces sarcástico, puede con facilidad tomar el camino del mal, dada la extrema inquietud que le es intrínseca. Intelectualmente se inclina por la investigación y especialización en un campo bien determinado. Incluso una tontería adquiere para este signo sensible y emotivo una enorme importancia.

Si Marte predomina en este signo, será tan rebelde y vengativo como el Escorpión. No obstante, la mayoría de veces es un pensador racional que busca conocerse a sí mismo y a los demás por el puro gusto hacia el análisis, como lo demuestran escritores y filósofos como Tolstói, Descartes, y tiranos violentos y filósofos como César Borgia. Antes de dar un paso, el tipo Virgo pondera bien sus consecuencias, por lo que muchas veces se le confunde con el tipo Tauro menos evolucionado, que antes de actuar se lo piensa mucho. Se encuentra muy apegado a la familia y tiene necesidad de tener junto a sí a una mujer que sepa estimularlo en el momento preciso.

El mundo del trabajo a menudo representa todo para el Virgo y, al no faltarle inteligencia y poseer un espíritu crítico y organizativo, es fácil que se convierta en una persona sobresaliente. Trabaja, como el Tauro, para ganar dinero, representando este último lo que la vida sentimental no le ofrece a su sensibilidad. Antes de empezar un trabajo reflexiona mucho, pero cuando lo emprende es capaz de abatir cualquier obstáculo para llevarlo a cabo. Su excesiva minuciosidad, casi de relojero, le lleva hacia trabajos fríos pero que le dan la oportunidad de mostrar lo que vale. No ama la aventura y es sedentario. Los nacidos bajo el signo de Virgo son a menudo bellos pero inexpresivos. Las enfermedades que les afectan son sobre todo del tubo digestivo y trastornos neurovegetativos desde su más temprana edad. El Virgo se encuentra más inclinado a la amistad con la mujer que al amor violento y sensual. Tiene un miedo excesivo a las enfermedades y ante el peligro reacciona medrosamente. Difícilmente pierde la cabeza por una mujer, dado su miedo a ligarse sentimentalmente. A veces rechaza dogmática e irracionalmente su instinto sexual y de ello pueden nacer gravísimas perturbaciones psíquicas. Todo lo que verdaderamente le gusta lo rechaza por un instintivo miedo a convertirse en esclavo de ello. En resumen, no quiere perder su tranquilidad, que inevitablemente se vería amenazada tanto por factores sensoriales como materiales.

El hombre

Se distingue por la pulcritud en el vestir. No es de carácter alegre; quizás a causa de su espíritu crítico no se enamora fácilmente y muchas veces puede dar la impresión de que sean más importantes su trabajo, su carrera, sus intereses intelectuales y científicos que los vínculos afectivos. Tiene muchas complicaciones en la vida conyugal, complicaciones que lo conducen a una vida llena de penalidades y sacrificios. Precisamente por su innato sentido del sacrificio no se decidirá nunca por una separación aunque sea necesaria, más bien se intentará compensar el estado desagradable con relaciones extraconyugales, que con frecuencia encuentra entre sus colaboradoras y dependientas. Generalmente, estas relaciones son largas y felices. Atrae mucho a las mujeres tanto por su naturaleza indiferente y la fascinación intelectual que ejerce, como por el sentido de sacrificio de que es capaz cuando verdaderamente ama.

En su relación de pareja muestra desacuerdos con Aries con la que no puede en absoluto entenderse por su poca feminidad y demasiada agresividad que inhiben al Virgo. Con la mujer Tauro, al ser dos caracteres parecidos, puede darse una unión serena y armónica ya que en este caso los celos de la mujer Tauro benefician al Virgo, el cual prefiere, más que amar, ser amado. Es absolutamente negativa en el plano afectivo la unión con la mujer Géminis, mientras que es indicada para un intercambio intelectual, en el que los dos signos sabrán complementarse amigablemente. Con la mujer Cáncer, al amar ambos la familia, se da una unión basada en el afecto y respeto mutuos. Con la Leo la relación a la larga destrozaría los nervios del sensible Virgo. Con la de su mismo signo la unión es desaconsejable por las inevitables discusiones que surgirían entre ambos por la más pequeña cosa. La unión con la mujer Libra se desarrollará en la mediocridad y el egoísmo. Con Escorpión estará llena de vida y escaramuzas amorosas, aunque será efímera. Caracteres tan distintos como la mujer Sagitario muy extrovertida y el Virgo introvertido y solitario hacen desaconsejable la unión entre ambos. Con la Capricornio, aunque existirá carencia afectiva y pasional, podrá formar una pareja formal y materialmente perfecta respecto a las exigencias de la vida cotidiana. Aunque la mujer Acuario sea un estimulante para el Virgo, la unión no podrá durar mucho. La unión con la mujer Piscis es desaconsejable dada la incompatibilidad entre los dos signos.

La mujer

La mujer Virgo es casi siempre muy hermosa; no demasiado pasional, tiene algo de severo y frío que puede hacerla antipática. Sabe entablar un flirteo con habilidad. Muy sensibles y tímidas, cuando establecen un lazo a menudo lo ponen en peligro por el análisis a que someten tanto a la persona amada como a su mismo comportamiento. Por su sentido práctico y su carácter hacen que cuanto más se las conozca más se las estime. Una de sus mejores cualidades es la rapidez con que prestan ayuda, y podemos afirmar que una de sus virtudes particulares es la de saber poner orden en la vida de un hombre desordenado. Sencilla en el vestir, nada de ella es audaz o excéntrico; así pues, le gusta lo clásico y opina firmemente que la elegancia está en la sencillez. A la mujer Virgo cabe definirla como mujer de detalle, es decir, analiza cualquier cosa que se le presente en sus más pequeñas minucias para reconstruirla a su manera. Tiene además la manía de la perfección y juzga a las personas según lo que producen y no por lo que son. Detesta todas las formas de publicidad alrededor de su persona y no quiere absolutamente que se hable de ella. Es un ser construido según un determinado esquema del que nunca se permitirá salir, ni siquiera por un momento.

La mujer Virgo, como el hombre, tiene miedo del amor y aunque no pierda la cabeza, normalmente se entrega al primero que llega pues lo considera como una autodefensa. El razonamiento típico de esta mujer es: «si me entrego, no me enamoro». Por ello es una mujer incomprensible, pues, para conquistarla, un hombre debe poseer una paciencia infinita. Aunque físicamente es atractiva, en el amor es fría y toca a su compañero darle vida.

Es una mujer a la que le gusta experimentar, por lo que es fácil que pase de un hombre a otro con excesiva desenvoltura. Siempre indecisa, no es raro que cambie de idea en el último momento. Sus celos constituyen un arma con la que hay que contar, pues tal mujer no tolera ninguna rival y está siempre alerta respecto a la vida extrafamiliar de su cónyuge. El que sea tan hábil como para darle celos o simplemente hacerle creer que ha perdido el interés suscitado, obtendrá la victoria.

Quizás es la mejor ama de casa de todas las mujeres del Zodíaco y la que selecciona más las amistades, permaneciendo fiel a ellas durante toda la vida. Es ahorradora y óptima administradora del dinero y del marido. Administrar el dinero constituye una manía en ella, por su temor al mañana. Se encuentra inclinada al drama que, junto con su romanticismo, explota sólo junto a la persona amada. Adora sufrir, pero sin exceso. En las estadísticas zodiacales la mujer Virgo es la que más fácilmente se queda soltera o virgen.

Los niños

Se manifiestan maduros y juiciosos antes de hora. Muy sensibles, con frecuencia encuentran dificultades en avenirse con los compañeros de juego, porque se manifiestan autoritarios e impulsivos. Muy susceptibles e impresionables, no tienen una adolescencia fácil, pero en el estudio destacan siempre entre los mejores.

Tienen que ser tratados con mucha dulzura, debido a su hipersensibilidad; es aconsejable que se dediquen a algún sencillo trabajo manual, mejor si se realiza al aire libre en contacto con la naturaleza, teniendo en cuenta también el hecho de su salud a veces precaria. Leen, escriben y dibujan de buena gana, les gustan los pasatiempos de precisión y de paciencia y los trabajos en casa. Siendo muy inteligentes y precoces es conveniente no cansarles en los estudios porque estos podrían dejarles huella en su sistema nervioso.

Relaciones con los otros signos

En relación con los otros signos Virgo irá muy bien en lo que concierne a la amistad y relaciones de interés recíproco y de colaboración con Aries, mientras que con este signo en una unión estable, cual es el matrimonio, pueden surgir dificultades y discusiones. Con Tauro, Virgo simpatiza recíprocamente, buen entendimiento tanto afectivo como físico, especialmente por el hecho de que Tauro tiene la misma tendencia de Virgo a la fidelidad. Con los nacidos bajo el signo de Géminis se puede formar un fuerte lazo y buen entendimiento en el campo cultural y espiritual. Pero es mejor evitar uniones sentimentales. La común vida interior de Cáncer y Virgo puede encontrar un campo de entendimiento. Sin embargo el excesivo razonamiento del uno puede chocar con la extrema sensibilidad del otro. Una cooperación entre los signos de Leo y Virgo puede demostrarse muy eficaz, incluso físicamente sienten una fuerte atracción, por lo que se puede fácilmente llegar a una unión feliz y basada en la recíproca estima. Difícilmente Virgo realizará una unión duradera con su mismo signo. Con Libra se tiene buena armonía pero el carácter sensible y crítico de Virgo con frecuencia puede turbar las relaciones entre los dos signos. La unión con Escorpión es dificilísima, el antagonismo temperamental causaría fuertes sufrimientos a Virgo. Aun teniendo afinidades sexuales, los Sagitario y Virgo se prestan poco para una unión duradera; les separa ante todo la manera diferente de ver la vida. Con el signo de Capricornio el signo de Virgo encuentra buenas posibilidades de acuerdo, si bien a menudo tendrán dificultades en comprenderse en los detalles. Con Acuario, aun sintiendo una fuerte atracción física, difícilmente podrán crearse relaciones intensas y duraderas. Virgo se siente sin duda atraída por Piscis, pero las diferencias de carácter son notables.

La salud

Los nacidos bajo el signo de Virgo no suelen gozar de una salud envidiable. Durante la infancia se ven sujetos a las molestas enfermedades infantiles y a ligeros accidentes, pero después su físico se restablece totalmente. Conservan cierta tendencia a formas de anemia, a molestias digestivas e intestinales, debidas sobre todo a causas nerviosas. Los puntos más sensibles del organismo son el intestino y el estómago.

Puede ocurrir que se tengan que someter a intervenciones quirúrgicas en los órganos genitales. Por lo general, tienen una vida larga y una notable fuerza de recuperación. Temen a los envenenamientos y a cualquier enfermedad, y exageran a la hora de tomar precauciones y medicinas. Son aquellos que vemos siempre provistos de ampollas de medicinas y desinfectantes. En efecto, un modo de ganarse la simpatía de un nacido bajo Virgo es el interesarse continuamente por su estado de salud y sugerirle remedios.

El carácter

Por regla general podemos afirmar que el individuo nacido bajo el signo de Virgo no es un pasional ni tampoco un sentimental. Vive una vida especial e independiente, respecto a la cual la presencia de otro ser daría un ritmo diferente. No hay signo zodiacal que represente mejor todas las características del solterón y de la solterona. Le gustan las amistades intelectuales y es tan influenciable que su carácter se torna débil y en algunos casos puede degenerar. Es ahorrador al cien por cien, aunque este comportamiento no se puede identificar con la avaricia, sino con la pasión del coleccionista de dinero. En él es agudísimo el sentido del sacrificio, y aunque no pase privaciones encontrará siempre el modo de sacrificarse por alguien.

Los famosos

El notable espíritu de sacrificio, particularísimo en el nacido bajo el signo de Virgo queda representado de modo casi siempre excepcional por Goethe y Savonarola: escritor prerromántico el primero, exaltado que quiso morir por toda la humanidad el segundo. Álvarez de Castro, héroe de la Guerra de la Independencia española, representa un típico exponente de las características espirituales de Virgo. La belleza de las mujeres Virgo, simples y altaneras, queda sin duda perfectamente representada por dos de las más grandes actrices de los años «treinta a cincuenta»: Greta Garbo e Ingrid Bergman. No olvidemos después a personajes célebres como el cardenal Richelieu, perfecta encarnación de la tenacidad, de la práctica, del orden y del sentido del deber propios del signo Virgo. Emilio Salgari es buena muestra de escritor amante del orden, la precisión y la eficacia.

Los números

También para los nacidos bajo el signo de Virgo los números tienen una importancia especial. Encontramos pues el 10 propicio a iniciativas sociales y filantrópicas, el 15 favorable a los encuentros de tipo económico y el 27 como número de la suerte.

Las piedras de la suerte

El topacio, símbolo de la tenacidad; la turmalina, emblema de la fidelidad y la esmeralda, piedra de la esperanza. El gris claro, el blanco y el violeta son los colores principales de Virgo.

Virgo día a día

1.º grado VIRGO	23 agosto

Personas reservadas y tímidas, con tendencia a desenvolverse bien en los estudios y en todo aquello que requiere aplicación. El matrimonio será afortunado por el profundo entendimiento y estima entre la pareja. Aman los placeres y las cosas bellas que la vida ofrece.

Por lo que a la salud se refiere, son personas propensas a tener desarreglos digestivos por excesos en la comida. También suelen tener los cabellos frágiles.

Tendrán un carácter introvertido, reservado y estudioso. En general serán personas afortunadas y el matrimonio les reportará también ventajas económicas. Tienden a hacerse ayudar por los demás. Su inteligencia está generalmente por encima del nivel normal. Gran amor por la caza y por los caballos. Disfrutarán de una vida feliz.

2.º grado VIRGO	24 agosto

Personas de carácter profundo. Les gusta descubrir el lado bueno de las personas y de las cosas más allá de las primeras impresiones y de las apariencias. La traición de un amigo puede desilusionarles enormemente. Por lo que a la salud se refiere, tienen propensión a coger indigestiones. Escasa resistencia física y debilidad en los cabellos. Su inteligencia será brillante y versátil, además de penetrante. Este grado les da un particular interés por las ciencias ocultas y por todas las cosas misteriosas en general. Posibilidad de éxito en la vida militar. Sus principales defectos son la frialdad hacia los demás y un concepto excesivo de sí mismos.

3.° grado VIRGO   25 agosto

Personas de pensamiento prolífico y creativo. Consiguen conocer y entender a los demás. La sabiduría les permite tener éxito económico. Los viajes al exterior tendrán una importancia notable.

Por lo que a la salud se refiere, pueden tener problemas digestivos.

Pueden llegar a ser escritores o artistas. Sus creaciones artísticas estarán llenas de fuerza y de temperamento. Tienden siempre a proteger a las personas débiles. Por lo general mueren en el extranjero. Durante su vida estarán constantemente protegidas por fuerzas astrales.

4.° grado VIRGO   26 agosto

Personas amantes de lo irreal y misterioso. Aman también su trabajo en el que se sienten activas y realizadas. Para ellas es muy importante la figura del padre. Gustos sencillos.

Por lo que a la salud se refiere, deberán cuidar el intestino. Tienen también propensión hacia el asma.

Son personas que aman la verdad. La vida será generosa y no dejará de ofrecerles diversiones en abundancia. Tenderán a gastar dinero en objetos inútiles y no sabrán mantener un equilibrio entre las entradas y salidas, lo que puede representar un peligro en el campo financiero.

Existe en estas personas un gran sentido humanitario y desean la unidad del mundo. Tienen facilidad para cualquier manifestación artística.

5.° grado VIRGO   27 agosto

Personas inteligentes con un acusado espíritu práctico y comercial. A menudo trabajan en equipo o con un socio. Son personas decididas que saben afrontar el riesgo, aunque una cierta inconstancia las vuelve temerarias.

En cuestiones de salud deberán cuidar los intestinos y los cabellos, que tienen frágiles y delicados.

Tendrán posibilidades de éxito en todo aquello que esté relacionado con el comercio. Las personas nacidas bajo este grado son de naturaleza activa, tanto de jóvenes o en una edad más avanzada. Su éxito se encuentra principalmente en trabajos prácticos que se lleven a cabo en sociedad. Encontrarán amigos fieles que les ayudarán.

6.º grado VIRGO   28 agosto

Personas muy sociables, lo cual puede causarles problemas en el matrimonio. Amor por el lujo y por los placeres. Belleza física. Éxito en el amor. Amigos útiles.
Por lo que a la salud se refiere, deberán cuidar el intestino. Tienen además los cabellos frágiles y débiles.
Son personas generalmente atractivas, inteligentes y amenas en las reuniones de la alta sociedad. Con unas buenas dotes de observación pueden llegar a ser magníficos químicos o inventores.
La vida matrimonial les proporcionará desilusiones si no saben abrirse y entenderse a sí mismas. Por ello se observan muchas separaciones matrimoniales entre las personas nacidas bajo este grado.

7.º grado VIRGO   29 agosto

Personas inteligentes e imaginativas. Matrimonio difícil. La falta de tacto hará que a menudo resulten antisociables.
Por lo que a la salud se refiere, correrán el riesgo de ser operadas de apendicitis.
Ingrid Bergman nació ese día y bajo ese grado zodiacal.
Es notable en estas personas el deseo de saber y de aprender, aunque una exagerada timidez las hace antisociales. En relación con el otro sexo sienten pánico y se quedan sin poder hablar o actuar. El matrimonio, como consecuencia, será difícil. Tienen tendencia a ser excelentes abogados, magistrados, notarios. Son personas que pueden alcanzar un gran éxito si vencen la timidez.

8.º grado VIRGO 30 agosto

Personas de gran prudencia, sobre todo en la vida económica. Propensas a realizar viajes. Amor por la naturaleza y por las cosas sencillas.

Por lo que a la salud se refiere, deberán cuidar los intestinos, las arterias y las venas, pues tienen la influencia negativa de Mercurio.

Son personas de un gran espíritu contemplativo, amantes de la naturaleza y del campo. Su gran defecto es la ostentación de sus virtudes. Sus principales cualidades son la generosidad y la bondad de ánimo.

A menudo exageran, pues viven por encima de sus posibilidades. Deberán conseguir su seguridad. Son muy hábiles en cuestiones financieras.

9.º grado VIRGO 31 agosto

Personas de gran elocuencia. El matrimonio, después de algún bache, será muy equilibrado y sereno. Amor por la naturaleza y por el arte. Espíritu sencillo y contemplativo.

En cuestiones de salud deberán cuidar el sistema circulatorio, y seguir una dieta equilibrada.

Son personas que pueden descubrir dentro de sí mismas una enorme fuerza creativa. Tienen pasión por los viajes. Para el resto de actividades muestran una gran indolencia. El matrimonio es poco indicado para las mujeres pues su deseo de libertad las llevará, de hecho, a ser intolerantes y a tener problemas y disgustos.

10.º grado VIRGO 1 septiembre

Personas avaras y desconfiadas, con el riesgo de perder amistades preciosas por la excesiva falta de confianza. Matrimonios con personas irascibles y violentas. Carácter inteligente.

En cuestiones de salud deberán cuidar el sistema arterial, y evitar el tabaco.

Les gustan las cosas extrañas y exóticas. Tienen el don de ver más allá de los demás. Deberán tener cuidado y sensibilidad para no perder las amistades. En el trabajo recibirán golpes bajos y desilusiones que les producirán algún que otro sufrimiento. Procurarán desarrollar su sentido psicológico ya que a menudo los demás se aprovechan. Tienen un espléndido gusto en el vestir.

11.° grado VIRGO   2 septiembre

Personas parsimoniosas, incluso en los sentimientos. Vida sin grandes preocupaciones, con un sentido de la economía aplicado a todo y un amor por las cosas simples.
Por lo que a la salud se refiere, deberán seguir una dieta pobre en grasas y azúcares para evitar problemas de hígado.
Poseen una personalidad brillante y una gran fuerza de voluntad. Tienen el éxito asegurado. En la edad madura gozarán de consideración, bienestar económico e independencia. Son personas sensibles e impulsivas, especialmente en el arte y el amor.

12.° grado VIRGO   3 septiembre

Personas impulsivas y sensibles, cualidades que revelan a un verdadero artista. Amores difíciles madurarán su carácter. Genialidad e inteligencia les proporcionarán éxito.
En cuestiones de salud corren el peligro de sufrir indigestiones e intoxicaciones.
Son personas místicas y sensuales. Tienen una inteligencia profunda que las lleva a indagar en las más recónditas manifestaciones de la vida. Deberán perfeccionar sus sensaciones. Son personas demasiado egocéntricas y autosuficientes en los negocios, a menudo cerradas a cualquier tipo de sugerencia. Desarrollando el autocontrol podrán llegar a una posición importante en la vida.

12.° grado VIRGO   4 septiembre

Personas autosuficientes que siempre logran salir adelante, incluso en las situaciones más difíciles. Piensan en su propia seguridad y en el mañana. El deseo de ver y conocer las empujará a emprender largos viajes. Carácter independiente y egocéntrico. El egoísmo y la introversión les crearán numerosas dificultades en la relación con los demás.

Por lo que a la salud respecta, pueden tener problemas de línea y dificultades en la digestión.

Son personas de carácter sencillo y modesto. Este grado del Zodíaco es un indicativo de gran fortuna, aunque tal fortuna nada tenga que ver con riquezas ni cosas materiales. Pese a su egocentrismo, serán personas queridas por los amigos, y los enemigos no lograrán afectarlas jamás. Es como si estuvieran predestinadas: ningún mal puede turbarlas.

13.° grado VIRGO   5 septiembre

Personas cuyas ideas e intuición les permitirán ir madurando. Artistas y poetas. Posibilidades de riqueza. Vida tranquila. Momentos felices. Carácter delicado y escasos intereses materiales. Son personas amables, de corazón abierto y honesto.

En cuestiones de salud, deberán cuidar los intestinos. Tendrán una vida sedentaria y su progreso será lento, caracterizado por la constancia y la identificación con el trabajo. Conseguirán mejores ideas con su capacidad reflexiva que con su imaginación. Tienen afición por las costumbres. Su sentido de la justicia y de la honestidad, así como sus opiniones, son claros.

14.° grado VIRGO   6 septiembre

Personas fascinadas por Oriente y las tierras lejanas. Viajarán lejos. Los recuerdos serán siempre una fuente de alegría y serenidad. Vida sedentaria. Matrimonio equilibrado y sereno, después de los primeros años de adaptación.

Personalidades como el Marqués de Lafayette y Franz Josef Strauss nacieron en este grado del Zodíaco.

Tienen un sentido artístico muy pronunciado y una mente activa y dinámica. A menudo las personas nacidas bajo ese grado pueden llegar a ser excelentes oficiales del ejército. Algunas viven en el extranjero, o al menos aspiran a eso. Deberían vencer su innata timidez para obtener mejores resultados.

15.º grado VIRGO   7 septiembre

Personas con tendencias artísticas. A veces pueden llegar a ser geniales. Largas temporadas en el extranjero las enriquecerán notablemente. Carácter tímido e introvertido. Cuando logran olvidar su timidez se manifiestan como personas decididas y seguras de sí mismas. Tienen un buen sentido comercial, posibilidad de destacar en el mundo de los negocios y perseverancia para alcanzar lo que se han propuesto. La gente se complace de su compañía pues son sociables por naturaleza. En las fiestas o actos semejantes encontrarán personas que pueden interesarles por su trabajo. Tendencia a la contemplación. Evitarán el aislamiento y procurarán vivir en compañía, intentando superar la excesiva timidez que en el fondo es su propia fascinación.

16.º grado VIRGO   8 septiembre

Personas metafísicas y originales. Trabajadoras. Les gusta la casa y todo aquello que esté relacionado con ella. Tendrán suerte gracias a la constancia y perseverancia en su modo de actuar. Las asociaciones serán afortunadas.
Por lo que a la salud respecta, deberán cuidar sus nervios.
Son personas egocéntricas, aunque no egoístas. Tienen grandes posibilidades de poder realizar sus ideales y ambiciones. Aman la comodidad y prefieren aquellos trabajos en que puedan ser útiles a los demás. Su vida se presenta sin grandes problemas y la suerte les deparará una gran sorpresa. En su interior existe una necesidad de lujo y grandeza, que no siempre puede satisfacer. En general tendrán éxito en la vida y una vejez feliz.

17.º grado VIRGO   9 septiembre

Personas consideradas excéntricas por sus ideas curiosas y originales. Carácter tranquilo, prudente y reservado. Gustan de una vida serena, aunque a veces el deseo de evasión les hará buscar el riesgo y la aventura.

Por lo que a la salud respecta, deberán evitar los líquidos. Tienen propensión a los desarreglos intestinales. Son personas inteligentes y versátiles.

El famoso escritor ruso Liev Nikoláievich Tolstói nació bajo este grado. Son personas extraordinariamente comprensivas y generosas. El defecto que deberían corregir es precisamente su excesiva indulgencia, que a veces las lleva incluso a perdonar acciones abiertamente funestas.

18.º grado VIRGO   10 septiembre

Personas prácticas y estudiosas que afrontan la vida con filosofía. Será precisamente esta filosofía la que les permitirá superar situaciones desagradables y sufrimientos originados sobre todo por una relación sentimental secreta. Amor por la familia.

Son personas deportivas, dotadas de una fértil fantasía e imaginación. Físicamente resistentes, no temen al trabajo aunque este sea pesado y manual. Tienden a interesarse por cualquier aspecto relacionado con la agricultura, ya sea por trabajo o por afición. Aman el mundo y sus bellezas. Su principal defecto es un excesivo sentido crítico que a menudo resulta ofensivo. El matrimonio los equilibrará y mejorará. Este grado del Zodíaco indica suerte y riquezas.

19.º grado VIRGO   11 septiembre

Personas que piensan siempre antes de actuar. La pareja ocupará un lugar importante en sus vidas, tanto en el aspecto afectivo como económico. Son personas soñadoras, llenas de fantasía y romanticismo. Se interesarán por la agricultura y las cosas de la naturaleza. Tendrán una fortuna material y felicidad.

Por lo que respecta a la salud, este grado en el ascendente les proporciona fortaleza, su punto débil son los tobillos.

Son personas de gran habilidad comercial y aguda intuición. Estas cualidades pueden reportarle grandes riquezas sobre todo fuera de su país, donde podrán conseguir enormes ganancias. Deberán evitar las peleas, que les resultarían muy perjudiciales dada su condición.

20.° grado VIRGO   12 septiembre

Personas con habilidad comercial e intuición, como todas las nacidas en Virgo. Mentalidad matemática y gran fantasía.
Por lo que a la salud respecta, corren el riesgo de sufrir apendicitis.
Sus ideas son buenas y además saben ponerlas en práctica. Tienen facilidad tanto para hablar como para escribir. Este grado del Zodíaco representa nacimientos de padres ricos y posibilidad de ganar dinero durante la vida. Aunque tengan pérdidas económicas o dificultades financieras, las superarán siempre con facilidad. Tienen buen gusto. De todas formas deberán evitar dar demasiada importancia al dinero. Evitarán también el desánimo frente a los fracasos.

21.° grado VIRGO   13 septiembre

Personas ricas en ideas. Hablan y escriben bien. Excesivamente influenciadas por la familia. Carácter constante y firme. Deberán tener cuidado para evitar la pérdida de amistades por negligencia.
Por lo que a la salud se refiere, pueden tener apendicitis. Serán personas altas y proporcionadas. Tendrán gran facilidad para ganar dinero. Tendrán habilidad para escribir lo que les resultará de gran utilidad, especialmente en las actividades comerciales. La vida puede reservarles fracasos financieros, pero no deberán preocuparse porque les resultará muy fácil recuperarse. Serán perfeccionistas en el trabajo y tolerantes en el hogar.

22.° grado VIRGO   14 septiembre

Personas con sentimientos profundos. Sensualidad y egocentrismo. Tendrán amores peligrosos y amistades útiles, de naturaleza afectuosa y sentimental.
Por lo que respecta a la salud, recibirán influencias de Saturno y de Júpiter, lo que les creará problemas de apendicitis.
Son personas de una fuerte y sincera ligazón afectiva con los amigos. En el amor, ardiente y apasionado, también estarán

muy unidos a su pareja. Naturaleza fuerte y espontánea con ellos mismos y con los demás. Tienen ideas originales y de una fuerza filosófica tal que suscitarán la admiración de sus amigos. Su principal defecto es la vanidad. Tendrán posibilidades de tener éxito en actividades de índole militar. También pueden correr el peligro de sufrir una fuerte depresión si les falta una sólida moral de fondo.

23.º grado VIRGO   15 septiembre

Personas entusiastas e impulsivas. Afición por el mar, los deportes náuticos, y las embarcaciones. La navegación les proporcionará beneficios materiales y morales. Interés por el ocultismo y por los adelantos e innovaciones. Temperamento entusiasta y generoso.

Por lo que respecta a la salud, pueden sufrir apendicitis y tener problemas en la columna vertebral.

Agatha Christie, la famosa escritora inglesa de novela policíaca nació bajo este grado zodiacal.

Son personas entusiastas, muy dadas a la evasión. No deberán realizar especulaciones de ningún tipo. Escogerán un tipo de trabajo que les obligue a viajar y que encauce su necesidad de evadirse de la realidad. Sienten gran afición por los viajes, especialmente marítimos.

24.º grado VIRGO   16 septiembre

Personas tenaces, egocéntricas, que no desisten fácilmente de lo que se han propuesto alcanzar. Afortunadas en el amor, aunque deberán conquistarlo con constancia. Pueden tener problemas a causa de juicios erróneos. Carácter constante con raros momentos de excitación. Altibajos de suerte.

Son personas con sensibilidad artística y musical. Su vida no será fácil y probablemente nunca serán ricas. Es probable que se dediquen al comercio. En tal caso deberán buscar una actividad que esté mínimamente relacionada con el arte, para poder desarrollar así el sentido estético que poseen. Son personas con una enorme intuición. El éxito o fracaso de sus vidas dependerá exclusivamente de ellas.

25.º grado VIRGO   17 septiembre

Personas con inspiración. Percepciones agudas y sueños proféticos. Su punto débil es la agresividad, fuente de problemas, disgustos y arrepentimientos. Sólo lograrán triunfar con el esfuerzo. Matrimonio inestable y conflictivo.
Por lo que a la salud respecta pueden tener problemas intestinales. Su personalidad es atrayente y misteriosa. Su enorme coraje puede llevarle hasta el límite de la inconsciencia. Tienen gusto estético y posibilidades en el terreno artístico, particularmente en el de la pintura. Poseen una gran intuición que a veces les lleva a momentos de inspiración.

26.º grado VIRGO   18 septiembre

Personas con capacidad artística y creativa. Muy observadoras. Deberán prestar atención a los peligros del tráfico y a los coches en general. Carácter simpático y muy sociable. Tendrán amigos fieles que les proporcionarán satisfacciones y bienestar.
Por lo que a la salud se refiere, deberán vigilar las indisposiciones intestinales.
Son personas persuasivas y razonables, pero deberán aprender a ser más prácticas, pues aunque logren prever una situación, a menudo no saben trazar un plan concreto para el futuro. No deberán fiarse de los momentos de suerte. Todo lo que se propongan sólo podrán lograrlo con su esfuerzo e inteligencia. Serán más felices en la segunda parte de la vida, cuando hayan aprendido a controlar la vertiente más árida de su carácter.

27.º grado VIRGO   19 septiembre

Personas con suerte en los aspectos sentimentales y familiares. Muy idealistas, pero al mismo tiempo prácticas. Grandes posibilidades de obtener riquezas gracias a actividades bien organizadas. Vivacidad de espíritu y relaciones públicas.
Por lo que a la salud se refiere, tienen propensión a sufrir enfermedades intestinales.

Son personas muy afortunadas en los negocios. Tienden a resignarse con facilidad cuando las cosas no siguen su curso debido. Ello les conducirá a adoptar una postura fatalista frente a la vida. La inteligencia, despierta, va aparejada con una gran intuición. Para las mujeres nacidas bajo este grado el matrimonio puede tardar en llegar. En compensación, tendrán una amiga fiel que les proporcionará un gran apoyo moral.

28.° grado VIRGO   20 septiembre

Personas de carácter reservado, que esconden sus sentimientos. Numerosas amistades.

Por lo que a la salud se refiere, pueden tener problemas en la columna vertebral.

Tienen una inteligencia por encima de la media. Aptitud para el trabajo. Su naturaleza es profunda y reservada. Son personas respetuosas y generosas con los demás. Podrán alcanzar muchos éxitos en la vida si saben encauzar la gran energía que poseen. Tendrán siempre numerosos amigos.

Alejandro el Grande y Sofía Loren son dos claros exponentes de este grado zodiacal. Muchos parientes vivirán a costa de sus ganancias.

29.° grado VIRGO   21 septiembre

Personas amables y abiertas. La indecisión será el punto más débil de su personalidad. Su modo de comportarse produce sufrimiento en quien los ama. Tendrán ideales religiosos y hasta es posible que pertenezcan a sectas o a grupos políticos. Por lo que a la salud respecta, tienen predisposición a sufrir irritaciones intestinales.

Personas dotadas de una gran fantasía que puede conducirles a la inspiración e incluso a la profecía. Tienen constancia y dotes de mando, por lo que siempre tendrán abierto el camino del éxito. Cualquiera que sea la religión, asociación o el grupo al que pertenecen, su participación tendrá siempre una actitud muy activa.

Personas con tendencia al ocultismo y a las cosas esotéricas por una búsqueda del bien y del mal. El matrimonio podrá ser infeliz a causa de su profundo espíritu de libertad. Tienden a sufrir estados de nerviosismo y pesimismo, aunque estos se equilibrarán con un poco de alegría.

Por lo que a la salud respecta, este grado en el ascendente produce melancolía. Corren peligro de sufrir heridas en la cabeza. Tienen un fuerte sentido de la verdad que demuestran en todas sus manifestaciones. Les conviene sin embargo controlar esa tendencia, pues de lo contrario podrían crearse una enfermedad. Son pocos amantes del matrimonio, que puede determinar restricciones a su gran deseo de ser libres.

LIBRA

 El signo de Libra, del 23 de septiembre al 22 de octubre, atravesado por el Sol, se halla bajo el dominio del planeta Venus, que es el planeta portador de las cosas sencillas, agradables, llenas de alegría. En efecto, Venus es la diosa del arte, del amor, de la gracia y hace que quienes han nacido bajo su signo tiendan a ser buenos, gentiles, caritativos, agradables y sociables. Su influjo conduce a la exaltación del amor y de los lazos afectivos, que para los nacidos en Libra adquieren una importancia fundamental. Todo cuanto toca lo torna agradable, pequeñas fortunas, bienestar. Libra está en equilibrio entre el día y la noche, tanto es así que el antiguo signo que lo distinguía muestra al Sol que se alza y desaparece en el horizonte.

La influencia de Venus hace a los nacidos en su signo ordenados, equilibrados, llenos del sentido de la medida, amantes de la justicia, armoniosos en las formas y diplomáticos. Pero cuidado con los influjos negativos porque en su límite podrá haber Libra excesivamente perezosos, sensuales, pasionales y vanidosos. La armonía guía a todos los nacidos en el signo, que son de carácter pacífico, e incluso si se sienten aquejados de dolores o, por el contrario, recompensados por triunfos enormes, conservan siempre su equilibrio espiritual. Así pues nunca son protagonistas de discordias violentas y duraderas. Libra es un signo de paz, pero ello no significa que los Libra no sepan ser batalladores si hace falta y no creen situaciones dramáticas y tensas. Sus energías, sin embargo, son empleadas con benevolencia, para suavizar los roces y evitar desequilibrios. Por ello la diplomacia es su mejor arte.

Su amor por la justicia les hace a veces pagar personalmente, pero los Libra no se sienten nunca solos en sus batallas, porque supieron formar un ambiente entrañable, y sus amigos están siempre dispuestos a ayudarles y defenderles. Aunque por tendencia sean lentos para reaccionar, afrontan con decisión las situaciones desfavorables y eligen siempre el modo más rápido y menos arriesgado para resolverlas. De todas formas están también dispuestos a llegar a compromisos, con tal de evitar discusiones abiertas, porque su carácter es muy conciliador y odian la disputa.

Tienen además una acentuada capacidad de sondear el carácter de los demás y por ello con frecuencia se les escoge como confidentes o como asistentes sociales. En efecto, saben comprender a la gente, saben intuir la verdad detrás de situaciones confusas y saben encontrar las palabras justas para resolver no sólo los propios problemas sino también los de los otros.

Poco amantes de los ajetreos, sin embargo, los Libra están dispuestos a grandes sacrificios con tal de conquistar posiciones válidas y son capaces de dedicar mucho tiempo a su aspecto exterior: por lo general, son siempre de aspecto agradable, gracias a la influencia benéfica de Venus y tratan de ser elegantes, agradables y cuidados. Con tal fin procuran esconder o disimular todos los aspectos negativos de la propia persona y hacen lo mismo incluso con los acontecimientos y circunstancias de la vida. Cubren, en una palabra, las cosas poco atrayentes intentado solucionar los desastres. Su frase podría ser: «dar tiempo al tiempo» y si pueden, no se esfuerzan nunca en hacer hoy lo que podrían hacer muy bien mañana. Son tipos que arrinconan las cartas poco agradables para darles respuesta lo más tarde posible y son del parecer que el tiempo es el único medio calificado para resolver todos los problemas. Son filósofos pacientes. El nacido en Libra es la persona indicada también para dar noticias poco agradables o tristes, porque sin duda sabrá encontrar las palabras justas para salir airoso de una situación difícil y comprometida. Es el clásico tipo del diplomático que invita a cenar a un colega suyo y le hace sentirse a gusto, lamentando mucho después tener que comunicarle que su país ha decidido declarar la guerra al de su invitado. En cambio, si tiene que dar una buena noticia el nacido en Libra se sentirá feliz, la da entusiasmado y con ímpetu, participa en la alegría de los otros, en el gozo. Los Libra no son subordinados por naturaleza, sino óptimos ejecutivos: secretarias perfectas, directores excelentes, saben con el tiempo imponer su punto de vista, pero con extremado tacto, tanto que quien trabaja con ellos está convencido de haber tomado decisiones personales, sin haber sido influenciado, como en cambio es en realidad. La mujer nacida en Libra es, por tanto, buenísima esposa para un hombre autoritario, al que vence con la elocuencia y la dulzura.

Los Libra no se ofenden, no son susceptibles, no son intocables. Antes que afrontar un pleito prefieren llegar a un compromiso, mediar un acuerdo, hacer un «tira y afloja» con los otros. También aceptan las imposiciones porque saben muy bien que a la larga tendrán que ganar. También el ambiente que les rodea debe ser armonioso, detestan las discusiones en familia, las riñas con los parientes, las opciones; a veces, se les pide que actúen de árbitro en las diferencias de carácter familiar o en el trabajo. Les gusta el contacto con el público, incluso en una oficina de reclamaciones, y son muy adecuados para cubrir el puesto de jueces conciliadores, abogados, escritores, diplomáticos e incluso joyeros porque tienen culto por la belleza, la sensibilidad por el arte y la paciencia en el trabajo minucioso. El arte es muy importante para ellos y representa casi una vocación. Incluso si llegan a esferas sociales elevadas como administradores de grandes sociedades u hombres políticos, los nacidos en Libra saben encontrar una parte artística en su actividad.

Los nacidos en Libra aman las diversiones: bailan muy bien y con pasión, asisten a conciertos, poseen una adecuada sensibilidad por la música. Les gustan también las comodidades y el dinero pero nunca se casarían por interés, porque en su filosofía de la vida no entra este tipo de decisiones; si bien consideran el dinero como algo importante, no lo ponen nunca por encima de sus propios ideales, a lo máximo lo colocan en el mismo plano.

Aquello que más les afecta es la brutalidad, los malos modos, las voces demasiado fuertes, los gestos bruscos, las personas que no tienen gracia ni armonía. Se saben adaptar a situaciones desagradables, porque son dúctiles y manejables, pero en su fuero interno las consideran siempre como pasajeras.

Su infancia con frecuencia no es muy feliz debido a diferentes contratiempos relacionados con la pérdida de uno de sus progenitores. La situación financiera puede sufrir, por este y por otros motivos, altos y bajos, ya que los Libra gastan a menudo y a gusto para rodearse de todo cuanto les apetece. Tienen pues que ir con cuidado en no prestarse como avales para terceros, pues se pueden ver envueltos en disputas judiciales o en molestias gratuitas. De lo contrario pueden sufrir quebrantos económicos.

Generalmente, la familia de los nacidos en Libra es numerosa, pero las relaciones entre los miembros se desvanecen con el tiempo. A menudo uno de los padres es intransigente en lo que respecta al nacido en Libra y tiende a imponerse con demasiada autoridad. Los Libra tienen muchas veces que ayudar a la familia de origen con su trabajo y puesto que lo hacen casi impulsados por el sentido del deber, naturalmente y sin hacer gala de ello, el día en que estos nieguen su ayuda y piensen un poco más en sí mismos tendrán lugar desavenencias familiares. Sin duda encontraremos siempre a alguien dispuesto a preguntarse cómo el nacido en Libra no siga siendo «manso» como al principio.

Son óptimos automovilistas: de reflejos rápidos, no les importa realizar largos viajes yendo solos, aunque prefieran casi siempre la compañía de alguien. No se paran a discutir por un adelantamiento y ante un eventual percance nunca llegarán a pronunciar frases ordinarias, evitando el enfrentamiento a toda costa. A menudo, a pesar de conducir bien no conocen y no entienden absolutamente nada de motores. Su relación con el coche es afectiva; el coche es como un perro fiel, se encariñan con él, y aunque sea viejo no les gusta cambiarlo; en una palabra, lo consideran como parte de la familia. No muestran interés por el deporte, y aborrecen completamente el tenis, el esquí, el golf, la hípica, la natación y la esgrima. Aunque no posean una salud de hierro los nacidos en Libra son muy resistentes y gozan de una grandísima fuerza de recuperación; es esencial dejarlos dormir bastante porque pueden renunciar muy bien a la comida pero nunca al sueño. En los casos límite es aconsejable que de vez en cuando se sometan a curas de descanso o a períodos de reposo largos o breves, con tal de intercalar sus actividades. Así pues cuando van de vacaciones prefieren no gozarlas enteramente y reservarse algunos días de distracción para usarlos cuando su organismo tenga necesidad de relajarse. La paz y la fascinación son las características más destacables de los nacidos bajo el signo de Libra. Los Libra gustan de la elegancia, su guardarropa es rico y cuidado, en contraste a menudo con la casa o el lugar de trabajo, no demasiado ordenado a causa de la innata pereza de los nacidos en este signo. Optan por los colores delicados, tonos pastel, que se adaptan bien con su personalidad; les gustan las joyas que desean poseer como forma de ahorro, más que poseer dinero, porque las joyas se pueden lucir. Y son amantes de las flores y de los animales, que encuentran a excelentes amos en los nacidos en Libra.

Las amistades son muy importantes para ellos, pero en los amigos desean también encontrar comprensión y apoyo, estando, sin embargo, dispuestos siempre a pasar un rato alegre y divertido, y esto les ayuda a cambiar de humor cuando se sienten deprimidos. Parten del supuesto de que todo se soluciona en la vida y que donde el hombre no puede actuar, el tiempo hará lo necesario. Con esta filosofía pueden abandonarse y tornarse apáticos, pero por lo general encuentran las fuerzas para reaccionar y continuar, aun cuando el período transitorio se presente difícil.

Libra es el signo que más respeta la forma, preocupándole poco el fondo, hasta tal punto se encuentran enraizados en él el amor y el gusto por lo bello. Es un signo de *aire*, cardinal, masculino, en el que tiene su domicilio Venus, la diosa del amor, de aquí deriva su inclinación a asumir el papel de amante refinado y experto. Es un signo que ama y, sobre todo, que sabe amar con su cuerpo y con su alma. Gráficamente el signo viene simbolizado por una balanza con dos platos, por lo tanto, presenta un sentido de la justicia muy desarrollado.

En este signo encontramos individuos muy bellos, con rostro de óvalo perfecto, ojos expresivos y de mirada dulce y sensual. El amor por las cosas bellas lleva al Libra a ser un buscador constante, y, a veces, ansioso de la belleza. Crítico exigente pero sincero, al que se puede dar fe por su objetividad. Es un diplomático nato, capaz de calmar cualquier controversia y hacerse amar y respetar por este motivo. Optimista y buen compañero, no tiene que recurrir a la vulgaridad expresiva para hacer reír a sus oyentes. Por su dignidad y señorío en las actitudes se parece mucho al tipo Leo, aunque su refinamiento sea, ante todo, intelectual y necesitado de un público dotado de humor para comprender la finura de sus expresiones. El símbolo de Libra representa las tendencias contradictorias de este signo; en el tipo evolucionado espiritualmente la espontaneidad se contrapone a la reflexión y encuentra su justo equilibrio, lo que hace de este signo un juez culto sobre las acciones de los demás y un apasionado investigador que tiende a perfeccionar todo lo perfeccionable.

Libra, como Leo, es un signo que cree fácilmente en las adulaciones y cede si es alabado por sus dotes. Desde niño, revela su amor por las cosas bellas y en especial por la naturaleza. Es sensible a la música, que tiene sobre él un efecto benéfico. En el campo laboral elegirá casi siempre una profesión que no implique fatiga física, por su incapacidad a soportar pesos materiales. Puede triunfar como abogado, juez, y, artísticamente, sobre todo como músico. No osa tomar la iniciativa y difícilmente acepta un trabajo sin ponderar bien su capacidad. En este caso su narcisismo es beneficioso porque le permite llevar a término, con la máxima perfección posible, el trabajo que haya emprendido.

El tipo más evolucionado espiritualmente sabrá siempre hacerse apreciar como dirigente serio y organizado, además de respetar el lado humano de sus colegas y subalternos. Es un artista nato, por lo que podrá desarrollar también un trabajo comercial en este campo, como anticuario o crítico. Es tan intuitivo que sabe comprender una cosa antes de que se la digan, por lo que la gente se le abre confidencialmente, y, también, porque cuando se le confía un secreto es capaz de llevárselo hasta la tumba, siempre que no se le obligue a revelarlo por medio de la violencia, pues ante el peligro reacciona huyendo. En el amor como en el trabajo es tolerante. Por tener a Venus como planeta, el hombre Libra sabrá instintivamente las cosas y palabras que gustan a una mujer, sin llegar a manifestar una actitud vanidosa, revelará, por el contrario, lo mejor de sí mismo junto a esta. Lo que le conducirá al matrimonio.

Los trastornos que más frecuentemente afectan tanto al hombre como a la mujer Libra son de carácter neurovegetativo o renal.

El hombre

Amable, cortés y comunicativo por lo general, es un hombre de aspecto agradable y de figura armoniosa, con rasgos de verdadero señor. Buen amante, si bien su vida no esté basada sólo en el sentimiento, sino también en la pasión; la mujer que escoge le debe satisfacer en los dos sentidos. Le gustan las formas, los vestidos bonitos, la etiqueta, los buenos modales, la vida de sociedad, las diversiones. Todas estas aficiones no evitan, no obstante, que sea muy hábil en su trabajo, a pesar de que la sobrecarga le canse.

Necesita que su personalidad se valore y por esto busca siempre puestos en los que pueda llegar a destacar, porque sabe que tiene cualidades que le permitirán afianzarse. Muy sensible y abierto de corazón, es capaz, sin embargo, de enojarse si se da cuenta de que alguien desea superarlo. Es egocéntrico. Si se desea que acepte un punto de vista se tiene que actuar de modo que piense que ha sido él quien lo ha escogido: no argumentarle nunca directamente.

Tienen mucho sentido de la observación, no se le escapa nada. En la relación de pareja no destaca por su fidelidad, pero está bastante ligado a la compañera de su vida, de la cual está enamorado. Así, pues, sus infidelidades no son nunca sentimentales sino dictadas por su necesidad de variar, y por su parte, si se le interroga, dirá ingenuamente que es fidelísimo porque «está enamorado sólo de ella».

Y las relaciones materiales puras y simples no tienen para él ningún valor. Tiene que encontrar una mujer, pero que lo sepa entender y que él pueda idealizar, y entonces la unión será perfecta. Cuando ama, es un seductor fascinante que no intenta anular la personalidad de la mujer que está junto a él, sino que quiere hacer resaltar su carácter y adora instruirla y perfeccionarla. Si más tarde la abandona, lo hará con extremo tacto y galantería, sabiendo conservar su estima y amistad.

A menudo, el nacido en Libra es capaz de arriesgar su posición social por amor, para casarse o unirse con la mujer que ama; no le importa nada discutir con la familia por este motivo. En el matrimonio busca una mujer de su edad, o mayor si la madre ha jugado un papel importante en su vida. Contrariamente busca una mujer muy joven a quien pueda dominar con facilidad, en el caso de que el padre haya sido dictador y autoritario. En el aspecto afectivo con la mujer Aries, se establecerá al principio una relación sentimental suficientemente buena, aunque con el tiempo la susceptibilidad del Libra podrá recibir duros golpes de la impetuosidad de esta mujer. Con Tauro, la unión será feliz por la reciprocidad de gustos y amor a lo bello. Con la mujer Géminis subsistirá una intensa relación intelectual y, en el caso de que se llegue al matrimonio, la pasión será sacrificada en aras de la comprensión intelectual. Con la mujer Cáncer habrá incomprensión y tristeza, por lo que la unión es desaconsejable. Aunque encontrándose a la perfección con la mujer Leo en el plano erótico e intelectual, la megalomanía de ella y su desinterés respecto al factor económico, llevará el matrimonio a padecer problemas económicos. La mujer Virgo, a la que le falta afectividad pero sabe ser una óptima ama de casa, permitirá al Libra constituir siempre el epicentro de las reuniones sociales, cosa que este signo valora positivamente. Con la de su mismo signo, aunque existiendo comprensión y afecto, el matrimonio se verá desprovisto de fuerza, pues ambos se inclinan a proyectar su propia personalidad en el cónyuge, por lo que también este es un matrimonio desaconsejable, sobre todo respecto a la educación de los hijos.

Con la mujer Escorpión será una unión feliz por los celos y sed de dominio de esta mujer en las cuestiones afectivas. Con la Sagitario será más que nada un romance, tanta es la superficialidad de ambos signos respecto a la vida afectiva. La mujer Capricornio es fría, pero, igual que Virgo, sabrá organizar reuniones sociales y entablar relaciones importantes para su marido. Con la Acuario, si se llega al matrimonio, será una unión perfecta, un pequeño cosmos en el que los demás no serán más que tolerados. El hombre Libra detesta el papel de protector, por lo que, ciertamente, no puede encontrarse ni a nivel intelectual ni sentimental con la mujer Piscis, que mitifica a su pareja y lo quería perfecto como su padre.

La mujer

Las mujeres nacidas en Libra son verdaderas bellezas, que además de un aspecto agradable suelen tener gran fascinación. Son atractivas, simpáticas, saben ser coquetas en su punto justo, tienen ojos expresivos y sonrisa cautivadora incluso cuando las características somáticas o genéticas no les hayan sido del todo favorables. Una luz interior se desprende de ellas, así como una gran feminidad. Físicamente pueden presentar algunos defectos físicos sin importancia: tienden a engordar, al aumento de peso, pero nunca pierden su atractivo. Generalmente son un poco vanidosas, su tiempo libre lo pasan de buena gana delante del espejo aplicándose un nuevo maquillaje para los ojos, un nuevo peinado y probándose los vestidos una y otra vez.

Quieren estar siempre elegantes, y en ocasiones se visten con una indumentaria excesivamente vistosa. Son soñadoras; el príncipe azul les vendrá a sacar de su mundo y se las llevará montando un caballo blanco con cola de plata. Pero saben también ser excelentes compañeras, si la vida les destina un hombre sencillo, con tal de que sea gentil y comprensivo. Perdonan fácilmente los errores cometidos ante un gesto afectuoso y les gusta que las mimen un poco. Flirtean hasta cuando tienen 90 años, son felices si encuentran a un hombre, que las sepa tratar como «mujeres del 1800», con todos los cuidados y buenos modales. Con un poco de inteligencia se las puede conquistar; es difícil que den una tajante negativa, y dejan siempre la puerta abierta a una nueva tentativa. Casi siempre prefieren mentir antes que decir verdades desagradables, son muy sociables y agradables para una vida de relación, y les gusta brillar en sociedad, pero sin vanagloriarse. Por lo general llegan a coronar su sueño de amor porque son muy decididas en lo que respecta a dar un aspecto sentimental en su vida.

A menudo tienen las lágrimas fáciles, aunque no siempre lloran espontáneamente, sino después de un cálculo bien preciso y diplomático. El guardarropa de la mujer Libra es una sinfonía de verdes pálidos, rosas, celestes, malvas. Las flores que prefiere son las primaverales, las acuáticas y las margaritas; las joyas que lleva más a gusto son vistosas, con zafiros, corales, jades y piedras duras engarzadas. Es muy maternal por temperamento, pero no se atormenta si de su matrimonio no nacen hijos, porque a fin de cuentas tratará a su esposo como si fuera un hijo grande a quien mimar. En muchas ocasiones realizan actividades fuera del ámbito de la familia y son buenas diplomáticas y secretarias.

La mujer Libra, como el hombre, ama las cosas bellas y en el amor su sentido estético se encuentra muy desarrollado. Le horroriza la vulgaridad y siempre tiene necesidad de encontrarse rodeada de ternura y elegancia. Como el hombre, la mujer Libra tiene vocación especial para el matrimonio. Será una mujer modelo, bonita y atractiva, y, si se ve rodeada de ternura, será fiel tanto en las situaciones buenas como en las malas. La voz de esta mujer es persuasiva y cálida, con un tono que difícilmente se altera, a menos que no se halle exasperada. La mujer Libra es soñadora hasta el punto de ser llamada romántica, sin por ello perder de vista la realidad de las cosas. El amor constituye el epicentro alrededor del cual se mueve, siendo este amor perfecto e incluso utópico, hasta tal punto lo idealiza.

Es una mujer que a primera vista enamora y asombra siempre lo fácil que es salir con ella sin sobrepasar ciertos límites, ya que es un tipo de mujer a la que le gusta verse siempre cortejada y rodeada de admiradores, porque tiene un miedo manifiesto a la soledad. Le gusta la compañía, aunque esta generalmente permanece en una fase amistosa.

Controla muy fácilmente su instinto y si se le pide algo más que una simple amistad, sabe rechazarla con tanto garbo que difícilmente se le guarda rencor. Es una mujer que, al haber idealizado el amor desde muy joven, da poca importancia a la relación sexual, ofreciendo su máximo interés hacia la vida sentimental. A veces puede parecer empalagosa, pero es la única mujer con la que se pueden apreciar las cosas bellas en su justo valor, y con la que la vida transcurre serenamente, sin complicaciones excesivas que inevitablemente trastornarían el sistema emotivo de este tipo tan femenino.

La mujer Libra, para verse complementada, tiene necesidad de un hombre que sepa respetar su sensibilidad. Rechaza el estereotipo de hombre duro y violento, y se inclina por el carácter fuerte y sensible, de los Leo, Sagitario y Géminis. Con reservas, el Acuario.

Los niños

Hay que dejar que el niño nacido bajo el signo de Libra se exprese dibujando y pintando, pues para él es una necesidad física, al igual que comer o dormir. No se debe impedir que el niño desarrolle estas actividades creativas. Por lo general, los Libra son niños tranquilos, aunque vivaces. Muestran predilección por los juegos de paciencia, son inteligentes y se expresan bien. Tienen que ser educados en el orden y en la disciplina o de lo contrario son rebeldes, pero respetan la autoridad de sus padres y hermanos sobre ellos y, a menudo, si carecen de esto, buscan a alguien que pueda indicarles cómo comportarse y que les sostenga.

Son de carácter bastante obstinado y por ello los problemas que surjan deben ser resueltos con comprensión, razonando las respuestas y con paciencia; nunca con castigo. Odian los gestos violentos y no perdonan a quien los abofetea: la humillación puede transformarse incluso en un rencor reprimido que permanece en estado latente, y sucede a menudo que individuos de Libra se lamentan, ya adultos, de los bofetones recibidos en su infancia.

En el vestir prefiere elegancia y belleza, colores que se le adapten, vestidos que llamen la atención por su fantasía. Las niñas muchas veces van disfrazadas durante horas soñando que son princesas o personajes de fábula. Son pocos los juguetes que les gustan, y siempre muestran un alto grado de fantasía. El niño Libra sabe transformar en su mente el juguete más sencillo en algo maravilloso, porque sabe construir atrevidos castillos en el aire, y no hay que desilusionarlo deshaciéndolos con una palabra malévola.

Es muy limpio, le gusta el agua, quiere lavarse a menudo, ama el contacto con la naturaleza con la de que no sea demasiado violento; así pues no jugará con tierra ensuciándose sino que se irá de buena gana a coger flores, a descubrir nidos por el placer de admirarlos. Siente respeto y amor por los animales; ama la cortesía, las palabras suaves, la manera de hacer cuidadosa. Rechazará todos los juegos y los compañeros que muestren una conducta violenta y en cambio tendrá pasión por el modelismo, los trabajos de precisión, las colecciones, los libros y los aspectos particulares de la naturaleza.

Relaciones con los otros signos

Respecto a los otros signos del Zodíaco, Libra está en armonía con Géminis, con Leo, con Sagitario y Acuario, mientras que contrasta con Capricornio, Cáncer y Aries. Con este último, no obstante, son buenas las relaciones de trabajo, mientras que con Capricornio, Libra guarda ciertas desavenencias, porque no se aviene con la excesiva lealtad de Capricornio y con su manera tan diferente de comprender la vida. Con Cáncer contrasta porque este es muy posesivo.

Libra ama demasiado su propia autonomía para poder depender de un nacido en Tauro, mientras que Géminis es su signo de oro, porque encuentra en él armonía y afinidad. Felicidad con Leo con tal de que Libra sea un poco más fiel, y acuerdo perfecto con Virgo porque los dos signos se complementan entre sí, y donde falta el carácter del uno está presente el carácter del otro. Amigable acuerdo con el propio signo pero mejor en el trabajo que en las relaciones sentimentales.

En la relación con Escorpión se establece una intensa atracción física, pero también tienen lugar frecuentes discusiones. Con Sagitario en cambio, buen acuerdo y afinidades que pueden llevarles a un entendimiento perfecto. Con Acuario interviene a menudo un primer contacto espiritual, una gran amistad que después se transformará en amor, a pesar de que, a menudo, Libra se siente intimidada en sus relaciones con los nacidos en Acuario. Con Piscis puede llegar a nacer una gran amistad, el amor puede existir pero poco duradero; con el tiempo se cansa de estar siempre en el timón, prefiriendo, por carácter, afectos tranquilos, reposados en los que pueda encontrar apoyo y no tener exclusivamente que darlo.

La salud

Tienen que vigilar atentamente los riñones, el hígado, la cabeza, ya que son muy delicados. Su sistema nervioso puede sufrir repercusiones debidas a desengaños amorosos que desembocan en crisis depresivas con gran facilidad. Es muy útil para los nacidos en Libra cualquier método que enseñe a relajarse: gimnasia y yoga son sus remedios, también porque es notable su tendencia a engordar. Pero Libra no puede someterse a una cura de adelgazamiento demasiado rigurosa, pues todo su metabolismo se resentiría de ello y podría provocarle algunos desequilibrios.

El carácter

Por lo general, el nacido en Libra tendrá que combatir su tendencia a la pereza. Por otra parte, es importante para los nacidos en este signo encontrar equilibrio en sus relaciones sentimentales. La cortesía es un don principal, armonizada con su innata sutil diplomacia. El hecho de tener que superar dificultades no les resta seguridad en sí mismos porque saben que cuentan con buen número de amigos y de personas que sabrán ayudarles para superar los momentos difíciles, pues a su vez, han recibido grandes favores de él.

En efecto, Libra se ve favorecido por las excelentes amistades que ha sabido crearse gracias a su habilidad para las relaciones humanas. Si en ocasiones carece de lealtad es debido a cierta incapacidad para afrontar las situaciones cara a cara, y buscar siempre caminos cómodos para llegar a su meta. Su grandeza espiritual favorece cualquier tipo de actividad pacífica y difícilmente se le podrá convencer de que baje al campo lanza en ristre: preferirá siempre negociar para encontrar la solución o como mínimo un principio de acuerdo.

Los famosos

Egregios representantes de Libra fueron: escritores como Miguel de Cervantes, Ludovico Ariosto, Alphonse de Lamartine, Miguel de Unamuno, Óscar Wilde; científicos como

Miguel Servet; pintores como el Canaletto; actrices como Brigitte Bardot; y los hombres con gran influencia en la vida pública como el Mahatma Gandhi, el pensador que gracias al carácter pacífico de su filosofía consiguió afianzar a su enorme pueblo liberándolo de la esclavitud, sin derramamiento de sangre. Bajo el signo de Libra encontramos también a ciudades y países: China y Japón, cuya innata cortesía es típica del signo, se hallan bajo la influencia de Libra. También la despreocupada y gozosa Viena, ciudad de hermosas mujeres y de armonía, está, según la más autorizada tradición astrológica, consagrada a Libra.

Los números

Encontramos el 2, como número protector contra las calumnias y críticas; el 8, como número simbólico de la fecundidad, y el 19, típico número favorable a las inversiones financieras.

Las piedras de la suerte

El zafiro, piedra de la amistad y de la fraternidad: sus rayos de color azul intenso favorecen las relaciones sociales y el amor; el coral, favorable a los viajes y excursiones de todo tipo; el jade, con la fascinación de lo oriental, símbolo de la suerte en los negocios y en los juegos de azar.

Libra día a día

1.° grado LIBRA	23 septiembre

Personas de gran personalidad artística y fuerza creadora. Son impulsivas. Sin darse cuenta puede herir profundamente a los demás. Si logran evitar los riesgos derivados de su carácter un tanto impulsivo pueden alcanzar el éxito.
Por lo que a la salud respecta, tienen predisposición a dolencias de hígado y riñón.

Tienen una personalidad fuerte y una mentalidad progresista, junto a un gran sentido de la justicia. Deberán cuidar de que su pasión por la aventura no los conduzca a riesgos o peligros. La razón debe hacerles reflexionar antes de actuar.

Aldo Moro, el que fue presidente del gobierno italiano, nació en este grado zodiacal. Poseen también un profundo sentimiento religioso, que en algunos casos podrá llevarles hasta el sacerdocio.

2.º grado LIBRA   24 septiembre

Personas con intuición psicológica. La pareja les proporcionará bienestar moral y material, y habrá una sintonía perfecta entre los dos. Sentirán inclinación por la ciencia.

Por lo que a la salud se refiere, deberán cuidar los riñones.

Tienen un gran talento musical y artístico, en general. Su buen gusto, intuición e inspiración les conducirán a metas altísimas si se inclinan por el arte. El carácter dulce, amable y generoso, es poco apto para afrontar las asperezas que a veces presenta la vida. A menudo encontrarán el apoyo moral que necesitan. Es muy probable que obtengan beneficios materiales en el matrimonio.

3.º grado LIBRA   25 septiembre

Personas activas e indagadoras, justas y simpáticas. Su optimismo les permitirá saber enfrentarse a las grandes pruebas que la vida les brindará. También la búsqueda de la verdad y el ser justo les resultarán de gran ayuda.

Por lo que a la salud se refiere, deberán cuidar los riñones.

Personas de una inteligencia excepcional con una permanente sed de conocimiento que les alienta para profundizar en los ámbitos de la cultura. Estarán siempre en primera línea en el terreno en que se muevan, sea científico, religioso o artístico. Aman la justicia, y hay una enorme posibilidad de que la vida les haga justicia. Si no hay elementos contrarios en su horóscopo personal, conseguirán gloria y honores.

4.º grado LIBRA   26 septiembre

Personas afectuosas, muy unidas a los seres queridos. Muy amantes de su profesión. Deberán tener buen cuidado en escoger una actividad que responda a su verdadera vocación. Fortuna tardía. Misticismo.

Por lo que a la salud se refiere, pueden tener problemas en los riñones y en el hígado.

Son personas amables, afectuosas, muy tenaces en sus convicciones. Podrán tener un gran éxito en la vida si se dedican, con su natural predisposición, a una de las profesiones que esté asociada con el «cortar», por ejemplo la de cirujano.

5.º grado LIBRA   27 septiembre

Personas ardientes, auténticos artistas en todo aquello que hacen. Tendrán una amistad que se convertirá en amor, sensual y altruista. Se enamorarán fácilmente de quien sabe comprenderlas. Prosperidad y romances.

Es recomendable seleccionar bien los círculos de amistades. Son personas exuberantes con grandes posibilidades artísticas. Pueden convertirse en destacadas personalidades. El físico es generalmente robusto; sólo en la segunda parte de la vida este grado proporcionará alguna dificultad en el aparato locomotor, por esta razón, por lo que a salud se refiere, deberá cuidar la columna vertebral y las articulaciones.

6.º grado LIBRA   28 septiembre

Personas sensitivas y críticas. Alternarán períodos difíciles con otros de éxito. Su fantasía y originalidad de pensamiento hacen a estas personas muy distintas de las demás. Por lo que a la salud se refiere, deberán cuidar el hígado y los riñones.

Poseen un gran sentido crítico que les resultará de gran ayuda. Les gusta el trabajo y no se cansan con facilidad. Destacan su idealismo, devoción por los amigos y respeto por las tradiciones. Tienen una gran afición por los objetos antiguos, recuerdos, etc. Son más bien reacios a admitir cualquier tipo de cambio y a asimilar las cosas nuevas. En el amor serán afortunados.

7.° grado LIBRA   29 septiembre

Personas idealistas y románticas, que se sacrifican por los demás sin pedir nada a cambio. Estrechamente unidas a su pareja. Deberán evitar relaciones equivocadas y peligrosas. Los negocios bien encaminados les proporcionarán beneficios. En lo que a la salud se refiere deberán cuidar especialmente los riñones y el hígado.

Su vida estará dedicada al amor en todas sus formas y manifestaciones. Es fácil que se sacrifiquen por los demás, quizá porque son personas idealistas y románticas. La persona con la que forman pareja puede sentirse afortunada. En el trabajo son eficaces e inteligentes. Su intuición está muy desarrollada y a menudo tendrán presentimientos que pueden llegar a ser proféticos.

8.° grado LIBRA   30 septiembre

Personas con facilidad para pintar y diseñar. Por lo que a la salud se refiere, pueden sufrir algunas alteraciones en la nariz o en la mandíbula, además de posibles estados de melancolía.

Son personas sensuales que prefieren el aspecto pasional del amor. Les gustan los colores y todo aquello que satisface los sentidos. Tendrán ciertas desavenencias con la familia, muy probablemente a causa de alguna herencia. Podrán ser artistas, escritores, pintores, músicos. Su estilo será un poco melancólico y muy delicado, con tendencia al perfeccionismo y al detalle.

9.° grado LIBRA   1 octubre

Personas abiertas y dinámicas. Tendrán posibles contactos con el extranjero. Deberán evitar las peleas, ya que no están en la línea de su carácter pacifista. Reúnen las características que pueden permitir llegar a grandes pactos.

Poseen una enorme sinceridad, amor por las ciencias y sentido crítico, que les conducirán al perfeccionismo. Es importante que el amor por la libertad no se convierta en extravagancia y que el sentido crítico no les haga destacar todos los defectos de los demás. Deberán desarrollar la amabilidad y la comprensión. Muchos quisieran ser como ellos.

La famosa actriz Julie Andrews es un buen exponente de este grado zodiacal.

10.° grado LIBRA · 2 octubre

Personas fantasiosas y nostálgicas. Aman el pasado y todo aquello que está un poco pasado de moda. Deberán reprimir los instintos negativos y el pesimismo, sobre todo en los momentos de gran peligro, para evitar imprevistos no muy favorables.

Por lo que a la salud se refiere, deberán cuidar los riñones.

Son personas que tienen afición por todo, en especial por las actividades que puedan practicarse en casa. Les gusta por ejemplo las flores y las plantas, y son capaces de dedicarse a su jardín durante horas. Su inteligencia está por encima de la media. A menudo muchas personas buscarán sus consejos por la capacidad que tienen de comprender y observar. La estrella fija Vindematrix se encuentra en ese grado e indica pequeños e inesperados cambios.

11.° grado LIBRA · 3 octubre

Personas comprensivas, amantes de la naturaleza y de los niños. Una mayor diplomacia y un mayor tacto ayudarán a su intuición a prevenir las desgracias. Deberán estar atentas a las maniobras políticas y diplomáticas.

Por lo que a la salud se refiere, son personas propensas a sufrir fiebres y calor.

Son personas simpáticas, aficionadas al arte. Su amor por los animales y por el campo les predispone a ser excelentes agricultores. Deberán evitar la hipocresía. Personajes famosos nacidos bajo ese grado son Eleonora Duse y Franco Cristaldi. Cualquier actividad que desarrollen en su campo profesional irá siempre acompañada de fortuna y bienestar.

12.° grado LIBRA — 4 octubre

Personas simpáticas y dulces. Carácter simpático. Falta de experiencia en la vida, que mejorarán con el paso de los años. Propensos en cuestiones de salud a sufrir fiebres. Grandes deseos de saber y de alcanzar una posición importante en la vida. El mínimo obstáculo, sin embargo, las hace sentirse impacientes e infelices. Son personas tímidas e imprevisibles, características estas que no facilitan el camino hacia el éxito. Las mujeres nacidas bajo ese grado del Zodíaco son hermosas y atractivas, a veces un poco frívolas y vanidosas. Es necesario tener en cuenta que los efectos de cada grado se manifiestan más o menos relevantes según el horóscopo personal.

13.° grado LIBRA — 5 octubre

Personas de carácter fuerte, exuberante y posesivas, que no facilitarán las relaciones matrimoniales ni otras uniones sentimentales por su excesiva inconstancia y afán posesivo. Dado su fuerte carácter se corre el riesgo de separaciones y roturas con el consecuente peligro de aislamiento. Abundancia de ideas y rapidez de reflejos mentales. Vivacidad.
Por lo que a la salud se refiere, deberán prestar atención a los excesos de comida y a las fiebres.
Son personas listas. Sus deseos son apasionados y su naturaleza exuberante. Deberán aprender a moderarse, a encauzar sus afectos que, a menudo, por ser demasiado sofocantes resultan negativos con los amigos o con la pareja.
Sería recomendable que practicaran algún deporte.

14.° grado LIBRA — 6 octubre

Personas con percepciones extrasensoriales. Buen matrimonio. Afición por el arte. Aptitud para imitar y recitar.
Por lo que a la salud se refiere, dichas personas deberán cuidar sus cabellos por tenerlos delicados, así como también los ojos.
El famoso director de cine Frank Coppola nació bajo ese grado zodiacal.

Podrían tener éxito como actores por su facilidad para recitar e improvisar en imitaciones. Les encanta exhibir su figura y son un poco retóricos. En resumen, les gusta dejar huella. Son óptimos médiums, aunque no es aconsejable que participen en sesiones espiritistas. El matrimonio les puede proporcionar enormes ventajas económicas.

15.° grado LIBRA   7 octubre

Personas instintivas y fácilmente impresionables. Les gustan las cosas genuinas. Una buena inteligencia les ayudará a ingeniárselas sin ayuda de familiares ni amigos. Son inconstantes. Tendrán amores interrumpidos y relaciones larguísimas.
Por lo que a la salud se refiere, propensión a la obesidad y afecciones en la piel. Tienen una gran capacidad para la música y el arte. Su rapidez de reflejos y la intuición les proporcionarán grandes ventajas y beneficios. Deberán tener cuidado con eventuales complicaciones a causa de su excesiva abundancia de bienes.

16.° grado LIBRA   8 octubre

Personas con una acusada influencia materna hasta que alcanzan la madurez. Tienen sensibilidad de médium, y la saben utilizar. Inteligencia y empuje en cualquier actividad. A veces se hacen indispensables.
Tienen una gran confianza en sí mismas y se sienten atraídas por la vida militar, en la que podrán tener éxito pues soportan bien las privaciones. Este grado es beneficioso para realizar largos viajes, para la actividad cinematográfica o para la ingeniería electrónica. El éxito de su vida será notable si su horóscopo personal tiene influencias positivas de otros planetas.

17.° grado LIBRA   9 octubre

Personas propensas a tener amores extraños. Carácter demasiado crítico. Tienen el gran don de olvidar las cosas desagradables y reconstruir una renovada energía. Espíritu mordaz y agudo con ciertas dosis de cinismo e ironía. Por lo que a la salud respecta, deberán cuidar el cabello y prestar atención a las arterias.

Miguel de Cervantes fue un claro representante de ese grado zodiacal. Son personas de personalidad versátil y fuerte. Su físico, al igual que sus sentimientos, se conservará joven hasta edad muy avanzada. Son elocuentes, capaces de llevar la dirección de grandes empresas. Tienen un acusado espíritu de libertad y tendencia al amor platónico.

18.º grado LIBRA   10 octubre

Personas propensas a desmoralizarse por problemas sentimentales e incomprensiones, aunque la natural fuerza de carácter las hará superar los obstáculos. Riqueza y éxito. Momentos de gran felicidad. Amor por la familia y por la paz.

Por lo que a la salud se refiere, propensión a dolores reumáticos y a problemas de circulación.

Son personas de naturaleza vencedora y afortunada con dotes psicológicas y artísticas.

En el terreno del arte, podrían alcanzar el éxito (escritores, pintores, músicos, etc). Tienen muchos amigos a quienes abren las puertas de su casa. Son personas de naturaleza pacífica, genial y altruista.

19.º grado LIBRA   11 octubre

Personas estudiosas y dedicadas a la investigación. Sentido artístico y una cierta tendencia hacia el misticismo. Espíritu dominante. Triunfos y éxitos. Constancia y tenacidad.

Son personas de una gran personalidad, y harán todo lo posible por conquistar y alcanzar una posición importante en la vida. Su austeridad, constancia y espíritu de dominio serán de gran ayuda para superar a los demás. Son egoístas y esforzados en sus ambiciones. Tenderán a la vida espiritual y se sentirán atraídos por el arte y las cosas hermosas. Son constantes y poseen una gran facilidad para concentrarse, de ahí, su gran facilidad para el estudio.

20.° grado LIBRA   12 octubre

Personas que tienden a vivir con cierto desorden y se sienten atraídas por la alquimia y la astrología. Tendrán protecciones providenciales. Buenos negocios. Amantes de los placeres. Tendencia hacia la vida espiritual.
Por lo que a la salud respecta, deberán desintoxicar el organismo de vez en cuando, y cuidar los pulmones.
Son personas afortunadas que pueden destacar tanto en la vida normal como en la eventual carrera eclesiástica. En el primer caso serán respetados; en el segundo se convertirán en ascéticos y místicos. El apoyo de los grandes y la simpatía de los superiores durará toda la vida.

21.° grado LIBRA   13 octubre

Personas extrovertidas, con facilidad para los idiomas. Carácter franco y simpático. A base de empuje y constancia lograrán superar dificultades y obstáculos para llevar a cabo sus proyectos. Tendrán altibajos de fortuna.
Por lo que a la salud respecta, pueden tener problemas intestinales.
Debieran ser personas más prácticas y menos obstinadas. Tienen muchas posibilidades pues son elocuentes y tienen facilidad para los idiomas. Su carácter es fuerte y positivo, y pueden tener posibilidades adivinatorias.
El famoso actor francés Yves Montand es un claro representante de este grado zodiacal.

22.° grado LIBRA   14 octubre

Personas reflexivas que aman las cosas con significado profundo; no se dejan llevar por las apariencias. La figura del padre será crucial y tendrán un importante círculo de amistades. Dada su habilidad para el arte podrán cosechar notables triunfos en este campo. Temperamento ponderado y profundo. Sentido de la justicia.
Por lo que a la salud se refiere, propensión a padecer sinusitis y pulmonía.

Tienen una doble personalidad, por una parte son personas presuntuosas e indecisas; y por otra, soñadoras, sabias, humanas, modestas, serias y sinceras. Generalmente poseen un temperamento reflexivo y ponderado. Podrían ser excelentes jueces. Están fuertemente atadas a las costumbres de sus antepasados y particularmente sienten la influencia del padre.

23.° grado LIBRA	15 octubre

Personas equilibradas. Aptitudes para las ciencias, especialmente para la química, medicina y farmacia. Sus dotes de observación les favorece en la realización de su trabajo. Buen espíritu crítico.

Por lo que a la salud se refiere, tienen propensión a sufrir de las vías respiratorias y del aparato renal.

El famoso escritor Óscar Wilde nació bajo ese grado zodiacal. Son personas de mentalidad versátil, comprensivas y equilibradas en sus ideas y acciones. Poseen una fuerte aptitud para las ciencias positivas. Es muy probable que realicen numerosos viajes aunque no se detendrán durante mucho tiempo en el mismo sitio. Serán muy afortunadas en su vida familiar.

24.° grado LIBRA	16 octubre

Son personas demasiado autoindulgentes. Deberán reforzar su sentido del deber y de la moral para obtener resultados positivos en la vida. Sufrirán muchos amores e indecisiones, además de enfermedades. Recibirán protección por parte de los amigos y de las fuerzas sobrenaturales.

Por lo que a la salud respecta, pueden tener problemas circulatorios y metabólicos.

Son personas de naturaleza independiente y orgullosa. Este grado generalmente proporciona un hermoso aspecto físico, además de cortesía, e inteligencia aguda, irónica y sarcástica. No tendrán suerte en el juego. Gozarán de la ayuda de personas religiosas y cultas. Tendrán además una especial habilidad para la música.

25.º grado LIBRA   17 octubre

Personas impulsivas y razonables, que tienden a afrontar todo con excesivo empuje. Son obstinadas. Tendrán suerte. Carácter orgulloso, vanidoso y algo impulsivo.

Por lo que a la salud se refiere, tienen propensión a sufrir de los dientes y de la columna vertebral.

El término apropiado para definir este grado es de «armonioso». Son por tanto de naturaleza complaciente. Generalmente las personas nacidas bajo ese grado son hermosas y atractivas; poseen encanto. Tendrán una vida feliz. Tienden a la vanidad. Saben que son hermosas y presumen siempre de sus encantos. Serán amadas por su sentido de la justicia y por la fascinación que despiertan en el sexo contrario.

26.º grado LIBRA   18 octubre

Personas con sensibilidad artística. Son testarudas y poseen espíritu de victoria.

Por lo que se refiere a la salud, deberán cuidar el corazón y controlar la vista.

Son personas de temperamento refinado, artístico. Sentido de la generosidad agudizado y altruismo. Se distinguirán de las demás. A menudo el físico es robusto y el porte aristocrático. Tienen una forma extraña de fortuna: los honores y la gloria se alternan con períodos de inestabilidad económica. Pero todo se resolverá favorablemente si saben evitar las posiciones extremas.

27.º grado LIBRA   19 octubre

Personas analistas y precisas, contradictorias en sus deseos. Tendrán muchos amigos, amores fáciles y un matrimonio sereno. Amor por los hijos.

Por lo que a la salud se refiere, deberán cuidar los pulmones. Personas de naturaleza sensible y dual. Destacan su fuerza vital y su gran sencillez. Les resultará difícil concentrar la atención en más de una cosa a la vez. Prefieren profundizar y no dispersarse. Aman con pasión a los niños y están particularmente unidos a sus hijos. Su constancia determinará su suerte. Obtendrán las victorias y los éxitos encauzándose siempre en una sola dirección. A veces actuarán en contra de sus convicciones y hábitos. De ahí su naturaleza dual.

28.° grado LIBRA   20 octubre

Personas simpáticas. Tienen facilidad para la imitación, por lo que podrían ser excelentes actores. Equilibradas en los sentimientos y privadas de ambiciones. Por lo que a la salud se refiere, tienen propensión a tensiones nerviosas.
Son personas activas, interesadas por las actividades que generan efecto o una fuerte sensación. Si logran aumentar sus ambiciones y ser menos resignadas, podrán alcanzar el éxito en cualquier tipo de profesión liberal. Tienen un acusado sentimiento humanitario. En relación con el otro sexo son galanes y corteses, sensibles aunque a menudo les falta iniciativa. Realizan muchas actividades y poseen un ansia casi enfermiza por descubrir nuevas amistades.

29.° grado LIBRA   21 octubre

Personas con tendencia por el gusto literario, les gusta la vida en grupo y acostumbran a formar parte de un clan o de un club. En el fondo son verdaderos artistas, incluso en la relación con los demás. Les falta ambición y espíritu de iniciativa.
Por lo que a la salud se refiere, la mente y los nervios necesitarán de vez en cuando períodos de descanso.
Se muestran como personas educadas y dulces, haciendo un esfuerzo para que la armonía no sea atacada o alterada. Pero bajo esta apariencia se encuentran personas de grandes principios y de temperamento obstinado.

30.° grado LIBRA   22 octubre

Personas ponderadas y sensibles. Precisamente su carácter prudente les ayudará para salir airosas de circunstancias comprometidas.

Por lo que a la salud se refiere, pueden sufrir algunos estados de melancolía y depresión pasajeros.

Son personas con gran intuición para captar el desarrollo de las cosas. Generalmente son meditativas y se interesan por los problemas del espíritu. Su excesivo afán contemplativo las conduce a un cierto aislamiento, por lo tanto, deberán intentar participar un poco más de esta sociedad.

Personajes famosos como Franz Listz o Sarah Bernhardt son claros exponentes de ese grado zodiacal.

ESCORPIÓN

 El signo de Escorpión, desde el 23 de octubre al 21 de noviembre, atravesado por el Sol, se halla bajo el dominio de los planetas Marte y Plutón. Marte es el planeta de la fuerza luchadora, que estimula la actividad, que empuja a la ambición y al deseo de conquista a toda costa. Marte alienta también los impulsos para alcanzar un fin, después de haberlos hecho explotar. Influye en la vida sexual y sus influencias negativas pueden llevar a generar ideas radicales y conductas demasiado extremas. En cambio, Plutón conduce a la máxima genialidad, favoreciendo una acentuada predisposición hacia las artes y el comercio. Dinámico y voluntarioso, el Escorpión a menudo está en desacuerdo consigo mismo y en lucha con todos. Pero sabe esconder sus tendencias para tratar de salir con tacto de situaciones escabrosas: pero cuidado con «pisarle la cola» o se volverá como el animal simbólico que lo representa. Misteriosos, reservados, celosos tanto de sus propios negocios como de su vida íntima, los Escorpión son también excelentes amigos, sinceros y generosos, trabajadores incansables y conscientes del deber.

No se abaten nunca. Como padres, son aprensivos y siempre atentos en lo que respecta a sus hijos, ya que intentan defenderles de cualquier tipo de agresión, de influencias negativas y a menudo enturbian sus relaciones con el cónyuge si este no es un buen educador de los hijos. Como hijos, se separan pronto de los padres, muchas veces tienen conflictos con su familia de origen y si los otros no piensan a su manera, difícilmente perdonan.

Pueden protagonizar desavenencias por móviles materiales aunque no pongan el dinero por encima de todo. Luchadores natos, los Escorpión no esperan un mañana mejor, se lo crean en seguida con todas sus fuerzas. Puesto que son muy inteligentes saben siempre encontrar el camino para salir adelante.

A menudo, sin embargo, no siguen un camino fácil, sino que prefieren los tortuosos para conseguir sus propósitos. Son también muy sensibles a las antipatías, buenos jueces de los demás más que de sí mismos, se perdonan fácilmente las propias debilidades, pero no saben ser comprensivos para quienes les rodean o perdonar las debilidades de la gente, pues según ellos deberían, por necesidad, tender a lo mejor y no perder nunca de vista los objetivos.

Nada es imposible para un nacido bajo Escorpión. Si tiene la suerte de que trabaje para usted confíele siempre las cosas más difíciles e intrincadas y conseguirá hacerlas bien. En este caso se ve ayudado por una notable dosis de paciencia para las pequeñas cosas, y por tanto, le gusta el modelismo, la investigación científica y toda aquella actividad que requiera especial atención para los detalles.

Excelentes negociadores y audaces hombres de gobierno, los nacidos bajo Escorpión son amantes de los «planes a largo plazo» porque sienten instintivamente la necesidad de ordenar al máximo su existencia, aunque a veces encuentren obstáculos en los demás, no dispuestos ni a programar ni a ser programados por él.

Escorpión se defiende a través de una aureola misteriosa que marca toda su vida. En efecto, difícilmente hablará con alguien confiándole proyectos o sentimientos. Es una forma de defensa porque teme siempre ser agredido y está en guardia. Defiende su trabajo, su pareja y su posición y si advierte que alguien intenta superarlo no medirá los medios para evitar que eso ocurra.

Es un idealista y para él sus fines y sus ideales no pueden ser de ninguna manera discutidos, porque están por encima de todo. Todas sus fuerzas las empleará para alcanzarlos. Posee una rara capacidad, además, para adivinar las debilidades de los otros y encaminarlas en favor suyo. Así, pues, estudia a los que le rodean, procura comprender bien su punto de vista, sabe adular y halagar, y todo ello para su exclusivo beneficio. En una discusión, intenta siempre imponer su punto de vista y difícilmente se deja convencer por los argumentos de los otros, a menos que no considere conveniente esta actitud.

En su trabajo, los Escorpión son muy individualistas y por tanto con tendencia todos ellos, hombres y mujeres, a escoger una actividad gerente, que les permita organizar el trabajo según sus propios dictados y sus propias ideas; pretenden de sus colaboradores la máxima fidelidad y el mejor rendimiento, no admiten errores y no dejan que se marchen, pero encuentran siempre el momento de precisar que tal cosa se podía hacer mejor.

No soportan estar subordinados a alguien, quieren destacar siempre y no toleran que la persona que les manda sea inferior a ellos, por lo que muchos matrimonios son difíciles e intrincados para las mujeres de este signo, si no encuentran a un hombre al que consideren superior y que las sepa dominar. Precisan de algún tiempo para coordinar las ideas y programar sus actividades. Necesitan un período de «rodaje», tras el cual, los Escorpión están preparados para afrontar cualquier tipo de dificultad.

Por lo general, les gusta la vida cómoda y la buena cocina, hay que respetar sus costumbres y secundarlas; lo cual no supone un peso porque los Escorpión, que son muy inteligentes, pueden hacer divertidas, con su personalidad, incluso las situaciones más monótonas. No se aburren nunca, porque también las pequeñas cosas les interesan y saben ocupar hasta los mínimos momentos libres. Escorpión no pasará nunca una hora en el tren sin leer o hacer algo, u observar atentamente las reacciones de los que le rodean. Antes que estar ociosos, realizarán trabajos de precisión y de paciencia, y con un tesón típico de su signo.

Su acusada personalidad les hace aptos para ser militares, abogados, médicos, penalistas, escritores de novela policiaca o de libros de ciencia-ficción. Muchas veces su acción es directa por la improvisación, resuelven de todas formas siempre los casos difíciles y son óptimos inspectores de policía criminal porque poseen intuición y sensibilidad. Su posición económica se afianza con la madurez, con frecuencia gracias a su matrimonio económicamente bien logrado y al éxito en los negocios, debido a su tenacidad y gracias a posibles lucrosas herencias. De vez en cuando, también en el trabajo, les ocurre que tienen que suceder a alguien que ha dejado vacante un cargo importante y prometedor.

Son amantes de los viajes, pero su mayor pasión se realiza en la segunda parte de su vida y no antes, cuando las condiciones económicas se encuentran florecientes. En este período los nacidos en Escorpión se dedicarán con facilidad a una afición que les apasiona y que no les abandonará fácilmente.

Como automovilistas, el hombre y la mujer son atentos y de reflejos rápidos, pero poco pacientes. Muchos hombres sienten inclinación por la aviación, los deportes que presenten un riesgo, las carreras de coches, el *rugby*, el fútbol, el paracaidismo. Tienen necesidad de descargar sus energías siempre y sobre todo, en cualquier actividad física o arriesgada que les interese.

El nacido en Escorpión debe evitar caer en crisis depresivas porque las influencias de Plutón sobre su carácter pueden provocarle problemas para superarlas. Por lo tanto tienen que combatir con todas sus fuerzas los estados de melancolía que, además pueden ser relativamente frecuentes en los nacidos en este signo.

No obstante, son capaces de obtener el completo dominio de su carácter y, si lo consiguen, pueden sublimarse al máximo, transformarse incluso en ascetas. A pesar de su enorme carga sexual, los nacidos en Escorpión pueden lograr altos grados de elevación espiritual, olvidando que existe el cuerpo para dedicarse sólo y exclusivamente a la perfección de su alma, pero esto ocurre en la maduración, porque antes el nacido en Escorpión siente necesidad de experimentar y probar todo, animado por una gran sed de saber y una curiosidad fuera de lo común.

Obstinación, orgullo, pasión, erotismo, violencia, agresividad y lucha son sus características. Si no es educado para hacer algo positivo, se enfrentará al mundo entero para afirmar su individualismo. No tiene miedo a nada ni a nadie. El físico es sólido y los ojos penetrantes e irónicos. Es el signo que más atrae a las mujeres, quizá por su gran masculinidad. Se encuentra siempre dispuesto a arrojarse en cualquier empresa que requiera valor físico.

Las estadísticas zodiacales demuestran, por ejemplo, cómo en este signo existen numerosos policías. Su instinto lo guía siempre y es a través de este como logra llevar a cabo arduas empresas, utilizando cualquier medio que le parezca idóneo para triunfar sobre las dificultades que encuentra en su camino. Es un signo muy complejo, que ama vivir de noche, encerrado en sí mismo, sin más recurso que los que obtiene de su interior. Posee una inteligencia prodigiosa con una memoria rápida y coordinada. Al Escorpión le gusta conocer a todos, no por el gusto de conocer, sino por el deseo de dominar.

Es uno de los signos más misteriosos que existen. Por lo demás, prefiere ser temido que amado. Odia las conductas empalagosas, pero tras esa coraza de dureza bajo la que se esconde para defender una sensibilidad que él toma como debilidad, existe una pasión y un romanticismo que sólo su formidable autocontrol logra dominar.

En el aspecto laboral, el Escorpión se entrega a ojos cerrados y casi siempre triunfa. Cuando se trata de escoger una profesión, elegirá ciertamente la más arriesgada, pues la vida y el trabajo para él no tienen significado sin riesgo. Es el signo del bien y del mal, que tanto puede desempeñar una actividad altruista como el ejercicio de una profesión guiada por el egoísmo y el interés. Esta dualidad extrema se manifiesta también en sus relaciones sociales. Da lo mejor que posee a sus amigos, por los que arriesgaría su vida, y rechaza colaborar con las personas que no le son afines. Es generoso, pero si ve que se abusa de su generosidad, se vuelve cruel.

Escorpión es el signo que más magnetismo personal presenta. Como enemigo, puede ser odiado pero respetado, teniendo coraje en abundancia. Su verdadero problema es el amor, con el que se obceca y al que quiere conseguir por la fuerza. Está dispuesto a todo para conseguir a la persona amada. Marte en Escorpión es un Marte mucho más agresivo que el situado en Aries, pues este último tiene una cualidad de la que el primero carece: la paciencia. El Escorpión es muy rencoroso y no perdona las ofensas.

También destaca en el campo artístico, como lo demuestran escritores como Fiódor Dostoievski, Mario Camus y Henry Miller, pintores como Pablo Picasso y músicos famosos y tenebrosos como Niccoló Paganini. En el deporte destaca sobre todo en el boxeo y en la lucha, y en aquellas actividades que requieran un gran esfuerzo físico como el fútbol, donde lo encontraremos entre los primeros. También es un gran actor dramático, Alain Delon, por ejemplo, ha nacido en este signo.

Los trastornos físicos más comunes entre los Escorpión afectan al aparato genital: abuso de la energía sexual, enfermedades venéreas. También se ven sujetos a trastornos psíquicos. Gráficamente se representa por medio de un escorpión que representa la lucha y la muerte. Pero así como es portador de muerte, también es generador de vida; y por este motivo, en la Edad Media se le representaba como un águila en el momento de levantar el vuelo. Dominado por una inagotable pasión, este individuo valiente y dispuesto a todo pretende vivir intensamente cada segundo de su vida, no preocupándose del mañana.

El hombre

Está dotado de un físico robusto y nervios de acero. Es instintivo y dominante en el amor, pues se reconoce fuerte y bello. Suele ser muy alto, tiene cierta tendencia a engordar, que combate con constancia. También es sentimental si le conviene y comprende que la mujer que él pretende conquistar quiere de él un trato romántico. Bastante justo para cautivar a la mujer que le gusta. En una palabra, representará el papel que más le interese, llegando a ser tan persuasivo que llegará a convencerse a sí mismo de la propia absoluta sinceridad.

No es precisamente el tipo Escorpión a quien se puede confesar un pasado amoroso algo oscuro porque al principio tomará la actitud de quien perdona, pero en su fuero interno irá fomentando un tipo de celos retrospectivos. Es ciertamente despótico, su mujer tiene que adorarlo, estar siempre hermosa, cocinar bien y tener un orden escrupuloso en casa y en sus cosas, a pesar de que, por su parte, no se cuide del vestir y en tipos superiores haya cierta tendencia al desaliño. Para convencerlo habrá que contentarlo en las pequeñas cosas a las que concede mucha importancia, hacerle pensar que las decisiones las toma todas él, aunque en la realidad se las hayan sugerido, pero lo importante es que él crea que ha tenido la idea primero.

Sus preferencias se inclinan al mobiliario y a las cosas modernas; sus colores son definidos: verde, rojo, amarillo; fuertes y vivos. Siente pasión por todo lo que puede construir con sus propias manos o arreglar, diciendo «esto lo he hecho yo». Si encuentran a una mujer que los comprenda son excelentes y tiernos maridos.

Es un signo misterioso, lo que constituye una de sus armas en la conquista de las mujeres, que junto a un hombre así no conocen el aburrimiento. Con la mujer Aries, la unión y sobre todo el matrimonio son desaconsejables dado que la mujer Aries tiende demasiado a dominar como para plegarse frente al dominio celoso y posesivo de Escorpión. Con la mujer Tauro la unión no será muy duradera, pues será ella quien quiera conquistarlo sintiéndose atraída instintivamente hacia este tipo tan distinto de los demás, pero él pronto la abandonará, con cinismo, sin volverse ni siquiera a observar sus lágrimas. Con Géminis, la relación será apasionada al principio, pero no podrá ser duradera por la incomprensión de ella y los celos de él. Con Cáncer, el tipo Escorpión puede hacer de protector como es de su índole y ella lo corresponderá con amor y fidelidad que el Escorpión pretende absolutamente, como condición sin la cual es imposible vivir junto a él. La pasión será fundamental para el perfecto éxito de un matrimonio entre la mujer Leo y el Escorpión, que vivirán en un continuo drama. Con Virgo, será un matrimonio puramente de conveniencia, pero este es el tipo de matrimonio preferido por el Escorpión. Es absolutamente contraindicada la unión entre la mujer Libra y el hombre Escorpión, tan coqueta ella, tan celoso él. Con una mujer perteneciente a su mismo signo ni siquiera puede existir una relación de amistad. Escorpión y Sagitario forman una de las parejas más bonitas del Zodíaco, ya que la Sagitario es una mujer que sabe complementar espiritualmente a Escorpión, respetando su personalidad. Con la mujer Capricornio, la unión es positiva como lazo entre la soledad de aquel y el mundo externo de esta, pero desequilibrada en el plano sentimental y pasional. El deseo de posesión del Escorpión arruina su unión con la mujer Acuario que no está para vivir en eterna adoración suya, como el Escorpión pretende. Con Piscis encuentra la mujer ideal, aunque con ciertas desavenencias que minarán el sistema nervioso de una mujer tan sensible.

La mujer

Es atractiva aunque no bellísima, puede tener bonitas líneas pero es siempre un poco masculina en sus actitudes; prefiere los vestidos deportivos, prácticos y cómodos. En este sentido, se sentiría muy desgraciada si tuviera que vestirse como la nacida en Libra, adornada con detalles superfluos pero vistosos.

Debe realizar alguna actividad profesional, y evitar encerrarse en casa haciendo sólo y exclusivamente sus labores ya que esto no favorecerá la convivencia con el resto de la familia. Lo ideal es que encuentre a un marido con el que colaborar en el campo del trabajo; entonces se torna alegre, expansiva, rica de simpatía y de fascinación y los hombres caen rendidos a sus pies porque su carácter se revela como el de una excelente y válida colaboradora, una simpática compañera.

Es una trabajadora como quizá saben ser sólo los nacidos en Capricornio, y asume sus cargos con gran responsabilidad.

Son muy audaces y sin duda comprometedoras. Muy exigentes en la vida conyugal, acostumbra a acaparar todo el protagonismo de la relación. Encontrar el hombre adecuado para la mujer Escorpión es difícil porque tiene que reunir dotes de amante y dotes de líder, debe conseguir apagar sus ambiciones y tener dinero para permitirle destacar, tiene que ser inteligente y sensible, pero no débil, poseer múltiples intereses notables, o de lo contrario, después de un tiempo, la mujer Escorpión se cansará de él. Lo ideal es que se encuentren a un tipo bastante egocéntrico que las cautive verdaderamente, imponiéndose por su personalidad.

La mujer Escorpión, como el hombre de este signo, es una aventurera para la que los obstáculos son el principal atractivo de la vida. Es intrigante y cuando siente interés por un hombre inicia una relación sin vacilaciones, aunque después con la misma facilidad que se une se separa de su compañero. Su audacia en las decisiones la convierten en una mujer singular y decididamente anticonvencional. La vida junto a ella es un vaivén de altos y bajos, pero en la intimidad sabe ser una amante apasionada y experta.

Con ella no sirven las palabras dulces y las frases bien hechas. Son necesarios hechos, y para los hombres vanidosos es inútil intentar la conquista de una mujer así, pues con el tiempo se verían desbordados por la personalidad de Escorpión. Incluso perteneciendo a la categoría de los seductores natos, de aquellos que con las mujeres flirtean fácilmente, con la mujer Escorpión ocupará siempre un lugar secundario.

No obstante, cuando se enamora, ama sin términos medios, y si se sabe comprenderla, se descubrirá que incluso ella se ve sujeta a cambios de humor que la angustian; en este caso, hay que darle toda la comprensión y confianza para que se recupere. Será entonces cuando Escorpión se entregue por completo a la relación con su pareja. Una mujer de este tipo puede encontrar a su compañero ideal entre los Cáncer y los Capricornio.

Los niños

Desde pequeños poseen una acusada personalidad. Son niños difíciles que en muchos casos han sido privados de cariño antes de tiempo, por un eventual alejamiento de la familia. Este alejamiento hace que consideren más valiosas las relaciones afectivas y de amistad que la de los lazos de sangre, pero al mismo tiempo les hará ser padres aprensivos y muy exigentes. Sus hijos deberán tener aquella casa y aquella familia que a ellos les han faltado. Son niños curiosos que se interesan por todo, que corren peligros para enterarse de más cosas, y que gustan de los deportes agotadores y con ciertas dosis de riesgo, pero esto para ellos no tiene ninguna importancia.

Tienen espíritu de atleta y su tendencia al estudio obedece a una mentalidad competitiva; a menudo son los primeros de la clase porque se dedican a ello, más de lo que les permiten sus fuerzas. Pero también con frecuencia abandonan los estudios, cuando se dan cuenta de que han aprendido bastante teoría para dedicarse con fruto a la práctica. Si se les tiene que hacer un regalo hay que pensar en algo práctico y que ejercite sus habilidades manuales.

La naturaleza exuberante del pequeño Escorpión los lleva con frecuencia a herirse y a herir a sus compañeros sin darse cuenta. A veces ocurre el caso de tener que recurrir a enyesaduras por este motivo. Su carga sexual se desarrolla pronto: hay que estar muy atentos porque a veces no consiguen estar limpios debido a su inclinación por los juegos que requieren gran actividad física. Y esto puede perjudicarles con afecciones en los órganos genitales.

Guardan un sincero afecto por los juguetes, y nunca hay que intentar eliminar su sentido de la propiedad. Conservan mucho tiempo y celosamente sus cosas preferidas. Son los clásicos niños a quienes les gusta tener un escondite secreto, sólo suyo, exclusivo. Sacan mucho provecho de la vida al aire libre y en común con los demás; les agrada ir de acampada y las excursiones.

Relaciones con los otros signos

Con referencia a los otros signos, los nacidos en Escorpión encuentran gran afinidad con Capricornio, Virgo, Piscis y Cáncer. Con el impetuoso Aries se encontrarán a veces en abierto contraste, aunque exista estimación recíproca. Con Tauro habrá fases alternas de amor y de repulsión, que en el matrimonio desembocará en una inestabilidad manifiesta. Con Géminis pueden haber uniones positivas pero la verdad es que Escorpión tolera mal la duplicidad de Géminis y su tendencia a decir mentiras. Difícilmente se entiende con Leo, que intenta dominar a Escorpión, y este no tolera de nadie un tratamiento similar.

Con Libra llegará sólo a tener buenas relaciones de trabajo pero sin que medie atracción alguna; en cambio con Acuario sentirá atracción física pero no disfrutará de un entendimiento espiritual. Escorpión va de acuerdo consigo mismo, con tal de que no sea demasiado celoso. Encaja con Capricornio, del cual aprecia la calma y la lealtad; en el matrimonio, los dos colaborarán plenamente creando una unión perfecta.

Muchas afinidades comunes y sólido afecto con Piscis, que con su dulzura encontrará siempre el modo de ir de acuerdo con el impetuoso y difícil Escorpión. Muy bien con Cáncer; con este signo genial, Escorpión encontrará el modo de entenderse del todo, de estrechar lazos solidísimos desde el punto de vista físico y espiritual; el matrimonio es muy aconsejable. También con Virgo el entendimiento es bueno porque la espiritualidad de Virgo es complementaria para Escorpión.

La salud

Los trastornos en la salud de los nacidos en el signo de Escorpión se manifiesta a menudo en forma de depresiones nerviosas, pudiendo padecer también desequilibrios en los órganos genitales. No obstante, gozan de una enorme fuerza de recuperación, que les permite superar las enfermedades con facilidad, y a veces incluso ignorarlas. Estados febriles y dolores en las articulaciones pueden afectarles en la edad madura. Tienen que concederse períodos de descanso prolongado y templar sus energías con el sueño, aunque a veces padezcan de insomnio por su temperamento: en este caso, es aconsejable que se curen con productos que venzan el nerviosismo y el insomnio, pero sometiéndose a controles médicos y no curándose por sí solos.

El carácter

Por lo general, el nacido en Escorpión debe combatir entre dos fuegos: el de la elevación espiritual, que será una conquista lograda en la edad madura, y el de los estímulos terrenos: ambición, sexo, dinero, deseo de sobresalir, poder y autoridad. En estos dos ámbitos discurre toda su vida y si posee carácter fuerte y dirigido hacia el bien sabrá encontrar su equilibrio, aunque sea con el paso de los años.

Si se deja llevar por su carácter débil será esclavo de sus sentidos o tender al pesimismo y a la melancolía además de a la autodestrucción. Su pasión se desata siempre que siente necesidad de un objetivo. Hay siempre algo misterioso en su vida: por ejemplo, una tendencia a las artes que lo empuja a realizar grandes hazañas, como si le obligara una fuerza externa. En sus obras hay siempre algo fuerte que difícilmente, ni siquiera él, llega a comprender.

Los famosos

Algunos famosos nacidos en el signo de Escorpión son Paganini y Rodin. El primero músico apasionado que supo infundir toda la fuerza de su inspiración en los conciertos para violín, aunque su ambición lo llevaba muchas veces a virtuosismos de una habilidad incluso sobrenatural: recordemos la famosa sonata para una sola cuerda; Rodin supo transformar en mármol su caudal expresivo. Otros exponentes de Escorpión: San Agustín, que en la segunda parte de su vida transforma su ardiente pasión en elevación espiritual. Georges Bizet, autor de composiciones llenas de vida; Edgar Allan Poe, fecundo escritor y padre de la novela policiaca; Voltaire, filósofo de la Ilustración; Trotski, político y pensador de la Rusia soviética; De Gaulle, general francés de merecida fama; Vicenzo Bellini, el melancólico músico y Benvenuto Cellini, de cincel minucioso y paciente, amante del perfeccionismo; Edmundo De Amicis, que tenía la melancolía de Escorpión y sufría de agudos estados depresivos. Todos grandes personajes, que a su manera y con sus medios, han sabido dejar una huella en el mundo y que son típicos de Escorpión porque siempre han destacado.

Los números

El 4, de la felicidad; el 13, de la suerte en lo que se refiere al juego y a los negocios y el número 21, propicio para los sueños premonitorios.

Las piedras de la suerte

La corniola, que tiene el poder de alejar a los fantasmas o las apariciones de todo tipo; el rubí, piedra de la suerte en el juego y en el amor; el coral, favorable a la amistad y a los viajes.

Escorpión día a día

| 1.° grado ESCORPIÓN | 23 octubre |

Personas de fuerte personalidad, progresistas, dotadas de una gran fuerza creadora. Están preparadas para la lucha y no se dejan asustar fácilmente.

Por lo que a la salud respecta, pueden sufrir trastornos en el hígado y en los riñones.

Son personas generosas, sensuales, agresivas, pasionales, celosas, altruistas y audaces. Están dotadas de una fuerte personalidad. Tienen una confianza ilimitada en las personas que quieren. Deberán aprender a ser más realistas en la valoración que hacen de los demás si no quieren sufrir desilusiones en la vida.

2.° grado ESCORPIÓN   24 octubre

Personas con intuición e inspiración, cualidades para el trabajo y las relaciones con los demás. Tendrán una pareja fiel. Buen matrimonio en todos los aspectos.

Por lo que a la salud se refiere, tienen propensión a los trastornos circulatorios y el reumatismo.

Son personas fuertes y robustas con ojos brillantes y profundos. Inteligencia viva. Se sienten atraídas por el misticismo y el ocultismo.

La profesión más apropiada para las personas nacidas bajo ese grado deberá desarrollarse, en parte, al aire libre. Deberán superar el deseo que tienen de venganza.

3.° grado ESCORPIÓN   25 octubre

Personas simpáticas, activas, pesimistas, con dificultades de comunicación y de expresión. Deberán leer mucho más para enriquecer sus conocimientos. Aman la tranquilidad y la soledad. Son taciturnas, pensadoras y generosas.

Por lo que a la salud respecta, pueden sufrir alteraciones digestivas.

Son personas con tendencia a la contemplación, a profundizar en los pensamientos. En apariencia son cerradas, silenciosas y poco sociables. Su conducta merece admiración y respeto. Sus posibilidades de éxito están muy vinculadas a los viajes.

Personajes como el gran músico francés George Bizet o el pintor Pablo Picasso son claras muestras de este grado zodiacal.

4.º grado ESCORPIÓN   26 octubre

Personas tenaces y trabajadoras, amables y generosas. Poseen un notable sentido de la musicalidad y espíritu crítico. Vida feliz y rica en acontecimientos positivos. Armonía y vivacidad. Por lo que respecta a la salud, deberán cuidar los nervios, que no soportan con facilidad las situaciones de estrés.
Personas con mucha fuerza de voluntad y grandes dotes de persuasión. Pueden alcanzar una posición relevante en el campo de la política, aunque también se sienten atraídas por la música, el teatro, la lírica y la poesía. Son optimistas y aman la vida.

5.º grado ESCORPIÓN   27 octubre

Personas activas, inclinadas a reformar las cosas. Tienen un optimismo contagioso.
Por lo que a la salud se refiere, tienen propensión a la artritis y a sufrir fracturas óseas.
Acostumbran a tener ideas brillantes y progresistas. Encontrarán contratiempos y desilusiones si en su horóscopo particular no se encuentran determinadas posiciones de los astros que favorezcan el desarrollo de sus planes y propósitos. Tendrán muchos amigos por su carácter hospitalario y generoso.
El famoso violinista italiano Niccoló Paganini nació bajo ese grado zodiacal.

6.º grado ESCORPIÓN   28 octubre

Personas emotivas que no ceden fácilmente cuando están convencidas de sus puntos de vista. Volubles. Tendrán éxito gracias al trabajo y a la constancia. Sufrirán altibajos económicos. Por lo que respecta a la salud, deberán cuidar la vista y los nervios. Son personas de carácter decidido. Les gusta trabajar y están dispuestas a esforzarse al máximo por un acusado sentido del deber. Tienen una naturaleza dualista: oscilan entre el espiritualismo y la sensualidad. Poseen un gran amor por el mar.
Erasmo de Rotterdam fue un claro representante de este grado zodiacal.

7.º grado ESCORPIÓN   29 octubre

Personas muy trabajadoras y constantes. Conseguirán grandes
beneficios gracias a su habilidad para el comercio. Tienen gran
interés por la gastronomía. Su porvenir depende mucho más de
la suerte que de las acciones, al contrario de lo que sucede con
la mayoría de la gente. Son personas activas y tenaces que
podrán ganar mucho dinero con su trabajo. La suerte entrará en
sus vidas de una forma imprevista e inesperada. Posiblemente
su actividad laboral esté relacionada con la joyería o con alguna ciencia, especialmente la química.

8.º grado ESCORPIÓN   30 octubre

Personas de fuerte carácter. Gracias a su constancia conseguirán llegar donde los otros no han llegado. Habilidad en el trabajo. Buen matrimonio, donde encontrarán un apoyo seguro y
constante. Su espíritu vivaz, inquieto, arrastrado por fuertes
pasiones irá sosegándose gradualmente gracias a la ayuda de
su pareja. Son personas de espíritu luchador. Sus emociones
son fuertes.
En el amor se muestran apasionadas.Tienen deseos de hacer
grandes cosas, algo importante para la humanidad. Les motiva
también distinguirse de los demás.
El famoso escritor ruso Fiódor Dostoievski fue un claro ejemplo de este grado zodiacal.

9.º grado ESCORPIÓN   31 octubre

Personas críticas, en continua búsqueda de cosas nuevas y
emociones. Tendrán ciertas desavenencias con la familia.
Podrán ser buenos psicólogos, dada su naturaleza observadora.
Por lo que a la salud se refiere, evitarán los excesos, especialmente de alcohol.
Son de naturaleza inquieta. En los momentos de tranquilidad
se dedican con pasión al arte y a la poesía. Tanto en la vida privada como en la profesional aman las novedades. Los niños de

este grado del Zodíaco deberán ser educados con amor y mucha comprensión, especialmente por su gran sensibilidad. Les gusta practicar el bien y son personas muy queridas en su círculo de amistades.

El famoso poeta inglés John Keats es un buen representante de este grado del Zodíaco.

10.° grado ESCORPIÓN   1 noviembre

Personas afectuosas. Los problemas con sus amigos derivan muchas veces de su carácter astuto e interesado. Prudentes, cautas y hábiles para esconder sus pensamientos. Posibilidad de realizar varios viajes. Por lo que se refiere a la salud, corren el peligro de sufrir neurastenia.

Su generosidad de ánimo disminuye a menudo por su interés, debilidad y facilidad en ceder a sus instintos. Esto les creará problemas. Su habilidad es una forma de inteligencia próxima a la astucia que les proporcionará muchas ventajas aunque no muchas amistades. Aman el progreso y generalmente se interesan por las ciencias ocultas, e incluso por la medicina. Poseen una intuición excepcional.

11.° grado ESCORPIÓN   2 noviembre

Personas apasionadas, impulsivas, extremadamente deseosas de acción y de emociones siempre nuevas. Espíritu temerario e imprevisto. Crean sus propios peligros. Pueden llegar a tener una vida próspera si saben frenar la impulsividad.

Por lo que a la salud se refiere, son personas propensas al asma.

Tienen la necesidad de amar a alguien o, al menos de estar muy ligadas afectivamente a un amigo, al cónyuge. Sin amor se sienten perdidas. Aman la belleza, la magnificencia y el lujo. Carácter temerario y apasionado. Son leales con los amigos.

El director de cine italiano Luchino Visconti nació bajo este grado zodiacal.

12.° grado ESCORPIÓN   3 noviembre

Personas metódicas, precisas, apasionadas por las ciencias experimentales. Prudentes y astutas; tendrán muchos enemigos.
Por lo que a la salud se refiere, tienen predisposición al asma.
Son prudentes y metódicas en todas sus manifestaciones.
Poseen una buena inteligencia y una mente llena de recursos y de pasiones secretas. A menudo son difíciles de entender.
Deberán combatir su inclinación a la testarudez, que les impide recibir consejos de los demás. Son personas que estarán rodeadas de amigos.
La famosa actriz Mónica Vitti nació bajo ese grado zodiacal.

13.° grado ESCORPIÓN   4 noviembre

Personas con una vida amorosa intensa. Deberán evitar megalomanías y lujos para evitar problemas económicos. Espíritu impenetrable.
Por lo que a la salud se refiere, son personas propensas a sufrir del sistema circulatorio.
Paul Getty III nació bajo este grado zodiacal.
Son personas de naturaleza emotiva, inclinadas a tener muchos amores. No tendrán suerte en cambio con sus socios ni colaboradores. Su éxito se deberá tan sólo a su esfuerzo y trabajo, no a la ayuda de los demás. Son personas incansables, constantes y ambiciosas en el logro de sus objetivos.

14.° grado ESCORPIÓN   5 noviembre

Personas decididas, protagonistas de su propio destino. Los viajes por mar desempeñarán un destacado papel en sus vidas. Espíritu liberal y franco. Recibirán la fortuna tardía. Las indiscreciones pueden ponerlas en peligro.
Por lo que a la salud se refiere, son personas propensas a problemas circulatorios. Tienen un carácter sencillo y sincero, que a veces puede resultar algo indiscreto. Son personas acostumbradas a pensar mucho con el corazón y a tener un comportamiento afectuoso y noble.

Están inclinadas a ejercer una profesión vinculada al mar. Gran parte del éxito que alcancen dependerá de su voluntad y del modo que tengan de actuar.

15.° grado ESCORPIÓN   6 noviembre

Personas entusiastas e inquietas. Deseos de gloria y sueños de grandeza. Sienten un gran amor por los animales y por los seres indefensos. No resuelven los problemas que la vida les plantea, sino que se dejan arrastrar por los acontecimientos.
Por lo que a la salud se refiere, tienen propensión a dolores de espalda.
Su carácter puede desarrollarse en dos direcciones opuestas: hacia una actitud entusiasta por determinantes religiosos, o destinada hacia una visión fatalista. Amarán la aventura y serán personas ambiciosas. Tendrán dificultad en amar las cosas hermosas de la vida, porque siempre temerán perderlo todo.

16.° grado ESCORPIÓN   7 noviembre

Personas constantes y tenaces, ambiciosas y hábiles en el trabajo. Benevolentes y bondadosas; grandeza de ánimo. Están dotadas de una gran sensibilidad.
Por lo que respecta a la salud, tienen propensión a padecer una ceguera parcial.
Su mente es equilibrada. Se inclinarán por los temas esotéricos y filosóficos. Sus intereses se centran en su trabajo. La tenacidad, la constancia y el entusiasmo les llevarán a alcanzar metas importantes en la vida. El éxito, de todas formas, está relacionado con un país extranjero. Tienen un físico atractivo. Son personas muy fieles con los amigos.

17.° grado ESCORPIÓN   8 noviembre

Personas curiosas, en busca siempre de nuevas emociones. Carácter tímido. Tienen a menudo amistades secretas. Vida irregular y triste. Aman las sensaciones.

El gran actor de cine francés Alain Delon nació bajo este grado zodiacal.

Son muy afortunadas en el amor, pero no siempre en beneficio propio. Las personas del sexo contrario se sienten a menudo atraídas por ellas, debido a la seguridad que les inspira su comportamiento. Prefieren el amor secreto y escondido por un sentimiento de celos y pudor. La actividad como militar podría proporcionarles satisfacciones. En la profesión recibirán la ayuda de personas del sexo contrario.

18.º grado ESCORPIÓN   9 noviembre

Personas voluptuosas e inconstantes, amantes de nuevas sensaciones. A menudo sufren imprevistos arrepentimientos. Tendrán muchos amores difíciles. Son personas escépticas, propensas a la desconfianza. Sufrirán desilusiones amorosas a causa de los celos. Por lo que a la salud se refiere, tienen propensión a la apendicitis y a problemas en el pelo.

Tendrán un peculiar sentido de la justicia con tendencia a volverse demasiado severas. Son fervientes admiradoras del arte y les gusta la música. Pretenden tener una libertad que los demás difícilmente les conceden, aunque, por el contrario, tampoco ellas son capaces de concederla espontáneamente a los demás.

19.º grado ESCORPIÓN   10 noviembre

Personas de pensamiento muy sutil. Intrigantes y egocéntricas. Aman las cosas bellas de la vida y los placeres de los sentidos. El gran actor irlandés Richard Burton nació bajo este grado zodiacal.

Son personas que reciben los influjos de un grado zodiacal extraño. Amantes del lujo y de la buena mesa. Les gusta el debate y la polémica. Deberán vencer su excesivo egocentrismo y evitar determinadas actividades ilícitas que son capaces de emplear en su propio interés. Son personas decididas a lograr sus ambiciones.

20.º grado ESCORPIÓN   11 noviembre

Personas aficionadas a los viajes románticos. Buena posición. Carácter fuerte y equilibrado.

Por lo que a la salud se refiere, son personas propensas a sufrir heridas, por lo que deberán evitar cualquier tipo de pelea.

Son fuertes, tanto en su carácter como en su constitución física. Su vida será difícil y sólo con esfuerzo y constancia podrán alcanzar el éxito. Están muy unidas a los amigos y a las personas que aman. Evitarán ser demasiado indulgentes en el amor, en el vino y en el juego. Los viajes jugarán un papel importante en sus vidas. Hacia el Este podrán conseguir éxitos profesionales e incluso realizar importantes descubrimientos.

21.º grado ESCORPIÓN   12 noviembre

Personas sensibles y con espíritu crítico. Llenas de miedos y temores; a menudo la vida les resultará difícil si la viven en soledad. Carácter libre e independiente. Deberán superar grandes obstáculos para alcanzar el éxito. Insensibles a las advertencias y sensibles en cambio a las opiniones.

Por lo que a salud se refiere, deberán cuidar los bronquios. Son personas sabias. Les gustan mucho los niños, así como los lugares donde pueden sentirse en contacto directo con la naturaleza. En consonancia con su propia clase social, serán unos apasionados de los caballos, de la caza y del deporte.

22.º grado ESCORPIÓN   13 noviembre

Personas en cuyas vidas la madre jugará un papel muy importante. Tropezarán con muchos obstáculos y pasarán grandes vicisitudes. Aman mucho a la familia.

Por lo que a la salud respecta, deberán cuidar los bronquios. Están muy ligadas a la casa y a la familia. Su vida será un continuo avanzar hacia adelante. Las paradas serán sólo para mejorar su posición en la batalla entre el deber y el deseo. Generalmente son personas que hacen coincidir el segundo con el primero. Podrían ser buenos médicos.

23.° grado ESCORPIÓN   14 noviembre

Personas orgullosas, con talento y suerte en la profesión y en el trabajo. Podrán alcanzar el éxito aunque sea un poco tarde. El rey Hussein de Jordania nació bajo ese grado zodiacal.

Personas orgullosas y con grandes ambiciones. Su propia profesión les proporcionará honores y todo aquello que pueden desear. Serán particularmente afortunadas y a menudo se harán realidad sus más extraños deseos. Evitarán caer en proyectos vanos e inútiles que dispersan las fuerzas vitales y las energías intelectuales.

24.° grado ESCORPIÓN   15 noviembre

Personas hábiles y activas, con éxito en el comercio. Contarán con médicos famosos entre los amigos. Laboriosas y modestas. Amor por la familia. Carácter a veces irascible e impetuoso.

Por lo que a la salud se refiere, corren el peligro de sufrir úlceras. Tienen un gran sentido práctico de la vida en general y del comercio en particular. Son personas sensitivas, modestas, serias y amantes de la vida familiar. Por esa extraña unión a la familia y a los amigos sufrirán cuando uno de ellos se aleje o muera.

Su color preferido será el negro, y en general todos los colores muy oscuros. Tendrán grandes posibilidades mentales y protección por parte de personas importantes.

25.° grado ESCORPIÓN   16 noviembre

Personas emotivas. Tendrán muchos altibajos y por ello el matrimonio será difícil. El equilibrio se alcanzará con mucho esfuerzo. Espíritu taciturno. Grandes luchas y adversidad.

Por lo que a la salud se refiere, son personas propensas a tener leves defectos en el habla, y a tener alguna fractura.

Pasarán momentos difíciles, pero al final triunfarán. Deberán ser prudentes con los amigos y pensarlo muy bien antes de contraer matrimonio. Deberán ser menos egocéntricos para tener una vida de pareja. Les gusta la elegancia. Tienen predilección por los países nórdicos.

26.º grado ESCORPIÓN   17 noviembre

Personas de carácter fuerte. Grandes proyectos. Impulsividad. La prudencia no es su fuerte. Controlarán el trabajo de los demás, por lo que será conveniente contar con algún socio para rendir más desahogadamente.

Por lo que respecta a la salud, padecerán dolencias en el sistema nervioso, por lo que deberán evitar las situaciones agotadoras o agobiantes.

Son personas de carácter fuerte e independiente, cerradas, que no muestran sus sentimientos ni emociones. Podrían ser creadoras de algunas ideas nuevas en el mundo. Sus dos cualidades más destacadas son el coraje y su capacidad creativa. Bajo este grado se ofrecen grandes posibilidades en el arte y en la música.

27.º grado ESCORPIÓN   18 noviembre

Personas simpáticas, atractivas y dialécticas, capacitadas para trabajos de relaciones públicas. Carácter sociable y persuasivo. Serán muy felices y harán muy felices a los demás. Tendrán muchos amigos y también muchos enemigos.

Por lo que a la salud respecta, deberán resguardarse del frío y cuidarse los ojos.

Tendrán afición por la filosofía o la literatura. A menudo la vida les proporcionará grandes golpes de suerte, especialmente por lo que esté relacionado con alguna herencia. Son personas sociables, diplomáticas y elocuentes. Si saben aprovechar sus cualidades pueden convertirse en una de esas personas que cambian el destino de la humanidad.

28.º grado ESCORPIÓN   19 noviembre

Personas sutiles y fantasiosas, en busca del equilibrio y de la lógica. Espíritu religioso y elevado. Tendrán una gran fuerza de convicción.

Por lo que a la salud se refiere, son personas propensas a sufrir de fiebres reumáticas.

Tienen una inteligencia dúctil y una gran fuerza de imaginación. Poseen un sentimiento religioso muy acentuado y su propia fe les resultará de gran apoyo en la vida. Su naturaleza generalmente es equilibrada y serena, pero deberán controlar los momentos de ira. En la vida privada y en los negocios son personas escrupulosas, honestas y serias, y el éxito depende generalmente de ellas mismas.

29.° grado ESCORPIÓN   20 noviembre

Personas comprensivas, de intereses muy amplios. Podrán alcanzar una buena posición si cuentan con la ayuda de amigos sinceros y de un amor fuerte y apasionado. Tendrán aptitudes para las ciencias. Son prudentes y se expresan con elocuencia. Por lo que a la salud respecta, tienen propensión a sufrir de la vista.

Son personas estudiosas e inteligentes, con un don especial para las artes y las ciencias. Sus sentimientos humanitarios y nobles despiertan el afecto de familiares y amigos y la admiración de quienes las rodean. Aman la naturaleza, el aire libre y los bosques. Son felices si pueden practicar algún deporte.

30.° grado ESCORPIÓN   21 noviembre

Personas armoniosas y elocuentes, con tendencia a proteger a los que sufren. Tendrán un amor extraño que les proporcionará suerte. Carácter prudente y astuto.

Por lo que respecta a la salud, tienen propensión a padecer problemas de colesterol, por lo que deberán someterse a control de vez en cuando.

Son de naturaleza armoniosa y prudente. Su inteligencia y facilidad de palabra las convertirá en personas convincentes frente a los ojos ajenos. No son personas egoístas, pero sí combativas, por ello les atrae enormemente la actividad como militar. Poseen un cuerpo bien proporcionado.

SAGITARIO

 El signo de Sagitario, desde el 22 de noviembre al 21 de diciembre, atravesado por el Sol, se halla bajo el dominio del planeta Juno, planeta de la fortuna y el buen sentido. Tal dominio, si es positivo, otorga riqueza y honores, carácter sincero y sabio, mientras que si es negativo, crea presuntuosos, arrogantes, hipócritas, infundiendo una pasión poco sana por el juego y el vicio. Rico en significado es también el símbolo de este signo del Zodíaco: el centauro arquero, que lanza la flecha hacia lo invisible, el ser de torso humano y grupa equina.

Los pertenecientes a este signo poseen cualidades que hacen fáciles las relaciones humanas como la simpatía, la locuacidad, la palabra justa y convincente y la benevolencia. Teniendo una inteligencia bastante clara y una rápida intuición, los nacidos en Sagitario se dan inmediatamente cuenta de la situación y la aferran plenamente sin perderse en la prolijidad de los detalles. Son excelentes amigos, raramente envidiosos o poco sinceros, y casi nunca les abandona el profundo sentimiento de justicia y de lealtad radicado en ellos. Si es preciso, saben defenderse elocuentemente, con flechas certeras y rapidísimas que hacen diana.

Difícilmente se detienen a considerar los resultados que han provocado con su airada actitud, que muchas veces raya en el histerismo. Aun pareciendo llenos de ímpetu, en la realidad carecen de arrestos.

De palabra fácil, agradable y aguda, son capaces de entretener a quien sea hasta que no han acabado el argumento que en aquella situación les apasiona; pero pocas veces puede hacerse lo mismo con ellos. Buenos psicólogos, aferran a menudo con antelación lo que se les quiere decir. Generalmente, a pesar de amar las riquezas, sea el que sea el trabajo a que se dediquen, tienden más al reconocimiento de sus capacidades que al resultado material.

No se desaniman casi nunca, aun en el caso de que encuentren obstáculos insuperables, lo que les sucede a menudo a causa de su excesiva impaciencia. Saben siempre valorar sus acciones y salir de las mismas victoriosos. El símbolo de Sagitario, medio hombre y medio animal, caracteriza la doble naturaleza humana e indómita de este signo. A veces sobresale una y otra vez determinando un tipo muy evolucionado o primitivo.

El tipo primitivo es, a veces, rebelde a la ley moral y al orden. Es decir, casi siempre se comporta adoptando posturas radicales. Este fanatismo se puede llegar a extender también a la religión, determinando así su afiliación a alguna secta. Las influencias negativas le hacen ser arrogante, presuntuoso, incapaz de tomarse la verdad en serio, fantasioso, impaciente y susceptible.

El Sagitario evolucionado, por el contrario, posee un acentuado sentido de la justicia, detesta la hipocresía y es sincero incluso cuando la franqueza puede perjudicarle. Superficialmente da la impresión de falta de tacto, y es difícil que comprenda que la verdad es un don precioso que no hay que despreciar. Muy tolerante, desea no interferir en la forma de vivir de los demás. En el trabajo posee una intuición grandísima, lo que explica los golpes de fortuna que con frecuencia caracterizan su vida. Actúa siempre según la propia intuición sin dejarse influenciar.

Generalmente, los nacidos bajo el signo de Sagitario son alegres y optimistas, con un verdadero culto por la amistad, dispuestos a dar buenos consejos a todos, y poseen, además, el don tan espléndido y raro que es la discreción. Es muy interesante observar a un nacido en Sagitario cuando se encuentra entre los demás.

Si la compañía es de su agrado se muestra simpático, sin el mínimo asomo de ordinariez, porque detesta cuanto pueda ser vulgar; si, por el contrario, la compañía no es de su agrado se marcha o bien enmudece asumiendo un aire de ofensa.

En todos los Sagitario se encuentra una notable tendencia a los estudios que les puedan permitir realizar obras humanitarias. Así pues muchas veces escogerán una profesión altruista; algunos se sienten fascinados por las ciencias sobrenaturales, otros tienen religiones formadas por concepciones puramente personales, con frecuencia relacionadas con la naturaleza, hacia cuyo reino profesan un amor innato.

En el campo laboral son siempre apreciados y estimados porque son justos y generosos. Sobresalen notablemente en la carrera política y universitaria, en especial como jueces, militares y administrativos. Su vida tendrá siempre un cariz aventurero, y estará siempre cruzada por circunstancias afortunadas que tendrán a hacerles destacar improvisadamente. Incluso en el momento más difícil habrá para ellos una estrella que brillará en el firmamento.

Muy impulsivos, orgullosísimos y testarudos, difícilmente piden consejo por una cosa que desean realizar. Se sirven exclusivamente de sus propios recursos porque detestan pedir, y si les falta alguna cosa pasarán sin ella. Si se equivocan, pagan y callan, puesto que no soportan la menor crítica o si en apariencia parece que la aceptan en el momento oportuno, esta crítica se dirigirá de otro modo hacia quien la ha manifestado. En cambio, son muy sensibles a los elogios y a los reconocimientos.

También en las relaciones con la persona amada deben siempre actuar con prudencia para evitar desavenencias. Carecen de sentido de la proporción y desconocen el verdadero valor del dinero, por eso atraviesan momentos de derroche excesivo y otros de avaricia total. Son perfectos organizadores de recepciones, sobre todo son muy hábiles en el arte gastronómico. Deseosos de movimientos y traslados, tienen una viva pasión por el automóvil; conducen muy bien, aunque a veces con demasiado descuido.

Muchas veces, los nacidos en Sagitario aman profundamente a los animales y con frecuencia sus deportes favoritos son las carreras de caballos y las de perros.

Es el signo más optimista de todo el Zodíaco y dentro de él se opone a Géminis. Gráficamente es representado como un centauro en el acto de arrollar una flecha hacia el cielo. Es un signo de *fuego*, móvil y masculino, cuyo planeta es Júpiter. Cree ciegamente en lo que hace y le gusta viajar. Ama gastar el dinero con gran magnificencia, pareciéndose en esto al Leo, mientras que respecto al trabajo es bastante parecido al Escorpión que ama el trabajo por el trabajo y no por el provecho lucrativo que obtenga. Lleno de alegría de vivir, ama la compañía, aunque también es capaz de estar aislado y meditar. O sea, que no se asemeja al tipo Libra, que tiene un miedo cerval a estar solo.

El Sagitario sabe tomar las cosas como vienen, pero no por ello es un fatalista. Tiene bastante desarrollado su sentido de la autocrítica y de ello se deriva que sea el primero en reconocer sus errores. Ama la crítica y la polémica sólo si son constructivas, por lo demás, niega cualquier forma de violencia tanto física como moral, aunque ante el peligro sabe permanecer frío e inmutable. No es como el Escorpión, que mantiene una actitud excesivamente ofensiva ante personas y cosas, sino que pondera la situación antes de actuar haciendo valer su razón, casi siempre sincera.

No conoce la malicia y a menudo su sed de justicia queda insatisfecha ante la falta de solidaridad de algunas personas. Es intrínsecamente joven e incluso en edad tardía su físico y moral permanecen llenos de fuerza y vigor. Independiente e individualista, no obstante vive y sabe comportarse con los demás con desenvoltura, suscitando simpatía y afecto. La ingenuidad, característica de los signos de *fuego*, muchas veces lo induce a una elección poco apropiada de sus amigos, pero aun desilusionado y traicionado, su optimismo y fe en los demás permanecerán intactos.

Es un signo siempre dispuesto a partir para conocer nuevos países y personas. Su movilidad no le permite estarse con las manos cruzadas y siempre siente una necesidad imperiosa de hacer cualquier cosa sobre todo en favor de los demás, siendo muy altruista y dotado de espíritu humanitario.

No obstante, si la vida sentimental no logra satisfacerlo, el Sagitario, como el Escorpión y el Leo, sublima en el trabajo su agresividad, dispuesto a cualquier tipo de labor que le permita conocer gente nueva y viajar.

Ama todo lo que significa aventura e implique un cierto riesgo;

así, el primer piloto transoceánico, Charles Lindbergh, nació en este signo.

Es un signo que, sin ser extremista, si una cosa es bella la ve espléndida y si es mala, horrenda. Únicamente su necesidad de engrandecerlo todo le lleva a estos juicios. No es un megalómano como el Leo, aunque su optimismo y confianza pueden ocasionarle más de un contratiempo. Piensa siempre que el mañana será mejor que el presente y le aportará una buena ocasión para saldar deudas contraídas en el pasado.

Se enfrenta a la vida con tal entusiasmo que a menudo se le considera un inconsciente, pero es sólo confianza en sus propias fuerzas. Ama la vida y todo lo que de bueno y luminoso puede aportar. Si algo es malo, él con su innato optimismo intenta inmediatamente ver el lado positivo, lográndolo casi siempre. Si alguien se encuentra deprimido, el Sagitario siempre tendrá una palabra amable que lo aleje de sus malos pensamientos y le haga recobrar el gusto por la vida. Pero es el signo menos indicado para dar consejo en un asunto de extrema delicadeza, precisamente porque su optimismo exagerado le impedirá calibrar la importancia real de cada situación. Para el tipo Sagitario basta con extender la mano y la cosa deseada estará allí, sobre su palma. Y no hay desilusión que destruya su buen humor; rápidamente ve el lado cómico de la situación y es el primero en reír.

Los trastornos que más sufren los nacidos en este signo afectan al hígado y al sistema circulatorio en general. Los Sagitario deben hacer mucho deporte, ya que tienden fácilmente a la obesidad y, por tanto, tienen una absoluta necesidad de moverse.

El hombre

En este signo el hombre destaca por su figura y presencia física, y principalmente por su seguridad en todas las ocasiones. Aun permaneciendo independiente y amando profundamente la libertad personal, desea construirse una familia y la mayoría de las veces lo logra con creces. Viril y deportista, se halla siempre dispuesto a renovarse, aunque en el fondo de su ánimo se sienta siempre un tradicionalista; se comporta como esposo y padre generoso. Cuando está enamorado no transige nunca en sus sentimientos. No suele ser campeón de fidelidad, pero es difícil que sus aventuras le interesen excesivamente. Siendo vanidoso y sensible a la admiración, necesita que le dediquen cumplidos. Muchas veces antes del matrimonio puede sufrir experiencias muy diversas y llenas de peligro de las cuales sabrá salir airoso.

En el aspecto sentimental acostumbra ser simpático y capaz de seducir. Con la mujer Aries, es aconsejable el matrimonio a condición de que ella renuncie a su dominio que le hace perder tan buenas ocasiones a nivel afectivo; por lo demás, todo irá perfectamente. Con Tauro, la relación es instintiva y feliz al principio; no obstante, con el paso de los años ella lo cansa con sus celos y mina la base de una relación que habría podido ser sólida.

Con Géminis, más que de una relación erótico-sentimental se puede hablar de un romance de carácter intelectual; el matrimonio resultará sereno pero frío en el aspecto pasional. Ella le será fiel, pero continuamente le recordará el sacrificio que hace por él; él, por el contrario, no querrá oír hablar de sacrificios y renuncias y mucho menos si son realizadas en su favor.

Los dos signos de *fuego* Sagitario y Leo pueden entablar una relación que, si desemboca en matrimonio, tiene grandes posibilidades de ser duradera; ambos mantienen intacta su personalidad, que acrecientan y enriquecen mutuamente. Con el tipo Virgo la unión es contraindicada por la total disparidad de caracteres y gustos; ella, aunque atractiva, no sabrá satisfacer las necesidades afectivas de Sagitario; además, él detesta fundamentalmente todo lo que es demasiado serio, mientras que, para ella la seriedad y formalidad lo son todo. Con la mujer Libra, dado el extremo narcisismo de ambos signos, la unión y el matrimonio pueden durar mucho, ya que en la base de su amor existe una amigable estima. Con la mujer Escorpión, el Sagitario podrá demostrar su valía como hombre y la unión, aunque no duradera, alcanzará el máximo clímax desde el punto de vista pasional. Generalmente con la mujer de su propio signo el Sagitario logra la máxima perfección y equilibrio, complementándose con ella tanto material como espiritualmente.

Con la Capricornio la unión puede muy bien basarse en una afectuosa amistad que si desemboca en matrimonio, dará lugar a una pareja muy solicitada, dada la distinción con que la mujer Capricornio actúa en sociedad y la alegre simpatía de él que le creará continuamente nuevos amigos. En el aspecto intelectual y espiritual, el Sagitario y la mujer Acuario se relacionan a la perfección, mientras que a nivel económico el matrimonio será generalmente inestable. La unión con la mujer Piscis puede ser feliz y duradera, si ella es capaz de abandonar el papel de soñadora romántica que tanto detesta Sagitario.

La mujer

La mujer nacida bajo el sigo de Sagitario generalmente es alta, esbelta y llena de sinuosidad. Sus líneas no son siempre regulares; la expresión orgullosa y decidida, pero no desafiante. Adora la independencia y se revela cuando tiene que padecer la tiranía y la sumisión del hombre. En el matrimonio tiende mucho a ser el centro de atención y con frecuencia pretende el amor incondicional del hombre. Amiga y esposa excelente, si empieza a sentirse descuidada en el afecto adopta una postura defensiva compensando dicha desatención de igual forma. Es sensible a la admiración y a los pequeños cumplidos, sin ellos pierde gran parte de su interés.

Casi siempre trata de rehusar las situaciones que pueden procurarle disgustos; su gran sensibilidad la lleva a menudo de una alegría espontánea a la más profunda depresión. Gusta aparecer elegante, sus colores son los vivos y luminosos: especialmente prefiere el rojo púrpura y el azul. La mujer Sagitario mantiene su belleza durante muchos años, y frecuentemente incluso en el período de la vejez conserva su lozanía.

La mujer Sagitario siempre se encuentra un tanto insatisfecha con lo que hace. La convivencia con ella resulta en ocasiones realmente una hazaña si no se tienen los nervios de acero, por la inestabilidad de su carácter: alegre y divertida por una salida de su pareja, cinco minutos después es capaz de hacer un drama porque una tacita de café se le ha caído encima. No tolera los celos de su pareja y para mantener intacta su personalidad es capaz de plantarla, aunque esté enamorada.

Es una mujer que cultiva sus amistades y sabe ser fiel, aunque le gusta mucho conocer gente nueva y muestra indiferencia por todo lo que es convencional y se encuentra dentro de los esquemas de una vida burguesa. No tiene miedo a expresarse y lo hace de forma directa, ante ello no cabe más que respetar su seguridad, desenvoltura y sinceridad. Quiere y sabe permanecer joven hasta los ochenta años y requiere mucha atención y cuidado por parte de su marido incluso después de años de matrimonio. Su carácter rebelde se relativiza, si primero se conquista su espíritu y después su cuerpo se entregará definitivamente a su compañero. Puede encontrar su pareja ideal entre los Leo, Acuario y Aries, que sabrán mejor que los demás comprenderla y complementarla.

Los niños

Son muy impulsivos y, generalmente, muy despreocupados. Niños que aborrecen la vida de casa, y es por tanto necesario que la madre los vigile con cuidado. Todo en ellos es movimiento y energía. Casi siempre están alegres, tienen un carácter extrovertido que les obliga en cierta manera a ejercitarse continuamente con actividades diversas. Sus padres deben demostrar mucho tacto en su trato porque una educación equivocada o demasiado severa puede amedrentar su vida y destruir los puntos positivos de su carácter. Aman con verdadera pasión la naturaleza, los animales y los juegos que requieran actividad física. Son entusiastas de la lectura de libros científicos y fantásticos. No tiene que ocasionar demasiada preocupación la frecuencia con que se ven sujetos a leves accidentes derivados de sus juegos.

Relaciones con los otros signos

En relación con los otros signos, Sagitario se une fácilmente con Aries. Simpatía a primera vista con los nacidos en Tauro, pero son desaconsejables las uniones familiares debido a la excesiva personalidad de este último. Aun cuando haya diferentes afinidades que unen a Sagitario con el signo Géminis, su unión si no se basa más que en la atracción física, sin intereses comunes, se resolverá negativamente. La naturaleza independiente de Sagitario es excesiva para el signo de Cáncer; felices las relaciones basadas en la amistad y el trabajo. La sinceridad, la impulsividad y la lealtad, comunes a los signos de Leo y de Sagitario hacen que estos dos signos puedan unirse perfectamente. Se parecen tanto en el carácter como en los sentimientos. Su unión es, pues, muy favorable.

A pesar de que difícilmente se realiza una unión feliz entre Sagitario y Virgo, existe entre sí una afinidad sensual verdaderamente importante. Muchos puntos de contacto encontramos entre Sagitario y Libra, puntos que favorecen los matrimonios felices y buen entendimiento en el campo laboral. La recíproca estima que frecuentemente existe entre Escorpión y Sagitario hace que sea feliz su eventual unión. Una relación de trabajo será la única unión de Sagitario con su mismo signo. Con Capricornio, Sagitario encuentra muchos puntos de acuerdo tanto por lo que respecta a la familia como en lo que concierne al trabajo. Activos y vivaces, Sagitario y Acuario encierran la posibilidad de llegar a una unión afortunada. Mientras que las desavenencias con el signo Piscis dan lugar a lazos poco duraderos.

La salud

Los nacidos en el signo de Sagitario tienen a menudo una salud aquejada de molestias de origen nervioso. Existe tendencia a los accidentes y a las caídas. Los puntos más sensibles de Sagitario son el fémur, el bazo, el hígado y la garganta; padecen especial sensibilidad en los ojos y en la epidermis y molestias musculares, generalmente en el nervio ciático y peligro de arteriosclerosis.

El carácter

Por lo general, Sagitario es divertido, simpático, siempre en movimiento y nunca aburrido. No puede renunciar por nada del mundo a su libertad y a su independencia, ni siquiera en aras del amor. Tiene una intuición muy aguda y no hay que intentar nunca mentirle o tergiversarle los hechos ya que ello ocasionará en seguida su más manifiesta antipatía. Impulsivo y testarudo, logra sin embargo hacerse perdonar estos defectos con la gran dulzura de la que sólo él es capaz. El carácter alegre y optimista le permite comportarse como un amigo perfecto a quien poderse dirigir en cualquier momento y en cualquier ocasión. Es mejor, en cambio, evitar pedirle grandes cantidades de dinero porque en la mayoría de los casos un Sagitario es avaro.

Tiene que sentirse siempre importante; le gusta que lo elogien por lo que hace y que lo admiren por sus principios. Tiene un sentido de la justicia muy acusado y en su afán por decir y defender la verdad a veces es pedante y poco delicado. Es muy difícil hacerle comprender que no siempre se debe decir la verdad porque se puede también herir a los demás. Es obligado destacar un don de la mujer Sagitario no demasiado común: sabe ser moderna con los propios hijos y al mismo tiempo les sabe dar una educación férrea.

Los famosos

Winston Churchill es el típico representante del signo de Sagitario. Hombre de prodigiosa intuición, de voluntad inquebrantable, de naturaleza con múltiples aspectos y longánima generosidad. No debemos olvidar a hombres como Ludwig van Beethoven y Toulouse Lautrec, decidida y enérgica voluntad; Stalin, el hombre que con sus ideas ha sabido crear una época política; músicos de la excepcional genialidad de los compositores Gaetano Donizetti y Manuel de Falla.

Los números

También para Sagitario los números tienen una especial importancia. Así pues, encontramos el 9, número afortunado por excelencia; el 14, número propicio para los viajes y especulaciones financieras; el 23, número de la simpatía.

Las piedras de la suerte

La turquesa, piedra sumamente favorable; el lapislázuli, que preserva de las influencias maléficas, y el zafiro, símbolo de la sinceridad. El rojo púrpura y el azul cobalto son los colores característicos de Sagitario.

Sagitario día a día

1.º grado SAGITARIO	22 noviembre

Personas intuitivas. Tendrán muchos sueños proféticos y capacidad telepática. Interesados por profundizar en las cosas y en la mente humana. Las uniones y asociaciones darán pocos resultados. Son personas perceptivas. La intuición bien llevada les ayudará a solucionar muchos problemas.

Su aguda inteligencia unida a su enorme intuición y espíritu de observación podrían convertir a estas personas en excelentes detectives. Son muy persuasivas. Evitarán mezclarse con personas consideradas inferiores por ellos e indignas de su estimación. Las profesiones más apropiadas podrían ser las de jefe de policía o detective. Cualquier contratiempo que se presente en sus vidas será superado con facilidad por su sentido de la filosofía práctica.

2.º grado SAGITARIO	23 noviembre

Personas de carácter egocéntrico. Éxitos en el trabajo, visiones esotéricas, sueños. Tendencia a tener un empleo público. Megalomanía.

Son personas que se sienten enormemente atraídas por la aventura y prefieren una vida romántica y artística. Tienen una gran fuerza de voluntad y a menudo consiguen todo lo que se proponen. No soportan la monotonía ni la vida de hábitos cotidianos; es más, se sienten asfixiadas, pero deberán controlar un poco este aspecto discordante de su carácter. Podrán ganar dinero trabajando para los demás. La estrella fija Isidis (Delta Escorpión) les proporcionará un sentido de la moral.

3.º grado SAGITARIO   24 noviembre

Personas prácticas, versátiles, con gran fuerza creadora especialmente para escribir. Tendrán numerosos hijos y un desmesurado amor por la familia. Buenos negocios.

Por lo que a la salud se refiere, pueden sufrir alteraciones intestinales, por lo que deberán vigilar la alimentación.

Son personas con inquietudes artísticas. Su profesión más adecuada podría ser la de ingeniero, arquitecto o decorador. Son seres fecundos, de ahí la posibilidad de tener una familia numerosa. Están dispuestos a sacrificarse por los demás. No deberá excluirse la posibilidad de que contraigan matrimonio con algún pariente. La estrella fija Graffias (Beta Escorpión) reside en este grado y proporciona riqueza y honores.

4.º grado SAGITARIO   25 noviembre

Personas con tendencia a desear más de lo que tienen, por lo que suelen sentirse descontentas. Su carácter combativo favorecerá su afición por las armas y los metales.

Por lo que a la salud se refiere, deberán cuidarse la vista, pues pueden sufrir alteraciones en el nervio óptico.

Son personas valientes hasta el punto de llegar a la inconsciencia en algunos casos. Deberán evitar acciones y decisiones desenfrenadas e impulsivas, pues podrían ser peligrosas. Generalmente esa tendencia poco razonada no se manifiesta en el ámbito familiar, al cual están fuertemente unidas.

5.º grado SAGITARIO   26 noviembre

Personas con dotes creativas. Tendencia a enamorarse de una persona extranjera. Constancia y sinceridad hacia los demás. Deberán prestar atención a todo lo que esté relacionado con el fuego.

Por lo que a la salud se refiere, este grado en el ascendiente proporciona unos cabellos duros y fuertes.

Son personas que están dotadas de capacidad organizadora y pueden controlar a los demás con facilidad. Aman el arte aunque raramente pueden dedicarse a él. Poseen gusto estético y refinado. Son seres proféticos aficionados a las ciencias ocultas.

6.° grado SAGITARIO   27 noviembre

Personas refinadas y ambiciosas. Se sienten atraídas por el aspecto científico de las cosas. Espíritu práctico, laborioso y creativo. Tenderán a dominar las situaciones negativas mediante su sentido práctico.

Por lo que a la salud respecta, corren el peligro de sufrir una pulmonía.

Tienen un carácter dulce y simpático, a menudo reconocido por los demás, especialmente por personas inferiores a ellas, porque son de una amabilidad desmesurada. Deben esforzarse en valorarse a sí mismas y no depender de los cumplidos ajenos.

Alfred Nobel fue un claro representante de este grado zodiacal.

7.° grado SAGITARIO   28 noviembre

Personas equilibradas. Tendrán enemigos que con el tiempo se convertirán en excelentes amigos. Carácter tranquilo y pacificador. Su vida será sosegada y si contrae matrimonio será feliz.

Por lo que a la salud se refiere, deben cuidar el sistema cardio-vascular.

Les gusta la comodidad y el lujo, aunque la vida será tranquila como desean. Generalmente son personas afortunadas por lo que respecta a su propio nivel social y económico, lo que les permitirá disfrutar de la vida.

Friedrich Engels fue un notable representante de este grado zodiacal.

8.° grado SAGITARIO   29 noviembre

Personas amantes de aventuras, emociones, placeres y peligros. Tendrán problemas matrimoniales por su carácter obstinado y sus decisiones precipitadas. Aficionadas al juego y a las aventuras. Tropezarán con muchos peligros de los que siempre saldrán victoriosas.

Por lo que a la salud se refiere, son propensas a sufrir del oído, de la vista y de las meninges.

Personas tenaces, que jamás se echan atrás cuando han decidido llevar a cabo cualquier empresa. Muchas veces parece como si fueran en busca de peligro. Tienen en su interior una verdadera batalla entre idealismo y materialismo. Tienen una gran intuición.

9.º grado SAGITARIO   30 noviembre

Personas inclinadas a realizar muchos viajes. Carácter muy preciso y definido. Tendrán muchos amores. Espíritu generoso y progresista. Tienen un gran poder de concentración. Las profesiones más apropiadas podrían ser las de político, escritor, actor o incluso alguna relacionada con el fuego, puesto que este juega un papel importante en sus vidas. La estrella fija Antares (Alpha Escorpión) se encuentra en este grado. Ello indica honores y grandes riquezas. Éxito asegurado como militar.

10.º grado SAGITARIO   1 diciembre

Personas ambiciosas, eficientes, propensas a heredar de forma inesperada algún título nobiliario. Dinero. Facultades sensitivas muy desarrolladas. Bienestar moral y una buena dosis de suerte en la vida.
Por lo que a la salud se refiere, deberán cuidarse los ojos, puesto que estos les pueden ocasionar algún problema grave.
Son personas nacidas para el éxito, que en cualquier momento puede entrar a formar parte de sus vidas. Gran habilidad para combatir a sus rivales y enemigos. Cualquier día podrán conseguir una gran fortuna, que les durará más o menos tiempo según su horóscopo personal. Son personas progresistas, a veces un poco peleonas y agresivas, especialmente cuando el éxito se hace esperar.

11.º grado SAGITARIO   2 diciembre

Personas valientes, leales y humanitarias. Encontrarán a sus mejores amigos durante algún viaje. Son generosas e inteligentes y triunfarán sobre la fuerza. Correrán momentos de peligro a causa de acciones equivocadas e imprudentes.

Son nobles y leales con un acusado sentido del honor. Su gran sentimiento humanitario las hace ser queridas por todas aquellas personas que las rodean. Este grado es muy favorable para dedicarse a la vida militar o política. En la última parte de sus vidas podrán dedicarse a publicar escritos muy diversos (libros, periódicos, manuscritos de música, etc.). Se caracterizan por tener una notable percepción de las cosas.

12.° grado SAGITARIO   3 diciembre

Personas sensitivas, cuya vida o trabajo tendrán alguna relación con personas inválidas. Bondad. Curiosidad por las ciencias ocultas y la parapsicología.

Son muy amantes del hogar y de la familia. Por otra parte, sienten una desmesurada afición por los placeres de la vida, debido a su temperamento enormemente sensual. Esto les puede ocasionar algún problema de salud, por lo que deberán cuidarse. Tienden a la ironía, la sátira y el sarcasmo y se sienten atraídas por los temas de debate.

13.° grado SAGITARIO   4 diciembre

Tendrán una vida aventurera, llena de sorpresas. Éxito en los negocios. Francisco Franco y María Callas nacieron bajo este grado zodiacal.

Son personas activas que aman los cambios de las cosas y la variedad que la vida pueda proporcionarles.

14.° grado SAGITARIO   5 diciembre

Personas trabajadoras que por una parte dan mucha importancia a los trabajos prácticos y manuales, y por otra a todos los relacionados con el arte. Tendrán muchos amigos. Sienten inclinación por la ciencia y la literatura. Espíritu diligente y estudioso. Por lo que a la salud se refiere, pueden sufrir alteraciones en el habla.

Son personas inteligentes y de excelente memoria, siempre deseosas de saber. Podrán destacar en el terreno literario y en cualquier actividad artística. Sus esfuerzos resultarán eficaces no sólo para ellas mismas sino también para el logro de algo importante para los demás. Tienen tendencia a ser supersticiosas y a creer en las ciencias ocultas.

15.° grado SAGITARIO   6 diciembre

Personas equilibradas e intelectuales. Sus principales defectos son la falta de claridad consigo mismas y la inconstancia. Tienen posibilidad de contraer más de un matrimonio.

Por lo que a la salud se refiere deberán seguir una dieta equilibrada, pues son propensas a cálculos renales y a trastornos hepáticos.

Poseen una buena inteligencia. Existe la posibilidad de que se dediquen a las ciencias, y más concretamente a la astronomía. Son de naturaleza equilibrada, aunque su energía se manifestará de un modo inconstante. Tendrán éxito en cualquier profesión. Pueden llegar a ser muy importantes.

16.° grado SAGITARIO   7 diciembre

Personas que aman las sensaciones y que actúan sin temor, a menudo con inconsciencia. Sienten una gran pasión por la espeleología.

Por lo que a la salud se refiere, deberán tener mucho cuidado con las corrientes de aire.

Son personas carentes de sentido práctico y organizador. Aman las sensaciones y la vida placentera. Es conveniente que reflexionen antes de actuar.

17.° grado SAGITARIO   8 diciembre

Personas con una gran fortaleza de ánimo, inspiradas y alegres. Tienden a hacer felices a los demás con regalos o con su ayuda y comprensión. Carácter a veces disperso, lo que a veces les ocasiona descuidos, tristeza y pesimismo injustificados. Recibirán una protección providencial en los momentos críticos.

Por lo que a la salud se refiere, son personas propensas a dificultades respiratorias.

Son ingenuas y generosas y de naturaleza versátil. Su sentido religioso les servirá de gran ayuda a lo largo de su larguísima vida. Tendrán hijos en el extranjero.

18.° grado SAGITARIO   9 diciembre

Personas de espíritu fantasioso, crítico y filosófico, inclinadas al periodismo. Tendencia a realizar viajes provechosos. Se caracterizan también por poseer una continua inestabilidad.

Por lo que a la salud se refiere, son personas propensas al asma y a sufrir una escasa oxigenación sanguínea.

Son personas soñadoras y enormemente fantasiosas. La suerte parece que juegue con ellas, unas veces a favor y otras en contra.

Les gusta trabajar. A menudo lograrán crear sensaciones en los demás, por lo que es recomendable que ejerzan la profesión de periodista o de escritor.

19.° grado SAGITARIO   10 diciembre

Personas ingeniosas y de gusto artístico. Saben ser sociables aunque a veces se muestren bruscas. Tendrán muchos amigos pero deberán distinguir cuáles son los verdaderos. Atravesarán por momentos muy duros en su vida, y hasta es posible que pasen algún tiempo en la cárcel. En compensación, tendrán también momentos de suerte con la posibilidad de conseguir bienes y propiedades.

Por lo que a la salud se refiere, evitarán el abuso de la bebida, pues son propensas a caer en el alcoholismo.

Tienen un temperamento artístico puro y fuerte. Son seres apasionados, no siempre honestos consigo mismos. Son susceptibles y a menudo se preocupan por cosas insignificantes.

20.° grado SAGITARIO   11 diciembre

Personas valerosas. Han nacido bajo este grado zodiacal algunos descubridores de enfermedades. Les resultarán muy beneficiosas las colaboraciones que establezcan con los demás, y encontrarán siempre numerosos amigos dispuestos a ayudarles. Tendencia a la medicina, la farmacología y las curas terapéuticas.

Personas con gran facilidad para entablar amistades. Tendrán un enorme éxito en la vida social. A menudo tomarán parte en la vida y en los acontecimientos políticos. Les gusta el arte y la estética, y tienen un don especial por el arte decorativo.

El famoso director de cine italiano Carlo Ponti nació en este signo y grado zodiacal.

21.° grado SAGITARIO   12 diciembre

Personas con éxito y suerte en la vida. Capacidad para ver las cosas con claridad. Recibirán la ayuda de personas importantes. No deberán dejarse llevar por las fobias ni por las dudas. Espíritu superior con una notable capacidad de iniciativa en todas las cosas.

Por lo que respecta a la salud, pueden sufrir molestias vasculares. El famoso cantante Frank Sinatra ha nacido bajo este grado zodiacal.

Su destacada iniciativa y gran sentido práctico les conducirán por el camino del éxito. Uno de sus defectos principales es en ocasiones su falta de sinceridad. Tienen en cambio un gran amor por la justicia.

22.° grado SAGITARIO   13 diciembre

Personas aficionadas a la polémica, lo que puede darles posibilidades en el terreno político. Disfrutarán de una herencia inesperada.

Por lo que a la salud se refiere, pueden sufrir apendicitis o problemas en la vista.

Son personas ambiciosas que buscan la aprobación pública. Les gusta la polémica, y a menudo sus opiniones son demasiado exclusivistas, con tendencia al pesimismo. Podrían tener éxito en la política. Observan el mundo como si lo estuvieran juzgando desde arriba. El matrimonio será armonioso pese a la notable diferencia de edad entre los cónyuges. Tendrán un acusado interés por la ciencia.

23.° grado SAGITARIO   14 diciembre

Personas democráticas y abiertas mentalmente a todas las innovaciones que les brinda la vida. Encontrarán siempre correspondencia entre sus ideas y las de sus amigos. Sufrirán notablemente a causa de un amor. Tendencia a una vejez feliz. Desde el punto de vista de la salud, deberán tener cuidado con la columna vertebral.

Tienen un gran vigor mental que a menudo incita a los demás a la acción. Son personas devotas y sinceras, que gozan de muchas simpatías desde el punto de vista social. Su gran defecto son los celos, que puede crearles graves problemas de relación con la persona amada.

24.° grado SAGITARIO   15 diciembre

Personas simpáticas, fuertes, extremadamente abiertas y perceptivas. Muy sensibles a los problemas ajenos. Correrán el peligro de sufrir depresiones aunque gozarán de una protección providencial cuando se encuentren en esos estados de ánimo.

Son personas agradables dotadas de gran potencial. Su hipersensibilidad deberá ser canalizada hacia pensamientos y acciones optimistas, pues a menudo sufrirán influencias negativas que pueden ocasionarles estados depresivos. Los contratiempos y las dificultades les ayudarán a madurar. Posibilidad de realizar grandes viajes.

25.° grado SAGITARIO   16 diciembre

Personas entusiastas, llenas de vitalidad y energía. Tendrán una vida rica e intensa.

Deberán prestar atención a los excesos en el comer y en el beber, así como evitar los abusos con los estimulantes y con el alcohol. Propensión a la neurastenia.

Son personas poco equilibradas. Por temperamento tienden a excederse en todo, por lo que deben procurar moderarse al máximo. Tendrán una vida dura pero llena de placeres.

Ludwig van Beethoven es un claro representante de este grado zodiacal.

26.º grado SAGITARIO   17 diciembre

Personas con verdadera inspiración. Aman los placeres y las cosas refinadas. Están dotadas de una destacada habilidad técnica.

Tienen una gran afición por el cine y el teatro. Tienden a ser buenos poetas y escritores. Podrían ser excelentes actores a juzgar por su sensibilidad y sus dotes imitativas. Su gran amabilidad, su fe en el prójimo y el sentido de la amistad que les caracteriza podrían asegurarles una cierta popularidad, más o menos intensa según los demás elementos del horóscopo personal. Las bases de su felicidad residen sólo en su constancia y capacidad de sacrificio.

27.º grado SAGITARIO   18 diciembre

Personas de gran fantasía y habilidad literaria que podrán triunfar como escritores. Tropezarán con dificultades y obstáculos durante la primera mitad de la vida. Luego conseguirán vencer a sus enemigos y lograr éxitos notables. Son personas muy sociables.

Por lo que a la salud se refiere, deberán tener especial cuidado con la garganta y las vías respiratorias.

Carácter sociable, simpático y persuasivo. Su enorme habilidad literaria les permitirá triunfar en el mundo de las letras. Es muy posible que se enamoren de una pareja mucho más joven porque les atrae de forma irresistible la juventud y la alegría. A menudo tendrán inspiraciones sorprendentes.

28.º grado SAGITARIO   19 diciembre

Personas emotivas, con tendencia a realizar muchas acciones equivocadas seguidas de continuos arrepentimientos. Carácter firme y paciente. La constancia y la tenacidad las conducirán al camino del éxito y de la riqueza. Aficionadas al deporte, y en especial a la equitación.

Saldrán adelante en la vida gracias a la constancia y a la paciencia que les caracteriza, pues su apasionada emotividad les hará fracasar muchas veces. Deberán reflexionar antes de tomar una decisión o de actuar. La vida no les resultará fácil pero su enorme fuerza de voluntad superará todos los problemas y contratiempos, pues son personas predestinadas al éxito.

29.º grado SAGITARIO   20 diciembre

Personas con una gran agilidad mental y gran poder de concentración. Por lo que a la salud se refiere, deben cuidar el sistema cardiovascular.

Son muy emotivas y sensibles. Se arrepienten con facilidad de sus equivocaciones. Conseguirán salir adelante en la vida gracias a la constancia y a la paciencia que las caracteriza. La vida no les resultará fácil pero conseguirán superar todos los problemas y contratiempos gracias a su gran fuerza de voluntad. Son personas destinadas a tener un gran éxito.

La estrella fija Acumen se encuentra en este grado y predispone a una muerte violenta o problemas en los ojos a una avanzada edad.

30.º grado SAGITARIO   21 diciembre

Personas con espíritu comercial. Bien aceptadas y con un excelente espíritu organizador. Posibles ganancias con alguna actividad relacionada con la técnica, la mecánica o la metalurgia. Fortuna y dinero.

Por lo que a la salud se refiere, corren el peligro de problemas en la vista, por lo que es aconsejable someterse a controles periódicos.

Son personas tímidas, enormemente inquietas y de gran resistencia física. Pueden dedicarse a viajar o a ejercer una profesión que exija continuos cambios y variedad de esfuerzos. La de actor, por ejemplo, sería una de ellas. Tendencia a la comodidad.

La actriz de cine Jane Fonda nació bajo este grado zodiacal.

CAPRICORNIO

 El signo de Capricornio, del 22 de diciembre al 20 de enero, atravesado por el Sol, se halla bajo el dominio del planeta Saturno. Saturno es el planeta del destino, el que empuja a los hombres hacia el desarrollo social y del espíritu, a pesar de que haga falta una gran dosis de energía para alcanzarlo. Los nacidos bajo Saturno tienen pues un grandísimo sentido del deber y soportan con valor las vicisitudes de la vida. Las dotes básicas de Capricornio son una gran entrega al trabajo y a la familia, generosidad incluso excesiva, sentido del deber, valor, paciencia y perseverancia. Difícilmente se encontrará a un Capricornio haciendo el clásico «golpe de genio», sus posturas son siempre muy maduras. Cuando decide algo se considera inapelable.

Si Saturno influye de manera negativa, tendremos en el Capricornio una vida difícil y contrastada con tendencia al pesimismo, a la avaricia y a la intolerancia. Si es positivamente influenciado, en cambio, Capricornio será decidido, tenaz, resistente y sabrá esperar el éxito con paciencia, éxito que seguramente le llegará.

Capricornio es un animal simbólico, parecido al dios Pan, protector de los rebaños y del pastoreo, y que antiguamente se representaba con el rostro quemado por el sol, la barba roja y los pies de cabra. En efecto, Capricornio se encuentra muy ligado a la tierra, de donde proviene su fuerza y de donde se restablece en los momentos de desfallecimiento. Las conquistas en el trabajo, en los afectos, y la conquista de los valores reales de la vida se alcanzan gracias a una autodisciplina férrea, a una voluntad que lo vincula al deber de cumplir y a un sentido de responsabilidad fuera de lo común. Son estos los dones que permitirán conseguir al nacido en Capricornio metas seguras y reales, posiciones sólidas, afectos duraderos.

A menudo Capricornio sentirá la necesidad de retornar a la vida sencilla, al campo, si ha nacido o crecido allí, al mar. Sus lugares predilectos son simples, sin pompa, en los que llevar una vida tranquila, junto a personas entrañables. Espiritualmente, Capricornio es un realista, trabaja encerrado en sí mismo, prefiere el mando, es independiente, y sus ideales no se pierden en lo abstracto, sino que se encaminan todos a obtener una posición económica estable y seguridad, sin rayar en el lujo. Supera gradualmente los obstáculos de la vida. La suya es una larga y paciente ascensión, tanto que a menudo el éxito llega con la madurez, porque es en esta cuando alcanza las metas prefijadas.

Óptimo dirigente y organizador, el Capricornio posee muy agudizado el sentido de la disciplina, respeta las jerarquías y desea que sean respetadas. Su orden innato hace que su trabajo esté organizado de acuerdo con esquemas bien precisos. Por ello mismo, Capricornio llega a ser un excelente dirigente político. Es bastante respetado por sus cualidades a pesar de que sea difícil establecer una verdadera amistad con él debido a su extremada reserva, y por un fondo de timidez y de gran sensibilidad.

El nacido en Capricornio tiene pocas amistades, si bien estas serán sinceras y sólidas. En sus contactos con los otros, puede ser acusado de arrogancia y soberbia, pero no es así, porque Capricornio se muestra muy reacio a otorgar su confianza hasta que no ha comprendido perfectamente con quién debe tratar. Puede también ser acusado de egoísmo por quienes no lo saben entender porque difícilmente se aviene a compromisos o cambia su punto de vista. No sabrá asumir el hecho de que las personas que le rodean le mientan o le hayan mentido. No perdona ni olvida. Prefiere en cambio siempre saber la verdad, aunque sea desagradable, antes que recurrir a subterfugios. Si advierte que ha sido engañado, guardará rencor hasta hacerse de nuevo dueño de la situación, a pesar de que esto le cueste sacrificios.

Capricornio es el signo que más ama la libertad; quiere ser libre de acción y de pensamiento, aborrece ser guiado o limitado en sus actos. La persona que conviva con él tiene que tener su mismo amor por estas cosas y no intentar engañarlo seduciéndolo o procurando embrollarlo. No tiene que obligarle a dar pasos de los que no esté perfectamente convencido, ni a hacer algo que en su interior no desee. Si Capricornio no encuentra la persona que le sea afín para aquello que busca y desea, inevitablemente, aunque haga falta mucho tiempo, adquirirá de nuevo su propia autonomía y la propia libertad.

Aficionado a los estudios, aunque deteste aplicarse demasiado, los nacidos en Capricornio guardan una infinidad de intereses. A menudo no logran un título académico a causa de circunstancias económicas y familiares. No se sienten capaces de actuar con egoísmo pretendiendo para sí, por ejemplo, lo que han pretendido sus hermanos. Esto no impide que su amor por el conocimiento profundo de las cosas les haga ser verdaderamente cultos, y ampliar continuamente su propio círculo de intereses. Sienten vocación por la medicina, el periodismo, la vida activa en la que puedan dar siempre un poco de sí mismos a los demás. Así, pues, son muy respetados y amados por su familia, y por las personas con quienes están en contacto. Aunque hable poco, Capricornio sabe manifestar sus razones en el momento oportuno.

En cuanto a diversiones, es persona que vive con poco, prefiere la típica fonda del pueblo antes que el restaurante elegante y sofisticado; es parsimonioso, no buscará nunca las ocasiones para ponerse de relieve teatralmente, sabe crear una relación de respeto y de amistad incluso con las personas humildes, no desdeña su compañía porque sabe ver el lado bueno de quien le rodea.

Su posición económica, precaria en la juventud, se hará siempre más sólida con el paso del tiempo; pero todo cuanto Capricornio posee lo debe a sí mismo, y no ciertamente a herencias o donaciones, que si le llegan le procurarían tal vez molestias. El trabajo es su mejor capital. Cuando le comienza a rendir verdaderamente, se encuentra en una floreciente posición económica, de sólidas raíces, debidas a sí mismo y a su espíritu de sacrificio. La vida puede hacerle viajar, aunque sea por motivos de trabajo. Si en su juventud Capricornio sintió inclinación por los viajes y por conocer lugares nuevos, en la madurez se da cuenta de que cada sitio es un país, y preferirá viajar menos y procurar comprender mejor a su prójimo.

En la familia, podrán surgir dificultades con su padre si este posee un carácter fuerte y autoritario; gran comprensión hacia la madre, a la que protege instintivamente. A menudo, los nacidos en Capricornio se sacrificarán durante muchos años en nombre de la familia, que no siempre le será agradecida, hasta haber colocado a todos; después de lo cual se sentirán libres para pensar en sí mismos. Con frecuencia su amor por los hijos se transformará en sufrimientos porque son muy aprensivos y se preocupan muchísimo por ellos. Por naturaleza, los Capricornio son contrarios al matrimonio, y llegarán al mismo más que nada por el deseo de formar una familia. Las uniones perfectas son las que les dejan la máxima libertad, aunque no por ello se refugie en la infidelidad, al contrario. Es quizás uno de los signos que más se acerca al ideal de fidelidad. La persona que conviva con Capricornio tiene que saber merecer la estimación y la confianza, y poseer grandes dotes de lealtad, o de lo contrario, la relación no podrá durar. En efecto, el nacido en Capricornio perdona más fácilmente un pasado escabroso, precedente al matrimonio, que la falta posterior de lealtad.

Con la madurez, Capricornio alcanza la seguridad e incluso su mejor momento. Estables ya, desde el punto de vista económico, respetados socialmente, los nacidos en Capricornio encuentran también la serenidad afectiva junto a la persona que les sabe comprender y que con frecuencia es su coetáneo.

Casi todos son excelentes conductores, conocen perfectamente el coche y son prudentes. Al principio de su aprendizaje pueden sufrir leves incidentes pero después pasan años enteros sin el más mínimo percance, gracias a su excelente rapidez de reflejos. Esta cualidad les ayuda mucho en la vida porque, a menudo, saben tomar la decisión justa en cualquier ocasión con la suficiente frialdad. En los deportes, además del boxeo que les apasiona, se dedican gustosamente a las carreras de coches; son apasionados del fútbol, nadan bien y les gustan de las caminatas agotadoras. Los utensilios deportivos de que disponen no son elegantes pero sí sólidos: incluso en su automóvil se cuidan más del motor que de la carrocería. De todos modos no son demasiado deportistas, no obstante, cuando practican un deporte lo hacen de la mejor manera.

Capricornio tiene además una necesidad: la de estar solo de vez en cuando, tranquilamente estirado en un prado o en la orilla del mar, sin ser molestado en sus reflexiones. La persona que conviva con él, pues, debe respetar su deseo de soledad, y no pretender continuamente entablar conversación.

Todo el optimismo de Sagitario se convierte en pesimismo en Capricornio, pesimismo que se alimenta de su introversión y de su miedo a afrontar una situación o una persona nueva. Es un signo de tierra, cardinal y femenino, cuyo planeta es Saturno. Frialdad, melancolía, tristeza, pesimismo, dureza y cerrazón son las características de este signo. Signo capaz de renunciar con gran desenvoltura a las alegrías y placeres de la vida si esta renuncia le permite alcanzar las altas y ambiciosas metas que se ha propuesto. Es tan orgulloso como frío, tan ambicioso como distanciado, y a veces conviven en él las características opuestas.

Si bien es verdad que al tipo Capricornio le falta calor humano y comunicabilidad, por otra parte, su inteligencia se encuentra siempre presente en forma de racionalización. La inteligencia de Capricornio es tan fría, que causa temor a quien le rodea, y si él se da cuenta que le teméis, lo aprovechará para teneros a su merced. Es casi siempre la eminencia gris del poder político, que de hecho manda más que el presidente o el monarca en funciones, como fue Mazarino en la Francia del XVII.

Suscita admiración por la capacidad y frialdad con la que pueden dominar las situaciones, las cuales no se le escapan jamás de las manos. Es tan realista que, si una prueba no lo convence definitivamente, la encuentra infundada.

En el mundo laboral, la inteligencia del Capricornio habla por él, y se inclina profesionalmente a las ciencias; es decir, que puede ser tanto un buen ingeniero como un excelente médico. Sabiendo que es un signo que soporta con extrema facilidad la fatiga tanto intelectual como física, el trabajo significará una sublimación, ofreciendo lo mejor de sí mismo. Es muy organizador, por lo que, si empieza a trabajar como botones, no es raro que al cabo de unos años de lucha tenaz nos lo encontremos como director de banca.

Es un signo capaz de aceptar la monotonía tanto en el trabajo como en el aspecto afectivo y, si pertenece al tipo evolucionado espiritualmente, sabe transformarla en algo constructivo. Todo lo que le falta de espontaneidad e intuición lo compensa con el razonamiento y la ponderación en su acción. Físicamente es seco y a sus ojos, siempre grandes, les falta expresión, pero tras ellos se esconde una personalidad compleja.

Los trastornos más usuales entre los nacidos en este signo son los que afectan al sistema hormonal; las enfermedades más frecuentes son la artrosis y los reumatismos.

El hombre

Generalmente, es viril, de cabellos castaños, muy fuerte, de anchas espaldas, no demasiado alto, pero robusto. Tiene líneas marcadas, tórax poderoso, osamenta sólida y una mirada que denota inteligencia. Es resistente al cansancio, longevo y amante de la vida; ama la soledad, y a veces, en compañía de mucha gente se siente extraño y desea ardientemente que llegue el momento de encerrarse en sus cosas. La mujer que prefiere no tiene que ser superficial ni ambiciosa ni vanidosa. Su mujer tiene que colaborar con él, tener bastante independencia y mostrar interés por la vida doméstica. Su amor lo demuestra mediante los hechos y no con los gestos, difícilmente lo deja entrever, pero su corazón está lleno de afecto y de necesidad de dar. Se desilusiona, sin embargo, si no es comprendido. La mujer que esté con él debe ser serena, guardar la calma, no querer a toda costa imponer su voluntad y tener paciencia.

Encontrará la unión con la mujer nacida en su mismo signo, a ser posible coetánea, y con ella formará una unión armoniosa, sin sobresaltos, en plenitud de afecto y comprensión. Una unión sólida, pues lo que buscan los dos es la tranquilidad, la serenidad, la paz. Además, ambos están enamorados de la libertad, que desean por encima de todo. Uno y otro necesitan soledad y silencio para poder reflexionar y pensar.

Naturalmente, el aspecto sentimental se resiente negativamente de la frialdad de este tipo que tiene un miedo innato a todo lo que se relaciona con el mundo de la pareja. Tiene necesidad de una mujer que le libre de todas sus fobias y que le dé la fuerza necesaria para salir de sí mismo.

Con la mujer Aries, la unión, y en consecuencia el matrimonio, son aconsejables únicamente en el aspecto práctico y de las relaciones sociales, mientras que serían desaconsejables sentimentalmente. La mujer Tauro es la que más estimula al Capricornio afectivamente y le ofrece la tranquilidad y certidumbre de no representar algo nuevo; con esta mujer el matrimonio puede ofrecerle al Capricornio seguridad, la cual desea ante todo. Con la Géminis, es desaconsejable la unión por la superficialidad con la que esta mujer afronta las situaciones, mientras que para él todo es importante y digno de respeto. Con la de Cáncer, físicamente la relación irá bien, pero intelectualmente Capricornio no podrá recibir de su mujer ningún apoyo, separándoles un abismo. Con Leo, la relación y el matrimonio se basarán en la mala fe y el arribismo; zodiacalmente es extraordinariamente raro una unión de este tipo.

La unión por excelencia es indudablemente con Virgo, por la introversión de ambos caracteres; por lo demás, la mujer Virgo sabrá organizar bien la vida del Capricornio, creándole en su entorno un ambiente contemplativo y sereno que harán funcionar la unión también en el aspecto práctico. Con Libra la unión y el matrimonio triunfarán en los primeros tiempos, pero casi siempre esta mujer abandona a un marido que no sabe darle lo que quiere y que, por el contrario, la agobia con sus continuos misterios y prolongados silencios. También es estadísticamente rara la unión entre el frío Capricornio y la sensual y exigente mujer Escorpión. La vivacidad de la mujer Sagitario fascina inmediatamente al Capricornio que, sin embargo, no logrará obtener de esta mujer la fidelidad y tranquilidad a las que aspira; por tanto, aunque exista amor, se desaconseja el matrimonio. La unión del Capricornio con la mujer de su mismo signo puede tener éxito únicamente en el plano material y práctico, mientras que sería decepcionante en el aspecto afectivo, ya que ninguno de los dos da un paso por el otro para liberarlo de sus fobias. Con la mujer Acuario la unión puede establecerse sobre una base de afectuosa amistad, pero la aridez de él frena toda expansión sentimental de una mujer tan dispuesta a idealizar y soñar. La unión con la mujer Piscis puede ser también duradera.

La mujer

Es más bella en la edad madura que en la juventud. Con el paso de los años su fascinación va en aumento, la dulzura y la bondad de espíritu se reflejan en sus ojos, su calma la hace de carácter dulce y comprensivo. Por naturaleza es muy buena. También para ella el éxito y el verdadero amor llegan con la madurez. Generalmente, la mujer Capricornio tiene una actividad independiente. Ha comenzado a trabajar pronto, ayudando a su familia, y seguirá durante toda la vida siendo activa y llena de ideas. Es una excelente ejecutiva, con frecuencia el brazo derecho de un jefe; si este último es además el hombre de su vida, ella sabrá infundirle seguridad y confianza y le aportará la máxima colaboración y el máximo apoyo. Normalmente huye de hombres que no estén a su mismo nivel, pues se preocupa más por la comprensión que por las cualidades externas. Perdona aunque sea celosa por temperamento, vence la pasión y sabe ser digna. Es orgullosa, y ante esta actitud sólo se logra estabilizar la relación con mucho amor y nunca de forma autoritaria. Su cualidad principal es que no se rinde nunca, que lucha para lograr la tranquilidad y la serenidad tanto del espíritu como económica. No retrocede, sabe «remangarse las mangas», no obra sin pensar, y a veces cae en la melancolía. Pero basta con decirle que alguien necesita de ella para que corra en su ayuda, olvidando sus propios problemas. Ama mucho la familia y los hijos, a pesar de que esconda su afecto de madre con cierta dureza, es bastante aprensiva, pero se domina. Lleva grabado el concepto de libertad, por lo que criará a los hijos con sentido de responsabilidad y del deber, sin contar con ellos en la vejez. No perdona la falta de lealtad; prefiere una verdad desagradable a una mentira piadosa. No olvida los errores cometidos, aunque los perdone, y a veces es capaz de esperar durante largos años con tal de llegar a lo que se ha propuesto.

Su forma de vestir es instintivamente elegante, opta por las cosas sencillas, no soporta los adornos y prefiere los colores sobrios. Su color preferido es el negro, que lleva bien y con clase. No le preocupa la oposición de los demás y en el vestir piensa más en su comodidad que en el qué dirán. Así, pues, no es difícil verla elegantísima si aquel día desea serlo, o bien con un par de pantalones viejos y un suéter, naturalmente negros. De todos modos, el guardarropa de la mujer Capricornio es ordenado, y los vestidos son conservados con cuidado durante muchos años.

La mujer Capricornio, al igual que el hombre, ama la perfección y no es el tipo de mujer que pierde el tiempo en charlatanerías y malgastando el dinero. Es una mujer gobernada por un gran sentido común, que antes de escoger a su compañero sopesa sus cualidades y defectos. A menudo, esta elección es una fuente de angustia para ella; pero puede encontrar su hombre entre los Escorpión, Virgo y Tauro que son los que mejor sabrán comprenderla y complementarla.

Esta mujer es muy sagaz; enseguida se hace cargo de cualquier situación, la cual será sometida a un análisis minucioso. Para conquistar una mujer así, realista y fría, se necesita paciencia y obstinación; de hecho, aunque sienta algo más que una simple simpatía es muy capaz de negarse por miedo a comprometer su dignidad de mujer. Realmente, es el signo más complicado de todo el Zodíaco, pero hay que comprender que se encuentra dominado por el severo y difícil Saturno.

Los niños

Son muy inteligentes, comprenden con suma facilidad, se aplican de buena gana a la lectura más que al estudio, a menos que la materia les interese. No muestran gran interés las matemáticas, aunque destacan en lengua y literatura. Los primeros años de la infancia son difíciles, debido a pesadas y repetidas afecciones de garganta, tendencia a las caídas, a las heridas, pero con el transcurso del tiempo la característica del signo predomina y los pequeños Capricornio se tornan fuertes y robustos. Les gustan los juegos al aire libre en contacto con la naturaleza. Realizan amistades con facilidad, son expansivos, apasionados por el fútbol y la natación.

Tienen gran necesidad de afecto, aunque no lo demuestren. Sienten con fuerza el amor por su madre y juzgan severamente a su padre si no está a la altura de las circunstancias. Con ellos no valen las imposiciones, hay que razonar serenamente; con buenas palabras será posible llegar a un acuerdo con él, gracias a la innata bondad de su carácter. Tendente a obtener excelentes resultados en el campo educativo. Son listos y prácticos. Se puede confiar en ellos, y por lo general los padres pueden contar con su colaboración, confiándoles pequeñas responsabilidades y partiendo de la base de que los jóvenes Capricornio son bastante despiertos y autosuficientes para salir adelante ellos solos. Por lo general, además, los pequeños Capricornio son prudentes y no cometen actos exagerados o imprevistos.

Relaciones con los otros signos

Respecto a los otros signos del Zodíaco, Capricornio concuerda plenamente consigo mismo. Armoniza muy bien con Virgo, Escorpión y Sagitario. Con los otros signos, el acuerdo puede ser posible a largo plazo, mientras que en ningún caso es posible un acuerdo con Géminis, que se opone totalmente a Capricornio. Sabiendo que la unión óptima de Capricornio es consigo mismo, con Virgo es posible, superando las pequeñas dificultades iniciales, llegar a una buena armonía de afecto y de trabajo. La calma de Capricornio y el gran fuego interior de Sagitario pueden conducir a una buena unión con algunas dificultades porque a menudo Sagitario se revela menos pasional y menos interesado por el sexo que Capricornio. El matrimonio con Escorpión se basa en cambio en su gran colaboración, afecto y estima, a pesar de que al principio pueden surgir grandes diferencias de carácter.

Capricornio no congenia con Libra; demasiada pereza por parte de Libra, en contraste con Capricornio, que es signo de acción. Mal también con Leo en el matrimonio, mientras que es posible estrechar amistades duraderas y afectos pasajeros. Bien en cambio con Tauro, que estimula e incita a Capricornio a una mayor ambición y a su vez es frenado en su ímpetu por la calma de Capricornio. Mal en el matrimonio y bien en el trabajo con Aries: si se casaran, chocarían, aunque en el campo del trabajo hay profunda estima y buena voluntad recíproca. Con Cáncer puede surgir el acuerdo con el tiempo, pero, al inicio, los dos signos presentan muchas dificultades; más fácil un acuerdo entre Capricornio y Cáncer en tipos superiores; los dos signos, sin embargo, necesitan independencia. Con Acuario óptimas relaciones familiares, pero no matrimoniales; excelente un hijo Acuario para un Capricornio; suelen darse puntos en común y facilidad para comprenderse. También con Piscis existe afinidad, y los dos signos son afines en el trabajo y en la amistad; pero no en el campo afectivo, porque Piscis es demasiado delicado e impresionable y choca con el carácter fuerte de Capricornio.

La salud

Física y moralmente, Capricornio es el tipo más resistente de todo el Zodíaco. También es bastante longevo. Si desea mantenerse en perfecta forma debe moverse mucho, andar a menudo, hacer gimnasia y nadar. Le irán muy bien las curas helioterápicas, precisa del sol y del mar, asimismo se beneficiará de las curas termales. Sus puntos más delicados son la garganta, los riñones y el intestino. Posibles reumatismos en edad avanzada, cansados por su vida un tanto azarosa y despreocupada; exageración en el trabajo y falta de continuidad en las comidas. En efecto, a menudo los Capricornio sacrifican su salud para dedicarse a los otros. Se les recomienda una vida ordenada, dormir mucho (por lo general son de temperamento insomne), y no dejarse vencer por los desórdenes en la alimentación. Con frecuencia son grandes fumadores, aunque capaces de dejarlo mediante una firme decisión.

El carácter

Por lo general, Capricornio tiene que combatir la tendencia al pesimismo. Su gusto por la vida y su valor innato le hacen afrontar incluso los momentos dramáticos, con reservas insospechadas de energía. Es más fácil que se vean afectados por un suceso que les hiere en su interior que por las vicisitudes y obstáculos del ambiente. Así pues saben perseverar y siguen persiguiendo sus objetivos cuando todos los demás han abandonado la lucha. Además, el hecho de tener que superar dificultades le da a Capricornio una especie de estado de gracia, lo estimula y le otorga autoestima, confiriéndole mayor seguridad y decisión al emprender alguna cosa, seguridad y decisión que a veces son los resortes determinantes del éxito. En el signo de Capricornio encontramos, pues, a los pioneros, a los entusiastas, a los grandes trabajadores, a los demoledores de obstáculos, a personajes de vida difícil, pero al mismo tiempo valerosa, a los más dispuestos colonizadores.

Un típico de Capricornio ha sido Alberto Schweitzer, el médico de los leprosos, que ha renunciado al éxito y a la comodidad, a las fiestas brillantes y a la sociedad de su país para dedicar su vida a los necesitados, y en efecto, los Capricornio son óptimos médicos, enfermeros y cirujanos. El capricorniano es también religioso, pero su religión no está hecha de formas o de apariencias, es bastante substancial, por lo que será fácil verles aplicar en la práctica los preceptos de la fe que practique. Capricornio posee una gran carga afectiva, siente necesidad de dar, de ver rostros felices a su alrededor, de poner orden en su vida, de ser gentil y comprensivo con el prójimo. Por esto, quien le conoce a fondo encontrará en él al mejor y más fiel amigo que se pueda imaginar, que merece ser correspondido con la misma lealtad.

Los famosos

Calderón de la Barca, Rubén Darío, entre los escritores; grandes matemáticos y físicos como Isaac Newton y Johannes Kepler, también astrónomo; de grandes filósofos positivistas como August Comte y Montesquieu. Giacomo Puccini, músico; Maurice Utrillo, Henri Matisse y Paul Cézanne, pintores. Científicos ilustres, médicos de fama como Louis Pasteur y Albert Schweitzer. Actrices de enorme fascinación sobre todo en la madurez: Ava Gardner y Marlene Dietrich. Saturno, que protege las mentes, favorece a sus pupilos de Capricornio, y les influencia; así son al mismo tiempo contemplativos, absortos, pensadores, solitarios y creadores. Fueron ya los filósofos del Renacimiento quienes descubrieron que los artistas mostraban las características del temperamento saturniano, y los nacidos en Capricornio que reciben su influencia, son por lo general grandes artistas, a pesar de que a veces no apliquen sus

cualidades y principalmente grandes «artistas de sí mismos», de duro temperamento luchador y de corazón generosísimo.
En Capricornio también han nacido dos grandes personalidades «coetáneas»: Jesucristo y César Augusto; dos grandes estadistas, Stalin y Mao Tse-Tung.

Los números

Encontramos el 3, número mágico por excelencia en los negocios y en el juego; el 16 típico de la fortuna y del amor y el 25 símbolo de la proliferación.

Las piedras de la suerte

El ónix, típica piedra de la paz y de la armonía. El ámbar, piedra de la amistad emanante de calor y simpatía y las perlas negras de la fuerza de ánimo y la tenacidad.

Capricornio día a día

1.° grado CAPRICORNIO	22 diciembre

Personas ambiciosas. Matrimonio importante. A menudo tienen falta de tacto y diplomacia. Habilidad en el comercio y en los negocios.
En cuestiones de salud deberán cuidar los huesos, las articulaciones y la vista.
Tienen una misión muy precisa en la vida. Se manifestarán las influencias positivas (condicionadas a los elementos de su horóscopo) si deciden seguirla. Tendrán muchos obstáculos en la vida pero también mucho que aportar a la humanidad.

2.° grado CAPRICORNIO	23 diciembre

Personas sutiles, sensuales. Dificultades y obstáculos en las actividades que emprendan superados gracias a la rapidez de reflejos, el espíritu ágil y a la riqueza de recursos.

Por lo que a la salud se refiere, propensión al reumatismo articular.

Son personas ambiciosas, diplomáticas, seguras de sí mismas y excepcionalmente versátiles. En el comercio podrán triunfar con gran facilidad por sus dotes de convicción. A través del matrimonio descubrirán los verdaderos valores de la vida. Si no se casan estarán siempre unidas a un hermano, amigo o amante que jugará un papel muy importante en su existencia.

3.° grado CAPRICORNIO   24 diciembre

Personas de pensamiento profundo. Lograrán equilibrar su lucha entre el idealismo y la ambición gracias a la sabiduría. Deberán evitar la soledad y vivir en el extranjero. La fuerza y la prudencia les llevarán a obtener el éxito. Espíritu indagador y científico. Sentimientos claros, sinceros y abiertos.
Por lo que a la salud se refiere, deberán cuidar la vista.
La actriz Ava Gardner es un ejemplo de mujer nacida bajo este grado zodiacal.
Están llenas de un gran potencial y de grandes deseos de sobresalir en la vida. Sus únicos peligros pueden ser la falta de constancia y su debilidad sentimental.

4.° grado CAPRICORNIO   25 diciembre

Personas ambiciosas, dotadas de una gran fuerza de concentración y un acusado espíritu perfeccionista. Poseen un carácter superior, iniciado en las grandes verdades de la naturaleza y del universo.
Por lo que a la salud se refiere, deberán cuidar especialmente la circulación y la vista.
El famoso actor de cine Humphrey Bogart nació bajo este grado.
Son personas enérgicas, llenas de vitalidad. Pueden destacar en el terreno político, en el arte, en la carrera diplomática y en la religión. Tienden a correr peligro en el extranjero.

5.º grado CAPRICORNIO   26 diciembre

Personas organizadoras y programadoras. Las esperanzas de riquezas se consolidarán por la constancia que emplean en las cosas.

Por lo que a la salud se refiere, deberán tener especial cuidado con las piernas.

Mao Tse-Tung nació bajo este grado zodiacal.

Son personas empeñadas en alcanzar la perfección. Su potencia, fuerza y tenacidad les servirá de apoyo para alcanzar su deseo. La gran dificultad reside en su tendencia ambigua que les hace inclinarse indistintamente por el bien o por el mal. Su innato sentido de discriminación y clarividencia les ayudará a superar esta dificultad.

6.º grado CAPRICORNIO   27 diciembre

Son personas sociables, que saben ser simpáticas con los demás. Corazón recto y sincero. Lealtad y devoción. Amigos fieles.

Por lo que a la salud se refiere, son propensas a sufrir hinchazones en las piernas y a cansarse fácilmente.

Son personas independientes, creativas, con una gran habilidad y talento organizador. Poseen también una facilidad innata para dirigir grupos de personas. En la vida privada son personas hospitalarias y generosas, joviales y francas. Su carácter abierto puede hacerlas imprudentes en sus palabras o acciones, facilitando las críticas.

7.º grado CAPRICORNIO   28 diciembre

Son personas que saben mandar pero que deben aprender a mesurar su carácter dominante. Son personas fuertes, enérgicas. Les gusta ser el «jefe», una tendencia que desahogan principalmente en la casa. Debido a su carácter autoritario tendrán problemas y rivalidad en el amor.

En cuestiones de salud deberán cuidar las articulaciones y las piernas.

Louis Pasteur fue un representante de este grado zodiacal.

Muchos amigos los consideran personajes excéntricos por su afición a secretos, adivinanzas y en general a todo lo esotérico. Este grado proporciona una notable elocuencia.

8.º grado CAPRICORNIO — 29 diciembre

Personas inteligentes, prácticas y perseverantes, afortunadas en las empresas. Tendrán felicidad manifiesta pero con altibajos.
En cuestiones de salud deberán tener especial cuidado con el sistema articular y los ojos.
El famoso violinista Pau Casals nació bajo este grado zodiacal. Son personas diplomáticas. La comprensión y el tacto a veces no son su fuerte y la sinceridad no siempre tendrá el efecto que desean. Tienen facilidad de palabra hablada y escrita. Esta facilidad va acompañada de astucia que les permitirá convencer con facilidad. Son personas tímidas cuando se encuentran en un ambiente nuevo, aunque no están privadas de valor.

9.º grado CAPRICORNIO — 30 diciembre

Personas sensibles, amantes de sensaciones nuevas, muy amables con los demás. Tendrán dos grandes amores en su vida.
En lo que a la salud se refiere, pueden correr el peligro de caídas; deberán prestar mucha atención a todo lo que esté relacionado con los huesos.
El gran poeta Rudyard Kipling fue un claro representante de este grado zodiacal.
Son personas afortunadas en los negocios. Podrán iniciar una actividad con grandes posibilidades de éxito. Aunque su vida será muy movida e interesante, a menudo no las dejará satisfechas, pese a que despierten la admiración de todo el mundo.

10.º grado CAPRICORNIO — 31 diciembre

Personas muy amantes de la familia y preocupadas por los demás. Gozarán siempre de buena salud. Sabiduría y seriedad en las relaciones con la gente. Éxitos comerciales y laborales.

Por lo que a la salud se refiere, deberán tener cuidado con los huesos; posible reumatismo.

El papa Alejandro VI nació bajo este grado zodiacal. Son personas sensitivas, capaces de sentir y percibir. Captan bien las cosas. Son humildes y sensibles. Les gusta experimentar en todas sus formas. Es preferible que escojan una actividad conceptual como la de escribir.

11.º grado CAPRICORNIO   1 enero

Personas de naturaleza vigorosa. La astucia y el egocentrismo son las características principales de este grado. Solamente el amor podrá cambiarlas radicalmente. Gozarán de la estima de personas importantes y tendrán la posibilidad de ejercer muchas actividades, de las que obtendrán magníficos resultados.

Con respecto a su salud, tienen un corazón delicado y sensible. Son de naturaleza maternal, es decir, se preocupan por conseguir el bien de los demás.

Un personaje importante nacido en ese grado fue el pintor Bartolomé Esteban Murillo.

12.º grado CAPRICORNIO   2 enero

Personas equilibradas y racionales, sensuales, amantes del placer y con una gran suerte en el trabajo. Sus actividades serán siempre interesantes y recibirán favores de personas importantes.

En cuestiones de salud, son propensas a tener el corazón delicado y sienten la influencia de Venus.

Es un grado excelente para quienes quieran dedicarse a la política. Son personas algo materialistas. El amor es un elemento importante en su vida, por la posibilidad que les ofrece de purificar los aspectos menos puros de su personalidad.

13.º grado CAPRICORNIO   3 enero

Personas de gusto artístico refinado y con personalidad. Son importantes las mujeres nacidas en este día. Combativas, con un pleno dominio sobre los sentimientos. Podrán demostrar su espíritu racional, especialmente, en las matemáticas y la economía.

En cuestiones de salud deberán prestar atención a los problemas de la garganta; evitarán el humo. Son personas de naturaleza equilibrada, sensual y laboriosa. Están muy atadas a los bienes materiales. De vez en cuando tienen cierta propensión a la melancolía.

La estrella fija que se encuentra en este grado les proporcionará suerte.

14.° grado CAPRICORNIO   4 enero

Personas de notable resistencia física que se curan pronto, tanto de las heridas físicas como de las espirituales. Tienen una fuerza innata que les hace sobreponerse en los momentos de desesperanza y profundo abatimiento.

En cuestiones de salud tienden a las depresiones nerviosas, por lo que deberían evitar el estrés.

Son seres críticos, irónicos. Están dotados de un gran sentido del humor. Les gusta desenmascarar la hipocresía de los demás y por este motivo son generadores de polémica. Poseen dotes artísticas y en particular una gran habilidad para la medicina. Podrían ser muy buenos neurólogos o psiquiatras. Son de naturaleza fuerte, aunque a veces tienden a tomarse la vida con despreocupación.

15.° grado CAPRICORNIO   5 enero

Personas con espíritu comercial. Habilidad en la vida y en las relaciones con los demás. Sentimientos religiosos y tendencia al misticismo. El deseo de ordenar, regular, sistematizar indica también una mente aguda, matemática y precisa.

Cabe destacar entre las personas nacidas en este día a Gamal Abdel Nasser, Juan Carlos I y Miguen Ángel.

Son personas con dotes para los negocios y un destacado instinto comercial y previsor. La astucia sólo les resultará útil en el terreno puramente comercial.

Las características principales bajo la influencia de Venus, Mercurio y Neptuno son las siguientes: dotes artísticas, talento, amabilidad, idealismo, esperanza, educación y sobriedad.

16.° grado CAPRICORNIO   6 enero

Personas con espíritu independiente tanto en la vida privada como en el trabajo. Tienden a realizar negocios peligrosos y a correr peligros en los viajes. El caballo será su animal preferido y sentirá amor por el campo.
Sentido del deber y clara filosofía de la vida.
Juana de Arco nació bajo este grado zodiacal. Personas constantes y habituadas a analizar y valorar las cosas antes de actuar. Son prácticas e intuitivas y poseen sensibilidad artística.

17.° grado CAPRICORNIO   7 enero

Personas decididas e inclinadas a ejercer cierto protagonismo. La posibilidad de riquezas podría volverlas presuntuosas. Logran imponerse con la elocuencia. La determinación les permite superar los obstáculos de la vida.
En cuestiones de salud tienen propensión a la diabetes.
El papa Gregorio XIII y el astronauta Valery Kubasov nacieron bajo este grado zodiacal. Son personas inclinadas a la poesía, la música y la arquitectura. Pueden llegar a ser también muy buenos abogados o diplomáticos. También en las artes dramáticas y cinematográficas pueden alcanzar el éxito. Su carácter es determinante pero al mismo tiempo flexible. Su naturaleza dócil y fiel. Tendrán suerte en las asociaciones.

18.° grado CAPRICORNIO   8 enero

Personas de gusto refinado y artístico, sensibles y caritativas. Alcanzarán la suerte en el segundo período de su vida.
Entre las personas nacidas en este día y grado cabe citar a Elvis Presley.

Naturaleza refinada y artística, además de sensual. Se dejarán influenciar fácilmente, por lo que deberán tener especial cuidado en la elección de los amigos.

19.º grado CAPRICORNIO   9 enero

Personas de gran fuerza moral y física con una notable tenacidad que les permite triunfar en todos los campos. Firmeza y decisión, energía y vitalidad. La capacidad de concentración les permitirá dedicarse al hipnotismo. Deberá controlar los excesos de autoestima.
En cuestiones de salud tienen propensión a afecciones renales, por lo que deberán cuidar la dieta.
Su coraje puede llevarles al heroísmo. Son personas independientes, con gran confianza en sí mismas. Su firmeza moral y excepcional fuerza física les proporcionará con facilidad el éxito deseado.

20.º grado CAPRICORNIO   10 enero

Personas inteligentes y afortunadas en el amor. De vez en cuando tienen ideas fijas, pero al mismo tiempo son abiertas y sociables. Aspecto ágil y elegante. Se consideran admiradas y por ello pueden llegar a ser vanidosas. Son sensibles a los honores y reconocimientos, pero deberán olvidarse un poco de sí mismas.
En cuestiones de salud deben cuidarse el sistema respiratorio y evitar el frío.
Son personas versátiles y decididas en sus acciones. Profesionalmente pueden ser buenos cirujanos. En el amor son muy afortunadas.

21.º grado CAPRICORNIO   11 enero

La inteligencia y la perspicacia les facilitarán el éxito en distintas profesiones. Tendencia a realizar muchos viajes.
Amor por el estudio y por la lectura. Capacidad científica.

Deseo de vida tranquila y de riqueza. Mentalidad sutil y aguda en las observaciones. Presentimientos y sensibilidad parapsicológica.

En cuestiones de salud deberán resguardarse del frío. Son altruistas y sienten con intensidad la influencia de Mercurio. Son personas deseosas de aprender y comprender, y al mismo tiempo de enseñar. Mente aguda, sensible y profunda. Están en condiciones de ayudar a muchas personas. Profesionalmente podrían ser buenos químicos.

22.º grado CAPRICORNIO — 12 enero

Notable fuerza de ánimo y mentalidad indagadora. Los escritores nacidos en ese día poseen dotes creativas y una acusada inspiración. Tendencia a trabajos difíciles y de gran actividad. Pasión por la naturaleza y por la agricultura. Buena suerte en las actividades comerciales, especialmente con productos agrícolas.

En cuestiones de salud, propensión al frío y a los catarros.

Jack London nació bajo este grado zodiacal.

Profesionalmente tienden a las actividades agrícolas o que tengan relación con la naturaleza. También pueden ser buenos escritores, novelistas o eruditos en lenguas antiguas. Tropezarán con grandes dificultades, pero la suerte les ayudará a superarlas.

23.º grado CAPRICORNIO — 13 enero

Personas aficionadas a la filosofía, a la mística y a los fenómenos parapsicológicos. Especial interés por las percepciones sensitivas y por las obras artísticas. Temperamento apasionado. En general tendrán suerte. Les llegará el amor en el segundo período de la vida.

En cuanto a salud, los cambios de temperatura pueden resultarles peligrosos dada su gran sensibilidad al frío.

En general son personas brillantes y optimistas, aunque a menudo tendrán necesidad de alguien que las guíe. Aficionadas a las bellas artes, la poesía y los misterios.

24.° grado CAPRICORNIO   14 enero

Personas aficionadas al ocultismo, la magia y la alquimia. Habilidad en el comercio con vinos y licores.

En cuestiones de salud corren peligro de obturación de las vías respiratorias. Deberán tener cuidado con el frío.

Son personas muy inteligentes con tendencias filosóficas y científicas, pero al mismo tiempo con espíritu práctico. Su sinceridad les reportará tantos amigos como enemigos.

Podrán tener éxito en los estudios de medicina, química y magia. Siempre tendrán ayudas providenciales en momentos de grandes dificultades. Deberán aprender a ser más diplomáticos y flexibles. Tienen habilidad musical y sensibilidad esotérica.

25.° grado CAPRICORNIO   15 enero

Personas demasiado indulgentes consigo mismas. Voluptuosas. Hábiles en los negocios. Es importante que tengan un mayor autocontrol frente a las dificultades y a los obstáculos. En algunos casos, el ascetismo y los sacrificios espontáneos demostrarán una cierta firmeza de carácter, que se resiente de la influencia de Marte.

Deberán evitar corrientes de aire.

Son personas afortunadas, versátiles y amables con los demás, pero demasiado egocéntricas. Amantes de las diversiones y de los placeres del amor.

Recogerán donde otros hayan sembrado y cuando alcancen la mediana edad tendrán un gran golpe de suerte. Deberán aprender a ser menos autoindulgentes y a desarrollar su habilidad y sus dotes en las relaciones sociales.

26.° grado CAPRICORNIO   16 enero

Personas místicas y profundas que ejercen un notable poder sobre los demás por su extremada sinceridad y por la carga de entusiasmo que logran transmitir.

Tienen una gran pasión por los viajes, por la caza y por la medicina y son capaces de ofrecer un amor sincero y feliz olvidándose de sí mismas.

La discreción y la amabilidad pueden facilitar el camino hacia la abogacía.

Tienen un enorme sentido de la libertad. Aman la naturaleza y los viajes, es decir, todo lo que tiene relación con el exterior. Poseen una mentalidad profunda y pueden llegar a tener ideas geniales. Gran capacidad afectiva.

27.° grado CAPRICORNIO   17 enero

Personas iluminadas e inspiradas con dotes parapsicológicas. Los viajes juegan un papel importante en sus vidas. La sinceridad y el orgullo están contenidos para facilitar las relaciones sociales.

Amor por el campo, la naturaleza y la vida campestre. Mentalidad abierta.

En cuestiones de salud deberán prestar atención al frío y evitar el estrés.

Cassius Clay nació bajo este grado.

Son personas tímidas cuando están en compañía. Les gusta mucho la naturaleza y el deporte. Sienten poca atracción por la sociedad, con sus intrigas y falsedades.

28.° grado CAPRICORNIO   18 enero

Personas ambiciosas, contemplativas. Tienen un notable autocontrol, lo que les permitirá unas buenas relaciones sociales.

Las exploraciones terrestres y la astronomía serán sus aficiones más destacadas, que deberán conciliar con las exigencias laborales.

En lo que a la salud se refiere, deberán cuidarse el cabello y prestar atención al frío. El actor Cary Grant es una de las personas nacidas bajo este grado. Tienen un gran interés por los descubrimientos y los inventos.

Deberán ser perseverantes si desean tener éxito en la vida.

29.º grado CAPRICORNIO   19 enero

Personas amantes de la vida tranquila, sencilla y retirada. Su amabilidad y reflexión les permitirá obtener buenos resultados. Vida pacífica y alegre. Amor por la soledad y el estudio.

En cuestiones de salud, deberán prestar atención a la bronquitis, y a las enfermedades psicosomáticas.

El escritor Edgar Allan Poe y el pintor Paul Cézanne nacieron bajo este grado.

Son personas tranquilas y contemplativas ligeramente inclinadas a la melancolía. Sienten atracción también por la filosofía. Aunque sean tímidas y prefieran permanecer en la sombra, su personalidad es fuerte y decidida, y no les gusta ser contrariadas. Aman a los animales.

30.º grado CAPRICORNIO   20 enero

Personas inclinadas hacia el ocultismo y las cosas misteriosas. Son inconstantes. La falta de perseverancia las lleva a obtener resultados mediocres. La indecisión y discontinuidad contrastan con los deseos de hacer grandes cosas. Tienden a la dispersión y a dejar las cosas a medio hacer.

En lo que a la salud se refiere, tienen una extremada sensibilidad frente al frío y propensión a la obesidad.

Son personas melancólicas, con una enorme fuerza de concentración, grandes esperanzas y una incansable energía. Con constancia podrán alcanzar posiciones importantes en la vida.

ACUARIO

 El signo de Acuario, desde el 21 de enero al 19 de febrero, atravesado por el Sol, se halla bajo el dominio de dos planetas: Saturno y Urano. Este doble dominio nos permite representar este signo de aire con la imagen simbólica del dios romano «Jano con dos frentes». En efecto, la influencia ejercida por ambos planetas se dirige hacia dos puntos diametralmente opuestos: Saturno, lento y tradicionalista, mira hacia el pasado, Urano, impulsivo y dinámico, dirige la mirada hacia el futuro. Notas predominantes de la personalidad de Acuario son la falta de prejuicios convencionales derivada de Saturno, la versatilidad, la inteligencia y la intuición derivadas de Urano.

Es signo de deseo y de esperanza, de la comunidad y de la comunicación, del calor humano y de la comprensión. Lo que necesita Acuario es la independencia, la libertad individual del espíritu, sin dogmas ni restricciones, basada en una moral férrea y una responsabilidad del todo personal. Aunque empujado hacia el futuro, Acuario no pierde nunca la visión real de los acontecimientos, precisamente es la fusión de estos dos caracteres opuestos la que crea en él al inventor, teórico y práctico, que sabe dar forma a sus pensamientos. En todo Acuario hay siempre algo de inventor y de técnico; sabe manejar con pericia e intuición las máquinas más complicadas, le gustan las cosas modernas y funcionales.

Decididamente contrario a la pedantería, a la indecisión, a todas las limitaciones de la libertad personal, le alienta un interés particular por las cosas extraordinarias y excéntricas. Difícilmente se hallará un Acuario con una casa decorada según el estilo tradicional, sino que estará siempre rodeado de muebles de vanguardia y de las novedades más atrevidas en la decoración.

Otra de sus características importantes es el amor por los experimentos, por los enigmas, por las ciencias ocultas y por el misterio. Casi todos los nacidos en este signo poseen un fuerte espíritu altruista que les hace preocuparse continuamente por las privaciones de los demás. Así pues, son muchísimos los Acuario que intentan de manera activa y organizada mejorar el nivel de vida material y espiritual del pueblo, obrando con todo su entusiasmo y con un fortísimo espíritu de sacrificio. Pero a menudo atraviesan grandes períodos de pereza que les hace olvidarse de todo cuanto les rodea y considerar la vida como demasiado llena de injusticia para que valga la pena intervenir en favor de los más necesitados.

Tienen un método de trabajo muy especial, por lo que en la mayoría de los casos deberían dedicarse a una actividad independiente y así evitar contratiempos con sus colaboradores y superiores. Esto es muy importante cuando encuentran personas acostumbradas a un trabajo metódico, ya que su manera de actuar no es bien asimilada generalmente. En muchas ocasiones, al tratar con los demás, los Acuario asumen una actitud de arrogancia y superioridad debido a su innato exhibicionismo. Aun siendo muy humanos y comprensivos no toleran verse postergados a un segundo plano con relación a la otra gente; si ocurre esto, asumen en seguida un aire desinteresado y nervioso.

Sensible, emotivo, sentimental e idealista, el individuo nacido en Acuario puede sentir pasiones muy fuertes; pero más que el deseo del dominio le anima una fortísima necesidad de dedicación. Naturalmente, esto le acarreará desilusiones amargas, pero el sufrimiento es siempre más fuerte por la pérdida del ideal que por la pérdida en sí misma. Emotivo e inestable, sufre continuos altibajos; de la depresión más profunda pasa al optimismo más entusiasta. Autosuficiente, raramente deja para los demás las actividades que puede realizar por sí mismo; si encuentra dificultades intentará siempre resolverlas por su cuenta. En este signo, los tipos menos evolucionados poseen una naturaleza poco común relacionada con la excentricidad y la pasión. La necesidad de estar rodeado de seres de carácter débil y muy influenciables se transforma en una necesidad casi fisiológica para Acuario, a fin de sobresalir continuamente por encima de ellos.

Destacan en las profesiones que requieren una amplia visión de las cosas y concentración. Óptimos científicos, en especial en el campo de la ciencia moderna; destacan también con notable éxito en el terreno artístico y literario. Su persona padece siempre fuertes y continuos cambios; matrimonios imprevistos o en el extranjero; la vida privada está sujeta a situaciones también imprevistas e inesperadas. Numerosos los viajes, las amistades y las relaciones en el extranjero así como cambios de residencia de trabajo en países lejanos.

El tipo Acuario busca siempre amistades influyentes para poderse procurar ventajas y beneficios. A menudo, la situación familiar se siente influenciada y turbada por la madre más que por el padre; con los parientes íntimos hay muchas veces un sucesivo alejamiento aunque la relaciones sigan siendo amigables y afectuosas. Especialmente en la edad joven se manifiesta el ser más dulce y más sociable que exista e incluso su actitud pasiva puede confirmar esta hipótesis, pero todo es apariencia ya que detrás de estas cualidades se esconde un carácter egocéntrico y poco conformista. A menudo sufre graves crisis que siempre consigue resolver a favor suyo.

Este signo, especialmente técnico, hace que sus nativos sean muy hábiles en la guía del automóvil. Suelen conducir con prudencia y utilizan su gran intuición para salvar situaciones comprometidas. Conocen escrupulosamente todas las piezas del coche; más expertos que un mecánico, saben reparar ellos solos las averías. Prefieren un motor potente y se inclinan lógicamente por la línea deportiva. Su tendencia les lleva hacia los deportes relacionados con el motor: automovilismo, aeronáutica, motociclismo. En cambio, son perezosos en los deportes que requieren esfuerzo físico más que rapidez de reflejos y esfuerzo intelectual. Generalmente, es difícil encontrar a los verdaderos aficionados al deporte entre los nacidos en Acuario, a pesar de que, como hemos dicho, demuestran vivo interés por las manifestaciones deportivas en medios mecánicos.

Este signo, penúltimo del Zodíaco, tiene como elemento el *aire* y es el más actual e independiente de los distintos signos de la rueda zodiacal. Es el signo de los anticonvencionales, de los rebeldes, de los innovadores y de los individuos libres de prejuicios. Signo de *aire*, fijo y masculino, cuyos planetas son Saturno y Urano. Pero el Saturno del Acuario es menos frío que el situado en Capricornio; hasta tal punto esto es cierto, que el signo de Acuario simboliza la liberación de los esquemas convencionales. Gráficamente, Acuario es representado por un anciano que sostiene en sus brazos una vasija inclinada, de la que vierte agua.

En su aspecto negativo, el signo de Acuario representa la soberbia y el orgullo. Es un signo independiente, que ama la libertad por encima de todo. No tolera ser sometido ni dominado, sin que por ello muestre inclinación a la rebelión, más bien al contrario, conservando intactas las cualidades de bondad, desinterés, altruismo y honestidad que son sus principales características, logra dar solución a sus problemas. Es muy idealista. Proyecta fuera de sí sus sentimientos, criticándolos y juzgándolos completamente extraños a todo subjetivismo. No posee en absoluto sentido práctico, absorbido como está en los problemas ideales, o existenciales. A veces la contradicción se encuentra tan viva en su espíritu que se acerca mucho al tipo Escorpión, el cual ama la polémica por ella misma. Es el signo menos afortunado en las cuestiones sentimentales, sobre todo por el excesivo instinto con el que escoge a su pareja.

El trabajo es para el nacido en este signo una actividad emprendida como afición más que como verdadero y propio trabajo. Su trabajo debe ser emprendedor y, si tiene que trabajar dentro de una organización, su preparación y agudo sentido crítico, le llevarán a ser el jefe de sección o a ostentar un cargo relevante en la empresa. De cualquier forma, este trabajo debe ser creativo y muy cercano al arte, al que se ve instintivamente inclinado. A lo largo de su vida cambia fácilmente de oficio, justamente por el amor e interés que lo inducen a probar todo. Las soluciones radicales que toman y su inestabilidad emocional lo llevan a ser el centro de interés, pero a veces muestran el lado menos favorable de su carácter. No obstante, esta situación siempre es remediada por la capacidad de este signo a rectificar su conducta y por las pautas de comportamiento que autocrítica feroz le impone. Haga lo que haga, es incomparable la maestría con la que lo realiza. Su mayor defecto es la testarudez, no existen fracasos ni decepciones que le hagan cambiar de idea.

Los trastornos que más sufren los nacidos en este signo son los del sistema circulatorio y articulares a la altura de los tobillos, ya que son propensos a torceduras y fracturas.

El hombre

Se reconoce fácilmente tanto por su aspecto como por su conducta. Tiene siempre alguna característica física fuera de lo común. Suele ser alto, con bellos ojos y mirada nerviosa; de finas líneas, a menudo casi femeninas. Junto al genio se encuentra el tipo excéntrico; junto al hombre elegantísimo el tipo descuidado. Vive siempre en un mundo poblado por sus propias ideas y lo que dicen o hacen los demás le interesa hasta cierto punto. Su originalidad le sigue y le distingue en todas partes. Antiburgués ciento por ciento, desprecia profundamente los convencionalismos. Le gusta mucho la música: desde las melodías medievales, pasando por los clásicos a la música contemporánea. Aparentemente es un hombre tranquilo, emocionalmente estable, amable y que siempre habla con el mismo tono de voz profunda.

Los cambios de humor, los sueños y las preocupaciones se suceden en su interior y son percibidas por los demás a través de ciertos silencios, de sus ausencias. Es el más original y el más interesante de todos los signos. Es generoso, a pesar de que su generosidad esté motivada por la necesidad de reconocimiento. En el amor, le interesa la amistad y la afinidad en las ideas y en los gustos más que el aspecto físico. La pasión y los celos son sensaciones que él no siente y que le asustan en los demás. Indudablemente, es un hombre interesante aun cuando sea difícil entenderlo y secundarle.

Guarda escasa afición a las diversiones colectivas y le encantan los viajes. Es fiel y en la compañera busca sobre todo a la amiga y a la madre de sus hijos. Su conducta es señorial y difícilmente cae en lo vulgar, aunque en algunas ocasiones se deje apoderar por ataques de nerviosismo. Para la buena marcha de la familia es aconsejable contrariarlo lo menos posible. En los negocios es bastante hábil, aunque le acompaña la fama de materialista. A menudo se ve rodeado de las atenciones femeninas gracias a su figura atlética poco común, pero él no se deja seducir fácilmente.

Aunque atractivo para las mujeres, el idealismo de Acuario le hace perder buenas oportunidades. Con la mujer Aries la unión tendrá como siempre, un principio romántico y feliz, pero su duración será efímera, ya que él no descubre nunca sus propios secretos y ella está celosa de los misterios de este hombre que la atrae y que no logra dominar. Acuario no puede en absoluto encontrarse con la mujer Tauro, por su inclinación a amar y seguir todo lo caprichoso y original, mientras que ella quiere siempre estabilizar y concretar al máximo su relación. Acuario encuentra la mujer ideal en Géminis, con la que establecerá una relación intelectual y afectiva muy sólida, aunque en el matrimonio se manifiesten continuos altibajos. Con Cáncer puede existir una relación basada en la amistad y la comprensión intelectual. Por el contrario, la relación entre Acuario y la mujer Leo es extraña en el Zodíaco, por la poca pasión de él y las excesivas pretensiones económicas y sentimentales de ella. Con la mujer Virgo puede existir una unión tranquila y serena, pues ella sabe organizar bastante bien la desordenada vida de él.

La unión por excelencia es la de Acuario y Libra, con la que un hombre así se complementa tanto física como intelectualmente. Por el contrario, existe relación amor-odio entre el Acuario y la mujer Escorpión, ya que esta, como la Aries, tiende a querer dominar un hombre que rechaza toda sujeción. También con Sagitario se establece una unión perfecta, siempre que tengan posibilidades económicas, ya que ambos signos tienden a idealizar excesivamente su relación. Completamente desaconsejable es la unión con la mujer Capricornio por la capacidad de posesión de este signo y, sobre todo, por su seriedad, que no permite que el Acuario se evada, como le es característico, del ambiente familiar. También es desaconsejable la unión con la mujer de su mismo signo, por las excesivas pretensiones sentimentales y afectivas de esta mujer. La cortesía y el «savoir faire» del hombre Acuario atraen inmediatamente a la mujer Piscis que, idealista y romántica, aprecia inmediatamente la gentileza con la que la rodea el hombre Acuario.

La mujer

Dotada de una gran fascinación personal, esbelta, ojos bonitos, piernas bien moldeadas y voz melodiosa. Proyectada hacia el futuro, siempre en vanguardia, modernísima, especialmente en las formas de vestir y de peinarse, donde hace manifiesta una actitud anticonformista. Piensa sólo en lo que sucederá, en lo que hará mañana. El mañana es para ella más importante que el presente o que el ayer, y esperando con ansia la llegada del mañana, no puede más que pertenecer a los optimistas. Su optimismo es moderado. Por lo general, quiere hacer demasiadas cosas y demasiado de prisa. Escoge siempre una profesión o un trabajo independiente para poder organizar su vida como le place. Muy humana y gentil, sabe conquistarse muchas amistades a pesar de que en los lazos íntimos es sorprendente por sus actitudes imprevistas y repentinas.

Su amor no se caracteriza por una pasión arrolladora porque ella mantendrá siempre intacta su propia personalidad y nunca perderá el control. Puede incluso suceder que esta mujer se aleje definitivamente de la persona amada, sorprendiéndola por su conducta imprevisible. Si ama, o tiene amistades profundas, cae en los celos a pesar de que permanezca en ella una parte inaferrable y problemática que difícilmente dejará entrever, porque la sabe disfrazar con una sutil amabilidad y una naturalísima generosidad. La nostalgia y la fantasía son muy acusadas en ella, y tiene también la manía de las cosas inacabadas o que tienen que venir.

Es una excelente esposa y una madre que sabe organizar magníficamente la casa y que tiene una forma muy particular de educar a los hijos, a quienes ama profundamente. Esta forma de educar se basa en la libertad de acción, en la comprensión, en la dulzura, mientras les sigue hasta en las pequeñas cosas. Interrumpe la monotonía diaria con diversiones inesperadas. Baila con gracia y sabe mantener una conversación aguda e interesante. Todas estas cualidades convergen para hacer interesante a la mujer Acuario, capaz de suscitar simpatías aunque a veces se comporte de forma esquiva. Casi siempre profesa a los demás un interés sincero, por lo que todos se sienten inmediatamente movidos a hablarle de sus penas. Su mentalidad abierta hace de ella, efectivamente, una excelente consejera y el hombre encuentra en ella a una valiosa ayuda. Los colores de la mujer nacida en este signo son los de tonalidades poco definidas.

La mujer Acuario está dotada de una personalidad muy fuerte. Es muy femenina y de una originalidad que atrae inmediatamente a quien se encuentre cerca, pero, aunque enamora a primera vista, no es capaz de conservar el amor durante mucho tiempo por su distracción y continuo divagar intelectual que le impiden prestar la atención suficiente a su pareja. Para conquistarla, se necesita un hombre seguro de sí mismo y sin complejos, ya que una mujer así cree en todo y se enamora de los hombres inteligentes más que de los guapos y ricos. Es una mujer con la que se puede hablar abiertamente sobre cualquier problema y que no se escandaliza de nada. Distinta a la mujer Aries, a menudo anticonvencional sólo porque está de moda, la mujer Acuario lo es de forma instintiva y en ocasiones incluso exagerada.

Los niños

Tienen un carácter tranquilo y diligente, pero no es fácil educarles. En efecto, saben alejarse de las complicaciones y contrariedades a pesar de que no siempre los padres consiguen comprenderles: su naturaleza enigmática y su excentricidad pueden, a veces, poner al niño en un estado de aislamiento y desconfianza con respecto a su padre y a su madre. Muchas veces tiende a tener escondidas sus cosas y sus preocupaciones íntimas, convencido de que no será comprendido o porque siente la diversidad de su modo de pensar. Prefieren los juegos tranquilos, admiran la naturaleza y sienten predilección por los animales, por los juegos mecánicos y por la bicicleta; a menudo se apasionan por las construcciones y por los juegos de precisión, leen con ganas cualquier tipo de libro o revista juvenil.

Relaciones con los otros signos

En relación con los otros signos, Acuario tiene características afines con el signo de Aries con tal de que el carácter fuerte de

Aries no intente sofocar la naturaleza individualista y la personalidad de Acuario.

El signo de Tauro muestra demasiadas diferencias para que pueda existir una relación armónica; además, la pasión de Tauro no es compatible con la sensibilidad espiritual de Acuario. Viva atracción entre Acuario y Géminis, sobre todo por la afinidad de carácter y de espíritu. Generalmente, con el signo de Cáncer pueden verificarse tanto amistades como vínculos sentimentales pero basados en una mutua comprensión y recíproca estimación. Con Leo es muy fuerte la atracción física, obstaculizada, sin embargo, por la oposición de caracteres. La unión Virgo-Acuario es improbable, sobre todo debido a la indiferencia pasional común en ambos signos, en cambio es muy probable una fuerte y sincera amistad. El signo de Libra ejerce una fuerte atracción en Acuario, favoreciendo las relaciones espirituales y las uniones matrimoniales.

Entre Escorpión y Acuario la unión será feliz y perfecta, en lo que concierne sola y exclusivamente a la amistad; del todo improbable como cónyuges. Sagitario manifiesta muchas afinidades con Acuario, y junto a una fuete atracción física permite realizarse una unión propicia y feliz. No siempre un matrimonio o una unión duradera puede ser ideal con el signo Capricornio; sin embargo, los posibles lazos pueden consolidarse con el nacimiento de los hijos y puede haber una óptima colaboración en el trabajo y en los negocios. Con su mismo signo Acuario puede haber una relación positiva, porque ambos son muy vivaces y poseen muchos intereses en común. La naturaleza nerviosa de Acuario puede poner en tensión las relaciones iniciales con Piscis, relaciones que en cambio con el tiempo llegan a consolidarse y generalmente se forma un vínculo armonioso y duradero.

La salud

Los nacidos en Acuario gozan casi siempre de buena salud. Las molestias más frecuentes son las de tipo digestivo, y del aparato cardiovascular, venas varicosas, hemorroides y calambres. Especialmente sensibles en las piernas, con tendencia a la artritis y a los reumatismos en la espalda y, a menudo, molestias glandulares. Las eventuales enfermedades pueden aliviarse con masajes, caminando y tomando baños en el mar. Para las molestias glandulares y circulatorias es muy beneficiosa la práctica del yoga. La mujer de Acuario es más sana que el hombre a pesar de que su aspecto delicado y frágil haga pensar lo contrario. Necesita mucha calma.

El carácter

Por lo general, podemos afirmar que la vida de Acuario se basa constantemente en su ansia de protagonismo y de éxito en la investigación científica. Tanto en los hombres como en las mujeres, Acuario se proyecta siempre hacia el futuro y hacia todo tipo de ideal anticonformista. Es un optimista que todavía cree en muchas cosas y se le puede considerar como un idealista. Existe una substancial diferencia entre el hombre y la mujer en el terreno de las relacione sentimentales; en efecto, la mujer tiene encuentros con mucha frecuencia, mientras que el hombre tiende más a la amistades y a las relaciones de trabajo. Si se desea conquistar a un Acuario desde todos los aspectos, tanto en el terreno sentimental como social o laboral, no se debe acudir nunca a la pedantería y apego a las convenciones, sino asumir más bien el aire de rebeldes y de desprecio hacia los convencionalismos de la sociedad: se entusiasmará.

Los famosos

El mundo de la inventiva y de la audacia está repleto de figuras nacidas en el signo de Acuario que, quieren y a menudo lo consiguen, ser las primeras.
Han nacido en este signo los más grandes inventores: desde Galileo Galilei hasta Thomas Edison, desde Julio Verne a Auguste Piccard; los más grandes teóricos de la evolución desde Charles Darwin hasta Ernst Haeckel. Sin olvidar a Charles Lindberg que atravesó temerariamente el Atlántico con un pequeño avión; Alessandro Volta, que trazó las bases de la moderna electricidad. Testimonios de la fascinación de Acuario son el caballero Casanova, James Dean y Clark Gable. Tam-

bién destaca Acuario en el campo de las artes, de las letras y de la música, donde encontramos nombres como Gustavo Adolfo Bécquer, testimonio de la literatura romántica; Franz Schubert y Wolfang Amadeus Mozart, cuya música es inconfundible; Bertold Brecht, exponente del teatro de los primeros años del siglo XX; Edouard Manet, impresionista francés.

En este signo encontramos artistas y filósofos que han revolucionado su época, como el padre del iluminismo, Voltaire, y políticos innovadores y demócratas como Abraham Lincoln y Federico el Grande.

Los números

Para los Acuario los números alcanzan una influencia determinante en la vida. Importantísimo el 7, número mágico por excelencia; el 14, especialmente propicio para las iniciativas científicas y culturales y el 20, para especulaciones y viajes.

Las piedras de la suerte

Las piedras favoritas son sobre todo la turmalina, símbolo de la constancia; el circonio, símbolo de la lealtad y de la pureza; la turquesa, piedra de la suerte; y los cristales en general, contra los peligros de la superstición. El violeta y el verde son los colores de Acuario.

Acuario día a día

1.º grado ACUARIO	21 enero

Personas progresistas y anticonformistas, auténticas innovadoras, aunque tienen dificultades para entender y hacerse entender por los demás. Cuando están relajadas son simpáticas pero inconstantes.

Con respecto a la salud, son propensas a la obesidad, lo cual es un reflejo de su autoinsatisfacción.

Son personas que odian las críticas. Sus ideas innovadoras les llevarán a convertirse en líderes de nuevos movimientos espirituales o filosóficos. Son fácilmente influenciables y muy indecisas. Deberán aprender a ser más seguras y constantes, pues de lo contrario correrán el peligro de perder posiciones y bienes.

2.° grado ACUARIO   22 enero

Personas constantes y ponderadas. Muy independientes. Rara vez tienen necesidad de los demás. Se mueven poco pues están atadas a sus lugares de nacimiento. Espíritu liberal, curioso y dotado de inventiva. Les apasionan las investigaciones científicas y policiacas.

En cuestión de salud deberán prestar atención al hígado, que puede sufrir indisposiciones a causa de una alimentación inadecuada.

Carácter independiente y original. Son personas reflexivas y perseverantes en la forma de pensar. En el amor son fieles y románticas. Son individuos que realizarán muchos viajes, ni cambiarán de lugar de residencia, pues se hallan muy atadas a su país de origen.

3.° grado ACUARIO   23 enero

Personas con dotes intelectuales y artísticas. Sienten mucha curiosidad, especialmente por los países extranjeros. La resignación las hará superar los disgustos y la audacia demostrada en empresas arriesgadas las hará combativas. Son personas destinadas al triunfo.

En cuestiones de salud, su punto débil es el hígado.

Un personaje importante nacido en este grado es Carolina de Mónaco. Son personas fieles, esforzadas y prácticas. Sienten inclinación por la literatura y el arte. Pueden sufrir mucho pero su fortaleza las hará superar cualquier prueba. Alcanzarán la victoria con seguridad si tienen una misión determinada en la vida.

Sus sentimientos religiosos les servirán de gran ayuda.

4.º grado ACUARIO   24 enero

Personas con bastantes cambios de humor, debatiéndose entre estados de desánimo y de euforia. Una vida larga y serena demuestra que este es un grado afortunado. Gran capacidad olfativa. Amor por la naturaleza, generosidad. Son personas sensibles e influenciables, pero autoritarias. Tienen facilidad para hacer amistades, pero se muestran cautas en conceder su confianza.
Su salud estará siempre influenciada por las situaciones familiares. Son de carácter inestable e inseguro, pero no se dejarán dominar fácilmente. Realizarán muchos viajes.

5.º grado ACUARIO   25 enero

Personas de fuerte voluntad y con dotes de mando. Salud inestable durante la primera etapa de su vida. Sufrirán concretamente del oído.
Edouard Manet y Somerset Maugham son claros representantes de este grado zodiacal.
Son personas con inquietudes artísticas. Sus dotes de mando y su talento artístico se manifiestan desde su más tierna edad. Tendencia a hacer amistades con la aristocracia. Sienten una gran fascinación por las cosas refinadas.

6.º grado ACUARIO   26 enero

Personas amables y poco ambiciosas dotadas de inteligencia, habilidad manual y espíritu de observación. Se interesan por los demás y siempre están dispuestas a ofrecer su ayuda sin esperar recompensa. Pueden destacar en las artes que exigen destreza y habilidad manual. Espíritu delicado y amable. El hombre y la sociología son el centro de sus intereses.
En cuestiones de salud deberán prestar atención a los problemas de la vista y a las crisis depresivas.
Paul Newman pertenece a este grado zodiacal.
Son personas que no siempre están contentas con lo que hacen, y a menudo intentarán vencer esta insatisfacción realizando viajes. Tendrán problemas a causa de amigos, socios o cónyuges.

7.° grado ACUARIO   27 enero

Personas de buen carácter, habitualmente contentas y felices. Ágiles, armoniosas y con dotes para la música.

Sienten fascinación por la vida militar y las armas de fuego, tal vez por su deseo de aventura. El amor por la verdad y la intolerancia ante las injusticias les configuran un juicio imparcial e implacable.

En cuestiones de salud deben prestar atención a la diabetes, los riñones y las posibles heridas.

Un personaje importante nacido en ese día fue Wolfang Amadeus Mozart. Son personas siempre dispuestas a ayudar a quienes sufren o se encuentran en dificultades. Son leales en el trato con la gente y consiguen ser felices contentándose con poco.

8.° grado ACUARIO   28 enero

Personas con coraje y autoridad. Son adversarios peligrosos. Espíritu independiente. Tienen posibilidades tanto en el terreno de la política como de la diplomacia. Son personas que aprenden en seguida a ver el fondo de las cosas, profundizando en la sustancia por encima de la apariencia.

Respecto a la salud, pueden sufrir anemia, problemas auditivos o de la piel. Son personas originales, fuertes, valerosas y prácticamente invencibles. Deberán aprender que la mayor victoria es la conquista de uno mismo.

El famoso pianista Arthur Rubinstein, nació bajo este grado zodiacal.

9.° grado ACUARIO   29 enero

Personas simpáticas que tienen la suerte de tener amigos sinceros y siempre disponibles. La fuerza física junto con un espíritu dominante y agresivo las llevará a sobrevalorarse. Tendrán suerte y un buen matrimonio.

En cuestiones de salud deberán prestar atención a las caídas y a problemas de circulación en las piernas. Su vida estará llena de tentativas (a menudo con resultados sorprendentes y eficaces). Son personas enemigas del racismo. La generosidad de su carácter les proporcionará muchas simpatías. Al menos una vez en la vida acontecerá un cambio muy importante.

10.º grado ACUARIO   30 enero

Personas con intereses muy diversos, organizadoras, racionales, equilibradas, serenas, que saben dominar sus instintos negativos.
La actriz Vanessa Redgrave y el presidente Theodore Roosevelt nacieron bajo este grado del Zodíaco.
Son personas con muchísimos recursos, tanto físicos como mentales. A menudo testarudas y contrarias a aceptar las opiniones ajenas que no coinciden con las suyas.

11.º grado ACUARIO   31 enero

Personas incomprensibles y originales, movidas por extraños impulsos y con tendencia a aislarse. A veces tienen las ideas muy poco claras y arriesgan la vida por falta de prudencia. Durante largas temporadas parecen almas errantes, sin paz interior. Sus temas preferidos son la filosofía, el arte y la medicina.
El músico Franz Schubert nació en este grado del Zodíaco.
Son personas con afán de victoria, pero les falta habilidad. Aman la soledad, son enérgicas pero incomprensibles, a menudo dominadas por extraños impulsos cuya naturaleza ni siquiera ellas son capaces de descubrir.
Tienen talento para la música, el arte y la literatura, pero muy pocas personas logran comprenderlas.

12.º grado ACUARIO   1 febrero

Personas muy interesadas por la parapsicología, el hombre y su entorno, y la sociedad. Debido a su espíritu rebelde tienen una vida muy activa y difícil. Tendencia al idealismo. El actor

Clark Gable y el director de cine John Ford nacieron en este grado del Zodíaco.

Son personas fuertes y orgullosas. Su seguridad les crea generalmente la admiración de la gente pero no deberán exagerar. A menudo son personas de relieve o al menos importantes, que destacan sobre todo por su inconformismo.

13.° grado ACUARIO   2 febrero

Personas de mente fértil y versátil, con notables posibilidades de éxito si no se dispersan inútilmente. Aptitudes para la profesión militar, y limitaciones en los ámbitos del arte y de la ciencia.

En cuestiones de salud, corren el peligro de sufrir de las articulaciones.

El ex presidente francés Valery Giscard d'Estaign nació en este grado zodiacal.

Son personas inteligentes, aunque a menudo dispersas, por lo que deberían ejercitarse en la concentración tanto en los estudios como en su propio pensamiento. Amantes de la familia y el hogar y ligeramente déspotas. Tienen talento para la literatura.

14.° grado ACUARIO   3 febrero

Personas prácticas y competentes en cuestiones financieras. Muy interesadas por el dinero y las cosas materiales. Viajes y felicidad están estrechamente unidos. El imprevisto será positivo y agradable.

En cuestiones de salud, tienen tendencia a sufrir heridas.

Como personaje nacido en ese día debemos destacar al gran músico Félix Mendelssohn.

Son personas prácticas, fuertemente ligadas a todo lo que tenga que ver con el dinero. Deberán prestar mucha atención a las relaciones con los demás y no promover situaciones conflictivas. Serán sumamente competentes en los temas relacionados con la economía y las finanzas.

15.º grado ACUARIO   4 febrero

Personas con facilidad para hablar y escribir. Son capaces de razonar en las situaciones más extrañas. La dialéctica y la elocuencia las ayudarán a menudo a vencer obstáculos. Los viajes les traerán suerte. Podrán prosperar también en trabajos asociados a otras personas o que requieran discreción y prudencia. En lo que a la salud se refiere deberán prestar atención a posibles anemias.

El gran poeta francés Jaques Prévert nació en este grado zodiacal.

Personas de mentalidad abierta, inteligentes y con facilidad de expresión. Pueden ser escritores, oradores o políticos relevantes. En todo caso, siempre personas de éxito. Serán personas afortunadas en los viajes, generalmente numerosos. Tendrán la posibilidad de tener hijos gemelos.

16.º grado ACUARIO   5 febrero

Personas sensitivas, a menudo con prevención hacia los demás. Ven demasiados enemigos en torno suyo. Ligadas a su trabajo. Puntillosas. Buenas posibilidades en trabajos relacionados con la electricidad o el fuego. Matrimonio rico. Gran fantasía.

En cuestiones de salud, sufrirán de las articulaciones. Existe la posibilidad de que puedan nacer con algún defecto en los pies.

La actriz Charlotte Rampling nació en este grado del Zodíaco. Se trata de personas fuertemente ligadas a su profesión. Su fuerza de voluntad, ardor, fantasía, amor e imaginación hacen de ellas personalidades notables.

17.º grado ACUARIO   6 febrero

Personas de carácter y espíritu fuertes. Deberán prestar atención a los peligros originados por el gas y la niebla. Tienden a autovalorarse debido a su gran capacidad intelectual. Son personas decididamente humanitarias. Existirá un gran amor en el matrimonio.

18.° grado ACUARIO — 7 febrero

Personas sensuales, amantes de los placeres de la vida. Tienen un carácter impresionable y belicoso. El matrimonio será difícil al principio pero con el tiempo encontrará su apropiado equilibrio. Son personas de carácter taciturno y melancólico. Tendrán éxitos y una buena vejez.

El famoso escritor inglés Charles Dickens nació en este grado del Zodíaco.

La primera etapa de la vida no les resultará fácil debido a los muchos contratiempos. La segunda se caracterizará, en cambio, por un importante trabajo y por una finalidad idealista que será la base de su felicidad. Son personas sensibles y ligeramente misántropas. Les gusta estar solas. Se inclinan por la medicina o las ciencias ocultas.

19.° grado ACUARIO — 8 febrero

Personas de variados intereses, cultas e informadas. Triunfo después de haber superado grandes dificultades. Versatilidad. En cuestiones de salud, pueden sufrir molestias relacionadas con la columna vertebral.

Son personas en continua actividad mental, ya que tienen una gran ansia de conocimiento. No son excesivamente independientes, pero su inteligencia y la intuición sabrá hacerles superar algunas limitaciones y suministrarles una notable autoridad. Podrán sufrir una gran prueba durante el curso de la vida que lograrán superar con constancia e inteligencia.

20.° grado ACUARIO — 9 febrero

Personas astutas y prácticas que se manifiestan como artistas incluso en las actividades cotidianas. Tendrán contacto y relaciones con médicos por cuestiones de trabajo o por simple amistad.

Propensas a una vida larga con muchos momentos felices.

En cuestiones de salud tienen tendencia a sufrir diarreas. Son personas prácticas y astutas, con un gran talento para la música (particularmente por los instrumentos de cuerda). Aman su trabajo. Los signos precoces de vejez (cabellos grises) contribuirán a su fascinación.

21.º grado ACUARIO   10 febrero

Personas simpáticas, expansivas y sociables inclinadas a tener amistades extranjeras. Carácter franco y abierto. Prudentes con tendencia a la indolencia y a realizar negocios de dudosa rentabilidad.
Tendrán muchos amigos debido a su carácter abierto. Deberán vencer su natural pereza y desarrollar su sentido de justicia y de humanidad. Tendrán posibilidad de realizar una vida monástica.
Un personaje nacido en ese día fue el famoso dramaturgo Bertold Brecht.

22.º grado ACUARIO   11 febrero

Personas políticas y conspiradoras, de naturaleza violenta e impulsiva, lo que las llevará a correr peligros y desgracias. Obstinadas y excéntricas. Necesitan autocontrolarse. Conseguirán progresos con reflexión y prudencia.
En cuestiones de salud, tienen propensión a la apendicitis, las inflamaciones y el descontrol en la comida y la bebida.
Son personas pasionales, políticas e intrigantes, que saben moverse con inteligencia. Tendrán muchos enemigos, pero la suerte siempre estará de su parte cualquiera que sean los obstáculos.

23.º grado ACUARIO   12 febrero

Personas humanitarias, cultas, con gran pasión por el arte e independientes. Amor por el trabajo. Su magnetismo, generosidad y capacidad de amar atraerán la simpatía y benevolencia de la gente.

En cuestiones de salud, correrán el peligro de sufrir inflamaciones.

Son personas muy trabajadoras, activas e incansables. Podrán realizar grandes cosas merced a su mente ágil y creadora. Tienden al amor platónico. Son personas muy prudentes y obstinadas. Un claro representante nacido en este grado fue Abraham Lincoln.

24.º grado ACUARIO   13 febrero

Personas caritativas y amables, benévolas con los demás. Tienen una protección oculta y una vida predestinada.

En cuestiones de salud, deben cuidar el sistema cardiovascular. Saturno, de gran influencia en este grado, puede crear problemas en los ojos, particularmente en el izquierdo.

Su inteligencia es potente y eficaz, pero deberán comprender que cualquier cosa, incluida la inteligencia, es incapaz de cambiar su destino. La vida les enseñará que los sufrimientos pueden resultarles una fuente eficaz de inspiración. Deberán limitar su obstinación y evitar la crítica.

25.º grado ACUARIO   14 febrero

Personas originales, locuaces e inteligentes. Propensas a la melancolía. Sienten una gran pasión por la investigación experimental y científica. Tienen amigos sinceros.

En cuestiones de salud deberán prestar atención a la comida. Pueden sufrir debilidad en la vista.

Son personas elocuentes y ricas en ideas. Son muy firmes en sus convicciones (particularmente en el campo científico) hasta el extremo de sacrificar a los demás por su interés profesional.

26.º grado ACUARIO   15 febrero

Personas afortunadas en las cosas y en la vida familiar. Son hábiles, eficaces y tenaces en sus opiniones.

Alternan estados de gran tristeza con otros de una alegría desenfadada.

En cuestiones de salud, son personas propensas a sufrir neurastenia. Debilidad en la vista. Saturno, fuerte en este grado puede crearles problemas en los ojos y particularmente en el izquierdo. Se distinguen por una innata intuición, que casi viene a ser un sexto sentido.

Existe, sin embargo, el peligro de sufrir pérdidas o caídas imprevistas, no sólo desde el punto de vista moral sino también material, que resolverán con su innata tenacidad y constancia.

27.º grado ACUARIO   16 febrero

Personas indagadoras, inteligentes, intuitivas. Aman a los amigos como verdaderos hermanos. Amor también por la naturaleza. Obtendrán beneficios en actividades relacionados con la mecánica. Poseen una gran capacidad de observación y análisis. Comprensión de la naturaleza humana.

Con respecto a la salud, deben prestar cuidado especial a sus articulaciones.

Aman la propiedad y cuando han alcanzado alguna cosa la defienden apasionadamente. Los antiguos romanos llamaban a este grado «suerte mayor», y de hecho si sigue su estrella alcanzarán la gloria.

28.º grado ACUARIO   17 febrero

Personas intuitivas, sensitivas y espirituales. Imaginación fértil, gran fantasía. Visiones. Temperamento hipersentitivo.

En lo que a la salud se refiere, pueden sufrir inflamaciones. Debilidad de la vista por falta de vitaminas.

Les entusiasma la alegría en cualquiera de sus formas. Esto puede llegar a resultarles peligroso pues a menudo no logran moderarse. Son personas muy intuitivas que no podrían llegar a ser buenos médiums. Realizarán muchos viajes relacionados de alguna manera con la justicia.

29.º grado ACUARIO   18 febrero

Personas caritativas, benefactoras. Su vida está destinada a un gran amor. Conseguirán situarse en la sociedad mediante sacrificios. Podrán alcanzar una buena posición como militares, en la mecánica o en la electrónica.
En lo que a la salud se refiere, pueden sufrir inflamaciones. Vista delicada.
Son personas heroicas por naturaleza. Adoran las empresas difíciles. Les gusta hacer el bien. Son de inteligencia rápida. Podrán ser buenos abogados, jueces o militares. Con respecto a las uniones serán siempre afortunados.

30.º grado ACUARIO   19 febrero

Personas estudiosas y profundas, amantes de la soledad y de la reflexión. Tendrán poder y dominio sobre los demás. Por lo que a la salud se refiere, podrán sufrir inflamaciones.
Nicolás Copérnico nació bajo ese grado del Zodíaco.
Son personas afortunadas que difícilmente encontrarán dificultades en la vida. Podrán tener riqueza si saben aprovechar el momento apropiado. Las facilidades que les brinda la vida podrán acentuarles el egoísmo. Se sienten poco atraídas por el matrimonio. Si llegan a casarse pensarán que sus problemas son debidos a la unión con otra persona, pero en realidad serán siempre motivados por su egoísmo. Son personas solitarias y estudiosas.

PISCIS

 El signo de Piscis, desde el 20 de febrero al 20 de marzo atravesado por el Sol, se halla bajo el dominio de los planetas Juno y Neptuno. El primero, planeta de la buena suerte, del buen sentido, proporciona riqueza, honores, carácter sincero y sabio; el segundo, planeta que favorece la potencia creadora y la actividad artística, da un fuerte impulso al amor espiritual y a la caridad. Signo que concluye al Zodíaco, Piscis está simbolizado por dos peces que nadan en direcciones diferentes: tal duplicidad se manifiesta también para las personas nacidos al amparo de este signo.

A menudo, tales personas aparecen indecisas e incongruentes; quieren una cosa y actúan en sentido contrario, de modo que ni siquiera ellas mismas comprenden bien su propia conducta. El nacido en Piscis, aun teniendo aspecto reposado y tranquilo, es presa de cierta inseguridad, a menudo cansado y triste. El signo, símbolo del amor humano y de la dedicación hacia los demás, es el emblema del sacrificio de la propia personalidad. La mayoría de las veces el carácter del nacido en Piscis es complejo y contradictorio, combatido por dos extremos. Nos encontramos frente al hombre eternamente indeciso. Se acobarda muchísimo por la responsabilidad que de él puede derivar como consecuencia de cualquier iniciativa y tiene siempre miedo de poder equivocarse. No le faltan las inspiraciones, antes bien, al contrario, puede tener de las más altas y nobles, pero le falta a menudo la fuerza para ponerlas en práctica. Muchas veces se encuentra frente a situaciones dramáticas que parecen no ofrecer salida, pero con la intuición potentísima caracterizada de este signo consigue restablecerlo todo de la mejor de las maneras. Esta fortísima intuición unida a continuos presentimientos hace que realice acciones abandonando la lógica.

Puede ser definido como persona sensible y confiada, educada, amable, sencilla, capaz de sacrificarse, pero siempre un poco miedosa e indecisa. Los nacidos en este signo gustan de la comodidad y de la quietud, hasta llegar a la pereza y a la indolencia; les gusta la comodidad, que saben procurar también a los demás. Hospitalarios, generosos, aunque difícilmente alegres. Muy impresionables y sensibles, poseen, sin embargo, una fantasía muy aguda. Casi siempre, los Piscis son aficionados a la música y al baile. Es un tipo armonioso, sentimental, afectuoso y sincero; puede ser optimista, confiado en el porvenir, amante de la justicia, de la paz y de la comprensión. Temperamentalmente es filántropo y sociólogo, realiza los más grandes sacrificios con tal de aliviar los sufrimientos de los demás. Con amigos y parientes acostumbra a ser generoso. Da cuanto posee con generosidad, tanto que a veces se aprovechan de él.

La fatalidad puede ser un factor negativo que paraliza su iniciativa y se dejan arrastrar por los acontecimientos. El signo de Piscis necesita una ascética disciplina para superar una especie de innata autodestrucción. Las actividades a las que se dedican muchas veces son secundarias pero consiguen en ocasiones alcanzar una posición destacada gracias a su capacidad. Por lo general, tienen buena memoria y óptimas capacidades lingüísticas; creadores musicales, destacan considerablemente en cualquiera de las manifestaciones artísticas. En el campo laboral, el tipo menos evolucionado se dedica con frecuencia a actividades de escaso relieve, a las que, no obstante se entrega con escrúpulo. Económicamente, casi siempre llegan a crearse situaciones holgadas. Pertenecen a las familias numerosas, con las que no mantienen nunca óptimas relaciones debido precisamente al gran número de miembros que las integran. Las relaciones con los hijos son buenas y basadas en una afectuosa amistad que dura hasta la vejez. Su vida suele caracterizarse por las repeticiones y la duplicidad de los acontecimientos, a menudo incluso en los más pequeños detalles. No abundan las amistades, pero las pocas que poseen son duraderas. Su más grande enemigo es su misma personalidad.

Discretos en la conducción del automóvil, normalmente no soportan el tráfico y la mecanización. Escasean los deportistas; como máximo optan por la caza o la pesca. Este es el último signo de la rueda del Zodíaco, signo que ama y sigue todo lo elevado, aunque en el fondo permanece la imagen de un conformista.

Es un signo de *agua*, femenino y móvil, cuyos planetas son Júpiter y Neptuno. Se comprende, por tanto, que las características de este signo sean la participación en la vida común, la emotividad, la sensibilidad y la versatilidad. Aunque aparentemente pueda ser tomado por un sujeto pasivo, en realidad tiene infinidad de recursos a utilizar en una situación dada para demostrar su valía. Su paciencia y timidez lo llevan, a veces, a frenar su apasionado deseo de colaborar con los demás en la construcción de un mundo mejor.

Venus se encuentra en exaltación en este signo, pero con un aspecto que si no es dominado y guiado por la razón, conduce fácilmente al libertinaje y a la confusión sentimental. La receptividad de este signo le permite detectar la mentira antes de que sea pronunciada, pero en vez de permanecer desconfiado y asombrado por las mentiras, intentará convencer de que la verdad es el mejor camino a seguir. Esta conducta lo distingue netamente del otro signo de agua, el Escorpión, que reacciona desmesuradamente contra todo lo que es falso.

Gráficamente, el signo de Piscis se representa por dos peces en dirección opuesta unidos por un hilo muy sutil que representa tanto el pasado como el porvenir. De hecho, desde niño el Piscis es imprescindible y también el más tierno de sus coetáneos. Es un signo con el que se necesita mucha paciencia, no tanto para ponerse de acuerdo con todos, como para intentar comprender su carácter y poner al descubierto su personalidad esquiva y secreta. Tiene facilidad para el aprendizaje, tanto las cosas que ve como las que oye se le quedan muy impresas en la mente. Por este motivo, si su debilidad no es educada oportunamente y dirigida a un fin positivo, reniega fácilmente de ella, cediendo a sus instintos primitivos, que lo desequilibrarán primero moralmente y después materialmente. De cualquier forma siempre es más fácil encontrar un Piscis positivo que uno negativo.

En la elección de la profesión es el signo que más se deja influenciar por los consejos de los demás, sobre todo de los padres; y al no saber imponer su voluntad, escoge generalmente una profesión que no le gusta.

De carácter poético, es difícil que se dedique a las ciencias. Puede encontrar una óptima sistematización en el campo artístico, como pintor, poeta o músico, al estar muy influenciado por Venus. Por ser muy altruista y no saber negarse a nadie siente una fuerte inclinación hacia todas aquellas manifestaciones místicas y religiosas referentes a la salvaguardia de la paz, o, simplemente, se sublima a sí mismo en nombre de una idea.

El hombre

La duplicidad del signo hace que junto a un tipo muy seco y delgado, de ojos encendidos y movimientos rápidos, pueda encontrarse a otro pesado y lento. Pero todos muestran igualmente una gran sensibilidad. Raramente el hombre de Piscis es decidido y enérgico; por lo general esperará a que el destino vaya a su encuentro y no luchará lo más mínimo para conseguir una posición. Tradicionalista al ciento por ciento, le gusta la vida hogareña y la familia, aunque dada la duplicidad del signo, puede abandonarse a aventuras de todo tipo.

En el aspecto sentimental, la vida afectiva de este signo es complicada y a veces triste, por la excesiva emotividad y sensibilidad con la que afronta el amor. Con la mujer Aries la relación se basará en la incomprensión por el exceso de sensibilidad de él y el deseo de dominar propio de Aries. Con Tauro, la relación puede ser duradera por la capacidad de ella para darle una estabilidad afectiva y un equilibrio económico de los que carece este signo. Con la mujer Géminis, la desigualdad intelectual y la diferencia con la que afrontan cuestiones sentimentales crearán un abismo insondable entre ambos; de hecho, Piscis quiere siempre investigar hasta el fondo las situaciones, mientras que la mujer Géminis las afronta con gran superficialidad.

Con Cáncer la relación será platónica; la unión de ambos funcionará en el plano económico. Como a la mujer, a Leo le gusta dominar y ser siempre el centro de la atención, por lo que la unión con el hombre Piscis será desastrosa tanto en el aspecto sentimental, como en el económico. Con la mujer Virgo la unión será excelente a nivel económico, pero no en el afectivo, por la frialdad y distanciamiento con que esta afronta las cuestiones sentimentales. Demasiado frívola y ligera es la mujer Libra para el hombre Piscis, tan sensible y profundo; unión, por tanto, decididamente desaconsejable.

La mujer Escorpión, femenina y sensual, sabrá colmar el vacío sentimental del Piscis; la unión es aconsejable, pero ella deberá dar siempre el primer paso. Absolutamente desaconsejable es la unión con la mujer Sagitario, también en este caso porque ella ama todo lo que es superficial y exterior, mientras que él se encuentra anclado a la profundidad de las cosas, investigándolas e intentando comprenderlas. La avidez y al mismo tiempo frialdad de la mujer Capricornio, hacen desaconsejable la relación y absolutamente contraindicado el matrimonio. La mujer Acuario, al estimularlo continuamente, es la compañera ideal, capaz de poner en práctica y concretar la sensibilidad del Piscis, tanto en el aspecto material como en el afectivo.

Con la mujer de su mismo signo no puede estar en absoluto de acuerdo, y, aunque al principio no lo parezca, con el tiempo se darán cuenta de que no están hechos el uno para el otro, dado que la relación será siempre de incomprensión y velada tristeza.

La mujer

Sensible, etérea, grácil, posee a menudo una figura encantadora. Por razón de la duplicidad del signo a esta se contrapone un tipo particularmente robusto y masculino. A veces atraviesa períodos que se caracterizan por la falta de vitalidad, sufriendo vivamente las influencias lunares. Con la luna llena se sentirá muy capaz y eficiente; mientras que con la luna nueva predominará el cansancio. Su rostro irá siempre marcado por una expresión amable; su vida sentimental es muy rica. Buena madre y esposa, sabe adaptarse espléndidamente a todas las situaciones. En el signo Piscis hay mujeres que cuidan meticulosamente su modo de vestir y otras que aparecen sumamente descuidadas. Todas las mujeres de Piscis, por lo general, sienten debilidad hacia la comodidad y el bienestar.

Es la más sensible y romántica de todo el Zodíaco. Acostumbra a idealizar a su pareja como el príncipe azul de los cuentos, rodeándolo de amor y ternura. La continua adoración que sufre el hombre que está junto a esta mujer puede a la larga cansarlo pero sin llegar al hastío, por la absoluta sinceridad con la que esta mujer se manifiesta en sus palabras y hechos.

Los niños

Son dóciles de educar si se evita impresionarles ya que son fácilmente susceptibles. Están provistos de una fantasía excesiva, por lo que será conveniente evitar que asistan a actos violentos y que escuchen historias horribles e impresionantes. Temen la oscuridad; sienten gran afecto por los animales, las flores y la naturaleza. Cuando estudian, carecen de voluntad de aplicación, pero disponen de buena memoria y saben conquistar la simpatía de su maestro. Tranquilos, son queridos por todos, aunque sea difícil que estrechen amistades.

Relaciones con los otros signos

Piscis siente una intensa atracción física hacia el signo Aries, con el cual son también perfectas las uniones en los negocios y en el trabajo. Con Tauro puede nacer una buena comprensión y colaboración, que la mayoría de veces conduce a buenas amistades o al matrimonio. Importantes puntos de desacuerdo entre el carácter de Géminis y Piscis obstaculizan una plena comprensión recíproca. Es posible la unión con el signo de Cáncer, tanto para el matrimonio como para vínculos de amistad o trabajo. Importantes dificultades impedirán siempre una unión con Leo pese a manifestarse una afable correspondencia entre ambos. El signo de Piscis se siente indudablemente atraído por el de Virgo, sin embargo, las notables diferencias de carácter no podrán nunca suavizarse y no permitirán una unión sentimental.

La gran sensibilidad de Libra no es por lo general suficiente para crear una situación armoniosa con Piscis. Con Escorpión, Piscis llega a duraderos acuerdos marcados por la comprensión recíproca. Innumerables las dificultades con el signo de Sagitario; sólo de vez en cuando se logran matrimonios felices y duraderos. Buen acuerdo entre Piscis y Capricornio, sobre todo espiritualmente. La mayoría de las veces con el signo de Acuario se determinará una tensión inicial destinada, sin embargo, a aflojarse y a formar un lazo fuerte y armonioso. Con el propio signo, Piscis difícilmente se une bien. Ambos signos son demasiado sensibles y lunáticos, tanto que incluso en la vida práctica tienden a surgir contrastes.

La salud

Piscis sufre fácilmente molestias causadas por depresiones y enfermedades nerviosas. Tiene también predisposición a infecciones y envenenamientos. Otras dolencias características que afligen la salud de Piscis son las lesiones cardíacas, las afecciones ováricas en las mujeres, en el aparato respiratorio, en el estómago y en los intestinos. Los puntos más sensibles son los miembros inferiores, sujetos a debilidad o a lesiones, y en especial los pies y las pantorrillas. También las formas reumáticas se presentan en cantidades importantes: para las mismas encontrarán alivio en las curas termales y marítimas. Precisan de largo sueño y de alternar con frecuencia períodos de reposo con otras actividades, ya que son poco resistentes.

El carácter

Por lo general, Neptuno, que influye en gran manera en el signo de Piscis, en las personas evolucionadas y en los artistas, suprime los instintos animales y empuja a sus nativos hacia el verdadero humanismo. Otorga las más profundas inspiraciones y la máxima potencia creadora. El individuo nacido en el signo de Piscis tiene necesidad de vivir a su manera, en su ambiente propio. Puntilloso, se ofende por naderías y a veces en modo tan profundo que ya no es posible una reconciliación. Tiene una acusada tendencia a la melancolía y a la tristeza. Al no poseer el mínimo espíritu crítico, no tolera que le juzguen. Siente lástima por todo y todos, pero su piedad es amor volcado hacia todos los seres vivos, y se manifiesta en una constante necesidad de ayudar y socorrer a todo el mundo, a quienquiera que se encuentre en dificultades, haciéndolo con un entusiasmo desmesurado.

Los famosos

Interesantísima es la figura de Albert Einstein, cuyo genio ha llevado a una nueva concepción del universo. Casi todos los Piscis célebres son figuras excepcionales, con aquella peculiaridad suya que les hace únicos. Encontramos a un literato genial de la talla y categoría de Víctor Hugo, así como otro gran escritor, D'Annunzio. Ravel, compositor de dulces armonías. Miguel Ángel, encarnación perfecta de la doble actitud de Piscis: inspirado y tímido, autoritario, siempre melancólico o bien terco y obstinado. La belleza de la mujer Piscis se halla encarnada en Elizabeth Taylor.
En este signo también han nacido artistas, como Gabriel D'Annunzio, el filósofo Benedetto Croce y el poeta Umberto Saba. También es el signo de santos como san Francisco de Asís y de muchos papas, como Clemente VIII y Pío XII.

Los números

También para Piscis los números poseen una especial importancia. Encontramos el 11, número típico de Piscis porque es el signo de la tristeza; el 5, número mágico por excelencia y el 19, especialmente propicio para viajes y aventuras.

Las piedras de la suerte

La amatista, piedra de la melancolía; la aguamarina, propicia para una vida tranquila y la piedra de la luna, símbolo de la volatilización característica de Piscis. El amarillo, el marrón y el azul marino son los colores que se adaptan perfectamente con la personalidad de Piscis.

Piscis día a día

1.º grado PISCIS 20 febrero

Personas espirituales y a la vez sensuales. Tendrán posiblemente un matrimonio feliz y armónico.

En cuestiones de salud, pueden sufrir del duodeno; tendencia a tener cabellos delicados; deberán cuidar también el peso.

Son personas caracterizadas por un cierto dualismo. Misticismo, ocultismo y religión por una parte y sensualidad exagerada por la otra. Tendrán mucha importancia en su vida las relaciones con los demás. El matrimonio podría ofrecerles una mayor seguridad y satisfacción. Las profesiones más adecuadas para las personas nacidas en ese día son las de magistrado, notario o abogado.

2.º grado PISCIS 21 febrero

Personas emotivas y sensuales, inclinadas a gozar de las cosas. Pasarán momentos de peligro que superarán gracias a la suerte. La pereza, la timidez y la indiferencia son los aspectos negativos de su carácter. En lo que a la salud se refiere, pueden tener problemas intestinales.

Son personas muy honestas que valoran el sentido del honor. Deberán superar su propensión a renunciar demasiado fácilmente pues esto podría conducirlas a un estado de apatía o fatalismo. Tienen posibilidades de triunfar en cualquier actividad relacionada con el espíritu.

3.º grado PISCIS 22 febrero

Personas con intuición y habilidad, de carácter versátil e indulgente, idealistas en el trabajo y en los contactos con los demás. Tienen afición por la gastronomía y aptitudes para trabajos relacionados con el ramo de la hostelería.

Por lo que a la salud se refiere, tienen propensión a los desarreglos intestinales, a las indigestiones y a tener los pies delicados.

El director de cine Luis Buñuel nació en este día. Son personas dotadas de gran intuición. En su profesión, cualquiera que esta sea, son grandes idealistas. La estrella fija Sadalmelik se encuentra en este grado y genera ganancias, suerte y buena reputación.

4.º grado PISCIS   23 febrero

Personas inteligentes y ricas en ideas. Recibirán la ayuda de amigos importantes. Se sienten atraídas por los placeres y las cosas rodeadas de misterio. En cuestiones de salud, tienen propensión al asma.

Son personas con ideas sutiles, lo que hace que raramente sean comprendidas salvo por personas de gran inteligencia. Sus amistades preferidas pertenecerán a la alta sociedad y su vida será segura gracias a estas amistades importantes.

5.º grado PISCIS   24 febrero

Personas inestables, versátiles y ocupadas en muchas actividades. Deberán prestar atención a las relaciones con los amigos. Vulnerables debido a su inexperiencia. Inclinadas a los placeres. Carácter voluble. En cuestiones de salud, corren el peligro de sufrir asma, indisposiciones intestinales e indigestiones.

Tendrán siempre amigos con los que poder contar. A partir de los cuarenta años disfrutarán de una etapa de suerte y bienestar.

El papa Clemente VIII nació en este día.

6.º grado PISCIS   25 febrero

Personas profundas y reflexivas. Emprenderá negocios equivocados y operaciones económicas arriesgadas, que luego se manifestarán ventajosas. Evitarán las especulaciones en el extranjero. Su carácter cerrado e impenetrable les hará difícil las relaciones con los demás.

Son personas ambiciosas, con dotes de mando; inclinación por la vida militar pudiendo llegar a ser excelentes oficiales y pilotos. Parece que tienen una gran fuerza de concentración, por lo que también podrían ser buenos cazadores. Deberán afrontar muchas situaciones peligrosas, de las que siempre saldrán airosas gracias a su buena suerte.

7.° grado PISCIS   26 febrero

Personas inarmónicas. Esta falta de equilibrio junto a la impulsividad e indecisión, marcan las bases de su propio destino. Espíritu religioso y poético. Tendrán muchos amigos y mucha suerte.

En cuestiones de salud, deberán cuidar el intestino y seguir una dieta equilibrada.

Las personas que pertenecen a este grado tendrán una vida influida siempre por el lado espiritual de las cosas, lo que no significa que necesariamente se dediquen a una profesión religiosa. Son personas de naturaleza inquieta, pero constantes. Estudiosas, cultas y generalmente intelectuales.

8.° grado PISCIS   27 febrero

Personas sensibles, llenas de recursos y afortunadas. Realizarán viajes a lugares que se encuentran cerca del mar. Vida sencilla e ideas originales.

En cuestiones de salud, deberán prestar atención a los intestinos, las rodillas o aparato circulatorio.

Son personas dotadas para los negocios. Tienden a dominar a los demás lo que siempre les llevará a decidir sobre las cosas que desean hacer o llevar a cabo. En su carácter hay algo de ingenuidad, inmadurez o falta de autocrítica, que a menudo las vuelve inmodestas.

Sienten pasión por el agua. Los hermanos jugarán un papel importante en sus vidas, y al menos en alguna ocasión pueden tener muy buena suerte gracias a la relación con uno de ellos.

9.° grado PISCIS   28 febrero

Personas sensitivas y versátiles. Tendrán siempre una dualidad, dos casas, dos trabajos. La segunda parte de su vida será mejor que la primera. Tendrán una buena vejez. Son personas tímidas y humildes.

Por lo que a la salud se refiere, tienen propensión a problemas intestinales y circulatorios. Su vida será probablemente muy larga y estará llena de aventuras. Serán consideradas como personas de carácter fascinante. Realizarán largos viajes y efectuarán varios cambios de residencia. Pese a su carácter sensitivo, versátil, impresionable y a su fuerte sentimiento religioso, serán dominados por las pasiones. Tendrán, de todos modos una vida importante.

10.° grado PISCIS   29 febrero

Personas sensibles y a la vez prácticas. Realizarán todo lo que se propongan hacer. Amor por la casa. Afición por la química y la farmacia. Son amables, dulces, y sensibles.

En lo que a la salud se refiere, deberán prestar atención a todo lo que esté relacionado con los intestinos, arterias y venas.

Son personas muy tenaces, originales y progresistas. Aunque a veces se dejen llevar por las emociones, en líneas generales son prácticas y eficaces en lo que hacen.

Generalmente no son expansivas ni comunicativas porque tienen una forma particular de timidez y no les interesa demasiado la popularidad. Llegarán a una edad tardía y con buena salud.

11.° grado PISCIS   1 marzo

Personas sensibles, simpáticas, impulsivas y afectuosas. Podrán dedicarse con éxito a cualquier actividad relacionada con el arte.

En cuestiones de salud, deberán prestar atención a los intestinos y cuidar la dieta. El famoso piloto de fórmula 1, Nicky Lauda nació este día.

Son personas que aman la aventura y los cambios en la vida. Tienen sus propias ideas y a veces caen en la testarudez. No obstante son personas sociables, entusiastas, sensitivas, impulsivas, afectuosas y simpáticas. De ahí que sean queridas por todo el mundo. En las conversaciones y en el juego tienden a mostrar impulsos incontrolables. En el amor son seres apasionados.

12.º grado PISCIS   2 marzo

Personas amantes del ocultismo y de las cosas vagas y misteriosas. Gran afición al trabajo. Son inteligentes y afortunadas. El éxito les reportará simpatías desconocidas.
En cuestiones de salud, deberán prestar atención a todo lo que se refiera a los intestinos y evitar el abuso de bebidas alcohólicas.
Dan una importancia extraordinaria al trabajo. Se muestran felices cuando se encuentran en el ambiente apropiado y especialmente en un trabajo de su agrado. Sus amistades son decisivas en su vida. Sienten inclinación por la literatura y el arte.

13.º grado PISCIS   3 marzo

Personas impresionables, sensibles e impulsivas. Su pareja puede perjudicarles debido a sus irresponsabilidades. Tendencia a tener un amor perfecto y a uniones duraderas.
En cuestiones de salud, deberán prestar atención a los intestinos y cuidar la dieta.
Tendrán un matrimonio feliz y la vida en familia será serena y afortunada. Muestran interés y curiosidad por todo: por el desarrollo de la ciencia y el arte y por todo lo que sucede a su alrededor.

14.º grado PISCIS   4 marzo

Personas con habilidad creativa y dotes para influir en la gente. Tendencia a fuertes emociones y a pasiones desenfrenadas.

Por lo que a salud se refiere, deberán tener cuidado con los problemas intestinales y evitar el alcohol y los tranquilizantes. El gran músico Antonio Vivaldi nació este día.

Su gran fuerza creadora, sentido práctico y aguda intuición pueden convertirlos en ingenieros o técnicos. Tienen grandes dotes de persuasión, especialmente eficaces en el trabajo. Muy probablemente conocerán la suerte y la felicidad por su propio mérito. Viajarán por muchos países.

15.° grado PISCIS — 5 marzo

Personas irascibles y agresivas, que gracias a su inteligencia aprenderán a dominarse y a vivir serenamente con los demás. Realizarán muchos viajes largos y románticos.

Por lo que a la salud se refiere, tienen propensión a problemas intestinales y a trastornos de tipo nervioso.

El director de cine italiano Pier Paolo Pasolini nació este día. Son personas inteligentes y no resultará fácil engañarlas. Se sentirán plenamente felices cuando puedan cambiar de residencia, de casa o de país. En las situaciones difíciles procurarán estar siempre alerta y nunca permanecen indiferentes.

16.° grado PISCIS — 6 marzo

Personas ambiciosas y de carácter belicoso, lo que les ocasionará bastantes problemas. Buenas relaciones con los padres. Éxito en los negocios gracias a la prudencia, amor por la familia y ambiciones encubiertas.

En cuestiones de salud, deberán tener cuidado con los intestinos y mantener una dieta equilibrada.

Son personas ambiciosas cuya meta es alcanzar el éxito. Sus ambiciones las proyectan también en los hijos, dado su apego a la familia. Probablemente se desenvolverán bien en la vida si se dedican a los negocios.

Espíritu perfeccionista en todo lo que hacen, y también en lo que hacen los demás. Un defecto propio de estas personas es el de ponerse nerviosas con facilidad, aunque sea por cosas insignificantes.

17.º grado PISCIS   7 marzo

Personas abiertas a ideas nuevas. Encuentran una notable dificultad en realizarse debido a su volubilidad. Correrán peligros en el agua o a causa de líquidos. Matrimonio feliz. Carácter inestable e inconstante.

En cuestiones de salud, deberán prestar atención a problemas intestinales y a trastornos de tipo nervioso.

Son personas de acción y con tanta fuerza de imaginación que a menudo despiertan la admiración de los demás. Su idealismo y ambición las conducirá a menudo allí donde los resultados todavía son imprevisibles. Tales resultados, sin embargo, son afortunados. El único peligro radica en la inconstancia, porque no es suficiente empezar para llegar a algo.

18.º grado PISCIS   8 marzo

Personas influenciables y emotivas. Muy aficionadas a los animales, y en especial a los caballos. Gran habilidad artesanal. Astucia.

En lo que a la salud se refiere, deberán tener cuidado con los problemas intestinales y mantener una dieta equilibrada.

Son personas con gran capacidad organizativa y tienen grandes posibilidades de destacar, tanto en la industria como en el arte. Son seres extrovertidos y decididos. Aman el deporte al aire libre.

19.º grado PISCIS   9 marzo

Personas que labran su propio destino con su entusiasmo y habilidad práctica. Prosperarán en los negocios.

En cuestiones de salud, deberán cuidar los intestinos. Propensas también a tener tobillos delicados. En general disfrutarán de buena salud, especialmente en la vejez.

Son personas entusiastas, incluso en las cosas más insignificantes. Su habilidad les proporcionará grandes ventajas respecto a los demás. Consiguen influir en la gente con su entusiasmo y espíritu organizador.

De jóvenes padecen cierta inestabilidad emocional. Con el paso de los años tomarán una actitud más positiva ante la vida. Tendrán una vejez próspera y feliz.

20.º grado PISCIS   10 marzo

Personas amables y organizadoras que logran crear a su alrededor un ambiente cálido y atrayente. Imaginación fértil y fecundidad de ideas. A menudo sus invenciones son poco prácticas. En cuestiones de salud, corren el peligro de sufrir de apendicitis. Tendrán necesidad de practicar algún deporte.

Son personas idealistas y soñadoras. Intentarán por todos los medios ser famosas o al menos populares, para lo cual contarán con muchas facilidades. Fecundidad de ideas y posibilidades múltiples. Les bastará tan sólo un poco más de energía y de constancia para poder desarrollar de forma adecuada los aspectos positivos de su carácter. Tienen muy arraigado el sentido de la hospitalidad. En compañía son brillantes.

21.º grado PISCIS   11 marzo

Personas en las que los sentimientos y la razón se hallan enfrentados. Dos casas y dos familias. Carácter agresivo.

En cuestiones de salud, corren peligro de apendicitis a causa de una alimentación inadecuada.

Tienen una fuerte personalidad. Actúan con gran facilidad y rapidez. Son personas preparadas para defenderse de eventuales ataques, pues para ellas la vida constituye una continua batalla. El instinto religioso ayuda a estas personas a permanecer optimistas y serenas. Según parece, la noche y la oscuridad ejercen un efecto negativo sobre ellas.

22.º grado PISCIS   12 marzo

Personas con magnetismo. Necesidad de autodominio. Éxito en el trabajo.

En cuestiones de salud, tienen propensión a tener apendicitis y trastornos intestinales.

El famoso escritor italiano Gabrielle D'Annunzio nació en este día.

Son personas emotivas, sensibles y auténticamente sensuales. Amantes de todas las cosas bellas de la tierra. Les gusta estar en compañía, comer bien y tomar vinos muy apreciados. Les gusta también frecuentar el trato con personas activas del sexo opuesto. El amor juega un papel muy importante en sus vidas. Adoran la música y el arte. Como artistas podrían triunfar y sobre todo vivir de acuerdo con sus cánones. Fuerte vinculación con la madre.

23.° grado PISCIS   13 marzo

Personas impulsivas y entusiastas. Muchos contactos con el fuego. Inestabilidad y cambios de humor. Tendrán una vida aventurera. Inclinación a la fatalidad, a la imprudencia y a las acciones equivocadas.

En cuestiones de salud, deberán prestar atención a los problemas intestinales.

La famosa actriz Liza Minelli nació este día.

Son personas aficionadas al azar y al riesgo. Sienten pasión por el juego y el deporte. Su carácter tiene un lado fuerte, firme. El otro, sin embargo, es vacilante, indiferente y fácilmente desorientador. En el trabajo son entusiastas. Su profesión podría estar relacionada con el fuego, que jugará un papel importante en sus vidas.

24.° grado PISCIS   14 marzo

Personas inclinadas a la filosofía y a la mística, controladas en el amor y en los sentimientos. Tienden a tener gustos poco comunes. En cuestiones de salud, deberán prestar atención a los problemas intestinales y evitar comer en exceso.

El famoso músico vienés Johann Strauss nació este día.

Acostumbran a tener un espíritu refinado, con inquietudes intelectuales. Muchos escritores y científicos que profesionalmente se interesan por los problemas sexuales han nacido en este grado.

25.º grado PISCIS   15 marzo

Personas sensuales. Triunfarán en los negocios. Tienen una gran capacidad para vencer a sus enemigos. En cuestiones de salud, deberán vigilar los problemas intestinales y cuidar la dieta.

Son personas valientes que no temen ninguna forma de lucha. Tienen fortaleza a la hora de tomar decisiones. Tienden al éxito. Son sensuales y pasionales en el amor. Será más fácil que lleguen a alcanzar el éxito por sí solas que en compañía de otras personas. Evitar el abuso de confianza con los familiares.

26.º grado PISCIS   16 marzo

Personas aficionadas al ocultismo, con intuición y percepciones extrasensoriales. Espíritu penetrante con facilidad para vencer a los enemigos. Tendencia a realizar viajes peligrosos. En lo que a la salud se refiere, corren el peligro de tener problemas intestinales.

Son personas de mente analítica, lo que puede convertirlas en notables detectives. Son personas aficionadas a las ciencias ocultas. En cuestiones espirituales muestran una gran intuición. De ahí que a sus enemigos les resulte muy difícil hacerles daño o maquinar en contra suya. Les gusta viajar aunque deberán prestar atención a los aviones y los barcos, puesto que dichos viajes esconden algún peligro que deberán evitar con prudencia.

27.º grado PISCIS   17 marzo

Personas expresivas y con espíritu artístico. Vida muy ajetreada, con períodos de éxito. Carácter abierto.

Por lo que a la salud se refiere, deberán prestar atención a los problemas intestinales y vigilar la higiene. Es conveniente que eviten o moderen el uso del azúcar.

El famoso bailarín ruso Rudolf Nureiev nació este día.

Afrontan la vida con un comportamiento filosófico más o menos profundo según los elementos astrales que juegan en su horóscopo individual. Deberán evitar cualquier contacto con el mundo de la magia. Su vida será un continuo ajetreo.

28.° grado PISCIS   18 marzo

Personas emotivas, de ambiciones satisfechas y amigos influyentes. Tienden a inclinarse por la ciencia y el ocultismo. En lo que a la salud se refiere, deberán prestar atención a los problemas intestinales o derivados de los huesos de la pelvis.

Son personas ambiciosas con grandes deseos de destacar. Muy probablemente conseguirán su propósito porque están dotadas de talento y sus facultades mentales y cerebrales están muy bien equilibradas. Son generosas y amables por naturaleza. Les resultará fácil hacer amistades y mantenerlas. Entre los amigos contarán con personas importantes que les resultarán de gran ayuda para alcanzar el puesto que se hayan propuesto.

29.° grado PISCIS   19 marzo

Personas soñadoras, idealistas, democráticas, que creen en las leyes. Los viajes jugarán un papel importante en sus vidas. En lo que a la salud se refiere, deberán cuidar el intestino y realizar una dieta pobre en grasa y azúcares.

Es conveniente que trabajen con personas que sepan aprovechar su inteligencia y talento. Una característica notable es la necesidad de precisión, de cuidado en los detalles, tanto en su vida privada como profesional. Por otra parte, poseen una admirable autodisciplina. También en su idealismo buscan la perfección: sus ideas políticas y religiosas son eficaces y están encauzadas hacia la disciplina como base de la vida.

30.° grado PISCIS   20 marzo

Personas con destino preestablecido, adversidad y triunfo. Son sensuales y pueden sufrir por el amor físico. Carácter independiente. Imaginativas. Superan con facilidad los obstáculos.

Por lo que a la salud se refiere, deberán cuidar todo lo que esté relacionado con el intestino grueso.

Napoleón II nació este día.

Son personas orgullosas que creen mucho en sí mismas, lo que puede degenerar fácilmente en vanidad. Tienen muchas ambiciones y posibilidades de realizarse por poseer un espíritu agudo, crítico e inteligencia. Facilidad para dominar a los demás.

LOS TIPOS MIXTOS

Una vez determinado cuál es nuestro ascendente, vamos a analizar cuál es nuestro tipo mixto, para conocernos mejor y poder sacar conclusiones aproximadas sobre nuestro carácter o sobre el carácter de quienes más se parecen a nosotros. Ello ayudará a comprendernos mejor. Después fijémonos en lo que se dice para nuestro tipo mixto, debiendo completar estas informaciones con la lectura de cuanto dice nuestro signo-base. Y lograremos de este modo un horóscopo lo más personificado posible.

Los tipos mixtos de Aries

Aries	Tauro

Fuerza y vitalidad caracterizan al nacido en el signo mixto Aries-Tauro. El ímpetu de Aries va bien con la fuerza realizadora de Tauro y su comedimiento. Así, pues, encontraremos a tipos que son magníficos trabajadores y responsables pero que son también realizadores que dejan aparte su impetuosidad instintiva en bien de un mayor orden y estrecha cohesión. El tipo Aries se ve mejorado por el ascendente en Tauro; el éxito de este tipo mixto está asegurado en las relaciones afectivas, donde se manifiesta con más calma y ponderación que el tipo base de Aries.

Aries — Géminis

La duplicidad de Géminis influye negativamente sobre Aries, dando mayor inestabilidad al signo. El tipo Aries-Géminis podrá estar a menudo en desacuerdo consigo mismo, ser discontinuo, con tendencia a la avaricia desordenada. Su actividad vivaz les hará sentir el deseo de moverse y de conceder menos importancia a las cosas concretas de la vida, causando cierto malestar interior al tranquilo y amante de la familia, Aries.

Aries — Cáncer

Un dualismo interior se manifiesta al acercarse los dos signos: Cáncer, más intimista, más reflexivo e introvertido, tiene que combatir con Aries, extrovertido e impetuoso. Pero la combinación hace al tipo Aries más intuitivo, penetrante; se libera de una excesiva actividad laboral para hacerle también reflexionar de vez en cuando sobre el objetivo a cumplir, antes de obrar. Encontraremos pues al Aries-Cáncer en fases alternas de dinamismo y de contemplación, de espasmódica actividad y de reflexión, de amor por la familia y de ausencia.

Aries — Leo

La combinación es perfecta. Añade entusiasmo al signo, simpatía, mayor carga afectiva, un interés sin prejuicios hacia el prójimo y una facultad rara de afirmación en el campo social y político; estos son los dones que el ardiente Leo lleva a Aries. Aporta prestigio y repulsión hacia la mediocridad o los términos ambiguos. Óptimos sindicalistas y filósofos progresistas aparecen con la unión de los dos signos, que se manifiestan por la rapidez, la máxima energía productiva y por la independencia y fuerza.

Aries — Virgo

Virgo tiende a limar a Aries, disminuyendo aquellas que son sus características relevantes, pero ofreciéndoles como regalo una mayor inteligencia y mayor creatividad incluso en el campo sentimental. La unión desequilibrada de los dos signos puede originar formas de depresión nerviosa, excesivos escrúpulos, fantasías, complejos de inferioridad. Como si Aries fuera frenado en sentido negativo por la personalidad de Virgo. La voluntad e iniciativa de Aries tienen que luchar contra la pasividad de Virgo, aprovechando los aspectos buenos para una mayor armonía interior y un mejor acuerdo.

Aries	Libra

Libra, prudente y reflexivo, juega un papel importantísimo en esta combinación, mejorando el carácter de Aries y aportando la diplomacia necesaria en la vida de la que Aries carece. Se compenetran bien e incluso hacen cambiar la actividad bastante egoísta de Aries, pero también es mayor su tolerancia, y se mejoran las relaciones con el prójimo y la familia. Libra hace a Aries más alegre y condescendiente y, sin duda, más simpático.

Aries	Escorpión

Marte domina ambos signos, por tanto mayor agresividad y tendencia al extremismo, a la defensa a capa y espada de los propios intereses; soluciones radicales. En las relaciones afectivas el tipo Aries-Escorpión es impulsivo y espontáneo, amante apasionado, muy temperamental y muy celoso. La actividad es valerosa, enérgica, y a estas personas se les puede confiar con éxito trabajos de mando, de compromiso, incluso si presentan dificultades que para otros pueden parecer insuperables. El tipo Aries-Escorpión, es también capaz de gestos generosísimos y de heroísmo.

Aries	Sagitario

Ideas múltiples y originales, espíritu emprendedor, mayor dedicación al estudio y a cuanto se refiere al sector mecánico y eléctrico, inteligencia abierta a ideas grandes y generosas.

Estos son los dones que el ascendente Sagitario lleva a Aries, que se torna más fecundo y comunicativo, y, por consiguiente, también más feliz, íntimamente satisfecho de sí mismo. Sagitario añade a Aries fuego y exaltación, así como impulsos afectivos sensibilísimos.

Aries — Capricornio

Bellísima combinación esta, que lleva a la lucha interior pero también a una mayor perseverancia en las realizaciones, ayudando a Aries a ser reflexivo y más fuerte y especulativo de cuanto le hace ser su naturaleza. Mucha ambición, pero también una fuerte dosis de paciencia son los dones de Capricornio que aportará la dosis necesaria de realismo a cada situación. La mayor paciencia que conferirá al signo ayudará sin duda a Aries a ser menos nervioso e impulsivo, mejorando su vida, y estabilizando la relación que será más segura y constante.

Aries — Acuario

La actividad audaz y las líneas geniales de Acuario llevan a Aries una mayor carga vital, le empujan hacia el idealismo, le acercan a las especulaciones científicas, le hacen menos materialista y menos apegado a la tierra. Ingenio, atrevimiento, deseo de investigaciones y de exploración hacen del signo Aries-Acuario una de las más interesantes combinaciones del Zodíaco. La fascinación innata de Acuario da a Aries un mayor número de éxitos amorosos y una intensa carga afectiva y sentimental.

Aries — Piscis

La combinación también conduce en este signo al dualismo, caracterizado por el hecho de que Aries, signo de *fuego*, se ve frenado por Piscis, signo de agua, poniendo a los nacidos en el tipo mixto Aries-Piscis en perpetua lucha consigo mismos y con sus semejantes. También es muy fácil que este signo se deje condicionar por el ambiente, se deje influenciar por las circunstancias de la vida y sea menos combativo y más pasivo que el tipo de Aries clásico. Pero generalmente se desarrolla un sentimiento altruista, que el egoísmo de Aries desconoce, y la carga afectiva se mejora considerablemente. A pesar de la apariencia obstinada y dura de Aries aprenderá a tener una mayor comprensión por los problemas y los sentimientos de los demás.

Los tipos mixtos de Tauro

Tauro	Aries

Aries da al impulsivo Tauro más moderación, más interés por el ahorro y la economía y un poco más de egoísmo. El signo que deriva de esta unión polariza en caracteres extremadamente egocéntricos, dueños de sí mismos, y deseosos de destacar. Se moderará el temperamento celoso de Aries y sus intereses se inclinarán hacia los demás y no sólo hacia su familia. En el amor, cierta tendencia a no ser tan cerradamente fieles y cierta influencia hacia las aventuras sentimentales.

Tauro	Géminis

La combinación con Géminis puede originar un conflicto interior profundo, porque la naturaleza recta de Tauro contrasta con la imprevisible de Géminis. Encontraremos a un Tauro más aficionado al dinero, mucho menos recto en sus ideas, que especula avaramente y que se siente inclinado hacia un culto excesivo de la propia persona y de la propia belleza. En efecto, una influencia de Géminis poco positiva crea desequilibrios en Tauro, y es conveniente que conozca la situación para ponerle remedio.

Tauro	Cáncer

Muy conveniente en cambio esta combinación, que exalta en Tauro el sentido de la familia, hace que se incline más por los valores íntimos de la vida y menos por la apariencia. Se aumenta la fecundidad; la previsión y el sentido del ahorro se exaltan; interesante aportación de Cáncer a Tauro es el amor por las letras, cierta desconfianza en expresarse afectuosamente, pero una carga fortísima de sentimientos y de afectos. Suscitará muchas más amistades de las que pueda crearse solo, porque Cáncer conferirá a Tauro notables recursos de simpatía y encanto.

Tauro	Leo

La unión de los signos produce contrastes. Se configura un temperamento muy fuerte y positivo, ambición y fe en sí mismos, más pasión y menos control de los sentimientos y de los instintos. Lleva a Tauro hacia un espíritu revolucionario, le hace más impulsivo y menos reflexivo a veces, pero siempre muy fuerte y decidido. Aumenta su fascinación, ya grande, asegurándole importantes éxitos amorosos.

Tauro	Virgo

El tipo soñador de Virgo influye sobre Tauro, confiriéndole mayor dulzura, fascinación, pasión por las cosas espirituales y por la familia. Hace a Tauro un poco menos decidido y seguro de sí mismo, pero en cambio le da equilibrio y cautela. El signo de Virgo frena las puntas extremistas del carácter Tauro y lo hace ser bastante más diplomático. Se desarrolla la sociabilidad y sentido colectivo, disminuyendo el egoísmo de Tauro gracias a los altos ideales propuestos por su ascendente Virgo.

Tauro	Libra

Los dos signos están bajo la influencia de Venus. Así, pues, la combinación es perfecta; el tipo Tauro se torna más fascinante, seguro de sí mismo, diplomático y amable, merced a los benéficos influjos de Libra. Ponderará más sus decisiones, a veces será más reflexivo de cuanto pueda serlo su carácter base, pero Libra influirá siempre de modo positivo sobre él, confiriéndole aquellas cualidades de dulzura y «savoir faire» de las que Tauro carece. La influencia de Libra servirá además para darle la posibilidad de relajarse un poco más, cosa que no sucede nunca en su tipo clásico.

Tauro	Escorpión

Escorpión lleva a Tauro al impulso, a las decisiones precipitadas, a una mayor incisión y decisión. Es un signo en el cual los hombres encuentran reforzada la virilidad y las mujeres su fascinación. El ascendente Escorpión puede conducir a una mayor dureza y decisión en emprender lo que Tauro ha decidido realizar. Esta combinación desemboca en una relación menos afectiva, pero más práctica. Escorpión hace que Tauro tome decisiones no demasiado ortodoxas, le induce al riesgo, aunque siempre calculado, y lo lleva hacia un éxito seguro.

Tauro	Sagitario

Mucha más alegría, gracias a la influencia feliz de Sagitario; gozo que esconde una prudencia y un pacto fuera de lo común. Tauro recibe, pues, influencia positiva, porque es llevado hacia una mayor expansión pero también hacia una mayor reflexión. El signo que deriva de esta unión dará al nacido en el mismo mucha más solidez y un futuro seguro y con buena base.

Tauro	Capricornio

Capricornio añade a Tauro paciencia y perseverancia, y le hace reflexionar. Es un signo que lleva a la madurez de sentimientos y de acción, que ayuda a resolver las dificultades con una paciencia mucho mayor de la que existe en el carácter de Tauro. Capricornio lo influencia hasta el punto de arrastrarlo hacia su esfera; será, pues, conveniente que el nacido en Tauro con ascendente en Capricornio esté atento al devenir del horóscopo de los nacidos en este signo, donde encontrará coincidencia con su carácter.

Tauro	Acuario

Posible conflicto entre las dos naturalezas; entre el posesivo, sensual Tauro y el intelectual Acuario, orientado hacia la conquista del espíritu. A menudo, sin embargo, con la armonía de los dos signos surge un carácter perfecto y completo, porque la sensualidad de Tauro se exalta en la espiritualidad de Acuario y la combinación es verdaderamente magnífica. Además Acuario da a Tauro ideales que este no posee, le hace simpático y sociable, le aporta alegría y serenidad. Son muy favorables en esta unión los encuentros amorosos, las aventuras, los viajes, y habrá la posibilidad de una mayor fortuna y dinero para los nacidos en el signo mixto.

Tauro	Piscis

Los dos signos son discordantes, por lo tanto una relación entre ambos acostumbra a ser inestable. El hecho de tener como ascendente a Piscis someterá a Tauro a cierta fatiga por controlar los propios sentimientos, que le empujarán a ser más perezoso y necesitado de reposo de lo que en realidad requiere Tauro por sí mismo. Pero le concederá la posibilidad de extenderse a campos más altos y espirituales, de aumentar la propia fascinación, de conquistar a los demás con la propia personalidad. Piscis conferirá un aspecto más refinado al tipo físico de Tauro, y mucha bondad, incluso espíritu de sacrificio y de heroísmo.

Los tipos mixtos de Géminis

Géminis	Aries

Aries proporciona a Géminis espíritu más vivo e inteligencia más acusada, transformando la perspicacia de Géminis, dirigida a veces al engaño, en una mayor lealtad y seriedad en sus propósitos. Lima también la desmesurada ambición clásica de Géminis para transformarla en ideales más altruistas y hacia una realización más segura. Además, la influencia de Aries hace menos vanidosos a los Géminis, aunque su efecto moderador haga sufrir al signo base momentos de duda y de gran inestabilidad, pero útiles para mejorar las características típicas del individuo exclusivamente bajo el influjo de Géminis.

Géminis	Tauro

Se verifica con este encuentro el peligro de una acentuada duplicidad de la persona. Nos encontramos como ante dos individuos que actúan en oposición el uno con el otro, y esto puede originar un considerable desequilibrio en el nacido en Géminis. Gestos de fidelidad absoluta dados por Tauro y de infidelidad declarada por parte de Géminis. De espíritu social y sentimientos generosos, contrapuesto a un notable desinterés por el prójimo. Los dos signos, Tauro dominado por la *tierra*, Géminis dominado por el *aire*, no pueden ponerse de acuerdo sino después de una larga y difícil relación y con una considerable dosis de autocontrol. Por este motivo, el tipo Géminis-Tauro tendrá una vida difícil, hasta que no sepa encontrar el equilibrio; y esto sucederá solamente hacia la madurez, en la cual este tipo mixto alcanzará lo mejor.

Géminis	Cáncer

La influencia de la Luna, dominadora de Cáncer, da un mayor infantilismo en el carácter del nacido en Géminis, el cual, bajo los auspicios de Mercurio, tiende a desarrollar una naturaleza más joven, pero también muy infantil. Será necesario, pues, corregir el carácter, intentar hacerlo más sólido y más reflexivo, menos impresionable y más programado. Hay que combatir también un exceso de impresionabilidad.

Géminis	Leo

El impetuoso Leo trae a Géminis la generosidad que necesita, regularidad y estabilidad. El encuentro es muy favorable para Géminis, que obtendrá de Leo la fuerza de carácter que no posee. La inteligencia de Leo le conducirá a grandes realizaciones; menos favorecido en cambio el terreno sentimental, porque las dos naturalezas contrastan por lo que a gustos e ideas se refiere. Mientras que Leo es un signo muy apasionado que da y quiere la felicidad a su alrededor, Géminis prefiere recibir más que dar, y podrá crearse un peligroso dualismo.

Géminis	Virgo

En este signo, Virgo lleva a realizaciones en el lado práctico, confiriendo en cambio a Géminis parte de su espiritualidad. Mucho nerviosismo si el sujeto Géminis es emotivo, y por tanto acentuada inestabilidad de sentimientos y de propósitos. Una combinación de este tipo puede crear la necesidad de un autocontrol riguroso; a una inestabilidad de propósitos debe oponerse un temperamento sólido y positivo, de lo contrario, la influencia de Virgo no será favorable sino que llevará a continuas luchas y desacuerdos consigo mismo.

Géminis	Libra

Libra aporta a Géminis un vivo sentido estético y deseo de armonía y de mayor amistad con los otros signos. Como signo feliz y sonriente, consigue a veces vencer el temperamento sombrío de Géminis. Posibles contrastes en la familia se suavizan de este modo, a causa de la clásica diplomacia de Libra, a la que Géminis tiene que procurar abandonarse, siguiendo el instinto que le empuja, más que reaccionar con egoísmo.

Géminis	Escorpión

La unión es desaconsejable. El signo de Escorpión incluye negativamente a Géminis ya inestable de por sí, y por tanto será necesario contrarrestar la tendencia a la neurastenia, a las complicaciones incluso de orden sentimental, a las dificultades que se presentan en el campo familiar, sobre todo si quien ha nacido en Géminis se encuentra ligado a un signo de *tierra*, absolutamente dispar, como por ejemplo sucede con Capricornio.

Géminis — Sagitario

Incertidumbre e indecisión, dado el dualismo de caracteres que se verifica, distinguirán al Géminis nacido bajo el ascendente de Sagitario. Deseo de intrigas, acusada tendencia a la dualidad. A esto se puede poner remedio sólo combatiendo una guerra en favor de la lealtad, intentando mejorar las relaciones con el prójimo. Positivo, en cambio, un aumento vivísimo del sentido artístico, mientras que las relaciones afectivas están en peligro si no se busca un signo de unión que se adapte a Géminis.

Géminis — Capricornio

Géminis puede mejorar por el carácter capricorniano, pero las batallas consigo mismo serán durísimas. Si Capricornio domina, Géminis encontrará estabilidad, mayor lealtad y sinceridad de sentimientos; si domina Géminis, surgirán posibles inestabilidades en el terreno amoroso y financiero, incerteza y desavenencias. Atención pues a juntarlo con los signos positivos de Capricornio; téngase presente que ambos signos se hallan en clara oposición entre sí.

Géminis — Acuario

Anticonformista y generosa comprensión para con los demás, sentido artístico acusadísimo y mayor honestidad son los dones de Acuario a Géminis. Este corresponde con un mayor deseo de independencia y con intereses más que hacia los otros, hacia la moda y los terrenos en que pueden destacar.

Géminis — Piscis

Puede derivar un carácter inestable e indeciso, sin ímpetu, o incluso veleidoso y revolucionario. Fuerte imaginación y celos agudísimos dictados por la poca seguridad en sí mismo. Preocupaciones de conciencia, aspiraciones a la vida monástica y que después nunca se realizan. Mucha necesidad de reposo, de sueño, de aire de montaña y de soledad.

Los tipos mixtos de Cáncer

Cáncer	Aries

El dualismo se verifica porque Cáncer lleva hacia la introspección y a la búsqueda interior, mientras que Aries inclina sensiblemente hacia el exterior y el coloquio con los demás. La temeridad de Aries empuja sin embargo a Cáncer hacia sólidas afirmaciones y hacia la búsqueda de las propias realizaciones, sin tener en cuenta los obstáculos dictados por el carácter inicial. Muy afortunado en el amor, porque la pasión y los sentimientos se exaltan al máximo, y la simpatía que ya Cáncer suscita por sí solo se ve aumentada por la influencia de Aries.

Cáncer	Tauro

Es el signo de los grandes artistas. Unen sensibilidad e imaginación, fecundidad y facilidad de expresión. Es el signo de los grandes amantes, que encuentran la ayuda de Venus a lo largo de su vida. Felicísimo hallazgo, que ayuda a Cáncer a resolver sus problemas afectivos y personales.

Cáncer	Géminis

Hace al individuo muy influenciable a causa del ambiente que le rodea, y también bastante más inestable. No es un buen encuentro, ni siquiera bajo el perfil afectivo, porque la inteligencia y la sensibilidad de Cáncer pueden verse distorsionados por el carácter de Géminis, poco leal y con tendencia a la duplicidad.

Cáncer	Leo

Fina sensibilidad y búsqueda de la afirmación en el nacido en Cáncer influenciado por Leo. La naturaleza silenciosa de Cáncer se funde bien con la extrovertida de Leo. Especialmente en la madurez, la unión puede ser armoniosa y dar caracteres particularmente agradables y ricos de matices.

Cáncer	Virgo

Sensibilidad, delicadeza, orientación hacia el misticismo son las características principales de este signo mixto, que se destaca sin embargo por el carácter irascible y la debilidad nerviosa.

En el campo afectivo, el signo puede dar grandísimos resultados, sobre todo si se trata de una mujer, cuya innata timidez puede ser comprendida. Los hombres deberán intentar en cambio salir lo más pronto posible de su inhibición.

Cáncer	Libra

Gran personalidad y predominio absoluto de sentimientos. Venus es favorable a los nacidos en este signo, los cuales alcanzan un gran reconocimiento social, generalmente como artistas. Brillantes los trabajos que suponen contacto con el público. Máxima calma y gran serenidad son los dones de Libra al nervioso Cáncer.

Cáncer	Escorpión

Temperamento animado por profundísimas pasiones, por deseo de triunfar, de reflexionar. Presenta gran afición hacia la mecánica y los trabajos de precisión. Los nacidos en este signo mixto deberán ser prudentes sobre todo en la práctica del deporte de aventura. En el amor bastante bien, si se alejan de Géminis.

Cáncer	Sagitario

Generosidad y espíritu de aventura, sueños de viajar a países lejanos que se realizarán hacia la madurez. Numerosas experiencias en el terreno afectivo, y brillantes éxitos y conquistas. Grandes facilidades económicas, después de los treinta años.

Cáncer	Capricornio

La naturaleza seria y ponderada de Capricornio llega a veces a limar al exuberante Cáncer, ordenándole hacia la perfección. Posición social que sufre oscilaciones, pero que se dirige siempre hacia lo mejor. Amor un tanto inestable. Pocos hijos pero sanísimos e inteligentes.

Cáncer	Acuario

Los dos signos divergen: uno tiende a la tradición y el pasado, el otro hacia la innovación y el futuro. Con la madurez el signo se equilibra, aunque haya extremos de seriedad por una parte y de infantilismo por otra. En amor mucha fascinación y suerte en el juego.

Cáncer	Piscis

Es el signo de los idealistas, de los poetas, de los actores y de los que unen la imaginación a una aguda clarividencia de intuición. Son personajes que en amor tienen que encontrar al ideal femenino o masculino. Suele acaecer un segundo matrimonio en su vida, más feliz y afortunado que el primero.

Los tipos mixtos de Leo

Leo	Aries

El ímpetu del primero puede influir en el segundo signo, más agresivo aunque también razonador, naciendo entonces una personalidad fortísima y prudente. A veces, impetuoso, celosísimo. Muchos afectos pero todos bastante interesados. A menudo surgen matrimonios de conveniencia o de posición social muy elevada. Aries lleva a Leo hacia la familia, lo hace mucho más serio y ponderado y amante de las tradiciones.

Leo   Tauro

La generosidad de Leo será mitigada por el interesado Tauro, quien le enseñará el valor de la economía y del ahorro. Éxitos amorosos, debido a la influencia de Tauro que está protegido por Venus, diosa del amor.

Posición social muy sólida y mucha suerte en el terreno laboral llevarán al signo mixto a un triunfo seguro y a un porvenir feliz.

Leo   Géminis

La influencia de Géminis puede ser muy negativa para Leo, a menos que no consiga dominar el carácter doble de Géminis. Leo será de todas formas influenciado por Géminis en la vida afectiva y se mostrará proclive a amores enredados y con frecuencia inestables.

Leo   Cáncer

La naturaleza extrovertida de Leo es muy afín con la de Cáncer, a la que incluso llega a mejorar. Posibles grandes amores y viajes al extranjero; suerte y herencias inesperadas, mucho éxito en el campo del trabajo artístico e individual. Pocos hijos para con los que el signo mixto Leo-Cáncer tendrá los cuidados y atenciones que él no ha recibido en su infancia. Tendencia hacia los nacidos en Virgo y en Libra.

Leo   Virgo

Los dos signos, a veces en contraste, encuentran juntos un punto para comprenderse recíprocamente. Son signos que se complementan. Muchas posibilidades económicas, pero cuidado con las especulaciones que podrían revelarse infructuosas. Aventuras extraconyugales dictadas por el deseo de novedad, y no por los verdaderos sentimientos.

Leo   Libra

Leo unido a Libra aumentará el propio encanto personal, sus actitudes y su predisposición por el arte, la música y las relaciones de pareja.

Amante apasionado, fácil a las aventuras sentimentales, a las grandes decisiones, a los golpes de genio. Deben aprender a controlar sus impulsos.

Leo   Escorpión

Buena unión de signos se da con Escorpión, que ayuda a Leo a ser más preciso, más dedicado al trabajo y a las cosas serias de cuanto le impulsara su naturaleza extrovertida. Escorpión aportará a Leo muchas cualidades y algún defecto, como la tozudez y la dureza en relación con quien él considere que no está a su misma altura.

Leo   Sagitario

Posibilidades ubérrimas multiplicadas por la unión con el feliz Sagitario, que ayudará a Leo a ser todavía más sociable y diplomático y que le dará la cualidad de la fascinación y de la simpatía. Favorables los negocios y las empresas que proporcionan dinero, a pesar de que la facilidad de dilapidar el dinero en abundancia esté todavía más agudizada que en el Leo puro.

Leo   Capricornio

Dos signos que se encuentran felizmente, gracias al abanico de oportunidades que ofrece la vida cuando se unen estos dos caracteres. Le confiere Capricornio seriedad y seguridad en sí mismo; suyo es también el amor por el deber y la pasión. Posibles viajes a ultramar y traslado al extranjero, a veces por motivos de trabajo.

Leo	Acuario

Influencias artísticas al signo de Leo, mayor sueño y mayor introspección, tendencia a pensar más y a actuar con menos precipitación. Se encuentran las combinaciones mejores cuando este signo mixto es masculino en vez de femenino.

Leo	Piscis

Piscis tranquiliza el ímpetu de Leo. Lo frena, lo invita a la reflexión y al amor por la naturaleza, por los animales, las pequeñas cosas en las que difícilmente Leo se detiene. Su naturaleza arrogante se apacigua merced a la sensibilidad de Piscis, y se mitiga positivamente.

Los tipos mixtos de Virgo

Virgo	Aries

La combinación de los dos signos puede ser difícil y dar lugar a una doble personalidad. El audaz, impulsivo y aventurero Aries contrasta con la pacífica e íntima Virgo y la unión puede acarrear dificultades al menos en la primera parte de la vida.

Con la madurez, el tipo mixto encuentra su equilibrio, a pesar de que de vez en cuando prevalecerá su espíritu de novedad y de exóticos conocimientos.

Virgo	Tauro

Bellas realizaciones para este tipo mixto que nace bajo el signo favorable de Venus; mucho amor y éxitos financieros, dedicación al trabajo y a la familia, aceptación de situaciones difíciles que, sin embargo, se resuelven con grandes dosis de inteligencia y de ponderación.

Virgo — Géminis

Muy prolíferos y listos, pues los dos han nacido al amparo de Mercurio. Atención a las posibles desviaciones desde el punto de vista de la honestidad, a los negocios poco claros y peligrosos, a frecuentar compañías poco adecuadas. Mucha fuerza crítica y bastante inteligencia, pero hay también acusadas tendencias a esconder parte de la realidad o a dar a conocer sólo una parte de ella.

Virgo — Cáncer

Sujetos bastante inhibidos urgidos de un afecto que les dé calor y les ayude a salir de su introversión y a crearse una vida feliz. El tipo mixto es muy inhibido, serio, propenso a las depresiones nerviosas, y también bastante delicado. Intentará luchar contra esta parte de su personalidad.

Virgo — Leo

El egocentrismo llega al máximo, siendo por lo tanto peligroso si no se controla debidamente. Las posibles depresiones de Virgo, sin embargo, son vencidas fácilmente por el fogoso Leo. Mucho amor y mucho dinero.

Virgo — Libra

Felicísimo signo marcado por la belleza, la armonía, la amabilidad y la diplomacia, gracias al fuerte influjo de Libra, que determina una mejora en el carácter base de Virgo. Tiene inclinación a la infidelidad característica de los Libra, y un deseo de brillar que no es normal en el carácter de Virgo. Solución económica en la madurez, éxito amoroso, matrimonio tardío realizado más por amistad, estimación y dinero que por amor.

Virgo — Escorpión

Raciocinio, discreción y economía que combaten al clásico impulso de Escorpión, su prodigalidad, su agresividad latente. Se podrán verificar altibajos y dualismos de carácter, así como una cierta tendencia a la anarquía.

Virgo — Sagitario

Inquieta búsqueda de ideales espirituales, contra los que combate el espíritu práctico de Sagitario. En amor, mucha confusión y bastantes tentativas de llegar al matrimonio. Al final, una unión tardía pero muy segura. Seguridad económica y estabilidad de afectos. Pocos hijos o ninguno.

Virgo — Capricornio

Ambiciones de conquistas materiales y espirituales a pesar de la tendencia innata a la vida sencilla, sugerida por Capricornio. Progresos en todas las actividades, armonía en la vida, belleza y dinero en la madurez. Tendencia a veces a la melancolía, que habrá que combatir enseguida si se quiere que las influencias benéficas de Capricornio sobre Virgo no se pierdan.

Virgo — Acuario

Humanitaria filantropía, deseo de descubrir, tendencia a las artes, ideales superiores. No se presta ninguna importancia al dinero, pero sí mucha a los sentimientos. Es un signo de carácter platónico más que pasional.

Virgo — Piscis

Pese a su naturaleza zodiacal opuesta, los dos signos conviven en armonía, dada la predisposición a las relaciones sociales y al servicio de la humanidad que hace del signo mixto el signo de los filósofos pacifistas. Absoluta necesidad de reposo y de vacaciones. Suficiencia monetaria, si bien el dinero no le preocupa demasiado. Belleza y armonía de figura y de líneas, y tendencia a los amores apasionados y duraderos.

Los tipos mixtos de Libra

Libra	Aries

Evidentes contrastes entre la naturaleza de Libra, dulce y dócil, y la fogosa y ardiente de Aries; habrá altibajos en el carácter, tendencia a la melancolía y a alegrías desenfrenadas, pero que al final darán buenos resultados, con la realización de las aspiraciones más audaces. Éxito en el campo sentimental y familiar.

Libra	Tauro

Dulzura y sociabilidad dada por la influencia doble de Venus en los dos signos; grandes bellezas, fascinación, dinero y éxitos mundanos son los dones que Tauro otorga a Libra. Deberá reaccionar por su parte a la demasiada pasividad característica de su signo.

Libra	Géminis

Tendencia a exaltar la propia personalidad con puntos extremos. Ambición y deseo de destacar y de conquistar una posición social elevadísima. Sólo el tacto y la diplomacia de Libra mitigará los influjos negativos ejercidos por Géminis.

Libra	Cáncer

Es preciso intentar reforzar más la voluntad; el signo es muy dulce, dócil, femenino. Indecisiones y dudas, tendencias a encerrarse en sí mismo, búsqueda de la propia intimidad y del espíritu. No da importancia al dinero y a los placeres mundanos.

Libra — Leo

Sociabilidad, deseo de destacar en sociedad, vida mundana llevada al exceso, estas son las características de Libra exaltadas por el carácter extrovertido de Leo. Grandes conquistas y amores muy pasionales pero breves, dinero a montones o momentos de presión económica, hasta llegar a una madurez estable.

Libra — Virgo

El signo queda bien equilibrado y armonioso; los detalles de afecto entre uno y otro serán constantes, pero Virgo deberá intentar modificar la monotonía de carácter, procurar animarlo un poco más, darle mayor atractivo y tendencia a los afectos constantes.

Libra — Escorpión

Escorpión pone a Libra en crisis. La serenidad es sólo superficial, y Libra tiene que procurar luchar con todas sus fuerzas contra la naturaleza inquieta de Escorpión.

Libra — Sagitario

Generosidad y grandeza de miras son el producto de este bellísimo encuentro, que lleva al signo mixto hacia un éxito personal seguro, así como afectivo y económico. Un signo magnífico que introduce sol y felicidad y hace aspirar a ideales y conquistas.

Libra — Capricornio

Despiadada autocrítica, Capricornio pone en crisis a Libra, le hace reflexionar, matiz que le caracteriza, le induce a ser más positiva y menos frívola. En el signo mixto, un buen carácter no se revelará nunca completo hasta la madurez.

Libra	Acuario

Sentido humanitario, decisión hacia los ideales, menos apego al dinero y a las cosas efímeras son los dones que Acuario otorga a la inspirada Libra, influenciándola a lo largo de toda su vida.

Libra	Piscis

Se origina una naturaleza muy delicada y vulnerable, apasionada e íntima, dirigida al deseo de dar, incluso demasiado. Muchos problemas económicos durante el primer período de la vida, debidos a la incapacidad de ver mal en los otros y de defenderse. Espíritu de sacrificio, mucho amor y profunda bondad. Dudas e incertidumbre al tomar decisiones importantes.

Los tipos mixtos de Escorpión

Escorpión	Aries

Las tendencias agresivas se ven dobladas porque Marte ejerce influencia sobre los dos signos. Así pues, rebelión, tendencia a la autodestrucción, autoritarismo y carácter muy fuerte. Los instintos se inclinan hacia la pasión más encendida, fuertes contrastes interiores que desembocan en acciones extremas, deseo de mando y gran afecto a la familia y a las tradiciones. Nos encontramos ante un conservador empedernido y un tipo celoso en el amor.

Escorpión	Tauro

Fortísima sensualidad y apego a todo cuanto es material, tendencia a poseer, a ser celosos, agresivos, pero también opuestas tendencias que dan momentos de suave intimidad y dulzura.

Escorpión — Géminis

La naturaleza que se deriva será muy atormentada e inquieta, con tendencia al pesimismo y a la melancolía; deberá controlarse mucho para lograr encauzarla y dirigirla a la ciencia y a los estudios. En el terreno amoroso, grandes dosis de paciencia para superar fases de cierta apatía.

Escorpión — Cáncer

Signo de artistas, inclinados a la introspección, al magnetismo, a la búsqueda de la intimidad, la magia, las ciencias ocultas. Gran fascinación misteriosa en las mujeres y poder de atracción en los hombres. Mucha suerte en el amor y en las actividades económicas.

Escorpión — Leo

Ambición de poder, deseo de mando llevado al exceso, pero también mucha vitalidad, simpatía, escondidos bajo un carácter de hierro. El Escorpión-Leo conseguirá, por la fuerza o por la persuasión, hacer que los otros secunden sus iniciativas.

Escorpión — Virgo

Temperamento que tiende a ser disciplinado y ordenado, pero que a menudo tiene fuerzas que le empujan hacia el desorden, la confusión, los golpes de genio; estas fuerzas se determinan por los influjos de Marte y Mercurio sobre el signo, y se deriva una personalidad compleja, a veces muy alegre, otras melancólica, pero siempre fascinante.

Escorpión — Libra

Naturaleza emotiva que, a menudo, necesita ser controlada y amparada a causa del influjo de Libra. Puede sufrir grandes crisis sentimentales pero reacciona con frío raciocinio y consigue con el tiempo suavizar los aspectos más difíciles.

Escorpión — Sagitario

La necesidad de independencia y el deseo de moverse, viajar, no anclarse, domina a este signo mixto. Franca impulsividad, sociabilidad, detesta la posibilidad de detenerse y de profundizar, pero la carga de simpatía es notable. Triunfo en el amor, y poca importancia al dinero, el cual gasta con facilidad.

Escorpión — Capricornio

Encuentro muy valioso porque une las dos fuerzas de Marte y Saturno; el signo que se deriva dará un carácter rico de personalidad, de espíritu de iniciativa, de deseo de lucro y de fuertes y óptimas realizaciones financieras, lleno de voluntad de triunfo y de valor. Perspectivas inmejorables desde el punto de vista amoroso, con fuerte carga sexual y óptimas relaciones de trabajo, paulatina consolidación de la posición económica y social hasta alcanzar niveles verdaderamente envidiables.

Escorpión — Acuario

Audaz y revolucionario, inclinado totalmente hacia las conquistas sociales y artísticas, el signo mixto origina temperamentos verdaderamente excepcionales e interesantísimos. Es un signo de pensadores y de artistas; de grandes pasiones amorosas. Pueden surgir contrastes al iniciar su actividad dada su intolerancia hacia los esquemas preestablecidos y su deseo de libertad de pensamiento y de acción. Anhelan con todas sus fuerzas una vida llana y sin compromisos.

Escorpión — Piscis

Pasiones no refrenadas, que influyen sobre toda su vida, golpes de genio, a menudo luchas internas, que llevan después a un mayor equilibrio pero que deben ser sufridas y vividas. Un amor infeliz determinará el curso de su vida afectiva. Posible matrimonio sucesivo, y retorno de la llama, en el futuro, por lo que respecta al primer amor.

Los tipos mixtos de Sagitario

Sagitario	Aries

Naturaleza de *fuego*, espontánea, ávida de saber y de vivir, abierta a toda posible experiencia; ideales elevados, sentido de la libertad, tendencia a ser revolucionarios. Apego a los ideales y a los valores familiares, naturaleza llena de decisión, muy pasional en el amor.

Sagitario	Tauro

Triunfo completo, dada la naturaleza ardiente pero racional de Tauro que lleva un influjo extremadamente benéfico a un Sagitario menos cumplidor del deber. Vida material y espiritual muy activa, sucesivos amores, todos sinceros cada vez; apego a los valores familiares, para dar a sus allegados seguridad más material que moral. Deseo innato de mando y predominio sobre los demás.

Sagitario	Géminis

Es la manifestación perfecta del dualismo interior, ya que el individuo tiende a sentir en su interior dos diferentes personalidades, a menudo enfrentadas. De esto se deriva sin duda la inseguridad, la indecisión, la innata duplicidad, pero también mucha fantasía y un agudo sentido artístico. Se trata, pues, en todos los casos de personalidades poco comunes. Remarcada agilidad física, habilidad, fascinación personal, inteligencia superior y versatilidad.

Sagitario   Cáncer

La asociación de los dos signos pone en evidencia una sensibilidad dirigida hacia una espera ideal que puede expresarse con generosidad y bondad. Frecuentes las depresiones psíquicas debidas al mal estado de salud. A veces, especialmente en las mujeres, hipersensibilidad o fenómenos afines.

Sagitario   Leo

La unión de estos dos signos de fuego notifica un fuerte calor humano muy comunicativo y una seguridad basada en la fuerza interior. Bienestar asegurado casi siempre por pingües herencias. Inclinación a una vida despreocupada desde el punto de vista social y cómoda hasta el punto de asumir formas de un verdadero parasitismo. Como consecuencia de esta conducta pueden darse repercusiones en el estado de salud. Se observan, en efecto, junto al precoz relajamiento de las energías vitales, algunas dolencias orgánicas en general.

Sagitario   Virgo

El carácter de quien pertenece a esta combinación astrológica suele estar condicionado por la preocupación de realizar prácticamente un ideal espiritual. Muy difícil la conquista de sólidas posiciones sociales determinadas por la aspiración a querer hacerlo todo de manera perfecta y también por la presencia de una crítica rigurosa. Éxitos literarios que a veces comportan honores y gloria.

Sagitario   Libra

Encuentro de valores morales y sociales. El carácter es rico en generosidad, altruismo e ideales. Se trata de individuos dotados de talento artístico o amantes del arte, a veces de artistas de profesión. En este último caso específico, existen muchas posibilidades de afirmación social en el campo de la moda, de los tejidos y de la decoración. Molestias hepáticas en general y para las mujeres complicaciones durante el embarazo y los partos. También son bastante frecuentes las enfermedades venéreas.

Sagitario	Escorpión

Carácter necesitado de una fecunda ilusión que dé sentido a la propia vida, en la cual las ambiciones puedan dirigirse hacia una ascensión espiritual elevada. Tendencia a la negación del ambiente, difíciles condiciones materiales. Ideas fijas en especial en lo que se refiere a la salud. Enfermedades pulmonares y dolores reumáticos.

Sagitario	Capricornio

Vivo sentido de independencia, amor por la libertad, necesidad de llegar hasta el fondo de las cosas. Para estos individuos tienen gran importancia los problemas inherentes a las fuentes de ganancia y del dinero en general. Ojos, orejas y dientes son los puntos débiles del organismo de estos individuos, así como enfermedades frecuentes de garganta y de riñones.

Sagitario	Acuario

Muy fuerte el amor por la libertad. A sus actitudes de hombre de mundo se une la amplitud de la visión espiritual. Los pertenecientes a este signo consiguen además conquistar posiciones sociales importantes que les aseguran también el bienestar material, ya que si por una parte les falta el sentido práctico, por otra demuestran una constancia y una tenacidad poco comunes para perseguir las metas que se han propuesto. Se trata, sin embargo, de actividades que como tales pueden definirse espirituales. La descendencia es generalmente poco numerosa o bien de sexo exclusivamente femenino.

Sagitario   Piscis

Esta combinación lleva a cierto contraste entre la energía física en potencia y la capacidad real de la persona. Importante en todos los individuos la ilusión por superarse. Falta totalmente la fascinación especial que por lo general hace atrayentes a los tipos de Sagitario pero se sustituye por una innata simpatía.

Los tipos mixtos de Capricornio

Capricornio   Aries

Siempre reinará la contradicción entre el impulsivo Aries y el perseverante Capricornio. Tensiones que caracterizan las relaciones con el mundo exterior. Aunque sean encendidas no degeneran nunca en ruidosas y violentas controversias. Tendencia a perfeccionar y profundizar los propios conocimientos adquiridos en períodos de fugaz entusiasmo por el estudio.

Capricornio   Tauro

Estos dos signos de *tierra* consiguen una maciza fuerza de concentración. Proclive a elevarse por encima de las normas, según se desarrolle su vida, y a triunfar por fin sobre toda crítica motivada por el mismo ambiente. Posición social de relieve, debida principalmente a la diligencia y al incansable esfuerzo que muestra en sus actividades. Predisposición a la obesidad.

Capricornio   Géminis

Nobleza, ligereza y espíritu de adaptación se unen a la severidad y a la disciplina. La posición social coloca al sujeto en condiciones de ejercer una influencia nada detestable en el desarrollo de las cosas públicas, especialmente en lo que se refiere a escritos, discursos o importantísimas relaciones económicas o financieras. Aparecen especialmente amenazadas las condiciones físicas.

Capricornio	Cáncer

Naturaleza emotiva, tierna e infantil unida a cierta frialdad y severidad. La rica fantasía característica de los tipos de Cáncer fomenta en ocasiones ciertas sospechas en sus allegados, amigos o compañeros de trabajo. Le rodea incomprensión por parte de sus familiares; pero él no reacciona pues espera que todo mejore. Tendencia a la inapetencia y molestias psíquicas debidas a la tensión nerviosa que no consigue liberar adecuadamente.

Capricornio	Leo

En este encuentro domina la ambición. Desmesurado deseo de sobresalir, especialmente dedicándose a actividades sociales. Manía de acumular riquezas hasta lograr una auténtica forma patológica de avaricia. Por lo que respecta a la salud, peligro de graves afecciones cardíacas.

Capricornio	Virgo

El individuo nacido bajo esta constelación, a pesar de llevar una vida muy sencilla encubre dentro de sí ambiciones dirigidas a conquistas de orden material y espiritual. Se acentúan, asimismo las tendencias egocéntricas que en determinados momentos se robustecen hasta el extremo de inducir al individuo a usar cualquier medio con tal de alcanzar los propios fines. Se observan molestias cardiacas y enfermedades de la médula espinal.

Capricornio	Libra

Individualismo original en donde el lado frívolo, ligero y superficial se une a una aparte ambiciosa y disciplinada. Óptimas cualidades y grandes posibilidades de evolución espiritual, que en alguna ocasión desembocan en soberbia y orgullo, alejándose sistemáticamente de todas las personas que le rodean.

Capricornio   Escorpión

La lucidez se une al valor y a la impetuosidad, así como al sentido de la responsabilidad. El individuo está decidido a perseguir metas prefijadas y a elevarse por encima del ambiente primitivo. Éxitos en casi todos los campos de la investigación científica. Sentido del deber y del sacrificio. Para él, la lucha por la existencia podrá ser más dura, pero tanto mayor será el éxito final.

Capricornio   Sagitario

Necesita apasionarse por algo, en lo que a las ambiciones puedan dirigirse hacia una ascensión espiritual elevada. Acentuada la desconfianza y la tendencia a dejarse atormentar por sospechas infundadas. Una grave enfermedad puede privar al sujeto de la mayor parte de sus fuerzas.

Capricornio   Acuario

El individuo que nace bajo la influencia de esta constelación puede orientarse hacia una vida con un objetivo impersonal o dispuesto a la renuncia y a las privaciones. Actividad en el terreno técnico y científico.

Por lo que respecta a la constitución física, se trata de individuos robustos, resistentes. En la juventud son fácil presa de enfermedades pulmonares de larga duración que, sin embargo, una vez curadas, no influyen después sobre el estado general del organismo.

Capricornio   Piscis

Espíritu de sacrificio muy elevado. La seriedad y el ánimo consciente se unen aquí con el descuido haciendo de regulador tanto el uno como el otro. Las tendencias especulativas aparecen considerablemente atenuadas. Invariablemente encuentran un contrapeso en la decidida voluntad de estos individuos a contribuir con el propio asiduo trabajo al éxito de una empresa de por sí arriesgada. Hacia la edad madura pueden manifestarse dolores reumáticos y artríticos.

Los tipos mixtos de Acuario

Acuario	Aries

La necesidad de libertad y de independencia se manifiesta a través de una actividad osada e innovadora. El temperamento es rebelde a toda disciplina impuesta y no soporta ninguna constricción. En efecto, para el nacido bajo la influencia de esta constelación la independencia es más preciosa que cualquier otro don material y la libertad es condición necesaria en su existencia. Espíritu idealista, entusiasta, optimista, original, influido por todo cuanto es nuevo y siempre en vanguardia. Los pensamientos y los puntos de vista son amplios, atrevidos, ingeniosos y algunas veces proféticos.

Acuario	Tauro

Carácter posesivo, interesado, sensual; naturaleza generosa, cerebral, sin apegos. Muy afables y de carácter comunicativo y simpático. Características individuales pronunciadas, naturalezas combativas capaces de superar las más grandes dificultades venciendo las duras resistencias del mundo que les rodea después de haber soportado durante largo tiempo las imposiciones arbitrarias. Hacia la edad madura pueden verificarse alteraciones cardiovasculares y ciertos desequilibrios en el sistema nervioso.

Acuario	Géminis

En esta unión de signos nos hallamos completamente en el mundo del anticonformismo y de las ideas nuevas, pero también de una viva sensibilidad, de una generosa comprensión por los demás y de un acusado sentido del humor. Además es manifiesta la necesidad de independencia y de libertad. A esta constelación pertenecen tipos comunes a Géminis, es decir, comunicativos, inquietos, de complexión fina y tipos Acuario, de aspecto digno y muy robustos.

Al pensamiento encaminado a los problemas técnicos y a la riqueza de proyectos de la misma naturaleza se asocia un gran interés por las materias científicas en general. Pueden verificarse enfermedades de las vías respiratorias y molestias gastrointestinales.

Acuario — Cáncer

Sensibilidad extrema con un pronunciado matiz imaginativo que a menudo puede asumir formas utópicas con ausencia de firmeza en el carácter. Vida monótona en un ambiente restringido y limitado. Discreto bienestar pero con algunos momentos de crisis. Salud delicadísima sujeta a menudo a dolores de estómago, disfunciones del aparato digestivo, de la circulación sanguínea y del metabolismo.

Acuario — Leo

El sujeto puede estar seguro de encontrar en el compañero de su vida plena comprensión para sus propias debilidades. Es siempre índice de una evolución armoniosa en las relaciones conyugales, aunque se puede hablar de una absoluta fidelidad recíproca. Influyente posición social. Por lo que respecta a la salud, es aconsejable una rigurosa vigilancia del funcionamiento intestinal; en edad avanzada suelen aparecer molestias relacionadas con la artrosis.

Acuario — Virgo

Vivo sentido humano que puede alcanzar un elevado espíritu de entrega motivado por un ideal o por la necesidad de tender a una verdad superior. Posibilidad de conseguir brillantes éxitos con la creación o gestión de grandes empresas industriales o comerciales. La unión conyugal es raras veces armoniosa, pero siempre duradera, ya que frecuentemente contribuye a consolidar las primeras bases del bienestar material.

Acuario — Libra

Desprendimiento y humanidad en primer plano. Espontaneidad y cooperación. Suele estar privado de una fuerte voluntad, sobre todo cuando no están en juego los intereses personales. Sentido de la forma y de la belleza muy acusado. Todo lo que tiene conexión con el bienestar material asume una importancia relevante en la vida: entre otras cosas gusta de los placeres de la mesa y la elegancia en el vestir.

Acuario — Escorpión

El pensamiento del tipo Acuario-Escorpión es libre, contestatario, audaz y a veces revolucionario. Decidido en perseguir metas prefijadas y en remontarse gradualmente por encima del ambiente primitivo. Éxitos en casi todos los terrenos de la investigación científica. Sentido del deber y del sacrificio en el cumplimiento del propio trabajo. A veces deficiente estado de salud. Crisis nerviosas, molestias cardiacas y afecciones reumáticas.

Acuario — Sagitario

Necesidad de libertad. Muchos de los individuos pertenecientes a esta constelación son robustos, tienden a engordar con los años y no tienen ciertamente una bella presencia. Se notan ideas originales universales; inclinaciones humanitarias; interés por los problemas de la técnica y de la ciencia moderna. La unión conyugal es también comunidad de trabajo, pero hay poca simpatía por la familia en el sentido convencional del término y por lo tanto no pocas veces se renuncia a la paternidad. Molestias hepáticas.

Acuario / Capricornio

Introversión y frialdad. Puede orientarse hacia un objetivo impersonal o estar dispuesto a la renuncia y a la propia donación. Estos individuos se complacen con actitudes muy claramente definidas a esconder sus debilidades íntimas, la falta de un verdadero fundamento moral y espiritual de su ser. Los éxitos de este tipo están absolutamente desproporcionados con el trabajo y con el gasto de energías que se impone en su relación con los demás.

Acuario / Piscis

La sensibilidad del individuo se funde a veces y polarizan en un ser sin egoísmo personal con profunda donación de sí mismo. Habitualmente son vencidos por su propia imaginación y se dejan arrastrar por las exuberantes visiones que les invaden. La salud, enfermiza y endeble en muchos casos.

Los tipos mixtos de Piscis

Piscis / Aries

Naturaleza enigmática rica en indecisiones, dudas e inseguridades. Este temperamento puede ser capaz de acciones humanitarias movidas por un sentimiento altruista y por el espíritu de sacrificio. Intereses materiales situados en primer plano. En muchos casos se trata de personas que en la propia conducta de vida siguen criterios oportunistas. Tendencia a engordar en la edad madura y, entre las enfermedades frecuentes, padecen algunas irregularidades que atacan al cerebro y al corazón.

Piscis / Tauro

Carácter un tanto impreciso con aspiraciones sin límites o bien con una sensibilidad fecunda que sabe dirigir las aspiraciones de manera constructiva. Constitución física muy robusta merced a su apetencia por la buena mesa. En cuanto a tipos de actividad son preferibles las ocupaciones en el terreno comercial. No es raro encontrar individuos dotados de talento artístico, para los cuales, sin embargo, el arte es esencialmente fuente de ingresos.

Piscis — Géminis

Temperamento indeciso, inestable, con frecuencia utópico y veleidoso. La imaginación es voraz y la movilidad y los cambios de humor dependen a menudo de un exceso de fantasía. No son pocos los casos de falta de conciencia y los conflictos internos. El matrimonio es desaconsejable porque tales individuos se trasladan continuamente y no muestran además ninguna disposición por vivir en un ambiente familiar.

Piscis — Cáncer

Temperamento que permanece joven mucho tiempo y que puede presentar cierta dificultad a la formación de la personalidad. Mientras que la inteligencia y la sensibilidad son despiertas y sostienen una intensa vida interior, el individuo puede estar muy influenciado por el ambiente que le rodea. Para el matrimonio, los hijos y las enfermedades todo discurre de modo más que normal.

Piscis — Leo

Naturaleza incierta, misteriosa, característica de Piscis, unida a la espontánea, abierta y clara de Leo. La vida privada de estos individuos no es del todo transparente puesto que se halla sembrada de momentos de verdadera hipocresía. Victorias morales y ganancias materiales que a los extraños aparecen como dones de la buena suerte, pero que en realidad exigen luchas y sacrificios. Las aventuras sentimentales de estas personas suscitan curiosidad y admiración. En cuanto a las enfermedades, posibilidad de úlceras gástricas o de colitis crónicas.

Piscis   Virgo

Sentido humanitario y social muy acusado. Las perspectivas para el matrimonio son excelentes, sobre todo si el compañero de vida es capaz de aportar una contribución material considerable para la formación y sustento de una familia. En el campo de lo social aparecen muy favorables las ocupaciones en el comercio y en la industria. Disminución lenta pero constante de las energías vitales. Enfermedades como consecuencia de algunos excesos en la juventud.

Piscis   Libra

El individuo nacido bajo la influencia de esta constelación posee una fuerte sensibilidad y una naturaleza vulnerable, con notable espíritu de sacrificio y bondad. Bella presencia y gran fascinación por el sexo contrario. En la vida privada estos seres se dejan guiar por principios conservadores. Por lo que se refiere a la salud, es evidente el peligro de caer víctimas de intoxicaciones, en especial como consecuencia del abuso de reconstituyentes y de substancias cardiotónicas.

Piscis   Escorpión

Naturaleza compleja e inquieta, dominada por pasiones desmesuradas. Contraste entre tendencias combativas y contemplativas. A menudo en su fuero interno discrepan de sus padres pero no lo demuestran nunca, conservando también de esta manera la paz familiar. Se aconseja prudencia en los viajes y en la mesa.

Piscis   Sagitario

La unión de estos dos signos aumenta la necesidad de grandeza de la personalidad del nacido bajo la influencia de esta constelación. Contraste entre las energías físicas presentes y las efectivas posibilidades de evolución espiritual y social determinadas por los factores hereditarios y del ambiente natal. Entre las enfermedades se deben citar en primer lugar las afecciones de las vías respiratorias, a menudo apendicitis y varias formas de hernia.

Piscis — Capricornio

Gran aspiración a elevarse por encima del ambiente en que ha nacido para poderse realizar con mayor autonomía. La ascensión es lenta y fatigosa pero el éxito vale tal sacrificio. Son preferibles las profesiones intelectuales, especialmente en el terreno político y literario. Un índice algo desfavorable para la salud sobre todo si existen predisposiciones hereditarias a enfermedades crónicas.

Piscis — Acuario

Toda la vida está dominada por los cambios de ánimo, por humores y emociones incontrolables. En el interior reina confusión entre ambición y complejos de inferioridad. La lucha por la existencia encuentra grandes dificultades, que serán superadas.

Impreso en España por
HUROPE, S. L.
Lima, 3 bis
08030 Barcelona